U0142727

圖解

五南圖書出版公司 印行

圖解系列

化學系統
消防安全設備

作者
盧守謙

協同作者
陳承聖

閱讀文字

理解內容

觀看圖表

圖解讓
化學系統
消防安全設備
更簡單

推薦序

為培育出國家消防安全設備之設計、監造、裝置、檢修及防火防災實務型人才，本校特創立消防安全學士學位學程之獨立系所，建置了水系統、警報系統及氣體滅火系統專業教室等軟硬體設備，擁有全方位師資團隊，跨消防、工程科技、機械工程、電機、資訊等完整博士群組成，每年消防設日間部四技班、進修部四技班及進修學院二技班等，目前也刻正籌備規劃消防系（所），為未來消防人力注入所需的充分能量。

本校經營主軸為一核心之提升人的生命品質；三主軸之健康促進、環境保育、關懷服務；四志業之健康、管理、休閒、社會福利等完整理念目標。在消防學程發展上，重視實務學習與經驗獲得，促進學生能儘快瞭解就業方向；並整合相關科系資源，創造發展出綜合性消防專業課程模組，不僅能整合並加強教學資源，使課程更為專業及專精，還能順應新世紀社會高度分工發展，提升學生消防就業市場之競爭能力。在課程規劃上，含消防、土木建築、機械、化工、電機電子、資訊等基礎知識與專業技能，培育學生具備公共安全、災害防救、職業安全衛生管理等市場所需之專業領域知識；並使學生在校期間，取得救護技術員、防火管理人、保安監督人、CAD 2D、CAD 3D 或 Pro/E 等相關證照，及能考取消防設備士、消防四等特考、職業安全／衛生（甲級）或職業安全／衛生管理師（員）等公職及專業證照之取得。

本書作者盧守謙博士在消防機關服務期間累積豐富之現場救災經歷，也奉派至英國及美國消防學院進階深造，擁有消防設備師，也熟稔英日文能力，教學經驗及消防書籍著作相當豐富。本書再版完整結合理論面與實務面內涵，相信能使讀者在學習上有系統式貫通了解，本人身為作者任教大學之校長，也深感與有榮焉，非常樂意為本書推薦給所有之有志消防朋友們，並敬祝各位身心健康快樂！

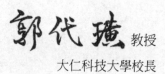

郭代璜 教授

大仁科技大學校長

自序

日本目前使用非常普及套裝型（パッケージ）自動滅火設備，其滅火劑種類有乾粉、強化液、泡沫等，以自動或手動方式進行放出之設備；基本上，因自動啓動多爲雙迴路探測器（差動式與定溫式），會比感知撒水頭更快速啓動滅火，在早期火勢初萌階段即進行噴射，因此所需滅火劑量自然就會少；於設計上依場所需要進行套裝，一般以二個滅火劑鋼瓶搭配一個二氧化碳氣瓶（作爲壓力源），各組也能連結使用以擴大其防護範圍，以整體發揮有效之滅火效能。在性能上，強化液滅火設備，在日本能取代室內消防栓及自動撒水設備。反觀國內長照機構場所常因火災造成人命死亡之問題，因人員之避難弱者特性，假使考量使用此種設備或是小規模場所使用水道連結型撒水設備，來改善此類火災之高人命死亡問題。

套裝型自動滅火設備之系統，類似於臺灣設置標準所規定之簡易自動滅火設備，於管道內部之火勢無法以撒水等液體方式予以滅火，自然就需採用所述粉末或氣體滅火設備。筆者希望套裝自動滅火設備能在國內小規模場所普遍使用，在特定範圍來取代室內消防栓或撒水滅火設備，畢竟有其設備優勢，無論消防幫浦、發電機、屋頂水箱或蓄水池，這些都是不需要的，如此場所也能節省設備存置空間之使用。

在古蹟歷史建築方面（文化資產保存法主管），此類未適用消防法規，在消防設計上常主動設置滅火設備，反觀日本此類文化財場所爲消防法主管，僅規定主要以滅火器、火警自動警報設備、漏電火災警報器爲主，而較少要求滅火設備（水系及化學系）、排煙設備等項目，主要考量文化財場所結構年久老舊，消防設備設置有破壞建物及有礙美觀之虞，且滅火最好還是由受過專業訓練之消防人員快速前來處理爲主，避免過度滅火及射水，而損失高價之歷史文物。

本書化學系統在編輯重心上，係以消防設備師（士）國家考試及教學用書方式來撰寫，以火災學原理、材料物理及化學等理論基礎，將設備之構造、動作原理、系統組成，由圖示進行解說，並以各類場所消防安全設備設置標準、公共危險物品場所消防設計設備、檢修申報作業基準、消防安全設備認可基準、消防安全設備測試報告書測試方法及判定要領爲範圍，文末也納入消防設備師（士）近 12 年完整歷屆考題，非常適合準備參加報考之讀者，且而本書也能作爲在職進修之工具書。

從事消防教育工作，無不思索如何以個別單元或彼此整合單元，使資料具體呈現圖解空間有機型態，以讓學生或讀者更有興趣來探究發掘。在消防安全設備上，若欲完全了解，需熟稔四大系統，也需了解設備檢修作業基準、認可基準及測試報告書，上揭即爲本次出版之全系列用書（六本）。而國內消防設備法規參考自日本，本書以日文第一手資料，從學理面、法規面及實務面來進行解析，並花相當時間於電腦繪圖上，無不希望以圖解式說明，使讀者從複雜條文中，暢通法規脈絡及掌握條理之思路。倘若本書在教學與實務上有些微貢獻，自甚感榮幸，這也是筆者孜孜不倦之動力來源。

盧守謙博士
大仁科技大學火災鑑識中心主任

消防設備師考試命題大綱

中華民國 101 年 9 月 24 日考選部選專五字第 1013302056 號公告修正

中華民國 108 年 12 月 31 日考選部選專五字第 1083302163 號公告修正（修正「消防法規」命題大綱）

專門職業及技術人員高等考試消防設備師考試各應試科目命題大綱		
應試科目數	共計 6 科目	
業務範圍及核心能力	有關各類場所消防安全設備之設計、監造、裝置、檢修業務	
編號	科目名稱	命題大綱內容
一	消防法規	一、消防法規總論 　（一）消防法。 　（二）消防法施行細則。 　（三）消防設備師及消防設備士管理辦法。 　（四）消防安全設備檢修專業機構管理辦法。 　（五）防焰性能認證實施要點。 　（六）公共危險物品及可燃性高壓氣體製造儲存處理場所設置標準暨安全管理辦法。 　（七）公共危險物品試驗方法及判定基準。 　（八）防火牆及防火水幕設置基準。 　（九）可燃性高壓氣體儲存場所防爆牆（防護牆）設置基準。 　（十）消防安全設備檢修及申報辦法。 　（十一）消防機具器材及設備認可實施辦法。 　（十二）消防機關受理集合住宅消防安全設備檢修申報作業處理原則。 二、消防安全設備相關法規 　（一）各類場所消防安全設備設置標準。 　（二）消防機關辦理建築物消防安全設備審查及查驗作業基準。 　（三）各類場所消防安全設備檢修及申報作業基準。 　（四）複合用途建築物判斷基準。 　（五）二氧化碳及乾粉滅火設備各種標示規格。 　（六）消防幫浦加壓送水裝置等及配管摩擦損失計算基準。 　（七）緊急電源容量計算基準。 　（八）避難器具支固器具及固定部之結構、強度計算及施工方法。 　（九）各項消防安全設備認可基準。 　（十）消防安全設備測試報告書測試方法及判定要領。 　（十一）滅火器藥劑更換及充填作業規定。 　（十二）潔淨區消防安全設備設置要點。 　（十三）住宅用火災警報器設置辦法。 　（十四）119 火災通報裝置設置及維護注意事項。 　（十五）水道連結型自動撒水設備設置基準。
		三、建築相關消防法規 　（一）建築法。 　（二）建築技術規則：包括建築設計施工篇第一章、第三章、第四章（第一、四、五、六節）、第十一章（第一、三節）、第十二章（第一、三、四節）。 　（三）原有合法建築物防火避難設施及消防設備改善辦法。 　（四）工程倫理。

消防設備師四大系統考試型式與規定

考試時間：2 小時

考試型式：四題申論題，每一題占 25 分

※ 注意：

一) 禁止使用電子計算器。

二) 不必抄題，作答時請將試題題號及答案依照順序寫在申論試卷上，於本試題上作答者，不予計分。

三) 請以黑色鋼筆或原子筆在申論試卷上作答。

消防設備士考試命題大綱

中華民國 101 年 9 月 24 日考選部選專五字第 1013302056 號公告修正

專門職業及技術人員普通考試消防設備士考試各應試科目命題大綱		
應試科目數	共計 5 科目	
業務範圍及核心能力	有關各類場所消防安全設備之裝置、檢修業務	
編號	科目名稱	命題大綱內容
一	消防法規概要	一、消防法規總論 （一）消防法。 （二）消防法施行細則。 （三）消防設備師及消防設備士管理辦法。 （四）消防安全設備檢修專業機構管理辦法。 （五）公共危險物品及可燃性高壓氣體設置標準暨安全管理辦法。 （六）防火牆及防火水幕設置基準。 （七）可燃性高壓氣體儲存場所防爆牆（防護牆）設置基準。 二、消防安全設備相關法規 （一）各類場所消防安全設備設置標準。 （二）消防機關辦理建築物消防安全設備審查及查驗作業基準。 （三）各類場所消防安全設備檢修及申報作業基準。 （四）二氧化碳及乾粉滅火設備各種標示規格。 （五）消防幫浦加壓送水裝置等及配管摩擦損失計算基準。 （六）避難器具支固器具及固定部之結構、強度計算及施工方法。 三、建築相關消防法規 （一）建築技術規則：建築設計施工篇第一章。 （二）工程倫理。
二	火災學概要	一、火災燃燒基本理論 （一）燃燒理論：包括可燃物、氧氣、熱源、連鎖反應及滅火原理等。 （二）熱傳理論：包括熱傳導、對流、輻射等。 （三）火災理論：包括火災概念特性等。 （四）火災分類：包括 A、B、C、D 類等火災之介紹。 二、火災類型 （一）建築物火災。 （二）電氣火災。 （三）化學火災。 （四）儲槽火災。 （五）工業火災分析。 （六）特殊場所火災。 三、預防與搶救 （一）防火及滅火：包括火災防阻與搶救等理論之論述。 （二）滅火劑與滅火效果：包括各種滅火藥劑及效果之介紹與評析。 （三）火災生成物（煙、熱、火焰）之分析與處理。

三	水與化學系統消防安全設備概要	一、設備設置標準 　　包括相關法令規定及解釋令。 二、設備之構造與機能 　　包括基本原理、設備系統構造機能。 三、設備竣工測試 　　含審勘作業規定。 四、設備檢修要領（含檢修作業規定） 　　（一）設備機能之檢修。 　　（二）檢測儀器之操作使用。
四	警報與避難系統消防安全設備概要	一、設備設置標準 　　包括相關法令規定及解釋令。 二、設備之構造與機能 　　包括基本原理、設備系統構造機能。 三、設備竣工測試 　　含審勘作業規定。 四、設備檢修要領（含檢修作業規定） 　　（一）設備機能之檢修。 　　（二）檢測儀器之操作使用。
備註		表列各應試科目命題大綱為考試命題範圍之例示，惟實際試題並不完全以此為限，仍可命擬相關之綜合性試題。

消防設備士四大系統考試型式與規定

考試時間：1 小時 30 分

※ 注意：禁止使用電子計算器。

甲、申論題部分：（50 分）

　　一) 一般有二題，一題 25 分。

　　二) 不必抄題，作答時請將試題題號及答案依照順序寫在申論試卷上，於本試題上作答者，不予計分。

　　三) 請以黑色鋼筆或原子筆在申論試卷上作答。

乙、測驗題部分：（50 分）

　　一) 本測驗試題為單一選擇題，請選出一個正確或最適當的答案，複選作答者，該題不予計分。

　　二) 共 40 題，每題 1.25 分，需用 2B 鉛筆在試卡上依題號清楚劃記，於本試題或申論試卷上作答者，不予計分。

消防設備師化學系統考題趨勢分析

申論題依命題大綱內容之出題年份（101 年～111 年）

命題大綱內容
一、設備之構造與機能（含消防專用蓄水池等消防安全設備） （一）包括基本原理、設備系統構造機能 （二）構件元件之檢定、認可、檢驗測試原理 【認可基準】 107 年（滅火器滅火效能值試驗／判定方法） 104 年（充填滅火藥劑型態分類／按驅動藥劑分類） 二、設備法規 國內相關法規及解釋令： 各類場所消防安全設備設置標準 【設置標準條文及應用計算】 111 年（可燃性高壓氣體之滅火器設置規定） 111 年（二氧化碳局部放射設計滅火藥劑量／靠牆齊量／儲存容器設置規定） 111 年（第五種最低滅火效能值為／膨脹蛭石防火構造設置多少公升） 110 年（丙酮場所最低滅火效能值／設置多乾燥砂／防護對象步行距離） 110 年（全區放射二氧化碳滅火藥劑量計算／排放規定） 109 年（二氧化碳設定濃度／滅火藥劑量計算）（乾粉全區局部及移動放射比較） 108 年（室內停車場乾粉滅火藥劑量／N_2 量計算） 107 年（乾粉儲存容器設計壓力／藥劑量／放射時間計算） 106 年（爆竹煙火設置何種滅火設備及滅火效能值）（二氧化碳全區放射設計安全考量）（加壓式第三種乾粉全區化學反應／滅火藥劑量／N_2 計算） 105 年（全區 CO_2 藥劑量／剩餘濃度／開口面積計算） 104 年（二氧化碳全區及局部噴頭規定）（蓄壓式第一種乾粉藥劑量／二氧化碳量計算／第一種乾粉化學反應式） 103 年（二氧化碳局部放射方式藥劑量及一面靠牆藥劑量計算）（乾粉加壓氣體容器設置規定）（鍋爐房滅火設備擇設置／滅火器滅火效能值） 102 年（全區放射二氧化碳滅火藥劑計算）（第三種乾粉全區滅火劑量／加壓用 N_2 氣體量計算）（可燃性高壓氣體場所滅火器設置規定） 101 年（CO_2 局部放射藥劑量／全區藥劑量計算）（室內停 空間選用滅火設備合理性）（第一種乾粉乾粉藥劑量／氮氣體積／加壓氣體量計算）（滅火器滅火效能值／設置間隔／第三種乾粉化學反應式） 審勘作業規定：各類場所消防安全設備檢修及申報作業基準 三、設計實務：包括設計步驟、設計公式、繪圖及其實務應用 四、設備竣工測試：審勘作業規定 【測試／判定要領】 105 年（乾粉會勘全區／局部／移動放射實驗注意事項） 五、設備檢修要領（含檢修作業規定） （一）設備機能之檢測（檢修申報） 【檢修基準】 110 年（乾粉滅火設備外觀檢查防護區劃） 107 年（移動式二氧化碳滅火系統綜合檢查） 106 年（惰性氣體滅火設備性能檢查） （二）檢測儀器之操作使用
備註   表列各應試科目命題大綱為考試命題範圍之例示，惟實際試題並不完全以此為限，仍可命擬相關之綜合性試題。

【綜合性試題】
111 年（海龍替代品成分與化學式／配戴呼吸差異／滅火原理）
110 年（鹵化烴藥劑滅火設計濃度所需藥劑量／最短放射時間定義）
109 年（滅火器 CNS 1387 規定）（蛋白質泡沫和氟蛋白泡沫優劣）
108 年（二氧化碳滅火設備 NFPA 規定）（海龍替代品種類／考慮因素）
108 年（全區二氧化碳排風機換氣濃度計算）
107 年（LC50、NOAEL、LOAEL／FM-200 化學反應式）
105 年（泡沫種類／滅火原理／發泡性能）（CNS1387 大型滅火器藥劑量／大型滅火器滅火效能值）
104 年（海龍替代乾粉藥劑主要類型）
103 年（第三種乾粉化學反應式）
102 年（CNS 13400 各種乾粉規定／乾粉滅火器滅火藥劑回收規定）
101 年（FM-200 藥劑量計算）

消防設備士水與化學系統考題趨勢分析

申論題依命題大綱內容之出題年份（101 年～111 年）

命題大綱內容
一、設備設置標準（各類場所）：包括相關法令規定及解釋令
【設置標準條文】
111 年【高架儲存倉庫定義】
109 年【石化場與傢俱場所室內消防栓比較異同】
108 年【一般反應型撒水頭及水道連結型放水壓力、每分鐘放水量、水源容量等之異同】
107 年【加壓式乾粉滅火系統遲延裝置、定壓動作裝置、壓力調整裝置、清洗裝置以及排出裝置作用】
106 年【乾粉與二氧化碳滅火設備啟動裝置之手動與自動切換裝置規定】
105 年【一般場所與危險物品場所室外消防栓設備之比較異同】
104 年【撒水頭規定個數及水源容量計算】
103 年【撒水頭裝置位置規定】
101 年【泡沫射水槍滅火設備設置規定】
二、設備之構造與機能：包括基本原理、設備系統構造機能
102 年【繪出呼水槽防止水溫排放裝置示意圖並說明性能要求】
三、設備竣工測試：含審勘作業規定
102 年【消防幫浦性能曲線判斷】
四、設備檢修要領（含檢修作業規定）
（一）設備機能之檢修
【檢修基準條文】
111 年【撒水頭配置外觀檢查】
111 年【簡易自動滅火設備滅火藥劑量性能檢查】
110 年【高壓二氧化碳全區放射系統綜合檢查方式】
110 年【水道連結型自動撒水設備設置類型方式／性能檢查】
109 年【室內停車場設乾粉滅火設備性能檢查，滅火藥劑量檢查／判定方法／注意事項】
108 年【泡沫滅火設備綜合檢查時，水成膜泡沫沫試料採集方法、發泡倍率及 25% 還原時間測定及合格標準】
107 年【幫浦加壓密閉式撒水系統綜合檢查】
106 年【一齊開放閥性能檢查】【乾粉與二氧化碳滅火設備手動與自動切換裝置之性能檢查】
104 年【鹵化烴滅火設備全區放射方式綜合檢查】
103 年【水霧滅火設備綜合檢查之檢查方法與判定方法】
101 年【低壓式二氧化碳警報性能檢查／判定方法／注意事項】
（二）檢測儀器之操作使用

備註	表列各應試科目命題大綱為考試命題範圍之例示，惟實際試題並不完全以此為限，仍可命擬相關之綜合性試題。

【綜合性試題】
109 年【室內停車場設乾粉滅火設備反應方程式】
107 年【乾粉定壓動作裝置類型及作動原理】
105 年【CO_2 全區放射方式計算防護區域每立方公尺所需 CO_2 重量】
102 年【氣密測試意義及合格條件】
101 年【室外儲槽場所之顯著滅火困難場所】【低壓式二氧化碳滅火設備之優點】

CONTENTS 目錄

第1章 化學系統火災學理

第2章 消防安全設備設置標準

第3章　公共危險物品場所消防設計

第4章　檢修基準

第5章　認可基準

第6章　測試方法及判定要領

第7章　消防設備師化學系統歷屆考題

第8章　消防設備士化學系統歷屆考題

第1章
化學系統火災學理

1-1 乾粉火災學理（一）

國內普遍使用

乾粉在撲滅易燃液體火災時非常有效，其也能用於某些類型的電氣設備火災。一般乾粉可以有限定於撲滅普通可燃物的表面火災，但深層悶燒（Deep-Seated Smoldering）火災就要用水冷卻撲滅。多用途乾粉（Multipurpose Dry）能用於易燃液體火災、帶電的電氣設備火災和普通可燃物的火災，也就是多用途乾粉能完全撲滅 A 類火災，而很少需要用水來協助。由於化學乾粉使用效能較大，已成為國內相當普遍之一種滅火劑。

物理性

在乾粉物理特性（Physical Properties of Dry Chemicals）部分，目前乾粉滅火劑產品主要基料是碳酸氫鈉（Sodium Bicarbonate）、碳酸氫鉀（Potassium Bicarbonate）、氯化鉀（Potassium Chloride）、尿素—碳酸氫鉀（Urea-Potassium Bicarbonate）和磷酸銨（Monoammonium Phosphate）。在這些基料中混入各種不同的添加劑，可改進其儲存、流動和斥水特性。最常用的添加劑是金屬硬脂酸（Metallic Stearates）、磷酸三鈣（Tricalcium Phosphate）或有機矽（Silicones），將附著於乾粉粒子外表，使之自由流動，能防止由潮濕和震動引起的結塊。

穩定性

在穩定性方面，乾粉在低溫和常溫下是穩定的。然而，某些添加劑在較高溫度下，可能熔化並造成發黏，因此乾粉儲存溫度不可超過49℃。在火災溫度下，活性成分在滅火中發揮其作用時會解離（Disassociate）或分解（Decompose）。因此把各種不同乾粉不加區別混合會造成危險，這是極為重要的；如把酸性（Acidic）之多用途乾粉（銨為基料）與鹼性之乾粉（大多數乾粉）混合，會進行反應釋放出游離二氧化碳並造成結塊；此種在滅火器筒體內的化學反應，在美國曾發生數起爆炸案例。因此，在任何情況下進行重新充填時，都不能把不同乾粉相互混合。

乾粉粒子

在粒子大小方面，乾粉大小範圍從 10μm 到 75μm，粒子大小對滅火效能有明顯影響，必須小心地加以控制，以防粒子超過這個性能範圍之上限和下限。每一乾粉具有獨特大小限制因素，低於該顆粒限制，可能完全分解和氣化，高於該粒子則呈現不完全分解或氣化。最佳粒徑的結果是 20～25μm 範圍粒子，進行多相地（Heterogeneous）混合而得。另一方面，粒徑大小也會影響乾粉流動性，粗粒乾粉導致過度澎湃，低流動率，且將需更大的氣動量。細乾粉也會產生類似的結果，但不為相同的程度。粒徑也受氣動阻力現象（Aerodynamic Drag Phenomenon, ADP）影響。粗粒乾粉取得動量，將運輸小顆粒穿透火焰上升氣流。通常情況下，較小顆粒在穿透之前會先分解或蒸發。

手提式滅火器源起

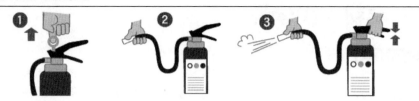

手提式滅火器是在 19 世紀末研製發展的，一開始滅火器裝有酸性玻璃瓶，當玻璃瓶破裂時，瓶內酸液便流入蘇打溶液中，從而產生具有足夠氣壓的混合物，使滅火劑溶液噴出。而泡沫滅火器於 1917 年開始使用，問世以後直到 1950 年代，泡沫滅火器的使用才日益廣泛。從 1950 年代起，乾粉滅火器也廣受青睞。而二氧化碳滅火器最初產於第一次大戰期間，到第二次大戰間成為軍用運輸工具（船舶、坦克等火災），為撲滅可燃液體火災之主要滅火器具。

乾粉藥劑發展過程

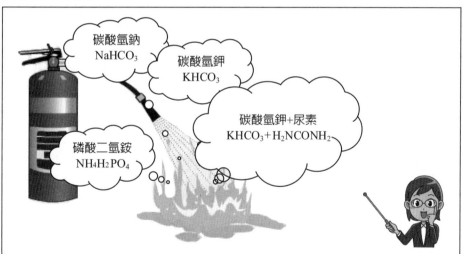

乾粉是一種粉狀混合物，以手提式滅火器、移動式軟管系統（Hand Hose Line Systems）或固定式系統等，作為各項滅火應用。以硼砂（Borax）和碳酸氫鈉（Sodium Bicarbonate-Based）為基料的乾粉，是最早發展起來的乾粉滅火劑。約 1960 年代，碳酸氫鈉乾粉化學屬性進行改良，能與低膨脹蛋白質泡沫相容，以使兩種藥劑能連用。多用途乾粉〔磷酸銨（Monoammonium Phosphate）為基料〕和紫鉀〔碳酸氫鉀（Potassium Bicarbonate）為基料〕，開發作為滅火使用。此後不久，超鉀（氯化鉀為基料）開發，其滅火效能與紫鉀相同。在 60 年代後期，英國研製尿素—碳酸氫鉀（Urea-Potassium-Bicarbonate-Based）乾粉。迄今已有相當多樣之乾粉滅火劑。

1-2 乾粉火災學理（二）

乾粉滅火機制

乾粉滅火劑是一種乾燥且易於流動微細粉末，由具有滅火效能的無機鹽和少量的添加劑，經乾燥、粉碎、混合而成微細固體粉末組成。乾粉種類有碳酸氫鈉乾粉、鈉鹽乾粉、鉀鹽乾粉、磷酸二氫銨乾粉、磷酸氫二銨乾粉、磷酸乾粉和氨基乾粉滅火劑等。系統鋼瓶在加壓氣體作用下，噴出的粉霧與火焰接觸、混合時，發生物理及化學作用而予以滅火，一是靠乾粉中無機鹽的揮發性分解物，與燃燒過程中燃料所產生的自由基或活性基團，形成化學抑制和副催化作用，使燃燒鏈反應中斷而滅火；二是靠乾粉的粉末落在可燃物表面，發生化學反應，並在高溫下形成一層玻璃狀覆蓋層，從而隔絕氧窒息滅火。此外，乾粉還具部分稀釋氧和冷卻作用。

系統火災防護

當滅火裝置接到啓動信號時，鋼瓶內氣體活化劑被啓動，殼內氣體迅速膨脹，鋼瓶內部壓力增大，將噴嘴薄膜衝破，超細乾粉向保護區域噴射並迅速向四周瀰漫，形成全區放射滅火狀態，火焰在超細乾粉抑制連鎖之物理、化學作用下撲滅火災。乾粉系統方面，其控制盤與指示燈爲一體，主機需爲電子式積體電路，並具備偵測信號、聲音警示、延遲動作、外接輸出控制等功能。系統動作方式採用交叉式雙迴路確認動作模式（Cross Zone），及雙迴路同時偵測到火警信號時，經倒數計時後（國內系統未要求倒數之延遲放射），乾粉藥劑釋放，此時控制盤上紅色 LED 指示燈亮，並且防護區之警示燈需不停閃爍。具有警鈴、蜂鳴器靜音開關，能切斷音源。各偵測迴路需具備各種偵測與確認火災功能；由選擇閥送至所需防護空間。

系統安全裝置

系統設置緊急暫停開關，在自動偵測火警狀態下動作時，控制盤可復歸至原設定之秒數。乾粉系統控制盤必須提供燈號及開關，以指示控制及確認狀況。控制盤面應有下列狀態指示燈：電源燈、系統故障燈（Trouble）、火警警報燈（Alarm）、警報靜音燈等。而控制盤盤面應有下列開關：系統復歸開關（Reset）、系統警報靜音開關（Silence）、系統控制盤在額定電壓 86%～109% 變動範圍內，其性能應保持正常。此外，需有手動啓動裝置與緊急暫停裝置，於每一保護區之主要入口處均需備有本裝置，以供現場人員於緊急情況時手動操作，以釋放或中斷（在系統釋放前）滅火藥劑之放射，以免不當之誤動。

乾粉滅火機制

項	目	內容
抑制連鎖	斷鏈機制	由乾粉中無機鹽分解物，與燃燒生成自由基，發生化學抑制和副催化作用，其表面能捕獲 H+ 和 OH- 使之結合成水，而破壞鏈鎖反應，有效抑制火焰中 H+、OH- 等自由基濃度，導致燃燒中止。
遮隔	輻射熱遮隔	噴撒乾粉形成乾粉雲霧，產生輻射熱遮隔作用（Shielding Factor）。
窒息	釋放 CO_2	釋放 CO_2 達到窒息作用，正如乾粉受熱時能釋放水蒸氣一樣。但氣體並不是乾粉滅火之主因。第 3 種乾粉能分解磷酸銨在燃燒物上留下偏磷酸（Metaphosphoric Acid），產生黏附殘留體。
冷卻	分解吸熱	分解乾粉所需熱能作用相對較小，任何乾粉必須是熱敏感的，並因而吸收熱量以成為化學活性（Chemically Active）。
皂化【註解1】	表面塗層	對於廚房、抽油煙管和油炸鍋等火災防護，常使用乾粉及濕式化學藥劑，此種滅火機制是基於一種皂化過程。皂化在暴露於高熱則易分解。但乾粉沒有實質性冷卻效果，於一小段時間後，其高溫再起火現象，滅火時應注意這種特性。

乾粉使用侷限性

項	目	內容
悶燒火災	冷卻有限	用於 A 類或悶燒火災還應灑水以防止再蓄熱，如深層或捆包儲存區。
精密儀器	受熱發黏	乾粉高熱時變得發黏難以清除，不建議用在精密機器。
高熱表面	重新復燃	乾粉不能在易燃液面上形成持久惰性氣體層，易重新復燃。
電子產品	絕緣特性	乾粉不應用於電子區域（如變換機等），會使其無法再使用。
微腐蝕性	物品受損	乾粉略有腐蝕性，滅火後應進行清除。
含氧物質	無穿透性	乾粉不能穿透深處火勢，或燃燒物本身含氧物質之火災。
空氣泡沫不相容	斥水性	乾粉與大多數空氣泡沫是不相容的。

船舶移動式乾粉滅火設備

自動或手動啓動之乾粉儲存鋼瓶及甲板上手持式乾粉高壓軟管

【註解1】皂化是指化學轉化脂肪酸（Fatty Acid）過程中，以肥皂或泡沫來形成表面塗層，達到覆蓋滅火效果。皂化值是透過 1 克脂肪皂化反應所消耗氫氧化鉀數量之一種量度（mg）。

1-3 乾粉火災學理（三）

粉末健康效應

在毒性（Toxicity）方面，一般乾粉滅火劑成分是考量為無毒與非致癌（Non-carcinogenic）。但長期暴露之急性效應，會刺激黏膜與皮膚、眼睛和黏膜呼吸系統的化學灼傷（Chemical Burns）。假使沾濕皮膚，可能會加強這方面的作用。當固定式乾粉滅火系統（Fixed System）釋放時，在所有情況下，應配戴自給式空氣呼吸器（SCBA），以防粉末、煙、熱煙氣體及粉塵大量進入呼吸道。

滅火效能

在乾粉滅火特性（Extinguishing Properties）上，針對易燃液體滅火試驗比較，碳酸氫鉀（Potassium Bicarbonate）乾粉比碳酸氫鈉乾粉更為有效。同時，磷酸銨（Monoammonium Phosphate）的滅火效能比碳酸氫鈉更好，而氯化鉀的效能與碳酸氫鉀大致相等。而在所有測試乾粉中，以尿素－碳酸氫鉀（Urea-Potassium Bicarbonate）的效能為最佳。基本上，乾粉應用於火勢直接區域，能迅速將火焰撲滅，具有窒息（Smothering）、冷卻和輻射遮隔作用之滅火性。但研究顯示，火焰連鎖反應中斷（Chain-Breaking Reaction），應是滅火的主要原因（Haessler 1974）。在碳酸氫鈉乾粉分解化學式中，可見產生碳酸鈉、二氧化碳及水蒸氣之滅火作用，化學式如下：

$$2NaHCO_3 \rightarrow Na_2HCO_3 + CO_3 + H_2O \circ$$

稀釋窒息

在窒息作用（Smothering Action）上，一般乾粉滅火特性，能釋放二氧化碳達到窒息作用。二氧化碳無疑有助於乾粉效能的發揮，正如乾粉受熱時能釋放大量水蒸氣一樣。但實際乾粉滅火效能，氣體並不是滅火之主因。當多用途乾粉被噴撒到燃燒中一般可燃物，能分解磷酸銨在燃燒物質上留下偏磷酸，產生黏附殘留物。這種殘留物能把熾燃物質隔絕氧氣供應，從而有助於滅火和防止復燃。在冷卻作用上，無法證實乾粉冷卻作用是其迅速滅火效能的一個重要原因。分解乾粉所需熱能在其個別滅火能力中，扮演無可否認之作用，但這種吸熱作用本身是很小的。為了有較大滅火效能，任何乾粉必須是熱敏感的（Heat Sensitive），並因此吸收熱量以成為化學活性。

遮隔抑制

在遮隔作用（Radiation Shielding）上，噴撒乾粉可在火焰和燃料之間，形成一種乾粉雲霧，這種雲霧能將燃料與火焰的一些輻射熱遮隔開。這種遮隔作用在滅火效能上，是一種相當顯著的因素。上述各種滅火作用，在一定程度上各自扮演乾粉滅火效能的某些角色。可是研究揭示，還存在另一種因素，即滅火快速性是由於在乾粉粒子抑制燃燒連鎖反應成長，從而降低了火焰中存在的「自由」游離基濃度。為達此目的，乾粉必須能受熱分解，阻止反應性粒子聚合，並繼續干擾燃燒連鎖反應；此為滅火之主要斷鏈機制。

手提滅火器是火災第一道防線

乾粉藥劑量計算例

例 1. 某儲油槽直徑為 12 m、高 9 m，若採用加壓式乾粉滅火設備及第一種乾粉，所需乾粉藥劑量為 1000 kg，加壓氣體為氮氣時，其體積為何（35°C，表壓力 150 kg/cm²）？依法令規定，加壓用氣體使用氮氣時，在溫度攝氏三十五度，大氣壓力（表壓力）每平方公分零公斤或 0MPa 狀態下，每一公斤乾粉藥劑需氮氣四十公升。

【解】

$W = 40$（L/kg）$\times 1000$ KG $= 40000$ L　　依波以耳定律 $\dfrac{P_1 \times V_1}{T_1} = \dfrac{P_2 \times V_2}{T_2}$

P_1：絕對壓力 = 表壓力（0）+ 1.033kgf/cm²

P_2：絕對壓力 = 表壓力（150）+ 1.033kgf/cm²

$\dfrac{1.033 \times 40000}{(35+273)} = \dfrac{(150+1.033) \times V_2}{(35+273)}$（表壓力之零點為 1 大氣壓力）

$V_2 = 273.5$ L

例 2. 有一室內停車空間（15m×10m×5m），以全區放射第三種乾粉滅火設備作為火災防護，請問所需乾粉量多少？加壓氣體為氮氣時，其體積為何（35°C，表壓力 150 kg/cm²）？依法令規定，第三種乾粉單位藥劑量為 0.36kg/m³，加壓用氣體使用氮氣時，在溫度攝氏三十五度，大氣壓力（表壓力）每平方公分零公斤或 0MPa 狀態下，每一公斤乾粉藥劑需氮氣四十公升。

【解】

$W = 0.36$ kg/m³ $\times 15$m $\times 10$m $\times 5$m $= 270$ kg　　$N_2 = 270$ kg $\times 40$ L/kg $= 10800$ L

依波以耳定律

P_1：絕對壓力 = 表壓力（0）+ 1.033kgf/cm²

P_2：絕對壓力 = 表壓力（150）+ 1.033kgf/cm²

$1.033 \times 10800 = (150 + 1.033) \times V_2$

$V_2 = 73.9$ L

1-4 乾粉火災學理（四）

潮濕場所

乾粉滅火是適用於需立即壓制火勢，以減少大量輻射熱之防護對象物，且對象物受到滅火劑所產生汙染或損害較不敏感的（Irrelevant），如液化石油氣船或液化天然氣船之甲板上貨物或設施。因其滅火後會產生汙染，及乾粉在海上環境會有受潮濕硬化之虞，造成維修保養不易。因此，環境潮濕場所選擇乾粉系統作為火災防護是較少的。

皂化作用

在乾粉皂化（Saponification）作用上，對於特殊應用，如廚房、抽油罩（Hood）、抽油煙管和油炸鍋等火災防護，常使用乾粉及濕式化學藥劑，此種滅火機制是基於一種皂化過程。皂化是化學轉化脂肪酸（Fatty Acid）過程中，所含烹調介質（Cooking Medium，指食物油）以肥皂或泡沫來形成表面塗層，而達到覆蓋滅火之作用。皂化值是透過 1 克脂肪皂化反應所消耗氫氧化鉀（Potassium Hydroxide）數量之一種量度（mg）。而最常見烹調介質類型，即植物油，也有類似的皂化值。其他脂肪如可可（Cocoa），具有相當高的皂化值，並且難以撲滅。透過皂化生產肥皂，若暴露於火災熱量則易於分解。因此，因乾粉不提供實質性的冷卻滅火效能，食物油可能一小段時間之後，因保留高溫而出現重新閃火再起火現象（Re-Flash），應注意這種特性。

抑制迅速

乾粉主要用於撲滅易燃液體火災，由於乾粉不導電，其還能用於帶電設備之易燃液體火災。乾粉由於滅火迅速，常被用於撲滅普通可燃物之表面火災（Surface Fires）（A 類火災），如紡織廠等。不過，乾粉用於表面型的 A 類火災處，還應撒水以撲滅悶燒餘燼或防止高溫裂解到內部深處。在一些捆包棉花儲存區，可用乾粉覆蓋捆包頂部，以防一旦產生火焰時在其表面蔓延。由於乾粉加熱時變得有黏附性（Sticky），不建議在精密機器，特別是難以清除滅火殘留物之部位使用乾粉。

復燃問題

乾粉不具冷卻效果也不能在易燃液體的表面上方形成持久的惰性氣體層（Inert Atmosphere），因此，重新復燃如熱金屬表面或電弧高熱，因使用乾粉不會形成持久滅火效果。乾粉不應用於有中繼器（Relays）和精密電子接觸之區域，由於乾粉的絕緣特性，會使這種設備滅火後無法再使用。由於某些乾粉略有腐蝕性（Corrosive），在滅火後應盡快從所有未受損表面進行清除。乾粉不能撲滅穿透到表面層深處火勢，或燃燒物本身含氧之物質。除了專門與泡沫能適當相容的乾粉外，乾粉與機械（空氣）泡沫是不相容的。

乾粉種類

在此以各類場所消防安全設備設置標準介紹四種乾粉。

①第一種乾粉：碳酸氫鈉（$NaHCO_3$）

適用於 B、C 類火災，為白色粉末，碳酸氫鈉即小蘇打粉，為增加其流動性與防濕性，會加入一些添加劑。碳酸氫鈉易受熱分解為碳酸鈉、二氧化碳和水。

$$2NaHCO_3 \rightarrow Na_2CO_3 + H_2O + CO_2$$
$$Na_2CO_3 \rightarrow Na_2O + CO_2$$
$$Na_2O + H_2O \rightarrow 2NaOH$$
$$NaOH + H^+ \rightarrow Na + H_2O$$
$$NaOH + OH^- \rightarrow NaO + H_2O$$

②第二種乾粉：碳酸氫鉀（$KHCO_3$）

適用 B、C 類火災，效果會比第一種乾粉佳，為紫色乾粉，受熱分解為碳酸鉀、二氧化碳與水。本身吸濕性較第一種乾粉為高，儲藏時應注意防濕防潮。

$$2KHCO_3 \rightarrow K_2CO_3 + H_2O + CO_2 \text{（化學式轉變大量吸熱反應）}$$
$$2KHCO_3 \rightarrow K_2O + H_2O + 2CO_2$$
$$K_2O + H_2O \rightarrow 2KOH$$
$$KOH + OH^- \rightarrow KO + H_2O$$
$$KOH + K^- \rightarrow K_2O + H^+$$

③第三種乾粉：磷酸二氫銨（$NH_4H_2PO_4$）

適用 A、B、C 類火災，為淺粉紅色粉末，又稱多效能乾粉，適用於室內停車空間。磷酸二氫銨受熱後，初步形成磷酸與 NH_3，之後形成焦磷酸與水，再繼續變成偏磷酸，最後變成五氧化二磷。此種乾粉能與燃燒面產生玻璃狀之薄膜，覆蓋於表面上形成隔絕效果，所以也適用於 A 類火災，但乾粉之冷卻能力不及泡沫或二氧化碳等，於火勢暫熄後，應注意復燃之可能。

$$NH_4H_2PO_4 \rightarrow NH_3 + H_3PO_4$$
$$2H_3PO_4 \rightarrow H_4P_2O_7 + H_2O$$
$$H_4P_2O_7 \rightarrow 2HPO_3 + H_2O$$
$$2HPO_3 \rightarrow P_2O_5 + H_2O$$

④第四種乾粉：碳酸氫鉀及尿素（$KHCO_3 + H_2NCONH_2$）

適用於 B、C 類火災，為偏灰色粉末，為美國 ICI 產品，又稱錳鈉克斯（Monnex）乾粉。在滅火上，除抑制連鎖化學作用外，在熱固體燃料表面上熔化，形成隔絕空氣層，達到物理窒息作用。

1-5 二氧化碳火災學理（一）

釋放特性

在釋放特性（Discharge Properties）上，由於在瞬間蒸氣中帶有粒子非常細的乾冰，而呈現白色雲霧狀（Cloudy）的外觀。由於低溫，一些水蒸氣會從大氣中凝結（Condense），產生額外氣霧，這種霧在乾冰粒子沉降或昇華後，會繼續存在一段時間。發生火災後，乾冰的冷卻作用在降低溫度上通常是有益的，但在撲救對溫度極為敏感的設備火災時，要避免使用強射流直接噴射。

靜電問題

在靜電（Static Electricity）上，二氧化碳釋放期間產生的乾冰粒子，可攜帶靜電的電荷（Charge）；一般純氣體自管口高速噴出大致均不帶電，但此氣體內如含有粉塵或霧滴而呈氣霧態（Aerosol）時，則可明顯帶電。靜電還可以在未接地之釋放噴嘴進行累積。從以往容器之安全閥噴出導致著火案例，顯示容器內部鐵鏽粉末隨著噴出氣體接觸容器壁流出帶電所致。為了防止靜電放電，所有釋放噴嘴必須接地，特別是在手持高壓軟管系統中使用的噴嘴和排放管之情況。

蒸氣密度

在蒸氣密度（Vapor Density）上，相同溫度下，二氧化碳氣體密度是空氣密度之 1.5 倍。冷的噴放物有較大的密度，這就是其能取代燃燒表面上方的空氣，保持窒息的原因。因任何二氧化碳和空氣混合物都比空氣重，所以含二氧化碳濃度最高的氣層沉在最下部位。

生理效應

在生理效應（Physiological Effects）上，二氧化碳通常存在於空氣中約有 0.03% 濃度，它是存在於人類和動物細胞呼吸正常的副產品。在人體內，二氧化碳扮演一種呼吸的調節。從而確保為呼吸系統供應充足的氧氣。血液中的二氧化碳增加，導致呼吸速率加快。空氣中呼吸 6～7% 之 CO_2 時，呼吸開始大幅加快。高濃度的 CO_2 會減緩呼吸。最後，在空氣中 25～30% 之 CO_2，會使人體產生麻醉作用，並幾乎立即停止呼吸。

窒息作用

儘管二氧化碳毒性較小，但處於滅火濃度下會使人類失去知覺和死亡。在這種情況下，二氧化碳對人的窒息作用要比毒性作用更大。當 6～7% 的 CO_2 被認為是對人體變得明顯受害之門檻值。在濃度高於 9% 下，大多數人在很短的時間就會失去意識。由於在空氣中最小濃度 CO_2 用於滅火往往遠超過 9%，因此每一個 CO_2 滅火系統必須設計足夠的安全預防措施。在釋放過程所產生的乾冰，也能讓人體凍傷。由於極端低的溫度，工作人員應被警告不要釋放後立刻處理殘留的乾冰；必須隔一段相當長時間才能進入。

CO$_2$ 滅火劑的物理特性

項	目	內容
釋放特性	形成氣霧	液態 CO$_2$ 釋放，由於瞬間蒸氣中帶有非常細的乾冰，而呈現白色雲霧狀外觀。由於低溫，一些水蒸氣會從大氣中凝結，產生額外氣霧，這種氣霧在乾冰粒子沉降或昇華後，會繼續存在一段時間。對溫度極為敏感的設備，CO$_2$ 要避免強射流之直接噴射方式。
累積靜電	必須接地	CO$_2$ 自管口高速噴均不會帶電，但含有粉塵或霧滴而呈氣霧態時，則可明顯帶電。以往著火案例顯示，係容器內部鐵鏽粉末隨著噴出氣體接觸容器壁急速流出帶電所致。為了防止人員觸電危險，或靜電放電於潛在爆炸環境，所釋放噴嘴必須接地。
蒸氣密度	覆蓋窒息	相同溫度下，CO$_2$ 氣體是空氣密度 1.5 倍。冷的 CO$_2$ 有較大的密度，這就是能附著燃燒表面，保持窒息性原因。因任何 CO$_2$ 和空氣混合物都比空氣重，所以含 CO$_2$ 濃度最高氣層沉在最下部位。
生理效應	安全措施	每一個 CO$_2$ 滅火系統必須設計足夠的安全預防措施。在釋放過程所產生乾冰能讓人體凍傷。由於在極低的溫度下，工作人員應被警告不要釋放後立刻處理殘留的乾冰；必須隔一段相當長的時間方能進入。

CO$_2$ 滅火劑的滅火特性

項	目	內容
窒息滅火	減緩氧化速率	在任何火災中，熱量是由可燃物快速氧化所產生的。這種熱量的一部分用以提升燃料溫度至其起火點，大部分則透過輻射和對流而散失，特別是表面燃燒（Surface Burning）的物質。CO$_2$ 能大量稀釋空氣中的氧氣至火勢中，產生熱量獲得速率就減慢，直到其低於熱量損失速率。當燃料冷卻至起火溫度以下時，火勢就衰退熄滅為止。
冷卻滅火	避免復燃	雖 CO$_2$ 釋放溫度能接近 −79℃，如與等重水冷卻能力比較，CO$_2$ 算是相當小的。在低壓儲存 1 磅的液態 CO$_2$ 潛熱，約 120 BTU。以局部應用 CO$_2$ 直接噴射至燃燒物質（如液體槽），冷卻效果是較明顯的。如果是密閉全區應用，能迅速覆蓋達到窒息火勢。在噴放射流中存在乾冰粒子能幫助冷卻燃料，從而防止噴射後燃料區再度復燃。

火災生成大量二氧化碳及煙微粒

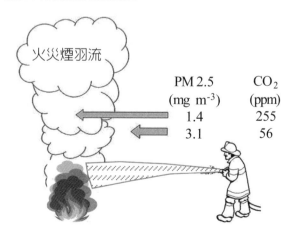

火災煙羽流

PM 2.5 (mg m^{-3})	CO$_2$ (ppm)
1.4	255
3.1	56

1-6 二氧化碳火災學理（二）

充填比

二氧化碳在滅火上以鋼瓶儲存，高壓式充填比為 1.5～1.9；低壓式為 1.1～1.4。充填比（$\frac{L}{kg}$），係指容器內容積（公升）與液化氣體重量（公斤）之比值。其滅火主要機制是使空氣中的氧氣含量減少（Oxygen Reduction）到不再支持燃燒的程度，達到窒息（Smothering）作用。二氧化碳的冷卻作用（Cooling Effect）是相對較小的，但仍有助於火勢熄滅，特別是當二氧化碳直接用於正在燃燒中的物質上。

稀釋氧氣

在稀釋氧氣部分，在任何火災中，熱量是由可燃物快速氧化所產生的。這種熱量的一部分用以提升未燃燒的燃料溫度至其起火點，而大部分則透過輻射和對流而逸失，特別是表面燃燒（Surface Burning）的物質。二氧化碳蒸氣（Vapor）能大量稀釋（Diluted）空氣提供氧氣至火勢，產生熱量的速率（氧化）就減慢，直到其低於熱量損失速率而冷卻。當燃料是冷卻至起火溫度以下時，火勢衰退而至完全熄滅。

滅火濃度

撲滅表面燃燒物質如液體燃料，所需最小二氧化碳濃度是能精確地決定，因輻射和對流的熱量損失率是相當恆定的（Constant）。最小設計濃度比理論最小 CO_2 濃度多 20%，但從來不會小於 34%（根據 NFPA 12）。但對固體物質卻很難得到同樣的數據，因輻射和對流造成的熱量損失率（Heat Loss Rate），取決於燃燒物質的物理配置（Physical Arrangement）所造成的遮蔽作用（Shielding Effects），而有很大範圍的變化。

冷卻滅火

在冷卻滅火（Extinguishment By Cooling）上，雖然 CO_2 釋放溫度可能接近 –79℃，於水等重冷卻能力相比，CO_2 算是相當小的。在低壓儲存液態 CO_2 1 磅的潛熱，約 126 kJ 和在 21℃儲存約 67.5 kJ。當使用局部區域應用方式（Local Application）時，CO_2 直接噴射至燃燒物質（例如噴滿液體槽），冷卻效果是相當明顯的。在噴放射流中存在乾冰粒子能幫助冷卻燃料，從而防止噴射結束後燃料區再度復燃。

全區應用

在全區放射（Total Flooding）上，於一般安全指南 CO_2 不應使用在一般人員常駐空間，除非能確保在 CO_2 釋放前人員安全疏散（Ensure Evacuation）。同樣的，限制也適用於通常不是人員常駐空間，但其中人員可能為維修或其他目的而進入之空間。一旦 CO_2 開始釋放，所產生的噪音、大幅降低能見度的 CO_2 氣霧以及 CO_2 濃度，可能使人員生理效應協調混淆（Physiological Effects Confuse），甚至使人員逃生更加困難。

二氧化碳滅火優勢

二氧化碳（CO_2）廣泛使用於滅火上，已有很長的時間，比任何其他氣體滅火劑，在過去已安全撲滅更多的火災。二氧化碳具有許多特性，使其成為一個理想的滅火劑。它是不可燃且不與大多數的物質發生反應，且本身能提供蒸氣壓，從儲存容器中直接釋放出。由於二氧化碳是一種氣體，密度為 1.96 g/L（0℃, 1atm），可以滲透（Penetrate）並蔓延到火勢區域所有內部。為氣體或為固體之乾冰（Dry Ice）皆不導電。因此，可以在帶電的電氣設備中使用，不會留下殘留物（Residue），滅火劑本身也是相當乾淨的。

二氧化碳防護空間

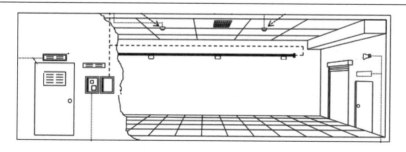

二氧化碳（CO_2）滅火系統的滅火對象是以 B 類之油類火災與通電中之 C 類火災為主，此外也可撲滅 A 類火災，尤其是可燃物堆積狀之深層火災（Deep-Seated Fires），但無法撲滅燃燒中會自動產生氧氣之 D 類金屬火災，如鈉、鈦、鉀、鎂、鋯等。CO_2 有其優點，即滅火後不留痕跡，對於貴重的儀器、發電機等，亦不致引起絕緣不良的效果，受到船舶等廣泛使用迄今，應用全區防護空間大多為電腦機房、機艙（Turbine Engines）、柴油發電機艙（Generators）、機械室（Machinery Spaces）等。

1-7 二氧化碳火災學理（三）

應用方式

二氧化碳應用方式，可分於封閉區劃空間重要防護對象物之全區放射方式（內部不可有人之區域，但泡沫可內部有人）（Total Flooding）、針對特定火災危險之局部放射應用方式（Local Application）、小規模 B 類火災之手持軟管放射方式（Hand-Hose Line）等三種。系統組成包括探測器、控制單元、藥劑儲存瓶（Agent Storage Cylinders）、管道和放射噴嘴（Nozzles）。氣態二氧化碳可迅速壓制火勢，藉由冷卻和氧氣稀釋（Oxygen Displacement）之作用組合。

儲存容器

CO_2 如超過臨界溫度，則壓力驟增，因此儲存容器應置於 40 ℃以下，溫度變化較少的處所。充填時需注意不宜超壓，以免危險。一般 CO_2 儲存容器充填比至少應在 1.5 以上。固定式氣體滅火系統施放前，預警報應能自動啟動，如打開釋放箱櫃的門來啟動，自動延時裝置應能保證在滅火劑施放前，讓內部尚未撤離人員仍有出來之機會。以二氧化碳作為船用滅火劑是比較理想的。二氧化碳滅火劑本身是乾淨的，不會造成貨物損壞和船舶機械損壞，滅火後也不會留下任何需加以清除的殘留物。

滅火侷限

在滅火侷限性方面，於普通 A 類火災上使用 CO_2 受到某些相對限制：

1. 冷卻不佳：CO_2 噴射出的乾冰粒子不像水一樣，僅有低冷卻能力，無法潤濕或進行滲透。
2. 不能維持：覆蓋不能保留（Retaining）其滅火濃度。真正的表面燃燒（如液體燃燒），火勢是容易撲滅，因很快能達到自然冷卻（Natural Cooling）效果。
3. 深層火災釋放時間需夠長：如果火勢滲透到燃料表層下，由於較厚燃料質量體（Fuel Mass）能提供一層隔熱，一般稱深層火災（Deep-Seated Burning），以致深層能減緩熱損失速率。
4. 高溫金屬或悶燒火災釋放時間需夠長：存在大量受熱高溫金屬物體或熾熱含碳素物餘燼時，要完全把這類火勢撲滅及防止復燃，就需要更高的 CO_2 濃度和更長的釋放及保留時間（Holding Time）。
5. 對含氧物質火災無效（Oxygen-Containing Materials）：對於硝酸纖維素（Cellulose Nitrate）等本身含有供氧來源的化學品火災，CO_2 不是一種有效的滅火劑。
6. 對活性或氫化金屬火災無效（Reactive Chemicals）：如鈉、鉀、鎂、鈦、鋯（Zirconium）等活性金屬（Reactive Metals）和氫化金屬（Metal Hydrides）的火災，就不能用 CO_2 撲滅，因這些金屬和氫化物能使 CO_2 分解（Decompose）。

CO$_2$ 物理上三態

CO$_2$ 常溫下壓力 75kg/cm^2 即可液化，呈現三態特性

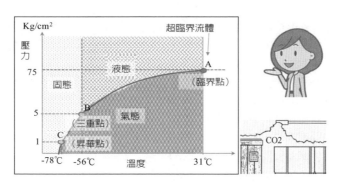

CO$_2$ 為一種物理性滅火機制，是空氣中常見的化合物，由兩個氧原子與一個碳原子共價鍵連接而成，是一種無色、無味、非導電性的氣體，密度約 1.98 kg/m^3、分子量 44，比重比空氣重 1.5 倍。

CO$_2$ 於常溫下壓力約 75kg/cm^2 即可液化，於 –78.51°C 時，昇華成固態 CO$_2$（乾冰）（圖中 C 點），在圖中 A 點時，溫度及壓力都大於其臨界溫度及臨界壓力時，液體和氣體間無明顯界面，形成既非氣相也非液相的另一種均勻相，為超臨界流體。

船舶 CO$_2$ 系統實例
CO$_2$ 藥劑量的釋放量計算例

1. 在一船艙密閉空間釋放 CO$_2$ 量 0.75 kg/m^3，請問釋放後該空間氧濃度為多少？CO$_2$ 理論濃度為多少？滅火濃度為多少

【解】

氧濃度 $= \dfrac{21}{100} \times 0.75 = 0.157$　氧濃度為15.7%　CO$_2$ 1kg 體積約 0.534 m^3（15°C），

0.75 kg/m$^3 \times 0.534$ m$^3 = 0.4$　CO$_2$ 理論濃度 $\dfrac{x}{V+x} = \dfrac{0.4}{1+0.4} = 28.6\%$

滅火濃度 = 理論濃度 + 20% 安全係數　$28.6\% \times 1.2 = 34\%$

2. CO$_2$ 滅火設備防護一精密儀器之密閉空間（15m×10m×4m），放射時空間內氧濃度至10%，請問此時空間內CO$_2$濃度多少？需釋放多少CO$_2$藥劑重量（充填比1.5）？

【解】

滅火濃度 $(x) = \dfrac{0.21 - O'_2}{0.21}$　$x = 0.524$　CO$_2$ 濃度為 52.4 %

$\dfrac{x}{(x+V)} = 0.524$（滅火劑氣體體積為 x：空氣體積為 V），$x = 1.1\,V$

$x = 1.1V = 1.1 \times (15 \times 10 \times 4) = 660$ m^3（CO$_2$ 體積）

$\dfrac{660}{W} = 1.5$，$W = 440$ kg（CO$_2$ 藥劑量）

1-8 海龍（替代）火災學理（一）

海龍禁用

海龍滅火藥劑（Halonenated Agent）在滅火效能上已有諸多優異的表現，但其氟氯碳化物會造成大氣層中的臭氧層破壞，早在 1987 年全球已簽署《蒙特婁公約》，強制各國限制使用，並於 1994 年起全面禁止生產。

但海龍滅火藥劑具有無臭、無色、低毒性，平時釋放時無毒、但是藥劑在接觸火源時會產生劇毒，原因在於氟、氯、溴及碘等物質在遇到火焰時，產生了觸媒作用後，使可燃物中碳氫化合物中氫，與燃燒進行中產生氫氧結合，然而氫氧即是燃燒進行中連鎖反應的關鍵因素，因而抑制燃燒持續進行之作用。然而，海龍藥劑經分解置換出鹵元素是屬於劇毒物質，而產生與環境相關的負面問題。因此，一些海龍替代品（HALON Substitutes/Replacements）陸續使用改良。但有些（惰性氣體除外）與高溫接觸勢必產生過量毒性物質，NFPA 規定藥劑放射應在 10 秒內快速完成；時間越久，分解毒性會越多。

海龍毒性

海龍多數用於可燃性液體火災及電氣火災。金屬火災則因其與金屬易產生反應，故不適宜。由於此種滅火藥劑本身多少具有毒性，使用時，易產生氯氣等有毒氣體，在狹小艙內或通風不良的處所，應特別注意。優點除滅火效果良好外，比重大，保存時容積不占空間。海龍常溫下為氣體，一般均液化裝於鋼瓶中。若以重量而言，則 1301 及 1211 的滅火效能大致為 CO_2 的 2～2.5 倍。且鹵化物具不受障礙限制而可達火源死角，此項優點是乾粉所沒有的。海龍滅火的原理，除了冷卻、窒息及稀釋外，如上所述，最主要的是抑制作用，能使燃燒的連鎖反應無法持續而熄滅。任何 1301 滅火系統，必須具備與全區二氧化碳系統等同的防火效能和可靠性。

設計要求

因海龍具有滅火速度快、重量輕、容積小、不導電、腐蝕性小等特性，放射後不會汙染到物品，藥劑持久，不易變質，保養較容易。在應用上，基本保留了二氧化碳系統的設計要求：

1. 釋放 1301 滅火劑時，釋放區必須淨空所有人員。應配備預釋放氣體警報裝置。
2. 滅火劑儲存鋼瓶必須放在釋放區外，但小於 $6000ft^3$（$170m^3$）的空間以及使用組合式 1301 滅火劑系統除外。
3. 為防了防止釋放事故，再釋放滅火劑時，應採用 2 個不同的步驟。
4. 應配備手控釋放裝置。
5. 自動釋放裝置僅限小於 $6000ft^3$（$170m^3$）之空間。
6. 遠端釋放控制站，應附有選用釋放方式的詳細說明。

海龍滅火效能高

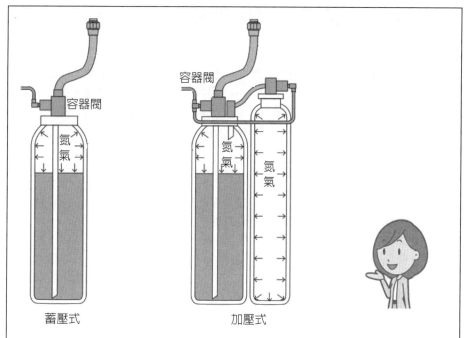

海龍係指碳氫化合物（Bydrocarbons）中的氫原子，被鹵元素系列的氟（F）、氯（C1）、溴（Br）、碘（I）等原子所取代之化合物而成的海龍（Halongenaateb Hydroc-Arbons）簡稱。海龍起源於 1962 年左右，至 1968 年間，已有不少海龍滅火系統被設置了。至 1970 年代美國防火協會（NFPA）認定 Halon1301 及 Halon1211 適用於滅火系統。由於這類化合物非但本身具不燃性，此種化合物蒸發力極大，且具有滅火的功效，一般稱為蒸發性液體滅火藥劑。發生火災時，除了氟只能反應一次以外，溴和氯則可以循環不斷的和燃燒時所產生的自由基作用，並減少氧氣參與反應的機會，而達到滅火的目的。如海龍 1211 有一個碳原子、二個氟原子、一個氯原子及一個溴原子，一個碳原子可形成四個單鍵，全部都和鹵素鍵結，因此沒有氫原子，化學式為 CF_2BrCl。海龍蒸發時，不但具有稀釋作用，同時能吸收相當的熱量，故亦有冷卻效果。作用原理與傳統的「降低溫度」、「隔絕氧氣」不同，是以化學活性打斷燃燒鍵結，以達滅火之目的。

海龍替代劑基本考量

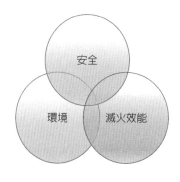

1-9 海龍（替代）火災學理（二）

尋找替代

　　因所釋放之海龍藥劑，其破壞臭氧層速率是氟氯碳化物的 $10\sim16$ 倍。溴比破壞臭氧的速率更高達 $40\sim100$ 倍。所以 1994 年國際公約規定海龍滅火劑禁止生產製造，而已生產之海龍滅火系統可以繼續用，但不再繼續生產。因此，找尋一更新、更安全，且不危害生態之海龍替代品滅火藥劑。

NFPA 2001

　　在海龍替代滅火系統上，一些海龍替代品（HALON Substitutes/Replacements）已經研發且陸續使用改良。但有些（惰性氣體除外）與高溫接觸，勢必產生過量毒性物質，NFPA 規定藥劑放射應在 10 秒內完成。海龍替代滅火藥劑以 NFPA 2001 所示之潔淨滅火劑（Clean Agents）爲主；此能分爲以下二部分。

1. 惰性氣體（Inert Gases）：主要使用氮氣（N_2）及氬氣（Ar）或兩者的混合物，降低防護區環境中的氧濃度，使燃燒現象無法維持。以 IG-541 設計滅火濃度均高達 50%，氧氣濃度低至 12.5%；無環保問題是此類藥劑之特點。但 IG-541 設鋼瓶數量多、占空間則爲其缺點。又惰性氣體如 IG-541（$N_2$52%、Ar40%、$CO_2$8%）、IG-01（Ar 99.9%）、IG-55（Ar50%、$N_2$50%）、IG-100（N_2 100%）等，在火災中並不致生成有害分解化學物質，這點較合成之海龍替代品適用；必須注意的是，IG-01 及 IG55 設計滅火濃度達 50%，放射區劃內之 O_2 濃度可能低至 12.5%，短時間即會造成人員意識不明；只有 IG-541 因含有 CO_2，可自動促進呼吸效果，故放射過程中允許人員在防護區域內，較其他惰性氣體及 CO_2 適用。但其藥劑鋼瓶數量爲 Halon 1301 之數倍，且充填壓力達 150 bar，故鋼瓶需遠離防護區域，在設置時應特別注意。

2. 鹵化烷（Halocarbon Agents）：鹵化烷大多以高壓液化儲存。在常溫常壓下，如海龍仍算是穩定的（除了破壞臭氧層）。但一旦環境因素變動，最可能水解產生光氣之毒性。因此，與海龍滅火劑類似之合成化合物，只是把最能破壞臭氧層之溴（Br_2）拿掉，也是藉切斷火焰之連鎖反應，達成滅火目的。目前在國內使用之種類有 FM-200（HFC-227ea）、NAFS-III、PFC-410（CEA-410）、FE-13（HFC-23）等；其中仍有具破壞臭氧層能力者，有在大氣中滯留長達 500 年者，故仍有使用年限，選用時應注意。又鹵化烷化物之海龍系替代藥劑多含有氟（F），在氫（H）充裕場合，極易生成 HF；反之，則可能生成 F 或 CF_2。經實驗指出，海龍替代藥劑即使在 10 秒內滅火，HF 仍高達 500ppm。因此，建議在 A、B 或 C 類滅火後，必須進行完全充分之換氣作業，將滯留在火災室內達致死濃度之 HF 有效排出。

海龍替代滅火設備種類

種類	項目	成份或名稱	認可		內容
			NFPA	臺灣	
惰性氣體	IG-541	$N_2$52%、Ar40%、$CO_2$8%	✓	✓	主要使用氮（N_2）及氬（Ar）降低氧濃度
	IG-01	Ar 99.9%	✓	✓	
	IG-55	Ar50%、$N_2$50%	✓		
	IG-100	$N_2$100%	✓		
鹵化烷化合物	FE-13	HFC-23（三氟甲烷 CHF_3）	✓	✓	大多以高壓液化儲存，主要將破壞臭氧層之溴（Br_2）拿掉；藉由切斷火焰之連鎖反應達到滅火目的。
	FE-25	HFC-125（五氟乙烷 C_2HF_5）	✓	✓	
	FM-200	HFC-227（七氟丙烷 C_3HF_7）	✓	✓	
	FC-3-1-10	CEA(PFC)-410（十氟丁烷 C_4F_{10}）	✓	✓	
	FK-5-1-12	NOVEC 1230（全氟化酮）	✓	✓	
	NAFS-Ⅲ	CHClF2 等（氟氯碳化物）	✓	✓	

海龍替代滅火設備比較

滅火藥劑	Inergen（IG-541）	FM-200	CEA-410	NAFS-III	HFC-23	Halon1301
化學式	N_2 52% Ar 40% CO_2 8%	CF_3CHFCF_3	C_4F_{10}	HCFC	CHF_3	CF_3Br
製造商	Ansul	Great Lakes	3M	NAF	Dupont	
滅火原理	稀釋氧氣	抑制連鎖	抑制連鎖	抑制連鎖	抑制連鎖	抑制連鎖
破壞臭氧指數	0	0	0	0.044	0	16
溫室效應	0.08	0.3～0.6（中）	（高）	0.1（低）	（高）	0.8
大氣滯留時間	-	短 31～42 年	非常長 500 年	短 7 年	長 208 年	107 年
蒸氣壓（77℉）	2205psi 高壓系統	66psi 低壓系統	42psi 低壓系統	199psi 低壓系統	686psi 高壓系統	241psi
滅火濃度	30%	5.9%	5.9%	7.2%	12%	3.5%
熱分解物	無	HF	HF	HF	HF	HF
儲存狀態	氣態	液態	氣態	氣態	液態	氣態

1-10 海龍（替代）火災學理（三）

IG-541

Inergen：藥劑 IG-541 是由安素（Ansul）公司製造，其是氮氣（N_2, 52%）、氬氣（Ar, 40%）和二氧化碳（CO_2, 8%）之混合物。其 NOAEL[註解2]為 43%，相當於 12%O_2，LOAEL[註解3]為 52%，相當於 0%O_2。

FM-200

FM-200：FM-200（藥劑 HFC-227ea）為七氟丙烷，是由大湖化學（Great Lakes Chemical）公司製造。通常以液態儲存，比重為 5.9，化學式為 CF_3CHFCF_3，是一種揮發性或氣態的滅火劑，在使用過程中不留殘餘物。適用於有工作人員常駐的保護區；能結合物理的和化學的反應過程迅速，抑制燃燒連鎖反應，有效地消除熱能，阻止火災發生。基本上，FM-200 的物理特性是其分子氣化階段能迅速冷卻火焰溫度；並且在化學反應過程中釋放游離基，並阻止燃燒的連鎖反應。在滅火上不適用於含氧化劑如硝化纖維、硝酸鈉等或能自行分解化學品如過氧化氫、聯胺等，以及如鉀、鈉等活潑金屬類、金屬氫化物如氫化鉀、氫化鈉等 D 類火災。

CEA-410

CEA-410：CEA-410（藥劑 FC-3-1-10）為十氟丁烷，製造商為 3M 公司，化學式：C_4F_{10}，壓力灌入後，成 42 psi 之液態儲存方式，蒸氣壓為 77°F，對人員是安全的，放射時間為 10 秒，主要滅火原理為抑制連鎖反應。

NAF S-Ⅲ

NAF S-Ⅲ：NAF S-Ⅲ（藥劑 HCFC）為三氟甲烷，製造商為 NAF 公司，化學式：HCFC 之混合物，灌入後成 199 psi 之高壓液態儲存方式，蒸氣壓為 77°F，對人員是安全的，放射時間為 10 秒，主要滅火原理為抑制連鎖反應。

FE-13

FE-13：FE-13（藥劑 HFC-23）為三氟甲烷，製造商為杜拜公司（Dupont），化學式：CHF_3，灌入後成 686 psi 之高壓液態儲存方式，蒸氣壓為 77°F，對人員是安全的，放射時間為 10 秒，主要滅火原理為抑制連鎖反應。

[註解2] NOAEL（no observed adverse effect level），為無毒性濃度，藥劑對身體不產生明顯影響之最高濃度。

[註解3] LOAEL（lowest observed adverse effect level），為確認毒性之最低濃度，即藥劑對身體產生明顯影響之最低濃度。

FM-200 火災防護

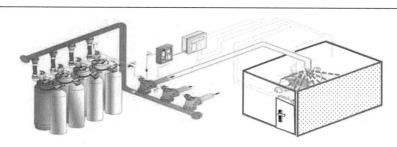

FM-200 滅火劑在防護空間內氣體濃度設計最低 7% 時，即可滅火，而不會影響空間內氧氣問題。這允許人員有能見度和呼吸情況，而能安全離開火勢之區域。FM-200 滅火系統 10 秒內能快速滅火，且不產生毒性，意即滅火後對現場工作人員不造成影響。壓力為 $25kg/cm^2$，氣體放射時，對滅火人員不會造成多大影響。區劃空間空氣中，含氧量達 19.5% 以上，對現場工作人員不會產生窒息的危險。

海龍替代品考量因素

項目	內容
滅火效能值高	能有效滅火是設備設置之主要目的。
人員安全性高	當滅火藥劑放射時，不會產生毒性且不影響人員逃生。
破壞臭氧層指數（ODP）、溫室效應值（GWP）低	地球臭氧層遭破壞，太陽紫外線及輻射線會因無大氣層保護，直接到地球表面，造成氣候變化及人體皮膚病變。
滯留大氣時間（ALT）短	滯留大氣時間過長，藥劑受到紫外線照射分解鹵素原子與臭氧反應，使臭氧分解消失，間接造成地球臭氧層破壞。
滅火藥劑穩定性高	滅火藥劑儲存時間久，且不產生化學變化之質變特性。
系統能取代原設備	從經濟考量並達到安全及有效之目的。
易於維修	取得便利且經濟。

海龍替代品滅火藥劑毒性分析

滅火藥劑	LC	NOAEL	LOAEL
Inergen	無毒	43%	52%
FM-200	>80%	9%	10%
CEA-410	>80%	40%	>40%
NAFS-III	64%	10%	>10%
FE-13	>65%	50%	>50%

Inergen 海龍替代滅火設備

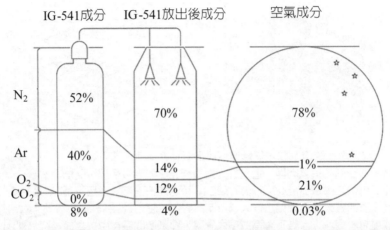

氣體	IG-541	IG-541釋放後	空氣成分
		設計濃度37～43%	
氮氣（N_2）	52 ± 4 %	67～70 %	78 %
氬氣（Ar）	40 ± 4 %	12～16 %	1 %
氧氣（O_2）	0 %	12～14 %	21 %
二氧化碳（CO_2）	8 ± 1 %	3～4 %	0.03 %

IG-541 滅火設備釋放前後濃度

Inergen 海龍替代滅火設備啓動組成構件

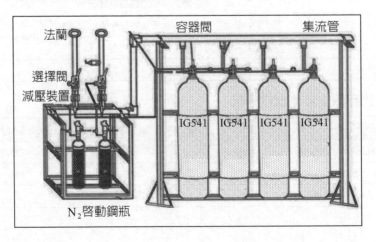

船舶海龍及 FM-200 滅火設備

海龍替代品藥劑計算例

> 1. HFC227 滅火藥劑之分子量為 170，滅火濃度為 7%，試問於室溫 20℃之情形下，每 1m³ 之空間需要多少kg之滅火藥劑量？

【解】

$$\frac{x}{(x+V)} = \frac{7}{100} \text{（滅火劑氣體體積爲 } x \text{：空氣體積爲 } V\text{）} \quad x = 0.075V$$

$$PV = nRT \rightarrow 1 \times (0.075 \times 10^3) = \frac{m(g)}{170} \times 0.082 \times 293K \quad m = 530 \text{（g）}$$

> 2. 某密閉檔案室其長、寬、高為 20 m（長）× 10 m（寬）× 3 m（高），使用 FM-200 作為防護氣體，其滅火設計體積濃度為 5.9%，室溫為 15℃，若氣體比容[註解4]為 0.1346 m³/kg，試計算滅火需要多少藥劑量？

【解】[註解4]

FM200 濃度 % =（FM 體積）/（全部氣體體積）×100%

$$0.059 = \frac{x}{V+x} \quad x = 0.063V \quad V = 20 \text{ m} \times 10 \text{ m} \times 3 \text{ m} = 600 \text{ m}^3$$

FM 200 體積爲 600×0.063=37.6 m³

FM 200 比容或容積比（m³/kg）爲 0.1346（15℃）

重量（kg）= 體積（m³）/ 比容（m³/kg）= 37.6/0.1346 = 279.3 kg（藥劑量）

> 3. 某場所使用海龍替代品 FM-200，若其設計之濃度為 10%，試問其放出後，該空間之 氧氣濃度為多少 %？滅火藥劑量單位空間 m³ 需為多少 kg？

【解】

$$\text{滅火濃度（}x\text{）} = \frac{0.21 - O'_2}{0.21} \quad O'_2 = 0.189 \quad \text{氧濃度爲 18.9\%}$$

FM 200 滅火濃度 % =（FM 200 體積）/（全部氣體體積）

$$0.1 = \frac{x}{V+x} \quad x = 0.111V$$

FM 200 體積爲 1 m³×0.111 = 0.111 m³　FM200 比容（m³/kg）爲 0.1346（15℃）

重量（kg）= 體積（m³）/ 比容（m³/kg）=0.111/0.1346 =0.83 kg（單位空間藥劑量）

[註解4] 比容是體積除以重量，而密度是重量除以體積，所以兩個互為倒數。

1-11 手提式滅火設備火災學理

項	目	內容
滅火藥劑	滅火效能	1. 滅火效能值（Extinguisher Ratings）是測試滅火器是否能有效和安全地滅火。效能值也是提供滅火器所能控制火災規模之一種指標。 2. A 類火災滅火效能值等級，從 1A 至 40A；如一個 4A 能控制火災比 2A 滅火器約 2 倍大。B 類滅火效能值等級從 1B 至 640B；如一個 10B 滅火器能撲滅約 0.9 m^2 漏油火災面積。 3. 在美國 A 類滅火器之火災測試，是使用木材和木刨片（Excelsior）進行；而 B 類滅火器使用正庚烷（N-Heptane）液體兩吋深度油盤火災進行測試；C 類火災之滅火器沒有滅火效能值；D 類滅火器是特定可燃金屬火災之試驗值。
	藥劑相容	藥劑相容性（Agent Compatibility）是滅火器選擇之另一考慮因素，如所防護區域中的極性溶劑（Polar Solvent），一般泡沫劑是不會有效的。
	藥劑安全	1. 滅火藥劑可能產生分解蒸氣，藥劑製造商通常提供明顯警告標籤。然而，有時危險不在於滅火器，而在其使用的區域。 2. 於 B 類火災使用泡水類型時，火勢可能受水影響，產生火焰突然躍起，造成人員傷害；如果水基滅火器使用在帶電附近，可能使人員觸電。 3. 雖然 CO_2 本身不具毒性，但滅火時濃度高，也會對人員產生威脅。如果 CO_2 使用在不通風區域，會使人員變得無意識。此外，在釋放 CO_2 時，冷凝水蒸氣的形成，也可能造成人員迷失方向（Disoriented）。 4. 乾粉滅火器沒有毒性，但釋放呼吸一段長時間，刺激性可令人不適。磷酸單銨較具刺激性，其次是鉀基乾粉，而碳酸氫鈉則較少。乾粉劑都是非導電性、釋放後沉積在電氣接點，可隔絕電氣；如果附近有空調也會造成堵塞作用。 5. 滅火器初始釋放具有較大衝力，如果是近距離的易燃液體或油脂火災，可能造成噴濺擴大現象。 6. 幾乎每一場火災生成物皆有毒，直到火勢被撲滅，該區域應有良好通風，不要停留該區域。
	所需劑量	火災潛在嚴重性，還必須評估所需滅火器的大小；例如：為防護室內 0.5 L 量之易燃液體火災，所選擇的滅火器只需控制侷限火災之效能值即可。
場所特性	火災類型	識別滅火器適合的火災類型，如一個存放紙張的商品倉庫，清水型（Water-Type）滅火器將比一個多用途乾粉化學型更合適。因乾粉滅火器在 A 類所形成深層火災（Deep-Seated Fires）中，並不具水之滲透力。
	防護屬性	滅火器防護屬性，如乾粉滅火器通常能提供易燃液體火災的最迅速控制，如果區域中存在電子設備，乾粉所留下殘餘物，會導致比火災更大的危害；因此，CO_2 或者任何海龍替代品將是更有效的藥劑。但也可能出現相反情況，在所防護的戶外區域如碼頭，乾粉比 CO_2 受風影響較小。

場所特性	設置位置	1. 在放置滅火器之位置必須考慮環境影響。使用水和泡沫滅火，會受到天氣下雪區域影響。而風與瞬間氣流將對任何氣態滅火藥劑產生絕對影響；如 CO_2 特別難以在有風的條件下使用。 2. 滅火器閥頭通常使用鋁和黃銅材質，具腐蝕性環境應選擇黃銅。而噴出的滅火藥劑反應性和汙染也需考慮，因一些滅火劑可與某些材料發生不良反應。如食品加工區不當使用乾粉滅火劑。 3. 在一有限空間使用某些滅火劑，可能存在的危險，如 CO_2 即是。而海龍替代品受熱會分解毒性產物，對人體具危害性。
	人員能力	1. 有受過訓練人員使用滅火器，是首要考慮因素。若是未經訓練的操作人員，因無法有效發揮其該有性能，滅火器設置僅提供場所表面上消防安全之一種假象而已。 2. 撲滅較大的火災，需要較多的訓練。操作人員沒有足夠的訓練，不應從事滅火行動。未受過訓練人員可能受到身體或精神的限制，將無法發揮滅火器之應有效能。
整體評估		1. 滅火器是防止火勢失去控制的第一道防線。因此，不管是否已採取其他消防措施，滅火器均應配置。 2. 滅火器防護成本，是取決於所欲達成保護目標之價值。改善滅火器設置成本，選擇的方法是評估防護對象物為一整體，而不是單獨區域。此種決定必須基於是否能滿足最低安全的要求。滅火器成本應在滅火器壽命與維修費用（重新充填）考量下進行評估，而不是僅根據最初購買價格。例如碳酸氫鉀比普通乾粉更貴，但需有效防護易燃液體規模，此額外的費用是合理的。 3. 選擇滅火器大小會影響初始成本。很多小型的成本，會高於同類型較少數量之大單位滅火器。實際上所有火災一開始是較小的，如能立即使用合適、數量充足的滅火劑，便不難撲滅。手提式滅火器就是為此目的而設計的，但滅火器撲救火災成效還有賴於下列條件： (1) 合適位置。 (2) 合適類型。 (3) 初期火災：火災必須及時發現，此時火勢尚小，滅火器才能有效加以控制。 (4) 有能力人員：發現火勢後，必須有準備、有意願、有能力的人員使用滅火器。

手提滅火器是初期火災應變利器

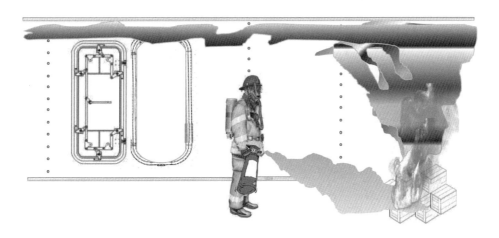

Note

第2章
消防安全設備設置標準

2-1 授權命令

第 1 條
本標準依消防法（以下簡稱本法）第六條第一項規定訂定之。

【解說】
消防法第六條如次：

第 6 條　　本法所定各類場所之管理權人對其實際支配管理之場所，應設置並維護其消防安全設備；場所之分類及消防安全設備設置之標準，由中央主管機關定之。
消防機關得依前項所定各類場所之危險程度，分類列管檢查及複查。
第一項所定各類場所因用途、構造特殊，或引用與依第一項所定標準同等以上效能之技術、工法或設備者，得檢附具體證明，經中央主管機關核准，不適用依第一項所定標準之全部或一部。
不屬於第一項所定標準應設置火警自動警報設備之旅館、老人福利機構場所及中央主管機關公告場所之管理權人，應設置住宅用火災警報器並維護之；其安裝位置、方式、改善期限及其他應遵行事項之辦法，由中央主管機關定之。
不屬於第一項所定標準應設置火警自動警報設備住宅場所之管理權人，應設置住宅用火災警報器並維護之；其安裝位置、方式、改善期限及其他應遵行事項之辦法，由中央主管機關定之。

　　《各類場所消防安全設備設置標準》係依據消防法制定，在法律位階層次上，係屬第 3 位階之法規命令，行政機關必須基於法律直接授權依據，如右圖所示。所以在本辦法第 1 條需開宗明義講出，係依消防法第 6 條第 1 項之法律授權來訂定。
　　基本上，「法規命令」與「行政規則」皆屬「行政命令」，第 4 位階之行政規則以行政體系內部事項爲內容，原則上無需法律授權，行政機關得依職權訂定習稱之「行政規定」，而第 3 位階法規命令需要法律明確授權，有規範上的拘束力，通常於行政院發布後即送立法院備查。目前在消防體系上有法制化法律，包括消防法、災害防救法及爆竹煙火管理條例，法令之罰則制定，須在第 2 法位階（法制化），由立法院進行三讀之逐條審查程序通過，因其嚴重影響人民權利義務；如違反本設置標準或公共危險物品、管理辦法等，以引用消防法之條文，前者第 37 條，後者是第 42 條。
　　在消防解釋令方面，係行政院所屬機關之消防署，依職權訂定之一種行政規則（第 4 法位階）。其是上級機關對下級機關，要求對於事物本質上相同之事件應作相同處理，對每位申請者有相同之情形者，皆應做出相同之解釋，此爲「禁止差別待遇原則」，因此產生行政自我拘束性（內部），而間接對人民發生效力（外部）。

金字塔型法律位階架構

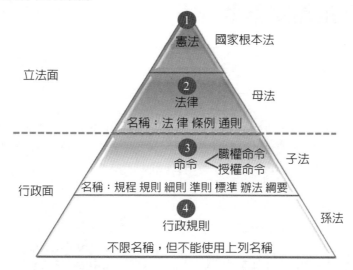

中華民國法律位階明細圖

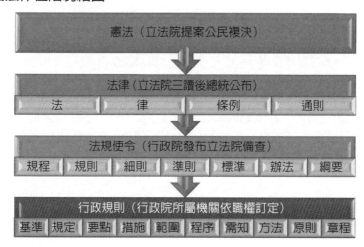

日本消防法體系

2-2 未定國家標準

> **第 2 條**
> （刪除）

【解說】

　　第 2 條已法制化，移到消防法第 6 條第 2 項：各類場所因用途、構造特殊，或引用與依第 1 項所定標準同等以上效能之技術、工法或設備者，得檢附具體證明，經中央主管機關核准，不適用依第 1 項所定標準之全部或一部。

> **第 3 條**
> 未定國家標準或國內無法檢驗之消防安全設備，應檢附國外標準、國外（內）檢驗報告及試驗合格證明或規格證明，經中央主管機關認可後，始准使用。
> 前項應經認可之消防安全設備項目及應檢附之文件，由中央消防機關另定之。

【解說】

　　本條與消防法第 6 條第 3 項（因用途、構造特殊，或引用與依第一項所定標準同等以上效能之技術、工法或設備者，得檢附具體證明，經中央主管機關核准），也就是必須送經內政部審核認可；假使是未定國家標準或國內無法檢驗之消防安全設備，應經內政部認可，始能使用；其中也可檢附國外標準如海龍替代藥劑自動滅火設備查驗，可依 NFPA 2001（潔淨藥劑滅火系統標準）規定，來實施氣密試驗等。

　　目前台灣消防機具、器材及設備之認可，分為二種，一種係依消防法第 12 條之消防機具器材及設備認可標準、消防機具器材及設備認可實施標準，目前公告認可項目有機械類 11 項與電氣類 14 項。另一種係依消防安全設備審核認可作業規定，非公告認可項目之個案，送件至消防署進行審核認可。

【依消防法第 12 條公告，應經認可之項目】

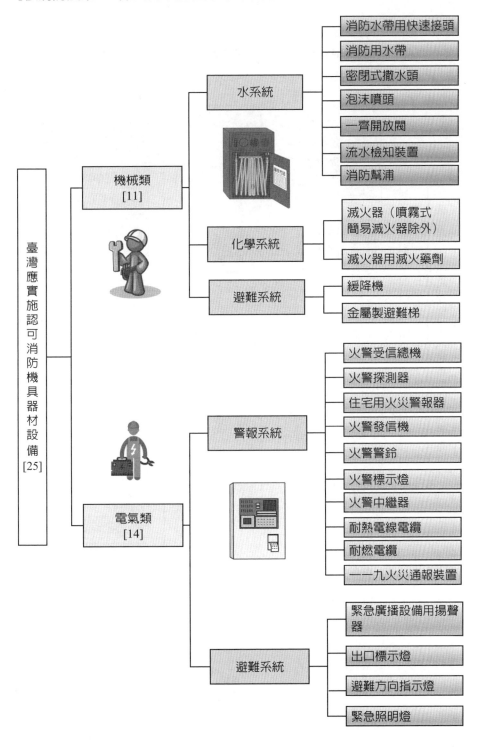

【依消防安全設備審核認可作業非公告，應經審核認可之項目】

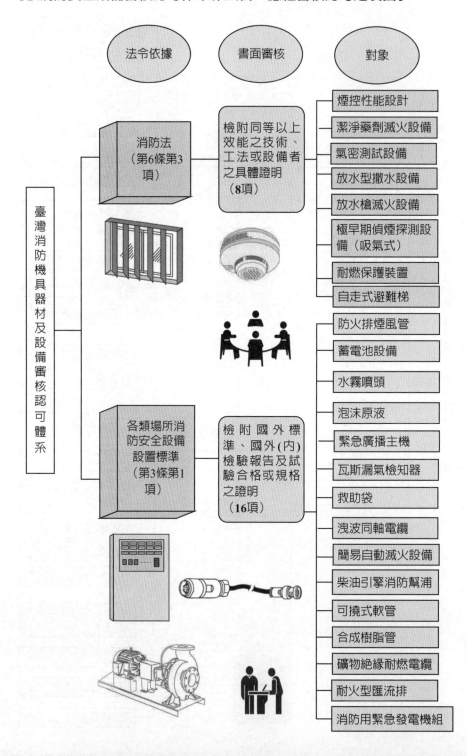

法令依據　　　書面審核　　　對象

臺灣消防機具器材及設備審核認可體系

消防法
（第6條第3項）

檢附同等以上效能之技術、工法或設備者之具體證明
（8項）

煙控性能設計
潔淨藥劑滅火設備
氣密測試設備
放水型撒水設備
放水槍滅火設備
極早期偵煙探測設備（吸氣式）
耐燃保護裝置
自走式避難梯

各類場所消防安全設備設置標準
（第3條第1項）

檢附國外標準、國外(內)檢驗報告及試驗合格或規格之證明
（16項）

防火排煙風管
蓄電池設備
水霧噴頭
泡沫原液
緊急廣播主機
瓦斯漏氣檢知器
救助袋
洩波同軸電纜
簡易自動滅火設備
柴油引擎消防幫浦
可撓式軟管
合成樹脂管
礦物絕緣耐燃電纜
耐火型匯流排
消防用緊急發電機組

Note

2-3 消防安全設備種類

第7條

各類場所消防安全設備如下：

一、滅火設備：指以水或其他滅火藥劑滅火之器具或設備。

二、警報設備：指報知火災發生之器具或設備。

三、避難逃生設備：指火災發生時為避難而使用之器具或設備。

四、消防搶救上之必要設備：指火警發生時，消防人員從事搶救活動上必需之器具或設備。

五、其他經中央主管機關認定之消防安全設備。

【解說】

消防安全設備種類如同防火管理制度之自衛消防編組一樣，發生火災時，需有滅火班（滅火設備），第一時間建築物使用人能知悉火災發生之通報班（警報設備），及建築物主要避難動線為濃煙所阻之避難班（避難逃生設備）；上述是建築物使用人員遇到危險時，所採取自力防衛行為，倘若火勢失控或是建築物規模較大，則仰賴專業裝備及專業人員之公部門消防單位前來應變，並提供消防搶救上之必要設備，如水源、排煙、供電、通信輔助等，以進行有效及安全之消防活動。

消防安全設備應用之各種材料與規格，係關係到建築物使用安全，有人命與財產保障之意；其品質應符合國家相關標準，以確保其性能與使用壽命及設備可靠度。依內政部消防法令函釋及公告（以下同），消防類產品是否與國家標準之規定一致，係由經濟部標準檢驗局依商品檢驗法據以公告，並依國家標準實施檢驗，目前經標準檢驗局公告為應施檢驗品目；對於未公告為應施檢驗品目，現階段由「內政部消防技術審議委員會」擇定消防安全設備、器材進行審核認可。

取得使用執照之建築物，為分租或分售辦理分戶使用，其各分戶之消防安全設備，仍應依原核准圖說維持各項消防安全設備之功能。又工商單位會辦一般營業（如飲食店、網咖、KTV等）現場勘查案件，倘無法檢附核准消防安全設備圖說，得依建築令核准圖面之面積或現場實際勘查認定，惟涉火警自動警報設備、室內消防栓設備、自動灑水設備等系統式設備之設置者，仍應檢附消防設備師設計、且經審查通過之消防圖說。而違規使用場所（未申領使用執照），依其實際用途，以新法規要求設置消防安全設備，並予分類列管檢查。

有關防火建材，包括防火構造材料及耐燃裝修材料等，因防火建材之包裝材多屬可燃物質，因故起火時，該等物料散發之煙毒仍將危及人命，故防火建材倉庫仍應依各類場所消防安全設備設置標準，檢討其消防安全設備之設置。

消防安全設備種類結構

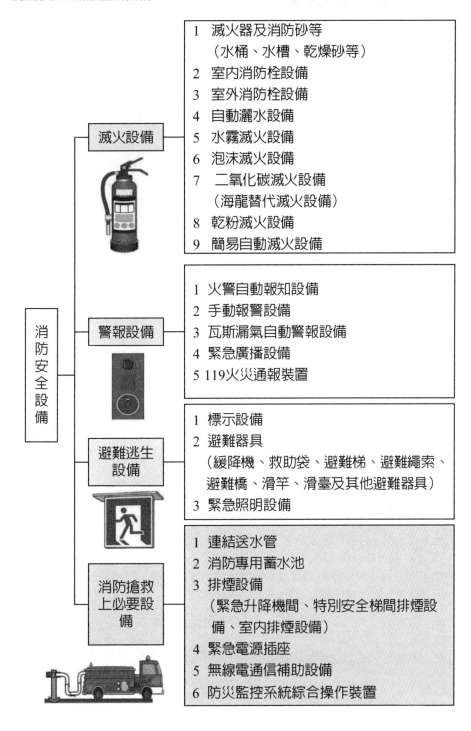

滅火設備
1 滅火器及消防砂等
　（水桶、水槽、乾燥砂等）
2 室內消防栓設備
3 室外消防栓設備
4 自動灑水設備
5 水霧滅火設備
6 泡沫滅火設備
7 二氧化碳滅火設備
　（海龍替代滅火設備）
8 乾粉滅火設備
9 簡易自動滅火設備

警報設備
1 火警自動報知設備
2 手動報警設備
3 瓦斯漏氣自動警報設備
4 緊急廣播設備
5 119火災通報裝置

避難逃生設備
1 標示設備
2 避難器具
　（緩降機、救助袋、避難梯、避難繩索、避難橋、滑竿、滑臺及其他避難器具）
3 緊急照明設備

消防搶救上必要設備
1 連結送水管
2 消防專用蓄水池
3 排煙設備
　（緊急升降機間、特別安全梯間排煙設備、室內排煙設備）
4 緊急電源插座
5 無線電通信補助設備
6 防災監控系統綜合操作裝置

消防安全設備

2-4 滅火設備種類

第8條
滅火設備種類如下：
一、滅火器及消防砂。
二、室內消防栓設備。
三、室外消防栓設備。
四、自動撒水設備。
五、水霧滅火設備。
六、泡沫滅火設備。
七、二氧化碳滅火設備。
八、乾粉滅火設備。
九、簡易自動滅火設備。

【解說】

滅火設備之滅火機制，其中以冷卻滅火如水系統、以窒息滅火如泡沫、二氧化碳、乾燥砂、膨脹蛭石或膨脹珍珠岩、以抑制連鎖反應如乾粉滅火器、乾粉滅火設備或大多數簡易自動滅火設備。在公共危險物品之火災方面，因其起火源相當多元，除用火用電造成一般建築物火災外，在物理能如衝擊、摩擦、壓縮、火花、高溫及過熱等，在化學能如混合、二種以上接觸及氧化、分解、聚合、發酵等自燃發火，皆會引起火災。在滅火方面，有時單一滅火機制無從見效，需以降溫、阻隔或掩埋等其他方式搶救，公共危險物品將法定滅火設備擴大至水桶、水槽、乾燥砂、膨脹蛭石或膨脹珍珠岩等，原有消防砂即為乾燥砂。

滅火設備中之手提滅火器，是一成本效益極高之初期滅火消防設備，任何火災大多是從小火開始，此時人員介入滅火可並有效使用滅火工具，是小火能否成為大火之關鍵所在。一些重要場所應將手提滅火器置於區劃空間出入口及走道動線上可就近取用，且手提滅火器噴射時間僅在 10 秒左右，因此，使用時往往需數具同時使用。

在室內消防栓方面，於建築物火災時，是自衛編組人員之最佳滅火防衛利器，因其有源源不斷的水源供至火線，至於滅火有效性，操作人員必須經過訓練，以發揮滅火最佳效果。而室外消防栓主要係防止火災輻射熱之外部延燒作用，一般設於丁類場所。

自動撒水設備是全球公認最具成本效益之消防安全設備，根據統計，建築物火災時，密閉式撒水頭往往不需破裂三顆以上，96% 的火災即可受到壓抑至撲滅。

滅火設備分類結構

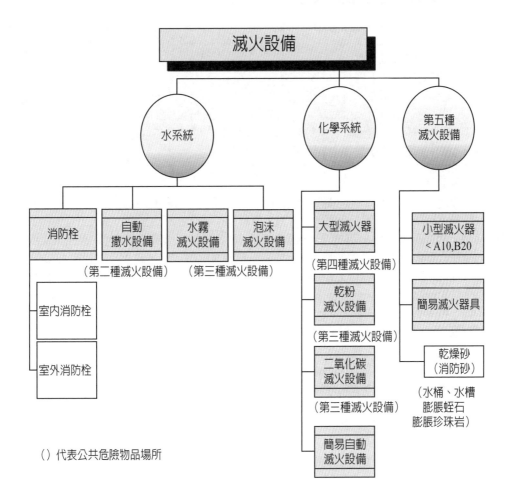

2-5 應設置滅火器

第 14 條
下列場所應設置滅火器：
一、甲類場所、地下建築物、幼兒園。
二、總樓地板面積在一百五十平方公尺以上之乙、丙、丁類場所。
三、設於地下層或無開口樓層，且樓地板面積在五十平方公尺以上之各類場所。
四、設有放映室或變壓器、配電盤及其他類似電氣設備之各類場所。
五、設有鍋爐房、廚房等大量使用火源之各類場所。

【解說】
　　已刪除第 6 款有關大眾運輸工具設置滅火器之規定，在日本由總務省指定舟車滅火設備為消防單位列管，而國內車用滅火器設置係屬交通部之權責。滅火器是一種初期滅火相當便利有效之消防安全設備，當然這取決於初期火勢成長大小、使用人員能力及滅火器數量是否足以控制；在日本有一種背負式滅火器，總重量限制在 35kg 以下。而滅火效能值（Extinguisher Ratings，在日本稱能力單位）是提供滅火器所能控制火災規模之一種指南。如 A 類火災滅火效能值等級，基於相對比例從 1A 至 40A；例如一個 4A 能控制的火災，比 2A 滅火器約大 2 倍。B 類滅火效能值等級，基於能控制漏油火災之面積從 1B 至 640B；例如一個 10B 滅火器能撲滅約 0.9 m² 漏油火災面積。

　　於放映室類似電氣設備之各類場所，一旦起火不能使用水來滅火，如使用布毯進行窒息覆蓋，因纜線層層結構也是難以見效，是故設置滅火器，如化學乾粉滅火器即可。於設有鍋爐房等大量使用火源之場所，因一起火不像電氣或菸蒂之火源小，可能又不能使用水滅火，因火勢大小關係，勢必以快速具有滅火效能值的滅火器來進行壓制，方可控制火災成長。

　　原俗稱西瓜之自動滅火器的設置，常因高度及空間是否封閉等因素影響，加上其設置施工、檢查保養上之困難及其設置後實質效果有限，於 85 年修正發布之《各類場所消防安全設備設置標準》中予以刪除。而法律依採從新從優之原則，適用現行第 14 條之規定，檢討改採設置「滅火器」。

　　依商品標示法第 9 條第 4 款規定：「商品於流通進入市場時，生產、製造及進口商應標示國曆或西曆製造日期。但有時效性者，應加註有效日期或有效期間。」，故一般市售滅火器商品，依內政部函釋，應依其本體上標示之有效日期或有效期間規定，定期更換新品。

設置滅火器場所

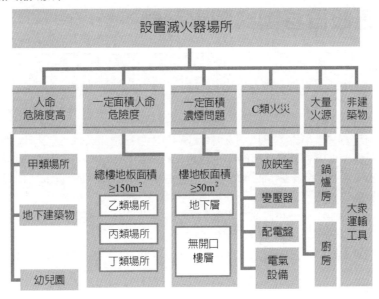

滅火藥劑共通性狀

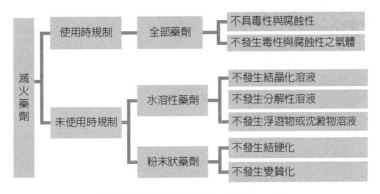

（消防設備士資格研究會，平成 22 年）

日本消防法體系

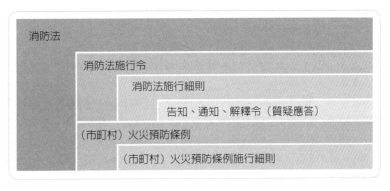

2-6 應設置移動式滅火設備

第 18 條

下表所列之場所，應就水霧、泡沫、乾粉、二氧化碳滅火設備等選擇設置之。但外牆開口面積（常時開放部分）達該層樓地板面積百分之十五以上者，上列滅火設備得採移動式設置。

樓地板面積在三百平方公尺以上之餐廳或供第十二條第一款第六目所定榮譽國民之家、長期照顧服務機構（限機構住宿式、社區式之建築物使用類組非屬 H-2 之日間照顧、團體家屋及小規模多機能）、老人福利機構（限長期照護型、養護型、失智照顧型之長期照顧機構、安養機構）、護理機構（限一般護理之家、精神護理之家）、身心障礙福利機構（限照顧植物人、失智症、重癱、長期臥床或身心功能退化者）使用之場所且樓地板面積合計在五百平方公尺以上者，其廚房排油煙管及煙罩應設簡易自動滅火設備。但已依前項規定設有滅火設備者，得免設簡易自動滅火設備。

【解說】

依消防署（民 107 年 10 月）修正說明，老人福利機構等場所收容之人員以罹患長期慢性病且需要醫護服務、生活自理能力缺損需他人照顧、需鼻胃管或導尿管護理服務、診斷為失智症中度以上具行動能力且需要照顧或日常生活能自理之高齡者為主要對象，多為長年臥床或不良於行，避難能力明顯低於一般人，為避免提供住民三餐之廚房排油煙管及煙罩長期吸附油垢未清理易肇致火災發生，並產生擴大延燒情事，直接影響收容人員之安全，該等使用之場所且樓地板面積合計在五百平方公尺以上者，其廚房排油煙管及煙罩應設簡易自動滅火設備。

如非 A 類火災建築物，開口面積具一定規模，能與大氣互為流通，且建築物本身室內亦具一定高度，在初期火災發展下，採移動式由人員進行火災應變，仍不會短期間受限於濃煙與能見度而無法行動，所以本條採取法律鬆綁方式，不必設固定系統式消防設備。本條依內政部消防法令函釋及公告如次：外牆設置鐵捲門如為 24 小時開放，僅所述供防颱時使用，得視為常時開放之開口面積，惟事涉個案實質認定，請備妥書圖及證明資料逕洽地方消防機關辦理。

電信機械室係指設有通訊機器、設備者，並不包含只有訊號配線及端子接點之控制訊號中繼室。「其他類似之電氣設備場所」係指電抗器、油式電容器、油式開關器、油式遮斷器、計量用變成器等電氣設備，但不包括下列電氣設備：配電盤或分電盤。電氣設備中，不使用以冷卻或絕緣為目的之油類，且無產生氫氣等可燃性氣體者。電氣設備容量合計未滿 20kVA 者，如配電盤盤體內設有非以油類冷卻之模鑄式自動冷卻變壓器，應為排除規範之配電盤。

機械立體停車塔採獨立三層式機械停車位設計，致容納停車位超過十輛以上者，乃屬應檢討滅火設備之設置。有關外牆為建築物外圍之牆壁，有關地下機車停車場之結構體露天頂板部分，消防署不得視為建築物外圍之牆壁，故其頂板設置之露天開口，自無第 18 條外牆開口面積之適用。本條函釋有違立法之手段與目的不一。

水霧、泡沫、乾粉、二氧化碳滅火設備等選擇設置場所

項目	應設場所	水霧	泡沫	二氧化碳	乾粉
一	屋頂直升機停機場（坪）。		○		○
二	飛機修理廠、飛機庫樓地板面積 $\geq 200m^2$。		○		○
三	汽車修理廠、室內停車空間在第一層樓地板面積 $\geq 500m^2$；在地下層或第二層以上樓地板面積 $\geq 200m^2$；在屋頂設有停車場樓地板面積 $\geq 300m^2$。	○	○	○	○
四	升降機械式停車場可容納 ≥ 10 輛。	○	○	○	○
五	發電機室、變壓器室及其他類似之電氣設備場所，樓地板面積 $\geq 200m^2$。	○		○	○
六	鍋爐房、廚房等大量使用火源之場所，樓地板面積 $\geq 200m^2$。			○	○
七	電信機械室、電腦室或總機室及其他類似場所，樓地板面積 $\geq 200m^2$。			○	○
八	引擎試驗室、石油試驗室、印刷機房及其他類似危險工作場所，樓地板面積 $\geq 200m^2$。	○	○	○	○

一、大量使用火源場所，指最大消費熱量合計在每小時 30 萬千卡以上者。
二、廚房設有自動灑水設備，且排油煙管及煙罩設簡易自動滅火裝置時，得不受本表限制。
三、停車空間內車輛採一列停放，並能同時通往室外者，得不受本表限制。
四、本表第七項所列應設場所得使用預動式自動灑水設備。
五、有特定或不特定人員使用中央管理室、防災中心等處所，不得設置二氧化碳滅火設備。

【解說】

　　本條第一項水霧及 CO_2 易受大氣之氣流影響；第二項水霧受到天花板太高及 CO_2 在特大空間難以發揮效果；第五項泡沫易導電性；第六項鍋爐房方面，可能用重油燃燒，及鍋爐房火災，使高壓狀態鍋爐受高熱，如遇外來水瞬間冷卻，恐使本體劇烈變化；另廚房烹調火災往往是油類之自燃，用水可能瞬間變化及沖擊濺出等危險；因此，上述鍋爐房、廚房等大量使用火源之場所，皆不宜使用含有水分之泡沫及水霧滅火。第七項電子零件不適合水霧及泡沫易導電性。

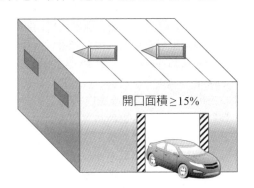

開口面積 $\geq 15\%$

外牆開口面積（常時開放部分）達該層樓地板面積百分之十五以上者，上列滅火設備得採移動式設置。而外牆為建築物外圍之牆壁，地下停車場之結構體露天頂板部分，不得視為建築物外圍之牆壁，故其頂板設置之露天開口，無外牆開口面積之適用。

2-7 滅火器設置規定

第 31 條

滅火器應依下列規定設置：

一、視各類場所潛在火災性質設置，並依下列規定核算其最低滅火效能值：

(一) 供第十二條第一款及第五款使用之場所，各層樓地板面積每一百平方公尺（含未滿）有一滅火效能值。

(二) 供第十二條第二款至第四款使用之場所，各層樓地板面積每二百平方公尺（含未滿）有一滅火效能值。

(三) 鍋爐房、廚房等大量使用火源之處所，以樓地板面積每二十五平方公尺（含未滿）有一滅火效能值。

二、電影片映演場所放映室及電氣設備使用之處所，每一百平方公尺（含未滿）另設一滅火器。

三、設有滅火器之樓層，自樓面居室任一點至滅火器之步行距離在二十公尺以下。

四、固定放置於取用方便之明顯處所，並設有紅底白字標明滅火器字樣之標識，其每字應在二十平方公分以上。但與室內消防栓箱等設備併設於箱體內並於箱面標明滅火器字樣者，其標識顏色不在此限。

五、懸掛於牆上或放置滅火器箱中之滅火器，其上端與樓地板面之距離，十八公斤以上者在一公尺以下，未滿十八公斤者在一點五公尺以下。

【解說】

　　刪除原第 6 款有關大眾運輸工具設置滅火器之規定，國內車用滅火器設置為交通部權責。設置之滅火器並未規定不得放置於地板面上，其採分散配置，意即建築物內部任一位置發生火災，可在步行距離 20m 內取得，就近進行撲滅火勢。而監獄、看守所、戒治所及類似之限制個人活動並有專人值勤戒護之場所，其收容人員及用途屬性特殊，依內政部消防法令函釋及公告，滅火器得集中設置管理，不受步行距離之限制；惟其滅火效能值應符合第 31 條第 1 款之規定。考量有關應設置消防安全設備之各類場所範圍，乃係指定著於土地上或地面下具有頂蓋、樑柱或牆壁，供個人或公眾使用之建築物或構造物而言，並不及於巷道牆外處所。如將滅火器設置於鐵箱內並予上鎖之方式，並不符合滅火器設置之規定。

　　在檢修申報時，滅火器之性能檢查期限已屆，滅火器交由領有滅火器藥劑更換及充填作業證書廠商實施性能檢查，執行場所檢修申報之消防專技人員應於滅火器檢查表標明「逾期未實施性能檢查及其數量」，未標明者涉有不實檢修。另發現有滅火器檢查表標明「逾期未實施性能檢查及其數量」等情事而無任何已改善完成之憑證時，應將其不合規定項目詳為列舉，一次告知場所管理權人補正或改善，逾申報期限未補正或改善者，依消防法第 38 條第 2 項規定辦理；若場所管理權人已完成消防安全設備檢修申報之程序（即已取得消防機關填具之消防安全設備檢修申報受理單），消防機關辦理消防安全設備檢修申報複查，或列管檢查發現場所滅火器已逾標示之性能檢查期限，應按消防法第 6 條第 1 項規定，要求場所管理權人負維護消防安全設備之義務，依同法第 37 條第 1 項規定辦理。

滅火器設置規定與手提滅火器剖開構造

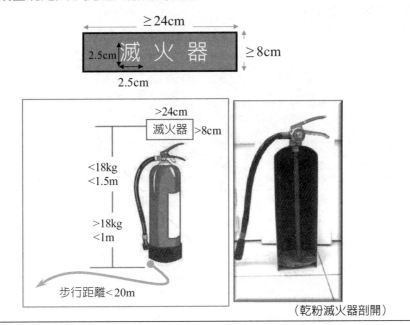

（乾粉滅火器剖開）

滅火器如採懸掛於牆上或放置於滅火器箱方式時，其上端與樓地板面之距離，十八公斤以上者不得超過一公尺，未滿十八公斤者不得超過一點五公尺，惟並未規定滅火器不得放置於地板面上。

滅火器適用之火災類別

火災分類	水	機械泡沫	二氧化碳	強化液	乾粉		
適用滅火器					ABC類	BC類	D類
A 類火災	○	○	×	○	○	×	×
B 類火災	×	○	○	○	○	○	×
C 類火災	△	△	○	△	○	○	×
D 類火災	×	×	×	×	×	×	○

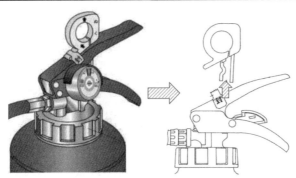

（日本手提滅火器安全插銷與臺灣不同）

應設置滅火器場所

類別	目別	應設置滅火器場所	樓地板面積	地下層或無開口	滅火效能值
甲	1	電影片映演場所（戲院、電影院）、歌廳、舞廳、夜總會、俱樂部、理容院（觀光理髮、視聽理容等）、指壓按摩場所、錄影節目帶播映場所（MTV等）、視聽歌唱場所（KTV等）、酒家、酒吧、酒店（廊）	≥ 0		≤ 100m²
	2	保齡球館、撞球場、集會堂、健身休閒中心（含提供指壓、三溫暖等設施之美容瘦身場所）、室內螢幕式高爾夫練習場、遊藝場所、電子遊戲場、資訊休閒場所			
	3	觀光旅館、飯店、旅館、招待所（限有寢室客房者）			
	4	商場、市場、百貨商場、超級市場、零售市場、展覽場			
	5	餐廳、飲食店、咖啡廳、茶藝館			
	6	醫院、療養院、榮譽國民之家、長期照顧服務機構（限機構住宿式、社區式之建築物，使用類組非屬 H-2 之日間照顧、團體家屋及小規模多機能）、老人福利機構（限長期照護型、養護型、失智照顧型長期照顧機構、安養機構）、兒童及少年福利機構（限托嬰中心、早期療育機構、有收容未滿二歲兒童之安置及教養機構）、護理機構（限一般護理之家、精神護理之家、產後護理機構）、身心障礙福利機構（限供住宿養護、日間服務、臨時及短期照顧者）、身心障礙者職業訓練機構（限提供住宿或使用特殊機具者）、啓明、啓智、啓聰等特殊學校		≥ 50 m²	
	7	三溫暖、公共浴室			
乙	1	車站、飛機場大廈、候船室	≥ 150 m²		≤ 200m²
	2	期貨經紀業、證券交易所、金融機構			
	3	學校教室、兒童課後照顧服務中心、補習班、訓練班、K 書中心、前款第六目以外兒童及少年福利機構（限安置及教養機構）及身心障礙者職業訓練機構			
	4	圖書館、博物館、美術館、陳列館、史蹟資料館、紀念館及其他類似場所			
	5	寺廟、宗祠、教堂、供存放骨灰（骸）之納骨堂（塔）及其他類似場所			
	6	辦公室、靶場、診所、長期照顧服務機構（限社區式建築物，使用類組屬 H-2 之日間照顧、團體家屋及小規模多機能）、日間型精神復健機構、兒童及少年心理輔導或家庭諮詢機構、身心障礙者就業服務機構、老人文康機構、前款第六目以外之老人福利機構及身心障礙福利機構			
	7	集合住宅、寄宿舍、住宿型精神復健機構			

類別	目別	應設置滅火器場所	樓地板面積	地下層或無開口	滅火效能值
乙	8	體育館、活動中心	≥ 150 m²	≥ 50 m²	≤ 200 m²
	9	室內溜冰場、室內游泳池			
	10	電影攝影場、電視播送場			
	11	倉庫、家具展示販售場			
	12	幼兒園	≥ 0		
丙	1	電信機器室	≥ 150 m²		
	2	汽車修護廠、飛機修理廠、飛機庫			
	3	室內停車場、建築物依法附設之室內停車空間			
丁	1	高度危險工作場所			
	2	中度危險工作場所			
	3	低度危險工作場所			
戊	1	複合用途建築物中，有供甲類用途者			≤ 100m²
	2	前目以外供乙至丁類用途之複合用途建築物			
	3	地下建築物			
其他		放映室或變壓器、配電盤及類似電氣設備場所	設一具滅火器		
			≤ 100m² 設一具滅火器		
		公共危險物品電氣設備場所	≤ 100m² 設一具第 5 種滅火器		
		鍋爐房、廚房等大量使用火源場所	≤ 25m² 有一滅火效能值		

乾粉滅火器：**18 kg**以上
機械泡沫滅火器：**20ℓ**以上
二氧化碳滅火器：**45 kg**以上
強化液滅火器：**60ℓ**以上
水或化學泡沫滅火器：**80ℓ**以上

大型滅火器定義

2-8 二氧化碳放射方式

第 82 條

二氧化碳滅火設備之放射方式依實際狀況需要就下列各款擇一裝置：

一、全區放射方式：用不燃材料建造之牆、柱、樓地板或天花板等區劃間隔，且
開口部設有自動關閉裝置之區域，其噴頭設置數量、位置及放射量應視該部
分容積及防護對象之性質作有效之滅火。但能有效補充開口部洩漏量者，得
免設自動關閉裝置。

二、局部放射方式：視防護對象之形狀、構造、數量及性質，配置噴頭，其設置
數量、位置及放射量，應能有效滅火。

三、移動放射方式：皮管接頭至防護對象任一部分之水平距離在十五公尺以下。

【解說】

CO$_2$ 用於滅火已有很長的歷史，本身具有許多特性，使其成為一種理想的滅火劑。它不與大多數物質發生反應，且本身能提供壓力從儲存容器中直接釋放出。由於 CO$_2$ 是一種乾淨的氣體，密度為 1.96 g/L（0℃, 1atm）[註解1]，則 1kg CO$_2$ 體積 0.510 m^3（0℃, 1atm），可滲透並蔓延到火勢區域所有部分。無論 CO$_2$ 為氣體或為固體之乾冰皆不導電；因此，可以在帶電電氣設備中使用，不會留下殘留物，為一種良好的滅火設備。

二氧化碳滅火設備在日本消防用設備種類稱之為不活性氣體滅火設備，因其與七氟丙烷、IG-541、IG-55、IG-01 等環保藥劑（符合 NFPA2001 規範）滅火系統，其設計、動作及滅火原理與二氧化碳滅火系統相似，故其主要構件與二氧化碳滅火系統雷同，包括 5 大元件：1. 探測器；2. 控制裝置；3. 藥劑鋼瓶；4. 管路之配件（含電磁閥、安全裝置、選擇閥、壓力開關、逆止閥等）；5. 噴頭。

依內政部消防法令函釋及公告，水霧、泡沫滅火設備係屬水系統滅火設備，其主要元件為：1. 探測器；2. 啟動裝置；3. 消防幫浦；4. 管路之配件（流水檢知裝置、一齊開放閥等）；5. 噴頭（水霧噴頭、泡沫頭或高發泡放出口等），其中管路配件至少應含有電磁閥，其他安全裝置、選擇閥、壓力開關及逆止閥等配件，依個案設計方式選配。

局部放射方式是僅針對火災發生危險性高之部分，進行直射放射的滅火設備。此外，採用不鏽鋼鎳膜作為藥劑釋放裝置之海龍替代藥劑滅火設備，上開設備之容器閥開放裝置，係以電氣或氣壓方式使容器閥開放之裝置，應經內政部消防技術審議委員會審查通過之設計個案，其維護檢修則應依其原廠維修保養手冊辦理，以確保該設備性能。

[註解1] CO$_2$ 密度於 0℃，1atm 為 $\frac{44g}{22.4L}$，於 25℃，1atm 為 $\frac{44g}{24.5L} = 1.80$ g/L。

CO₂ 移動式滅火設備

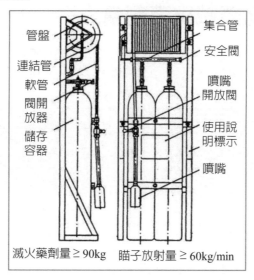

滅火藥劑量 ≥ 90kg　瞄子放射量 ≥ 60kg/min

CO₂ 濃度對人體之影響

CO₂濃度	對人體之影響
0.036%	空氣中的一般濃度
0.5%	職業健康之容許濃度（每日 8 小時工作場所）
3%	呼吸困難、頭痛、噁心、虛弱的麻醉性質，伴有視力下降、血壓和脈率的減少
4%	激烈頭疼
5%	約 30 分鐘後，出前頭痛、頭暈、冒汗徵兆
8%	頭暈、陷入昏迷
9%	血壓失衡、充血、約 4 小時死亡
15～20%	嚴重視力障礙、驚厥、呼吸變強、血壓升高、意識喪失
25～30%	中樞神經受損嚴重、昏迷、抽搐，數小時後死亡

CO₂ 三態圖

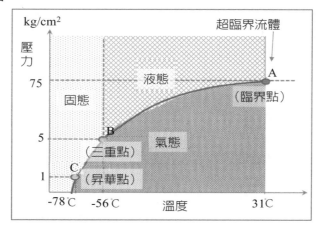

2-9 二氧化碳滅火藥劑量

第83條
二氧化碳滅火藥劑量，依下列規定設置：
一、全區放射方式所需滅火藥劑量依下表計算：

設置場所	電信機械室、總機室	其他			
		五十立方公尺未滿	五十立方公尺以上一百五十立方公尺未滿	一百五十立方公尺以上一千五百立方公尺未滿	一千五百立方公尺以上
每立方公尺防護區域所需藥劑量（kg/m²）	1.2	1.0	0.9	0.8	0.75
每平方公尺開口部所需追加藥劑量（kg/m²）	10	5	5	5	5
滅火藥劑之基本需要量（kg）			50	135	1,200

二、局部放射方式所需滅火藥劑量應符合下列規定：
　(一) 可燃性固體或易燃性液體存放於上方開放式容器，火災發生時，燃燒限於一面且可燃物無向外飛散之虞者，所需之滅火藥劑量，依該防護對象表面積每一平方公尺以十三公斤比例核算，其表面積之核算，在防護對象邊長小於零點六公尺時，以零點六公尺計。但追加倍數，高壓式爲一點四，低壓式爲一點一。
　(二) 前目以外防護對象依下列公式計算假想防護空間（指距防護對象任一點零點六公尺範圍空間）單位體積滅火藥劑量，再乘以假想防護空間體積來計算所需滅火藥劑量：

$$Q = 8 - 6 \times a/A$$

　　Q：假想防護空間單位體積滅火藥劑量（公斤／立方公尺），所需追加倍數比照前目規定。
　　a：防護對象周圍實存牆壁面積之合計（平方公尺）。
　　A：假想防護空間牆壁面積之合計（平方公尺）。
三、移動放射方式每一具噴射瞄子所需滅火藥劑量在九十公斤以上。
四、全區及局部放射方式在同一建築物內有二個以上防護區域或防護對象時，所需滅火藥劑量應取其最大量者。

CO_2 噴頭與鋼瓶儲存室

例題：某電信機械室其長、寬、高為 40 m（長）×20 m（寬）×3 m（高），無法自動
關閉之開口面積為 15 平方公尺，有一防護對象物尺寸為長 4 m、寬 3 m、高 1.5
m，置於室內，若以 CO_2 滅火設備作為防護，請回答下列問題：
(1) 若該防護對象物之長邊貼牆，寬邊距牆 3 m，採局部放射方式（高壓），則
所需藥劑量為多少？
(2) 若採全區放射（高壓），則所需藥劑量為多少？使用 68 公升，充填比為 1.5
之鋼瓶幾支？

【解】
(1) 局部放射方式（體積法，高壓式）所需藥劑量
$V = (4 + 0.6 + 0.6) \times (3 + 0.6 + 0.6) \times (1.5 + 0.6) = 45.9 \text{ m}^3$
$A = (4 + 0.6 + 0.6) \times (1.5 + 0.6) \times 2 + (3 + 0.6 + 0.6) \times (1.5 + 0.6) \times 2 = 39.48 \text{ m}^2$
$a = (4 + 0.6 + 0.6) \times (1.5 + 0.6) = 10.92 \text{ m}^2$
$Q = 8 - 6 \times \dfrac{a}{A} = 8 - 6 \times \dfrac{10.92}{39.48} = 6.34 \text{ （kg/m}^3\text{）}$
$W = Q \times V \times K = 6.34 \times 45.9 \times 1.4 = 407.4 \text{ kg}$
(2) 依照題意藥劑量計算如下：
$W = G \times V + g \times A$
$W = 1.2 \times (40 \times 20 \times 3) + 10 \times 15 = 3030 \text{ kg}$
使用容積為 68 公升、充填比為 1.5 之鋼瓶數量
$3030 \div \dfrac{68}{1.5} = 66.8 \text{ （67 支）}$

CO_2 啓動小鋼瓶與液體三態特性

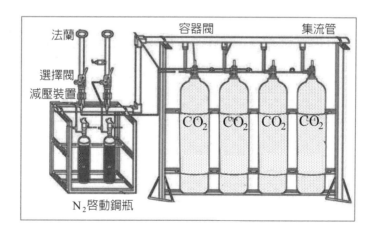

【重點補充站】二氧化碳及乾粉滅火設備局部放射之 a 算法

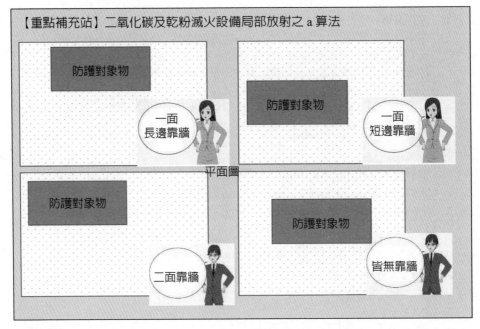

【解說】

　　所謂靠牆係指在火焰長度（0.6m）範圍以內之位置。A 為假想防護空間之牆壁面積（四個面），無論防護對象物周圍有無實存牆壁，皆不受影響；亦即 A 值不會變。會受影響是 a 值，在周圍全無實存牆壁、一面靠牆或二面靠牆情況下，當然不會有三面或四面靠牆，因其不可能為局部放射，會設計為全區放射方式。因此 a 值變化依消防署解釋令算法如下表。

防護對象物		防護對象周圍實存牆壁面積之合計
皆無靠牆	0	$a = 0$（周圍無實存牆壁）
一面靠牆	一	$a = （長或寬 + 0.6 + 0.6）\times（高 + 0.6）$
二面靠牆	二	$a = （長 + 0.6）\times（高 + 0.6）+（寬 + 0.6）\times（高 + 0.6）$

Note

2-10 全區局部及通風換氣

第 84 條

全區及局部放射方式之噴頭，依下列規定設置：

一、全區放射方式所設之噴頭能使放射藥劑迅速均勻地擴散至整個防護區域。

二、二氧化碳噴頭之放射壓力，其滅火藥劑以常溫儲存者之高壓式爲每平方公分十四公斤以上或 1.4MPa 以上；其滅火藥劑儲存於溫度攝氏零下十八度以下者之低壓式爲每平方公分九公斤以上或 0.9MPa 以上。

三、全區放射方式依前條第一款所核算之滅火藥劑量，依下表所列場所，於規定時間內全部放射完畢。

設置場所	電信機械室、總機室	其他
時間（分）	3.5	1

四、局部放射方式所設噴頭之有效射程內，應涵蓋防護對象所有表面，且所設位置不得因藥劑之放射使可燃物有飛散之虞。

五、局部放射方式依前條第二款所核算之滅火藥劑量應於三十秒內全部放射完畢。

【解說】

　　二氧化碳（沸點 –57℃）滅火氣體儲存容器分高壓式與低壓式二種。基本上，將氣體液化儲存有二種方式，一種是高壓液化（高壓式）、另一是極低溫液化（低壓式），兩者目的是增加儲存量，因液體轉氣體膨脹 306 倍（21℃）（液態體積 $= \dfrac{質量}{密度} = \dfrac{44\,g}{0.76} = 57.89$ (mL)，氣態 (1mole) 體積：$PV = nRT$，$1 \times V = (1mole) \times 0.082 \times (273 - 57)$，$V = 17.712L = 17712$ mL，$\dfrac{氣態}{液態} = \dfrac{17712}{57.89} = 306$ 倍）。

　　此外，由於二氧化碳比空氣重 1.5 倍，噴射後易下沉，造成濃度不均勻狀，如此僅能以如此高放射壓力（$\geq 1.4MPa$ 或 $\geq 0.9MPa$）來解決其凝重不流動問題，且較大放射壓力能滲入深層燃料內部，迅速達到窒息及冷卻效果。

　　電信機械室、總機室場所擁有相當多層電纜線，會形成深層火災型態；因此，爲達到完全窒息及眞正冷卻目的，放射時間需延長，也意謂空間內二氧化碳濃度增加，確保火勢不會有復燃現象。而局部放射僅 30 秒放射，這是人命安全考量，而以高放射量（防護對象表面積 $13kg/m^2$ 比例核算）速戰速決方式撲滅火勢，但如是開放液體面可能使其飛散，如此就需考慮噴頭位置與角度。

第 85 條

全區或局部放射方式防護區域內之通風換氣裝置，應在滅火藥劑放射前停止運轉。

【解說】

　　二氧化碳是以窒息方式滅火，因此，必須放射出一定濃度，且通風換氣裝置需停止。且對於深層火災由於較厚燃料質量體能提供一層隔熱，以致減緩熱損失速率，而難以熄滅，故釋放時間需夠長，始能防止其再燃之可能。

二氧化碳滅火設備動作流程

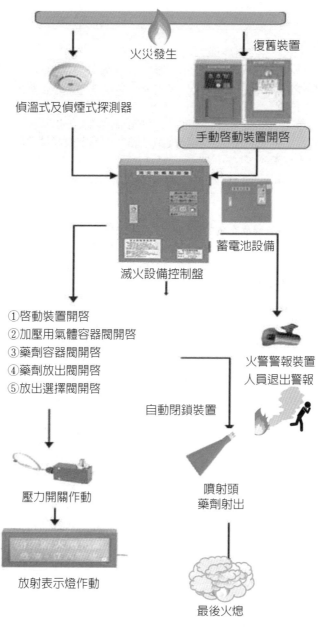

火災發生

復舊裝置

偵溫式及偵煙式探測器

手動啓動裝置開啓

滅火設備控制盤

蓄電池設備

①啓動裝置開啓
②加壓用氣體容器閥開啓
③藥劑容器閥開啓
④藥劑放出閥開啓
⑤放出選擇閥開啓

火警警報裝置
人員退出警報

自動閉鎖裝置

壓力開關作動

噴射頭
藥劑射出

放射表示燈作動

最後火熄

（東京防災設備保守協會，平成 28 年）

2-11 全區開口部

第86條
全區放射方式防護區域之開口部，依下列規定設置：
一、不得設於面對安全梯間、特別安全梯間、緊急昇降機間或其他類似場所。
二、開口部位於距樓地板面高度三分之二以下部分，應在滅火藥劑放射前自動關閉。
三、不設自動關閉裝置之開口部總面積，供電信機械室使用時，應在圍壁面積百分之一以下，其他處所則應在防護區域體積值或圍壁面積值兩者中之較小數值百分之十以下。
前項第三款圍壁面積，指防護區域內牆壁、樓地板及天花板等面積之合計。

【解說】

　　CO_2 滅火設備是集氣體及安全裝置之一種滅火系統。當火災發生時，由噴頭放射出不活性氣體（即 CO_2）滅火藥劑，遮斷空氣供給，稀釋氧氣濃度達到窒息效果，使區域內燃燒停止目的之設備。於相同溫度下，CO_2 氣體是空氣密度的 1.5 倍。冷的 CO_2 有較大的密度，這就是能附著燃燒表面，保持窒息性原因。因任何 CO_2 和空氣混合物都比空氣重，所以含 CO_2 濃度最高的氣層沉在最下部位。

　　在安全上，空氣中最小 CO_2 滅火濃度遠超過 9%，故每一種 CO_2 滅火系統必須設計足夠的安全預防措施。在釋放過程所產生的乾冰能讓人體凍傷。由於溫度極低，工作人員應被警告不要於釋放後立刻處理殘留的乾冰；必須隔一段相當長的時間方能進入。因此，於全區放射 CO_2 時，必須確保在 CO_2 釋放前人員安全疏散；且其 CO_2 釋放開始所產生噪音、氣霧大幅降低能見度以及 CO_2 濃度可能使人員生理效應，產生混淆使人員逃生困難。此外，因難以察覺漏入、流入地下或坑洞等空間，人員往往覺察不到窒息性氣體存在。所以，其不得設於面對安全梯間、特別安全梯間、緊急昇降機間或其他類似場所。

　　因其比空氣重，開口部位於距樓地板面高度三分之二以上部分，對滅火藥劑放射較無影響。而供電信機械室使用時，因其為深層火災悶燒型態，不設自動關閉裝置之開口部總面積會被限制在圍壁面積百分之一以下，以維持全區放射方式防護區域之滅火濃度；另外，開口部問題是提供外來空氣中的氧，使燃燒再度活性化。

　　而圍壁面積有六面，計牆壁四面加上下二面。此外，開口部玻璃，消防署指出，有關二氧化碳滅火設備防護區劃間隔材料是否使用帷幕玻璃乙節，仍以使用鑲嵌鐵絲網玻璃為限，或檢具具同等以上強度之證明文件。

> 例題：已知某儲存乙醚之場所，其長、寬、高分別為 6m、5m、3m，且牆壁有一無法
> 自動關閉之開口，其長、寬分別為 1m、0.8m，如欲在此區域設置全區放射之二
> 氧化碳滅火設備時，至少需要多少滅火藥劑？

【解】

開口檢討：不設自動關閉裝置之開口部總面積，供電信機械室使用時，應在圍壁
面積 1% 以下，其他處所則應在防護區域體積值或圍壁面積值兩者中之較小數值 10%
以下。

圍牆面積 = [(6×5) + (3×5) + (6×3)]×2 = 126 m²
防護體積 V = 6×3×5 = 90 m³

兩者中之較小數值 90，其 10% 為 9，開口部面積為 0.8 平方公尺 < 9，故可免自動
關閉。因此，依照題意之藥劑量計算如下：

W = G×V + g×A
W = 0.9×90 + 5×0.8 = 85 kg > 50 kg

二氧化碳全區放射區域圖

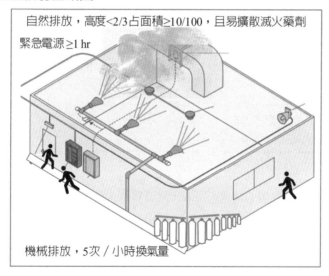

自然排放，高度<2/3占面積≥10/100，且易擴散滅火藥劑

緊急電源≥1 hr

機械排放，5次 / 小時換氣量

日本二氧化碳滅火濃度計算法

①完全密閉式 C = [G/(V + G)]×100
②自由流出式 C = [1 – exp[–(G/V)]]×100
③完全轉換式 C = (G/V)×100
C：滅火劑濃度（%），G：滅火劑體積（m³），V：區劃空間體積（m³）

2-12 滅火藥劑儲存容器

第 87 條
滅火藥劑儲存容器，依下列規定設置：
一、充填比在高壓式為一點五以上一點九以下；低壓式為一點一以上一點四以下。
二、儲存場所應符合下列規定：
　　(一) 置於防護區域外。
　　(二) 置於溫度攝氏四十度以下，溫度變化較少處。
　　(三) 不得置於有日光曝曬或雨水淋濕之處。
三、儲存容器之安全裝置符合 CNS 一一一七六之規定。
四、高壓式儲存容器之容器閥符合 CNS 一〇八四八及一〇八四九之規定。
五、低壓式儲存容器，應設有液面計、壓力表及壓力警報裝置，壓力在每平方公
　　分二十三公斤以上或 2.3MPa 以上或每平方公分十九公斤以下或 1.9MPa 以下
　　時發出警報。
六、低壓式儲存容器應設置使容器內部溫度維持於攝氏零下二十度以上，攝氏零
　　下十八度以下之自動冷凍機。
七、儲存容器之容器閥開放裝置，依下列規定：
　　(一) 容器閥之開放裝置，具有以手動方式可開啓之構造。
　　(二) 容器閥使用電磁閥直接開啓時，同時開啓之儲存容器數在七支以上者，該
　　　　儲存容器應設二個以上之電磁閥。
八、採取有效防震措施。
前項第一款充填比，指容器內容積（公升）與液化氣體重量（公斤）之比值。

【解說】

　充填比係指容器內容積（公升）與液化氣體重量（公斤）之比值（$\frac{L}{kg}$），且充填
比須大於 1；如充填比 1.5 鋼瓶容積 68L 可充填液態則為 $\frac{68}{1.5}$ = 45.3kg，而二氧化碳
液態密度 0.79g/cm³(=0.75kg/L)，則 $V = \frac{M}{D} = \frac{45.3kg}{0.79kg/L}$ = 57.3L，則液態佔鋼瓶容積
$\frac{57.3L}{68L}$ = 84.2%，而氣態部份則為 1 – 84.2% = 15.8%，主要考量是密閉式容器內，物
質量會受溫度變化而影響，即受熱膨脹之問題，因氣體分子間較大，可予以壓縮分子
間距離，當氣體膨脹後，自然會圍於容器壁而被壓縮掉，但液體可就不是這麼一回
事，液體膨脹後難以被壓縮，如繼續膨脹會推壓容器壁，最後導致從容器較弱部位裂
開釋放。有關同等性能以上設備，適用困難時，應檢附國外原廠之出廠證明、進口報
單、符合其測試標準之合格登錄資料或其他合格證明文件者，即為符合規定；惟該容
器閥如為單獨進口或國內產製者，仍需取得商品檢驗標識，方符該規定。

　　充填二氧化碳滅火藥劑高壓式儲存容器及其容器閥整套，經國外檢測機構（內政部消防技術審議委員會認可者）認證合格而進口者，考量其引用與各類場所消防安全設備設置標準第 87 條第 1 項第 4 款規定同等以上效能之消防設備，適用該規定有所困難，爰依同標準第 2 條但書規定，其檢附國外原廠之出廠證明、進口報單、符合其測試標準之合格登錄資料或其他合格證明文件者，即為符合規定；惟該容器閥如為單獨進口或國內產製者，仍需取得商品檢驗標識，方符合該規定。

低溫式二氧化碳儲存（法規要求）

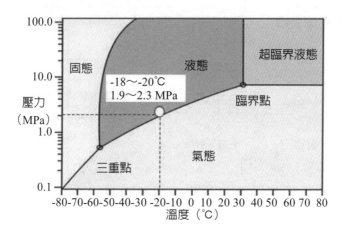

CO$_2$ 儲存容器分類與儲存方法

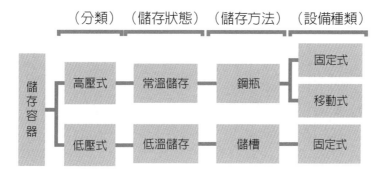

CO₂ 滅火設備藥劑重量計算

問題：CO_2 滅火設備防護一密閉空間體積 $600\ m^3$，其滅火之氧濃度至 10%，請問此時空間需釋放 CO_2 藥劑重量（CO_2 充填比 1.5）

【解說】

$$\frac{0.21V}{(V+x)}=0.10 \quad x=1.1V$$

$x=1.1\times(15\times10\times4)=660\ m^3$（$CO_2$ 體積）

$\dfrac{660}{W}=1.5$，$W=440\ kg$（CO_2 藥劑量）

開口部自動關閉裝置

擊桿

銅管

開口部位於距樓地板面高度< 2/ 3 部分，應在滅火藥劑放射前自動關閉

Note

2-13 氣體啓動及配管

第 88 條

二氧化碳滅火設備使用氣體啓動者，依下列規定設置：

一、啓動用氣體容器能耐每平方公分二百五十公斤或 25MPa 壓力。

二、啓動用氣體容器之內容積應有一公升以上，其所儲存之二氧化碳重量在零點六公斤以上，且其充填比在一點五以上。

三、啓動用氣體容器之安全裝置及容器閥符合 CNS 一一一七六規定。

四、啓動用氣體容器不得兼供防護區域之自動關閉裝置使用。

【解說】

　　啓動用氣體容器俗稱小鋼瓶，以小鋼瓶來啓動二氧化碳之大鋼瓶。小鋼瓶欲啓動大鋼瓶，必須以高氣壓來打開大鋼瓶；因此，小鋼瓶必須能耐高壓（25MPa），如此高壓鋼瓶是無縫，而瓶身具相當厚度。爲避免太高壓使小鋼瓶產生危險，規定充填比需爲 ≥ 1.5，充填比越大，代表瓶內氣體空間越多，就能承受無論是高溫或高壓，因氣體是可壓縮性，而充填比越小，代表液體越多，但液體壓縮性微乎其微，一旦高溫高壓（依理想氣體定律，壓力與溫度成正相關，兩者是相對的），膨脹勢必加諸於瓶身，進而產生危害。而啓動用氣體容器不得兼供防護區域之自動關閉裝置使用，所以自動關閉裝置之使用，必須爲專用之啓動用氣體容器，以確保將開口能關閉，以達氣體滅火濃度。

第 89 條

二氧化碳滅火設備配管，依下列規定設置：

一、應爲專用，其管徑依噴頭流量計算配置。

二、使用符合 CNS 四六二六規定無縫鋼管，其中高壓式爲管號 Sch 80 以上，低壓式爲管號 Sch 40 以上厚度或具有同等以上強度，且施予鍍鋅等防蝕處理。

三、採用銅管配管時，應使用符合 CNS 五一二七規定之銅及銅合金無縫管或具有同等以上強度者，其中高壓式能耐壓每平方公分一百六十五公斤以上或 16.5 MPa 以上，低壓式能耐壓每平方公分三十七點五公斤以上或 3.75MPa 以上。

四、配管接頭及閥類之耐壓，高壓式爲每平方公分一百六十五公斤以上或 16.5MPa 以上，低壓式爲每平方公分三十七點五公斤以上或 3.75MPa 以上，並予適當之防蝕處理。

五、最低配管與最高配管間，落差在五十公尺以下。

【解說】

　　有關氧化碳滅火設備閥類耐壓之規定，不適用該設備所設之選擇閥。此外，各類場所對應選設自動滅火設備之場所，雖刪除海龍滅火設備之設置，然而對於既存已設置海龍滅火設備之場所，並未限制不得使用或應改採設置其他滅火設備。

氣體滅火設備種類及方式

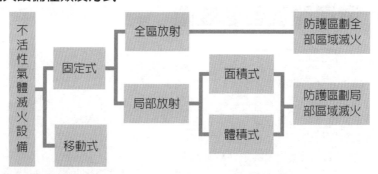

容器閥開放裝置種類

	儲存容器之開放裝置，使用容器閥螺型管（電磁開放裝置）時，容器設置 7 支以上且同時開放之設備時，應有 2 個以上之容器裝置螺型管（安全閥）。
電磁式	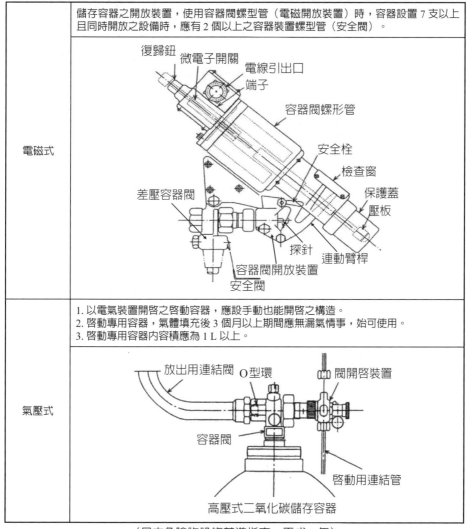
	1. 以電氣裝置開啓之啓動容器，應設手動也能開啓之構造。 2. 啓動專用容器，氣體填充後 3 個月以上期間應無漏氣情事，始可使用。 3. 啓動專用容器內容積應為 1 L 以上。
氣壓式	

（日本危險物設施基準指南，平成 7 年）

2-14 選擇閥及啓動裝置

第 90 條

選擇閥，依下列規定設置：

一、同一建築物內有二個以上防護區域或防護對象，共用儲存容器時，每一防護區域或防護對象均應設置。

二、設於防護區域外。

三、標明選擇閥字樣及所屬防護區域或防護對象。

四、儲存容器與噴頭設有選擇閥時，儲存容器與選擇閥間之配管依 CNS 一一一七六之規定設置安全裝置或破壞板。

【解說】

選擇閥分氣壓式及電氣式，為人員趨近手動操作，需在防護區域外安全位置。為避免藥劑流向非火勢區域，需標明所屬防護區域名稱。又集合管集合大量藥劑氣體壓力，應設有安全裝置，如減壓閥或手動破壞板，以緊急釋放過大壓力。

第 91 條

啓動裝置，依下列規定，設置手動及自動啓動裝置：

一、手動啓動裝置應符合下列規定：

(一) 設於能看清區域內部且操作後能容易退避之防護區域外。

(二) 每一防護區域或防護對象裝設一套。

(三) 其操作部設在距樓地板面高度零點八公尺以上一點五公尺以下。

(四) 其外殼漆紅色。

(五) 以電力啓動者，裝置電源表示燈。

(六) 操作開關或拉桿，操作時同時發出警報音響，且設有透明塑膠製之有效保護裝置。

(七) 在其近旁標示所防護區域名稱、操作方法及安全上應注意事項。

二、自動啓動裝置與火警探測器感應連動啓動。

前項啓動裝置，依下列規定設置自動及手動切換裝置：

一、設於易於操作之處所。

二、設自動及手動之表示燈。

三、自動、手動切換必須以鑰匙或拉桿操作，始能切換。

四、切換裝置近旁標明操作方法。

【解說】

手動啓動需人員趨近操作，在防護區域外，且每一區均設一套，以便緊急時就近啓動，高度是東方人體位。為方便尋找辨別採紅色，一打開就能通報建築物使用人。

在系統上如同人之有機體一樣，消防設備應設有控制端（控制盤／受信總機）、末端（探測器／噴頭）、動力端（緊急電源）及連接各端點（配線／配管），另在滅火設備上必須加上滅火劑端（水系統之水源及加壓裝置、化學系統之滅火劑容器或加壓氣體）。

CO$_2$ 鋼瓶藥劑量失重顯示裝置

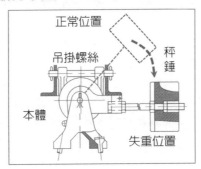

選擇閥種類與容器閥等

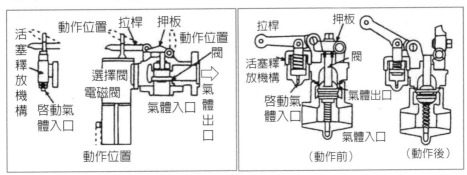

電氣式選擇閥　　　　　　氣壓式選擇閥

（危險物設施基準指南，平成 7 年）

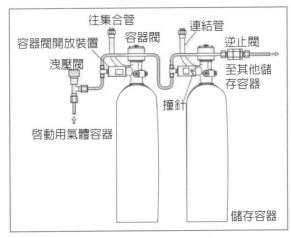

（埼玉市消防局，平成 28 年）

2-15 音響警報、安全裝置及排放裝置

第 92 條

音響警報裝置，依下列規定設置：

一、手動或自動裝置動作後，應自動發出警報，且藥劑未全部放射前不得中斷。

二、音響警報應有效報知防護區域或防護對象內所有人員。

三、設於全區放射方式之音響警報裝置採用人語發音。但平時無人駐守者不在此限。

【解說】

「無開口防火牆」，係指防火牆上不得有開口。故防火牆及其開口即使符合《建築技術規則》建築設計施工編第 77 條之規定，仍不得視為無開口防火牆。至有關設置二氧化碳滅火設備採全區放射之場所，在其防護區域內，平時無人工作，僅特定時間有人進入巡查或檢點時，應屬「平時無人駐守」之場所。

第 93 條

全區放射方式之安全裝置，依下列規定設置：

一、啟動裝置開關或拉桿開始動作至儲存容器之容器閥開啟，設有二十秒以上之遲延裝置。

二、於防護區域出入口等易於辨認處所設置放射表示燈。

【解說】

儲存容器之容器閥一開啟，高濃度窒息性二氧化碳即釋放，因此有 ≥ 20 秒遲延裝置，以再確認或緊急停止。而開始動作除音響警報外，對於耳聾人士也可看到放射表示燈，亦知危險。

第 94 條

全區放射或局部放射方式防護區域，對放射之滅火藥劑，依下列規定將其排放至安全地方：

一、排放方式應就下列方式擇一設置，並於一小時內將藥劑排出：

　　(一) 採機械排放時，排風機為專用，且具有每小時五次之換氣量。但與其他設備之排氣裝置共用，無排放障礙者，得共用之。

　　(二) 採自然排放時，設有能開啟之開口部，其面向外氣部分（限防護區域自樓地板面起高度三分之二以下部分）之大小，占防護區域樓地板面積百分之十以上，且容易擴散滅火藥劑。

二、排放裝置之操作開關須設於防護區域外便於操作處，且在其附近設有標示。

三、排放至室外之滅火藥劑不得有局部滯留之現象。

【解說】

排風機為專用，且具有每小時五次換氣量之能力，這不是分五次排放意思，是要求排放量大小之能力（1h = 60min，60min/5 次，如防護空間體積為 24m³，則每分鐘排放量 $\dfrac{24m^3}{\frac{60min}{5}} = \dfrac{24m^3}{12min} = 2\dfrac{m^3}{min}$）。

CO_2 鋼瓶規格與音響警報裝置

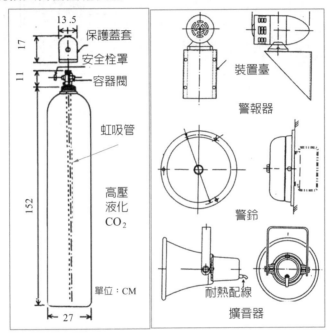

二氧化碳全區放射式

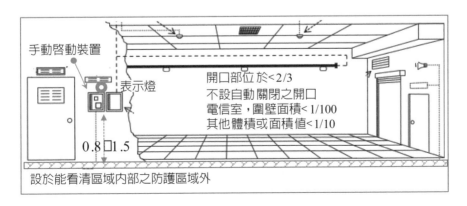

CO$_2$ 鋼瓶釋放選擇閥與安全裝置

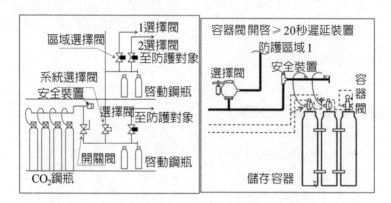

Note

2-16 緊急電源及移動式放射

第 95 條
全區及局部放射方式之緊急電源，應採用自用發電設備或蓄電池設備，其容量應能使該設備有效動作一小時以上。

【解說】
二氧化碳放射時間非常短，此用意爲短時間大量噴入高濃度不活性氣體，使火勢熄滅，爲何緊急電源需一小時以上，這是爲了滅火後空間能再使用，也怕二氧化碳滯留或移至另一使用空間，產生人命死亡問題。因此必設排放裝置，且考量機械排放有效動作；因此，法規要求消防設備中緊急電源時間最久。

第 96 條
移動式放射方式，除依第八十七條第一項第一款、第二款第二目、第三目、第三款及第四款規定辦理外，並依下列規定設置：
一、儲存容器之容器閥能在皮管出口處以手動開關者。
二、儲存容器分設於各皮管設置處。
三、儲存容器近旁設紅色標示燈及標明移動式二氧化碳滅火設備字樣。
四、設於火災時濃煙不易籠罩之處所。
五、每一具瞄子之藥劑放射量在溫度攝氏二十度時，應在每分鐘六十公斤以上。
六、移動式二氧化碳滅火設備之皮管、噴嘴及管盤符合 CNS 一一一七七之規定。

【解說】
儲存容器之容器閥能在皮管出口處以手動開關者，避免來回奔跑，且可隨時停止，避免危險。爲方便緊急時尋找，儲存容器近旁設紅色標示燈。移動式由操作人員趨近使用，需設於火災時濃煙不易籠罩之處所，不然設備設置會失去意義。移動式往往使用在非密閉空間，每一具瞄子之藥劑放射量，必須具備一定二氧化碳濃度，始有可能將火勢在如此開放空間熄滅。

第 97 條
二氧化碳滅火設備使用之各種標示規格，由中央消防機關另定之。

【解說】
二氧化碳配管依法規有二種金屬材質，一爲鋼管，用於儲存容器集氣管至噴頭之長配管。一爲銅管，用於啟動管路及操作管路，即開放裝置之配管，爲短配管。二氧化碳滅火藥劑不像水系統或乾粉，較不具人員危險性，且配管組件皆具相當高的壓力，因此其規格標準由消防署予以訂定。另設備之設置完成後，於辦理消防局會勘時，現場實際測試其各項裝置及性能是否符合相關規定。

例題：某防護區域長 13 公尺、寬 10 公尺、高 5 公尺，其無法自動關閉之開口部面積為 6 平方公尺，如欲在此區域設置二氧化碳高壓式全區域放射滅火設備防護時，請問需要多少滅火藥劑？若使用容積為 68 公升、充填比為 1.5 之鋼瓶時，需要多少鋼瓶？全區域放射後，對放射之滅火藥劑，需將其排放至安全地方，若採機械排放，且排風機為專用時，每小時需具有幾次換氣量？

【解】

(1) 開口檢討：不設自動關閉裝置之開口部總面積，供電信機械室使用時，應在圍壁面積 1% 以下，其他處所則應在防護區域體積值或圍壁面積值兩者中之較小數值 10% 以下。

圍牆面積 = $[(13 \times 10) + (10 \times 5) + (5 \times 13)] \times 2 = 490 \text{m}^2$

防護體積 $V = 13 \times 10 \times 5 = 650 \text{ m}^3$

兩者中之較小數值 490，其 10% 為 49，開口部面積為 6 平方公尺 <49，故可免自動關閉。

本題藥劑量依照題意計算如下：

$W = G \times V + g \times A$

$W = 0.8 \times 650 + 5 \times 6 = 550 \text{ kg} > 135 \text{kg}$

(2) 使用容積為 68 公升、充填比為 1.5 之鋼瓶數量計算如下：

鋼瓶數量 = 550,68/1.5 = 12.13（13 支）

(3) 每小時所需換氣量計算如下：

排氣量$\frac{5 \text{次}}{60 \min} \times (13 \times 10 \times 5) \text{m}^3 = 54.2 \text{ m}^3/\text{min}$

CO_2 滅火設備安全裝置

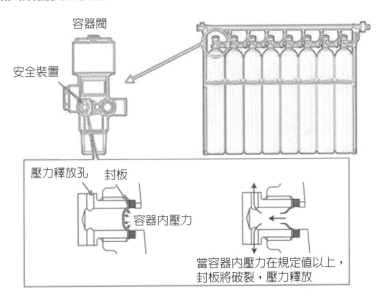

容器閥

安全裝置

壓力釋放孔　封板

容器內壓力

當容器內壓力在規定值以上，封板將破裂，壓力釋放

二氧化碳滅火設備全區放射之裝置

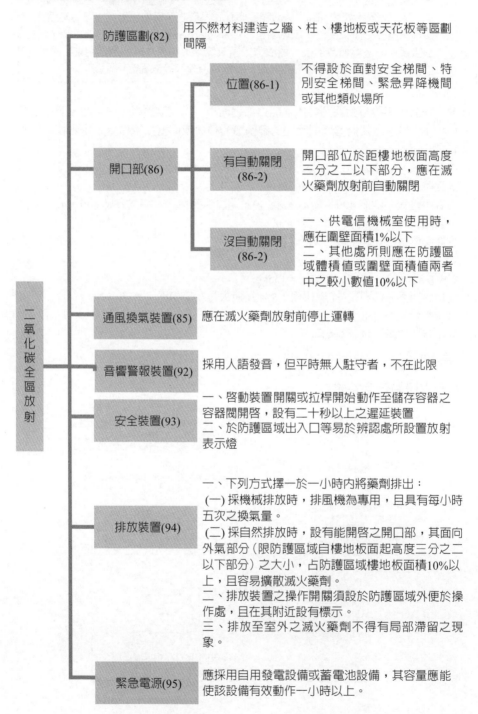

二氧化碳全區放射

防護區劃(82) — 用不燃材料建造之牆、柱、樓地板或天花板等區劃間隔

開口部(86)
- **位置(86-1)** — 不得設於面對安全梯間、特別安全梯間、緊急昇降機間或其他類似場所
- **有自動關閉(86-2)** — 開口部位於距樓地板面高度三分之二以下部分,應在滅火藥劑放射前自動關閉
- **沒自動關閉(86-2)** — 一、供電信機械室使用時,應在圍壁面積1%以下 二、其他處所則應在防護區域體積值或圍壁面積值兩者中之較小數值10%以下

通風換氣裝置(85) — 應在滅火藥劑放射前停止運轉

音響警報裝置(92) — 採用人語發音,但平時無人駐守者,不在此限

安全裝置(93) — 一、啓動裝置開關或拉桿開始動作至儲存容器之容器閥開啓,設有二十秒以上之遲延裝置 二、於防護區域出入口等易於辨認處所設置放射表示燈

排放裝置(94) — 一、下列方式擇一於一小時內將藥劑排出: (一)採機械排放時,排風機為專用,且具有每小時五次之換氣量。 (二)採自然排放時,設有能開啓之開口部,其面向外氣部分(限防護區域自樓地板面起高度三分之二以下部分)之大小,占防護區域樓地板面積10%以上,且容易擴散滅火藥劑。 二、排放裝置之操作開關須設於防護區域外便於操作處,且在其附近設有標示。 三、排放至室外之滅火藥劑不得有局部滯留之現象。

緊急電源(95) — 應採用自用發電設備或蓄電池設備,其容量應能使該設備有效動作一小時以上。

例題：有一室內停車空間，其防護區為 25m×15m×5m，未設自動關閉裝置之開口部
　　　面積為 10m²，擬設置全區放射式乾粉滅火設備，試問：
　　　1. 所使用之滅火劑為何？其名稱及分子式？
　　　2. 所需法定滅火藥最少劑量為多少？
　　　3. 於 35℃儲存時，加壓至 150kgf/cm²，所需氮氣之必要量為多少？（90 年消防
　　　　 設備師）

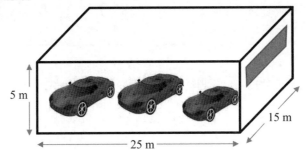

【解】
1. 第 101 條供室內停車空間使用之滅火藥劑，以第三種乾粉為限。第三種乾粉主成分
　　為磷酸二氫銨（$NH_4H_2PO_4$）。
2. 滅火藥劑量 W（kg）= V（防護空間體積 m³）×K（單位體積所需藥劑量 kg/m³）＋ A
　　（未關閉開口部面積 m²）×K1（開口部單位面積所需藥劑量 kg/m³）
　　W = (25×15×5) m³×0.36kg/m³+10m²×2.7kg/m² = 702 kg
3. 第 104 條加壓用氣體使用氮氣時，在溫度攝氏三十五度，大氣壓力（表壓力）每平
　　方公分零公斤或 0MPa 狀態下，每一公斤乾粉藥劑需氮氣四十公升以上。
　　因此 702×40 = 28080 L
　　P1×V1 ＝ P2×V2
　　(0+1.033)×28080 = (150 + 1.033)P2×V2
　　V2 = 192 L

2-17 乾粉滅火準用二氧化碳及藥劑量

> **第98條**
> 乾粉滅火設備之放射方式、通風換氣裝置、防護區域開口部、選擇閥、啓動裝置、音響警報裝置、安全裝置、緊急電源及標示規格,準用第八十二條、第八十五條、第八十六條、第九十條至第九十三條、第九十五條及第九十七條規定設置。

【解說】

乾粉滅火設備主要元件爲:1. 探測器;2. 控制裝置;3. 啓動裝置及啓動用氣體容器(使用氣體啓動者);4. 乾粉儲槽;5. 管路之配件(選擇閥、安全裝置等);6. 噴頭。在其應用時,以手提式滅火器、移動式軟管系統或固定式硬管系統等方式,作爲場所火災防護目的。乾粉滅火設備防護區域二氧化碳構造具有相似性,因此比照其設置。

> **第99條**
> 乾粉滅火藥劑量,依下列規定設置:
> 一、全區放射方式所需滅火藥劑量,依下表計算:

乾粉滅火藥劑種類	第一種	第二種	第三種	第四種
滅火藥劑主成分	碳酸氫鈉	碳酸氫鉀	磷酸二氫銨	碳酸氫鉀及尿素
每立方公尺防護區域所需藥劑量(kg/m^2)	0.6	0.36	0.36	0.24
每平方公尺開口部所需追加藥劑量(kg/m^2)	4.5	2.7	2.7	1.8

> 二、局部放射方式所需滅火藥劑量應符合下列規定:
> (一)可燃性固體或易燃性液體存放於上方開放式容器,火災發生時,燃燒限於一面且可燃物無向外飛散之虞者,所需之滅火藥劑量,依下表計算:

滅火藥劑種類	第一種乾粉	第二種乾粉或第三種乾粉	第四種乾粉
防護對象每平方公尺表面積所需滅火藥劑量	8.8 kg/m^2	5.2 kg/m^2	3.6 kg/m^2
追加倍數	1.1	1.1	1.1
備考	防護對象物之邊長在零點六公尺以下時,以零點六公尺計。		

【解說】

乾粉噴頭之放射壓力僅需 1 kg/cm² 以上,此不像二氧化碳噴頭於高壓式需達 14 kg/cm²、低壓式 9 kg/cm² 之高壓,此因二氧化碳需靠窒息滅火,及以高氣流噴入燃燒區,快速噴走可燃之分解氣體或蒸發氣體之滅火作用,並滲入內部。而乾粉滅火係靠抑制連鎖反應,且高壓噴出,如是防護液體類會使其產生噴濺現象。

乾粉滅火設備儲存容器內容積與氣體量

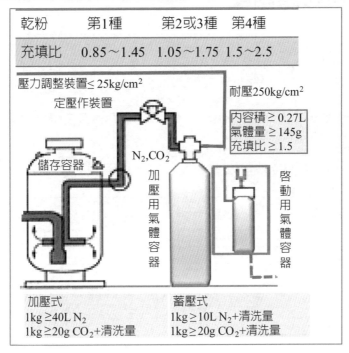

乾粉	第1種	第2或3種	第4種
充填比	0.85～1.45	1.05～1.75	1.5～2.5

壓力調整裝置 ≤ 25kg/cm²
定壓作裝置

耐壓250kg/cm²

內容積 ≥ 0.27L
氣體量 ≥ 145g
充填比 ≥ 1.5

儲存容器

N₂,CO₂
加壓用氣體容器

啟動用氣體容器

加壓式
1kg ≥40L N₂
1kg ≥20g CO₂+清洗量

蓄壓式
1kg ≥10L N₂+清洗量
1kg ≥20g CO₂+清洗量

例題：某儲油槽直徑為 12 m、高 9 m，若採用加壓式乾粉滅火設備及第一種乾粉，所需乾粉藥劑量為 1,000 kg，加壓氣體為氮氣時，其體積為何（35℃，表壓力 150 kg/cm²）？依法令規定，加壓用氣體使用氮氣時，在溫度 35℃，大氣壓力（表壓力）0 kg/cm² 或 0MPa 狀態下，每 1kg 乾粉藥劑需氮氣 40L。

【解】
W = 40（L/kg）×1000 KG = 40,000 L

依波以耳定律 $\dfrac{P_1 \times V_1}{T_1} = \dfrac{P_2 \times V_2}{T_2}$

P_1：絕對壓力 = 表壓力（0）+ 1.033kgf/cm²

P_2：絕對壓力 = 表壓力（150）+ 1.033kgf/cm²

$\dfrac{1.033 \times 40000}{(35+273)} = \dfrac{(150+1.033) \times V_2}{(35+273)}$

（表壓力之零點為 1 大氣壓力）　$V_2 = 273.5$ L

2-18 乾粉藥劑量

(二)前目以外設置場所,依下列公式計算假想防護空間單位體積滅火藥劑量,再乘假想防護空間體積來計算所需滅火藥劑量。但供電信機器室使用者,所核算出之滅火藥劑量,需乘以零點七。

$$Q = X - Y \times a/A$$

Q:假想防護空間單位體積滅火藥劑量(公斤/立方公尺)所需追加倍數比照前目規定。

a:防護對象周圍實存牆壁面積之合計(平方公尺)。

A:假想防護空間牆壁面積之合計(平方公尺)。

X及Y值,依下表規定為準:

滅火藥劑種類	第一種乾粉	第二種乾粉或第三種乾粉	第四種乾粉
X值	5.2	3.2	2.0
Y值	3.9	2.4	1.5

三、移動放射方式每一具噴射瞄子所需滅火藥劑量在下表之規定以上:

滅火藥劑種類	第一種乾粉	第二種乾粉或第三種乾粉	第四種乾粉
滅火藥劑量	50kg	30kg	20kg

四、全區及局部放射方式在同一建築物內有二個以上防護區域或防護對象時,所需滅火藥劑量取其最大量者。

【解說】

乾粉滅火能力以第四種最佳、第一種較低;因此,此種滅火效果優劣顯現在其所需藥劑量。在局部放射與移動放射方式,乾粉與二氧化碳一樣,藉其本身比空氣重之物理特性,而能放射後往下沉之現象,不需大的噴射壓力,即可覆蓋住火勢。而二氧化碳藉由強噴射壓力形成空間內迴旋氣流,深入至火勢內部,增加滅火效果,而盡量不使二氧化碳不會那麼快就沉落至地面。

第 100 條

全區及局部放射方式之噴頭,依下列規定設置:

一、全區放射方式所設之噴頭能使放射藥劑迅速均勻地擴散至整個防護區域。

二、乾粉噴頭之放射壓力在每平方公分一公斤以上或 0.1MPa 以上。

三、依前條第一款或第二款所核算之滅火藥劑量須於三十秒內全部放射完畢。

四、局部放射方式所設噴頭之有效射程內,應涵蓋防護對象所有表面,且所設位置不得因藥劑之放射使可燃物有飛散之虞。

【解說】

乾粉噴射壓力與灑水頭之水壓是一樣的($1kg/cm^2$),比水霧、泡沫相對低。而二氧化碳噴射壓力卻高達 $14kg/cm^2$,這是彼此滅火機制不同,因乾粉是以粉末抑制燃燒連鎖反應,不需高壓,讓乾粉可覆蓋火勢即可,太大壓力反而易致氣粉分離。

乾粉滅火設備全區防護概念圖

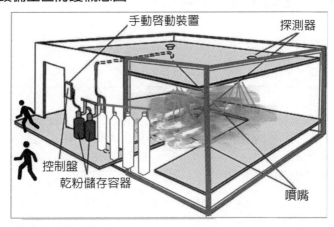

乾粉滅火設備儲存容器照片

壓力調整器裝置

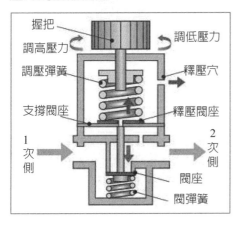

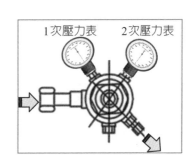

2-19 滅火藥劑儲存容器

第 101 條

供室內停車空間使用之滅火藥劑,以第三種乾粉爲限。

【解說】

因第一、二及四種皆爲 BC 乾粉,僅第三種爲磷酸二氫銨 ABC 類乾粉,而車輛火災有 A 類與 B 類火災綜合物。本類乾粉受熱後形成磷酸與 NH_3,之後形成焦磷酸與水、偏磷酸,最後爲五氧化二磷與較多水分,其產生吸熱與冷卻效果比其他乾粉佳。

第 102 條

滅火藥劑儲存容器,依下列規定設置:

一、充填比應符合下列規定:

滅火藥劑種類	第一種乾粉	第二種乾粉或第三種乾粉	第四種乾粉
充填比	0.85～1.45	1.05～1.75	1.5～2.5

二、儲存場所應符合下列規定:

　(一) 置於防護區域外。

　(二) 置於溫度攝氏四十度以下,溫度變化較少處。

　(三) 不得置於有日光曝曬或雨水淋濕之處。

三、儲存容器於明顯處所標示:充填藥劑量、滅火藥劑種類、最高使用壓力(限於加壓式)、製造年限及製造廠商等。

四、儲存容器設置符合 CNS11176 規定之安全裝置。

五、蓄壓式儲存容器,內壓在每平方公分十公斤以上或 1MPa 以上者,設符合 CNS10848 及 10849 規定之容器閥。

六、爲排除儲存容器之殘留氣體應設置排出裝置,爲處理配管之殘留藥劑則應設置清洗裝置。

七、採取有效之防震措施。

第 103 條

加壓用氣體容器應設於儲存容器近旁,且須確實接連,並應設置符合 CNS一一一七六規定之容器閥及安全裝置。

【解說】

加壓用氣體容器應設於儲存容器近旁,這是考量兩者連接管避免過長,且考量臺灣有地震發生,需確實連接無誤。此外,避免因高壓狀態使其連接產生脫落。因二氧化碳液化具有相當蒸氣壓,並不須再加壓用氣體,而海龍及 FM-200 及乾粉,皆須有額外之加壓用氣體容器,來產生足夠動力源。

乾粉滅火藥劑種類

項	目	內容	化學式
第一種乾粉	碳酸氫鈉（NaHCO₃）	碳酸氫鈉即小蘇打粉，適用 B、C 類火災，為白色粉末，為增加其流動性與防濕性，會加入一些添加劑。碳酸氫鈉易受熱分解為碳酸鈉、CO_2 和水。	$2NaHCO_3 \rightarrow Na_2CO_3+H_2O+CO_2$ $Na_2CO_3 \rightarrow Na_2O+CO_2$ $Na_2O+H_2O \rightarrow 2NaOH$ $NaOH+H^+ \rightarrow Na+H_2O$ $NaOH+OH^- \rightarrow NaO+H_2O$
第二種乾粉	碳酸氫鉀（KHCO₃）	適用 B、C 類火災，效果會比第一種乾粉佳，為紫色乾粉，受熱分解為碳酸鉀、CO_2 與水。本身吸濕性較高，儲藏時應注意防濕防潮。	$2KHCO_3 \rightarrow K_2CO_3+H_2O+CO_2$ $2KHCO_3 \rightarrow K_2O+H_2O+2CO_2$ $K_2O+H_2O \rightarrow 2KOH$ $KOH+OH^- \rightarrow KO+H_2O$ $KOH+K^- \rightarrow K_2O+H^+$
第三種乾粉	磷酸二氫銨（NH₄H₂PO₄）	適用 A、B、C 類火災，為淺粉紅色粉末。磷酸二氫銨受熱後形成磷酸與 NH₃，然後形成焦磷酸與水、偏磷酸，最後為五氧化二磷與較多水分。與燃燒面產生玻璃狀薄膜，覆蓋隔絕效果。	$NH_4H_2PO_4 \rightarrow NH_3+H_3PO_4$ $2H_3PO_4 \rightarrow H_4P_2O_7+H_2O$ $H_4P_2O_7 \rightarrow 2HPO_3+H_2O$ $2HPO_3 \rightarrow P_2O_5+H_2O$
第四種乾粉	碳酸氫鉀及尿素（KHCO₃＋H₂NCONH₂）	適用 B、C 類火災，為偏灰色，美國 ICI 產品，又稱錳鈉克斯（Monnex）乾粉。在滅火上，除抑制連鎖外，在熱固體燃料面熔化形成隔絕層，達到物理窒息。	$KHCO_3 + H_2NCONH_2 \rightarrow$ $KC_2N_2H_3O_3+H_2O$

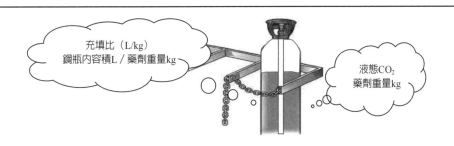

第 102 條充填比考量是密閉容器內物質會受溫度變化而影響。於攝氏四十度以下，因溫度增加，容器內壓力也會相對增加。依充填比，容器內可充填劑換算如下：

滅火藥劑種類	第一種乾粉	第二（三）種乾粉	第四種乾粉
每公升充填藥劑量（kg）	0.68～1.18	0.57～0.95	0.40～0.67

例題：某一室內停車場，其防護區域長 35 公尺、寬 15 公尺、高 4 公尺，無法自動關閉之開口部面積為 10 平方公尺，擬設置全區域放射式乾粉滅火設備，需要多少乾粉滅火藥劑量？

【解】

圍牆面積 = $[(35 \times 15) + (15 \times 4) + (4 \times 35)] \times 2 = 1450m^2$

防護體積 $V = 35 \times 15 \times 4 = 2100 \ m^3$

兩者中之較小數值 1450，其 10% 為 145，開口部面積為 10 平方公尺 <145，故可免自動關閉。

$W = G \times V + g \times A = 0.36 \times 2100 + 2.7 \times 10 = 783 \ kg$

2-20 加壓蓄壓用氣體容器

第 104 條

加壓或蓄壓用氣體容器，依下列規定設置：

一、加壓或蓄壓用氣體應使用氮氣或二氧化碳。

二、加壓用氣體使用氮氣時，在溫度攝氏三十五度，大氣壓力（表壓力）每平方公分零公斤或 0MPa 狀態下，每一公斤乾粉藥劑需氮氣四十公升以上；使用二氧化碳時，每一公斤乾粉藥劑需二氧化碳二十公克並加算清洗配管所需要量以上。

三、蓄壓用氣體使用氮氣時，在溫度攝氏三十五度，大氣壓力（表壓力）每平方公分零公斤或 0MPa 狀態下，每一公斤乾粉藥劑需氮氣十公升並加算清洗配管所需要量以上；使用二氧化碳時，每一公斤乾粉藥劑需二氧化碳二十公克並加算清洗配管所需要量以上。

四、清洗配管用氣體，另以容器儲存。

五、採取有效之防震措施。

【解說】

　　一般液化氣體容器，當其蒸氣壓氣態增加時，會使其液態面降低，但使用氮氣時，其容器內蒸氣壓是不會產生變化的。容器內為固體時不會有問題的，但使用蓄壓式比加壓式對容器內乾粉平時進行壓縮，較易有結塊之可能。而乾粉不像二氧化碳或其他氣體滅火設備，本身具有高壓動力來源，所以乾粉需藉額外動力使其噴出；而滅火後管內殘餘乾粉因本身重量會存留累積在管內，久而久之硬化結塊，所以必須每次使用完畢予以高壓氣體導出。

　　乾粉相對密度 1.8（19℃），於第一種乾粉每公斤之體積為 1.18/1.8 = 0.66 至 0.68/1.8 = 0.37，取可充積體積最大值 0.66 L，於蓄壓用氣體使用氮氣時，在溫度攝氏三十五度，每一公斤乾粉藥劑需氮氣十公升。從波以耳定律 $P1V1 = P2V2$，$1×10 = P2×0.66$，$P2 = 15.2atm = 15.2×1.033 = 15.65 \ kg/cm^2$。

　　在二氧化碳方面，溫度攝氏三十五度，從理想氣體定律可知，$V1/T1 = V2/T2$，$22.4 \ (L/mol)/273℃ = V2/(273 + 35℃)$，$V2 = 25.3$（L/mol）；因此，於每一公斤乾粉藥劑需二氧化碳二十公克，其莫耳數 20/44 = 0.45 mole，$0.45mol×25.3 \ (L/mol) = 11.38L$，$P1V1 = P2V2$，$1×11.38 = P2×0.66$，$P2 = 17.25atm = 17.82 \ kg/cm^2$，因此上述使用氮氣或二氧化碳皆符合第 107 條壓力在 25 kg/cm^2 以下之規定。

　　而絕對壓力 = 表壓力 + 1.033 kg/cm^2。假設高壓氮氣儲存容器（35℃、100 kg/cm^2）之壓體積縮多少倍，T1 = 273 + 35 = 308K，T2 是在等溫條件下，$P1V1 = P2V2$，$1V1×1.033 = 101.033×V2$；因此，$V2 = 0.01V1$。

乾粉儲存容器與定壓動作裝置

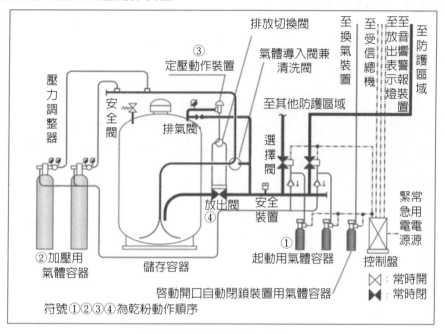

（埼玉市消防局，平成 28 年）

乾粉局部放射應用方式

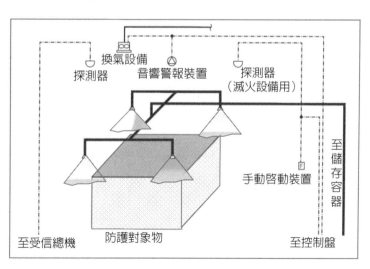

2-21 乾粉配管及閥類

第 105 條
乾粉滅火設備配管及閥類，依下列規定設置：
一、配管部分：
　(一) 應為專用，其管徑依噴頭流量計算配置。
　(二) 使用符合 CNS 六四四五規定，並施予鍍鋅等防蝕處理或具同等以上強
　　　 度及耐蝕性之鋼管。但蓄壓式中，壓力在每平方公分二十五公斤以上或
　　　 2.5MPa 以上，每平方公分四十二公斤以下或 4.2MPa 以下時，應使用符
　　　 合 CNS 四六二六之無縫鋼管管號 Sch 40 以上厚度並施予防蝕處理，或具
　　　 有同等以上強度及耐蝕性之鋼管。
　(三) 採用銅管配管時，應使用符合 CNS 五一二七規定或具有同等以上強度及
　　　 耐蝕性者，並能承受調整壓力或最高使用壓力的一點五倍以上之壓力。
　(四) 最低配管與最高配管間，落差在五十公尺以下。
　(五) 配管採均分為原則，使噴頭同時放射時，放射壓力為均等。
　(六) 採取有效之防震措施。
二、閥類部分：
　(一) 使用符合 CNS 之規定且施予防蝕處理或具有同等以上強度、耐蝕性及耐
　　　 熱性者。
　(二) 標示開閉位置及方向。
　(三) 放出閥及加壓用氣體容器閥之手動操作部分設於火災時易於接近且安全之
　　　 處。

【解說】
　　最低與最高配管間落差在五十公尺以下，因其乾粉本身重量會產生噴出不順問
題，但如此大的落差，實務上難有可能如此場所。標示開閉位置及方向，以利日後檢
修，而放出閥及加壓用氣體容器閥之手動操作部分，應設於火災濃煙不易籠罩之處。

第 106 條
乾粉滅火設備自儲存容器起，其配管任一部分與彎曲部分之距離應為管徑二十倍
以上。但能採取乾粉藥劑與加壓或蓄壓用氣體不會分離措施者，不在此限。

【解說】
　　避免急彎使其不致出現高壓氣體與較重乾粉，因離心力產生氣粉分離現象。

化學系統滅火設備放射壓力

滅火設備	方式	壓力（kg/cm²）
二氧化碳	高壓式	14
	低壓式	9
乾粉	全區及局部	1
海龍	1301	9
	1211	2
	2402	1

乾粉配管與彎曲部距離

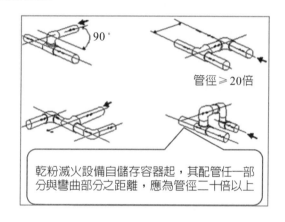

90°

管徑 ≥ 20倍

乾粉滅火設備自儲存容器起，其配管任一部分與彎曲部分之距離，應為管徑二十倍以上

乾粉滅火設備啟動方式

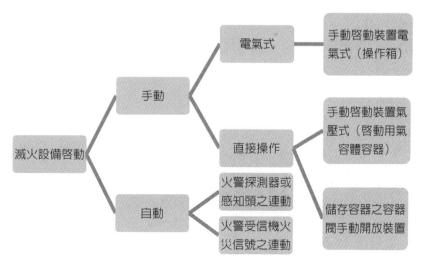

滅火設備啟動
手動
　電氣式 — 手動啟動裝置電氣式（操作箱）
　直接操作 — 手動啟動裝置氣壓式（啟動用氣容體容器）
　　　　　— 儲存容器之容器閥手動開放裝置
自動
　火警探測器或感知頭之連動
　火警受信機火災信號之連動

2-22 壓力調整、定壓動作及氣體啓動

第 107 條
加壓式乾粉滅火設備應設壓力調整裝置,可調整壓力至每平方公分二十五公斤以下或 2.5Mpa 以下。

【解說】
　加壓式乾粉滅火設備壓力爲防過大,因焊接容器耐壓有限,需進行降壓,避免物理壓力危險現象發生。如加壓用氣體使用二氧化碳,於壓力至 2.5Mpa 以下,此時二氧化碳是處於氣態,壓力體積可適用波以耳定律(Boyle 's Law)進行運算。

第 108 條
加壓式乾粉滅火設備,依下列規定設置定壓動作裝置:
一、啓動裝置動作後,儲存容器壓力達設定壓力時,應使放出閥開啓。
二、定壓動作裝置設於各儲存容器。

【解說】
　一般而言,啓動用氣體容器動作後,會經由加壓用氣體容器及壓力調整器,再經由定壓動作裝置至儲存容器內乾粉,經放出閥、選擇閥至防護區域。而每一儲存容器皆有定壓動作裝置,以防氣體過大,致氣粉不均勻等。而定壓動作裝置可分爲封板式、彈簧式、壓力開關式、機械連動式、定時開關式等。

第 109 條
蓄壓式乾粉滅火設備應設置以綠色表示使用壓力範圍之指示壓力表。

【解說】
　蓄壓式容器因時間久了,其產生壓降現象,因此可顯示出內部壓力狀態。

第 110 條
若使用氣體啓動者,依下列規定設置:
一、啓動用氣體容器能耐每平方公分二百五十公斤或 25MPa 之壓力。
二、啓動用氣體容器之內容積有零點二七公升以上,其所儲存之氣體量在
　　一百四十五公克以上,且其充塡比在一點五以上。
三、啓動用氣體容器之安全裝置及容器閥符合 CNS 一一一七六之規定。
四、啓動用氣體容器不得兼供防護區域之自動關閉裝置使用。

啓動方式

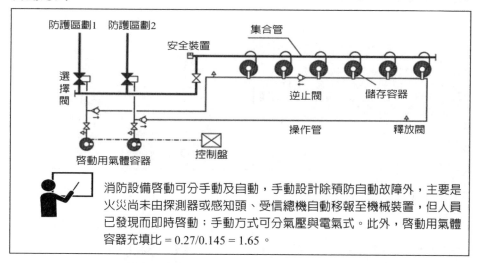

消防設備啓動可分手動及自動，手動設計除預防自動故障外，主要是火災尚未由探測器或感知頭、受信總機自動移報至機械裝置，但人員已發現而即時啓動；手動方式可分氣壓與電氣式。此外，啓動用氣體容器充填比 = 0.27/0.145 = 1.65。

防護區域與乾粉配管均分原則

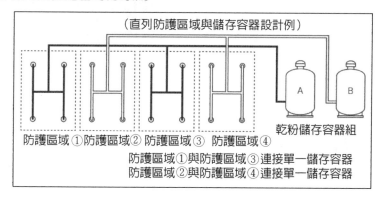

（直列防護區域與儲存容器設計例）

防護區域①防護區域②防護區域③　防護區域④

乾粉儲存容器組

防護區域①與防護區域③連接單一儲存容器
防護區域②與防護區域④連接單一儲存容器

二氧化碳三態圖

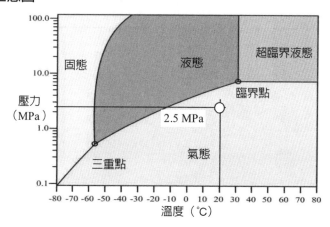

定壓動作裝置種類與內容

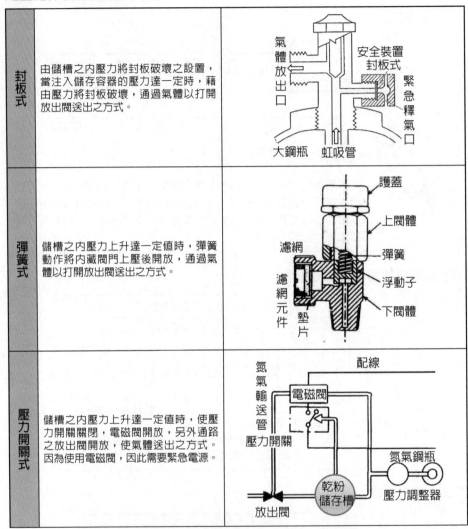

封板式	由儲槽之內壓力將封板破壞之設置，當注入儲存容器的壓力達一定時，藉由壓力將封板破壞，通過氣體以打開放出閥送出之方式。
彈簧式	儲槽之內壓力上升達一定值時，彈簧動作將內藏閥門上壓後開放，通過氣體以打開放出閥送出之方式。
壓力開關式	儲槽之內壓力上升達一定值時，使壓力開關關閉，電磁閥開放，另外通路之放出閥開放，使氣體送出之方式。因為使用電磁閥，因此需要緊急電源。

氣體放出口　安全裝置封板式　緊急釋氣口　大鋼瓶　虹吸管

護蓋　上閥體　彈簧　浮動子　下閥體　濾網　濾網元件　墊片

配線　氮氣輸送管　電磁閥　壓力開關　氮氣鋼瓶　乾粉儲存槽　壓力調整器　放出閥

機械連動式	儲槽之內壓力上升達一定值時，藉由壓力使閥門之連動裝置跳脫，打開閥門氣體通路，並打開放出閥氣體送出之方式。	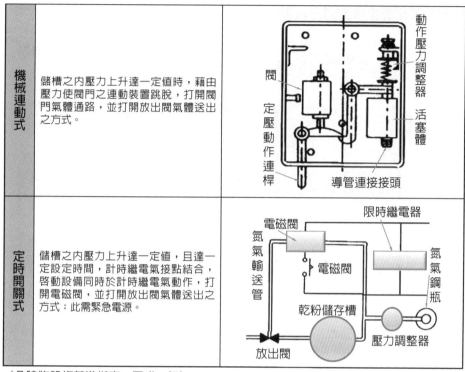
定時開關式	儲槽之內壓力上升達一定值，且達一定設定時間，計時繼電氣接點結合，啟動設備同時於計時繼電氣動作，打開電磁閥，並打開放出閥氣體送出之方式；此需緊急電源。	

（危險物設施基準指南，平成 7 年）

移動式乾粉滅火設備

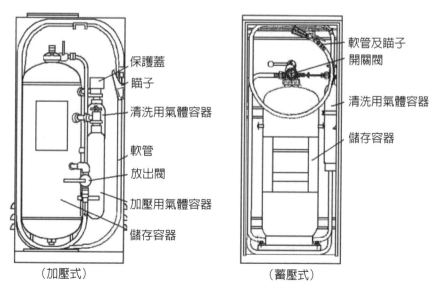

（加壓式）　　　　　　　　（蓄壓式）

乾粉滅火設備全區放射之裝置

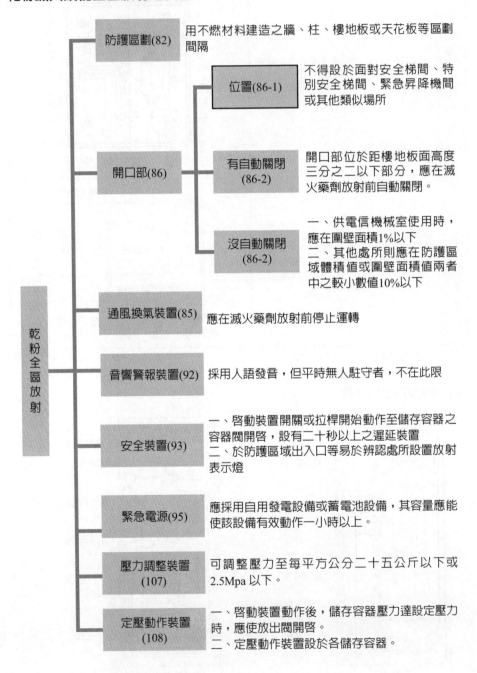

防護區劃(82) — 用不燃材料建造之牆、柱、樓地板或天花板等區劃間隔

開口部(86)
- 位置(86-1) — 不得設於面對安全梯間、特別安全梯間、緊急昇降機間或其他類似場所
- 有自動關閉(86-2) — 開口部位於距樓地板面高度三分之二以下部分,應在滅火藥劑放射前自動關閉。
- 沒自動關閉(86-2) — 一、供電信機械室使用時,應在圍壁面積1%以下 二、其他處所則應在防護區域體積值或圍壁面積值兩者中之較小數值10%以下

通風換氣裝置(85) — 應在滅火藥劑放射前停止運轉

音響警報裝置(92) — 採用人語發音,但平時無人駐守者,不在此限

安全裝置(93) — 一、啓動裝置開關或拉桿開始動作至儲存容器之容器閥開啓,設有二十秒以上之遲延裝置 二、於防護區域出入口等易於辨認處所設置放射表示燈

緊急電源(95) — 應採用自用發電設備或蓄電池設備,其容量應能使該設備有效動作一小時以上。

壓力調整裝置(107) — 可調整壓力至每平方公分二十五公斤以下或2.5Mpa以下。

定壓動作裝置(108) — 一、啓動裝置動作後,儲存容器壓力達設定壓力時,應使放出閥開啓。 二、定壓動作裝置設於各儲存容器。

乾粉全區放射

例題：

某防護空間（長 12m× 寬 10m× 高 4m）具有無法自動關閉之開口面積為 6m²；今設置有第三種化學乾粉全區放射滅火設備防護。試求該系統之所需乾粉滅火劑量？系統總放射時間？容器內之絕對壓力（kgf/cm²）？（91 年消防設備師）

已知該系統採平衡式設計，如下圖所示；使用之噴頭放射率為 0.8 kg/sec，放射壓力為 1.8 kgf/cm²；管系配管摩擦損失經驗公式如下：

$$\frac{\Delta P}{L} = 0.7 \frac{Q^{2.4}}{d^{5.2}}$$

ΔP：配管摩擦損失（kgf/cm²）
Q：滅火劑質量流量（kg/sec）
d：管內徑（cm）
L：配管等效長度（m）
配管最小流量限制表

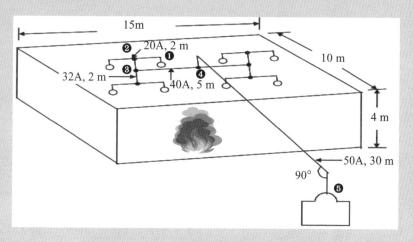

管徑（mm）	最小流量（kg/sec）
20	0.9
32	2.5
40	3.2
50	5.7

各項接頭等價管長（m）

管徑（mm）	20	32	40	50
90° 彎頭	5.3	3.2	2.8	2.2
T 型接頭	16.0	9.7	8.3	6.5

【解說】

所需乾粉滅火劑量

$V = 12 \times 10 \times 4 = 480 \ \text{m}^3$

$W = 480 \times 0.36 + 6 \times 0.27 = 189 \ \text{kg}$

系統總放射時間

噴頭放射率為 0.8 kg/sec，放射壓力為 1.8 kgf/cm^2

全部噴頭放射率為 0.8 kg/sec × 8 = 6.4 kg/sec

系統總放射時間為 189 kg/6.4 kg/sec = 29.5 sec ＜ 30sec　（符合法令 30sec）

容器內之絕對壓力（kgf/cm^2）

$$\frac{\Delta P_{12}}{2} = 0.7 \times \frac{0.8^{2.4}}{2^{5.2}}$$

$\Delta P_{12} = 0.02$

$$\frac{\Delta P_{23}}{2 + 9.7} = 0.7 \times \frac{(0.8 \times 2)^{2.4}}{3.2^{5.2}}$$

$\Delta P_{23} = 0.06$

$$\frac{\Delta P_{34}}{5 + 8.3} = 0.7 \times \frac{(0.8 \times 4)^{2.4}}{4^{5.2}}$$

$\Delta P_{34} = 0.11$

$$\frac{\Delta P_{45}}{30 + 6.5 + 2.2} = 0.7 \times \frac{(0.8 \times 8)^{2.4}}{5^{5.2}}$$

$\Delta P_{45} = 0.54$

$P = 1.8 + (0.02 + 0.06 + 0.11 + 0.54) = 2.53 \ (\text{kgf/cm}^2)$

＋ 知識補充站

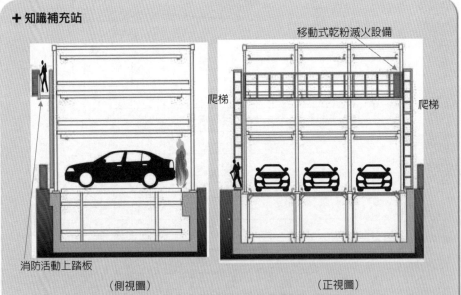

（側視圖）　　　　　　　　　　　　　（正視圖）

（移動式乾粉滅火設備設置機械式昇降停車場，應設置消防活動上踏板，並應有二方向避難路徑，及沒有滅火或避難活動上之障礙與具結構上必要強度。）

（明石市消防局，明石市消防用設備等審查基準，2018）

例題：
乾粉滅火設備之配管摩擦損失可依下列經驗公式求之：

$$\frac{\Delta P}{L} = 0.7\frac{Q^{2.4}}{d^{5.2}}$$

ΔP：配管摩擦損失（kgf/cm^2）
Q：滅火劑質量流量（kg/sec）
d：管內徑（cm）
L：配管等效長度（m）
如下圖平衡式配管系統，若每一噴頭之放射率為 2.0 kg/sec，放射壓力為 1.5 kgf/cm^2
（gage），試求容器內之絕對壓力（kgf/cm^2）？
已知 Patm = 1 kgf/cm^2 所，假設 20A 配管之內徑為 20mm，40A 配管之內徑為 40mm，
50A 配管之內徑為 50mm，於圖上所標示之長度為該段配管之等長度。（87 年消防設
備師）

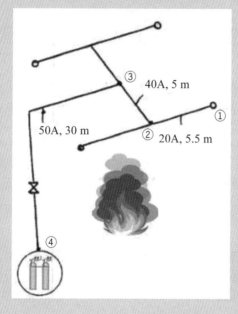

【解說】

$$\frac{\Delta P_{12}}{5.5} = 0.7 \times \frac{2^{2.4}}{2^{5.2}}$$

$\Delta P_{12} = 0.55$

$$\frac{\Delta P_{23}}{5} = 0.7 \times \frac{4^{2.4}}{4^{5.2}}$$

$\Delta P_{23} = 0.07$

$$\frac{\Delta P_{34}}{30} = 0.7 \times \frac{8^{2.4}}{5^{5.2}}$$

$\Delta P_{34} = 0.72$
$P = 1.5 + 1 + (0.55 + 0.07 + 0.72) = 3.84$（kgf/cm^2）

2-23 移動式放射及簡易自動滅火設備

第 111 條

移動式放射方式，除依第一百零二條第一款、第二款第二目、第三目、第三款、第四款規定辦理外，並依下列規定設置：

一、儲存容器之容器閥能在皮管出口處以手動開關者。

二、儲存容器分設於各皮管設置處。

三、儲存容器近旁設紅色標示燈及標明移動式乾粉滅火設備字樣。

四、設於火災時濃煙不易籠罩之場所。

五、每一具噴射瞄子之每分鐘藥劑放射量符合下表規定。

滅火藥劑種類	第一種乾粉	第二種乾粉或第三種乾粉	第四種乾粉
每分鐘放射量（kg/min）	45	27	18

六、移動式乾粉滅火設備之皮管、噴嘴及管盤符合 CNS 一一一七七之規定。

【解說】

　　儘管乾粉滅火器早在二次大戰前即已使用多年，直到 1957 年 NFPA 17《乾粉滅火系統標準》才正式通過。後來發展移動式乾粉滅火設備，此與移動式二氧化碳設備一樣，僅放射量不同，二氧化碳要求每分鐘放射量（kg/min）需有 60 以上，這是因為二氧化碳滅火是採取稀釋氧氣之物理滅火原理，其所需藥劑自然較多；而乾粉滅火原理是以抑制連鎖反應之化學滅火原理，所需劑量自然較少。在四種法定乾粉中，滅火能力以第四種最佳，第一種最低，其放射量自然依其滅火能力進行要求。

第 111-1 條

簡易自動滅火設備，應依下列規定設置：

一、視排油煙管之斷面積、警戒長度及風速，配置感知元件及噴頭，其設置數量、位置及放射量，應能有效滅火。

二、排油煙管內風速超過每秒五公尺，應在警戒長度外側設置放出藥劑之啓動裝置及連動閉鎖閘門。但不設置閘門能有效滅火時，不在此限。

三、噴頭之有效射程內，應涵蓋煙罩及排油煙管，且所設位置不得因藥劑之放射使可燃物有飛散之虞。

四、防護範圍內之噴頭，應一齊放射。

五、儲存鋼瓶及加壓氣體鋼瓶設置於攝氏四十度以下之位置。

前項第二款之警戒長度，指煙罩與排油煙管接合處往內五公尺。

【解說】

　　以往曾發生數起餐廳等場所廚房之排油煙管火災，主因煙管內壁積存大量油垢，且受時間氧化發熱，易受瓦斯爐火之火舌引燃，成為火災失控之垂直管內燃燒型態，而無法進行任何有效初期滅火。因此，法規要求一定規模類似場所有此滅火設備。

移動式乾粉滅火設備

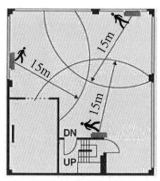

▮：移動式乾粉滅火設備

移動式乾粉應用場所：
室內、屋頂停車場、飛機庫、
電氣室等油類或電氣火災

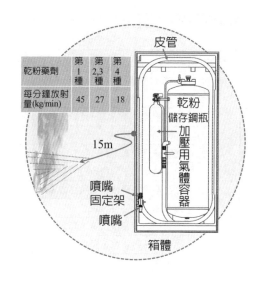

乾粉藥劑	第1種	第2,3種	第4種
每分鐘放射量(kg/min)	45	27	18

簡易自動滅火設備

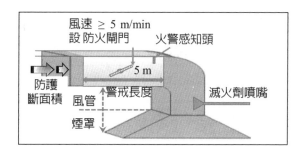

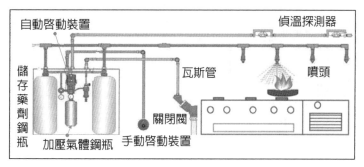

　　三百平方公尺餐廳或長期照顧服務機構等場所五百平方公尺者，應設簡易自動滅火設備；其排油煙管內風速超過每秒五公尺，應在警戒長度外側設置放出藥劑之啓動裝置及連動閉鎖閘門；這是因風速超過每秒五公尺會造成噴出藥劑飛散，而無法有效滅火。

＋ 知識補充站

日本防火對象物消防設備檢修申報期限

款目		防火對象物	檢修申報期限
1	(1)	戲院、電影院、娛樂場所、展覽中心	一年一次
	(2)	公民館、集會場	
2	(1)	歌舞表演、咖啡館、夜總會	
	(2)	遊藝場、舞廳、	
	(3)	海關業務銷售場所	
	(4)	卡拉 OK、為客戶提供服務房間	
3	(1)	會議室、餐廳類似場所	
	(2)	飲食店	
4		百貨商店、超級市場、商場或展覽廳	
5	(1)	旅館、汽車旅館、有客房招待所	
	(2)	集合住宅、寄宿舍	三年一次
6	(1)	醫院、診所或有／無床診所	一年一次
	(2)	老年短期住宿設施、老人養老院等（自力避難困難者）	
	(3)	老人日服務中心、幼兒保育類似場所	
	(4)	幼兒園或特殊學校	
7		小學、中學、高中、大學類似場所	三年一次
8		圖書館、博物館、美術館等類似場所	
9	(1)	公共浴池之外部蒸氣浴室、熱氣浴室類似特定場所	一年一次
	(2)	9(1) 以外等一般公共浴場	三年一次
10		候車場或船舶／飛機起飛／到達地點（僅乘客上下車或等候場所）	
11		神社、寺廟、教會	
12	(1)	工廠、作業場	
	(2)	電影攝影場、電視播送場	
13	(1)	車庫、停車場	
	(2)	飛機或旋翼飛機機庫	
14		倉庫	
15		不適用上述之商業場所	
16	(1)	複合用途建築物中供第 1 至 4、5、6 或 9 款特定用途者	一年一次
	(2)	16(1) 以外之複合用途非特定建築物	三年一次
16-2		地下街	一年一次
16-3		16-2 以外地下層接合連續性地下通路（準地下街）	
17		古蹟歷史建築、重要民俗資料、史蹟等建築物（文化財）	三年一次
18		≥ 50m 拱廊	

註：底色者為特定防火對象物，非底色者為一般防火特定物。

註：國內係以場所為名稱，日本以防火對象物（分特定及一般防火對象物）為名稱。

第3章
公共危險物品場所消防設計

3-1 適用場所（一）

第 193 條
適用本編規定之場所（以下簡稱公共危險物品等場所）如下：
一、公共危險物品及可燃性高壓氣體製造儲存處理場所設置標準暨安全管理辦法
　　規定之場所。
二、加油站。
三、加氣站。
四、天然氣儲槽及可燃性高壓氣體儲槽。
五、爆竹煙火製造、儲存及販賣場所。

【解說】
　　在本條規範係為 6 類公共危險製造儲存處理場所、加油站、可燃性氣體儲槽場所，包括天然氣，以及易燃易爆之爆竹煙火製造、儲存及販賣場所。因上述這些場所不是具非易燃特性，且大多場所具易燃特性。因此，有必要使用消防設備或火災防護設備，使其有災害發生之虞或災害已發生時，進行火勢控制及撲滅抑制之目的。

　　依內政部消防法令函釋及公告（以下同），於 93 年 5 月 1 日前既設合法之場所，除有《各類場所消防安全設備設置標準》第 13 條之情形外，得免重新檢討其消防安全設備。於 93 年 5 月 1 日後設立之場所，倘當時申請並非以《各類場所消防安全設備設置標準》第 4 編檢討設置，之後檢查發現該場所存放公共危險物品達管制量者，應依上開標準第 4 編重新檢討其消防安全設備。

　　於危險物品場所（設施）消防安全設備設置方面，指出設於建築物內部者，應考量整棟建築物或樓層之特性（如樓層數、無開口樓層、總樓地板面積等），因結構共同體；設於建築物以外部分者，應以整體安全考量為前提。

　　在漁船加油站方面，其設置型態及危害特性與設置標準第 193 條第 2 款所定加油站類似，大多屬第 4 類公共危險物品場所，其消防安全設備得比照加油站相關規定檢討設置；至該場所如設置地上式儲油槽，其消防安全設備得比照室內、室外儲槽場所之相關規定辦理。

　　在液化石油氣儲槽方面，其作為工廠之機器使用，非屬該管理辦法所定場所，其位置、構造、設備得免依該管理辦法規定設置。惟該場所及天然氣儲槽與上開管理辦法之儲存場所性質類似，其消防安全設備應比照上開設置標準第 193 條第 3 款之天然氣儲槽規定檢討設置，因兩者爆炸下限都很低，一旦洩漏，可燃混合氣易受靜電或電氣火花等發火源引爆。

各類場所消防安全設備設置標準架構及檢討

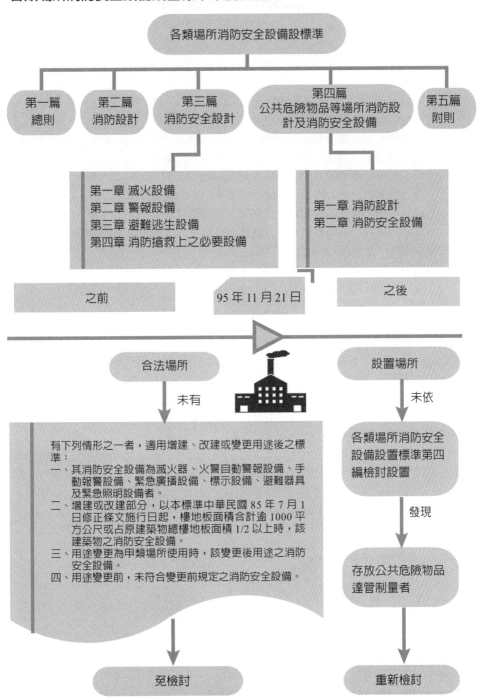

3-2 適用場所（二）

【解說】

危險物品場所等之消防安全設備設置，依內政部消防法令函釋及公告，應依下列原則辦理：

(一)危險物品場所等如位於建築物內者：

　　1.建築物專供危險物品場所等使用者：

　　　(1)設置標準第4編及第1至3編均有規定部分（如滅火器、室內消防栓、自動灑水設備、水霧滅火設備、泡沫滅火設備、二氧化碳滅火設備、乾粉滅火設備、火警自動警報設備、手動報警設備及標示設備等）：危險物品場所等應符合第4編規定，得免依設置標準第1至3編之規定檢討設置。

　　　(2)設置標準第4編未規範部分（如緊急廣播設備、避難器具、緊急照明設備、連結送水管、消防專用蓄水池及排煙設備等）：準用第1至3編之規定。

　　2.建築物之部分供危險物品場所等使用者：

　　　(1)設置標準第4編及第1至3編均有規定部分：危險物品場所等應符合第4編規定；至該場所以外部分之消防安全設備之檢討，如涉建築物整棟或整層之特性（如樓層數、該樓層面積或總樓地板面積等），危險物品場所等部分仍應納入，依第1至3編規定一併檢討設置，惟危險物品場所等部分如依第4編規定已設有之設備，得免重複設置。

　　　(2)設置標準第4編未規範部分：納入危險物品場所等以外場所，依第1至3編之規定，一併檢討設置。

(二)危險物品場所等如位於建築物以外部分者：依第4編進行檢討，但於檢討整體廠區或建築基地內之室外消防栓設備及消防專用蓄水池時，危險物品場所等之面積應納入一併計算檢討。

事實上，建築物供危險物品使用，增加了其火災爆炸之危險度，且其發火源更是多樣化，如靜電、化學熱（氧化熱、分解熱、聚合熱等自燃發火）、物理熱（撞擊、摩擦）等，保安監督人之防火管理力度更需加強。因此，為了確保公共安全，法規做了最小化保障，規範其位置、構造及設備，並設置相關消防及防護設備。

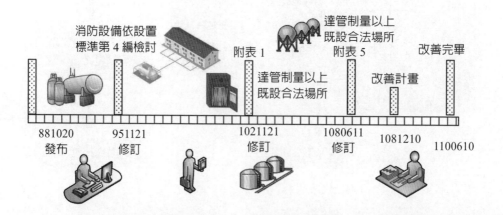

危險物品場所消防設備檢討

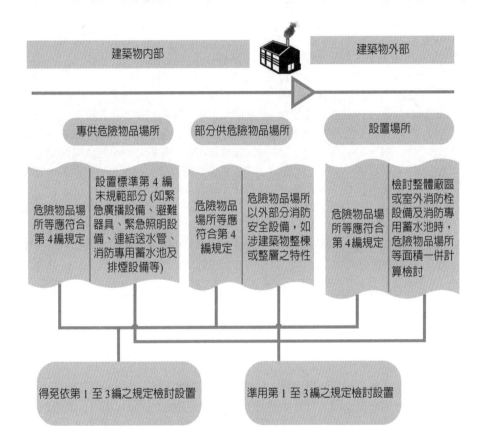

日本第一種及第二種室內消防栓設置場所

編號	場所	第1種室內消防栓	第2種室內消防栓
A	工廠	○	×
B	倉庫	○	×
C	指定燃物	○	×
D	A～C以外場所	○	×
E	老人福利機構等	×	○

備註：○表能設置，× 表不能設置

3-3 製造或一般處理顯著滅火困難場所

第194條

顯著滅火困難場所，指公共危險物品等場所符合下列規定之一者：

一、公共危險物品製造場所或一般處理場所符合下列規定之一：

(一) 總樓地板面積在 1000m² 以上。

(二) 公共危險物品數量達管制量 100 倍以上。但第 1 類公共危險物品之氯酸鹽類、過氯酸鹽類、硝酸鹽類、第 2 類公共危險物品之硫磺、鐵粉、金屬粉、鎂、第 5 類公共危險物品之硝酸酯類、硝基化合物、金屬疊氮化合物，或含有以上任一種成分之物品且供作爆炸物原料使用，或高閃火點物品其操作溫度未滿攝氏一百度者，不列入管制量計算。

(三) 製造或處理設備高於地面 6 m 以上。但高閃火點物品其操作溫度未滿 100℃者，不在此限。

(四) 建築物除供一般處理場所使用以外，尚有其他用途。但以無開口且具 1 小時以上防火時效之牆壁、樓地板區劃分隔者，或處理高閃火點物品其操作溫度未滿 100℃者，不在此限。

【解說】

公共危險物品等場所在消防管理上，係以滅火困難程度來做分類，本條是顯著滅火困難場所，因此以樓地板面積、管制量、離地面高度及複合用途來做定義。依內政部消防法令函釋及公告指出：

1. 第 1 款第 1 目之總樓地板面積，係指公共危險物品製造或一般處理場所所在建築物之總樓地板面積。符合顯著滅火困難場所所指之對象，僅為公共危險物品製造或一般處理場所部分。第 1 款及第 2 款主要係規範「一般處理場所」及「室內儲存場所」為顯著滅火困難場所，其範圍仍應依《公共危險物品及可燃性高壓氣體設置標準暨安全管理辦法》第 5 條至第 7 條所定義範圍為主，而非指該棟建築物。

2. 於第 1 款第 3 目規定，製造或處理設備高於地面 6 公尺以上，即屬顯著滅火困難場所，其製造或處理設備高度，應以地面至設備頂端之高度核算。

3. 一般處理場所所在建築物如尚供其他用途使用者，即符合第 1 款第 4 目規定，屬顯著滅火困難場所，但以無開口且具 1 小時以上防火時效之牆壁，樓地板區劃分隔者，或處理高閃火點物品之操作溫度未滿 100℃者，不在此限。至該顯著滅火困難場所，僅指建築物內之一般處理場所部分。

顯著滅火困難場所

場所分類	設施規模等	公共危險物品種類
製造或一般處所	總樓地板面積≥ 1000m²	6 類
	管制量≥ 100 倍	高閃火點物品操作溫度 <100°C者或火藥原料類（氯酸鹽類、硝基化合物等）除外
	高於地面≥ 6 m	高閃火點物品操作溫度 <100°C者除外
	尚有其他用途（無開口且≥ 1 小時防火時效，牆壁地板區劃除外）	
室內儲存場所	管制量≥ 150 倍	高閃火點物品操作溫度 <100°C者或火藥原料類除外
	總樓地板面積≥ 150m²（每 150m² 內無開口，且≥ 0.5 小時防火時效牆壁地板區劃除外）	儲存第 1、3、5、6 類
	尚有其他用途（無開口且≥ 1 小時防火時效牆壁地板區劃除外）	
	總樓地板面積≥ 150m²（每 150m² 內無開口且≥ 1 小時防火時效牆壁地板區劃除外）	第 2 類（閃火點 <40°C除外）或第 4 類閃火點 <70°C
	尚有其他用途（無開口且≥ 1 小時防火時效牆壁地板區劃除外）	
	高於地面≥ 6 m	6 類

NFPA 30 易燃／可燃性液體

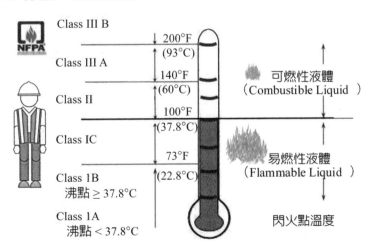

3-4 室內儲存顯著滅火困難場所

第194條（續）

二、室內儲存場所符合下列規定之一：

(一) 儲存公共危險物品達管制量150倍以上。但第1類公共危險物品之氯酸鹽類、過氯酸鹽類、硝酸鹽類、第2類公共危險物品之硫磺、鐵粉、金屬粉、鎂、第5類公共危險物品之硝酸酯類、硝基化合物、金屬疊氮化合物，或含有以上任一種成分之物品且供作爆炸物原料使用，或高閃火點物品者，不列入管制量計算。

(二) 儲存第1類、第3類、第5類或第6類公共危險物品，其總樓地板面積在150m² 以上。但每150m² 內，以無開口且具半小時以上防火時效之牆壁、樓地板區劃分隔者，不在此限。

(三) 儲存第2類公共危險物品之易燃性固體或第4類公共危險物品閃火點未滿70℃，其總樓地板面積在150m² 以上。但每150m² 內，以無開口且具1小時以上防火時效之牆壁、樓地板區劃分隔者，不在此限。

(四) 儲存第1類、第3類、第5類或第6類公共危險物品，其建築物除供室內儲存場所使用以外，尚有其他用途。但以無開口且具1小時以上防火時效之牆壁、樓地板區劃分隔者，不在此限。

(五) 儲存第2類公共危險物品之易燃性固體或第4類公共危險物品閃火點未滿70℃，其建築物除供室內儲存場所使用以外，尚有其他用途。但以無開口且具1小時以上防火時效之牆壁、樓地板區劃分隔者，不在此限。

(六) 高度在6m 以上之一層建築物。

【解說】

　　在室內儲存場所方面，以管制量、樓地板面積、複合用途及地面高度來做定義。前兩者係考量儲存量問題，而複合用途則是管理較不易的問題，地面高度是立體快速延燒及消防有效射水問題。依內政部消防法令函釋及公告，以無開口且具1小時以上防火時效之牆壁、樓地板區劃分隔者，指不得設置門、窗或其他開口，於火災時無法或難以延燒，而降低該等場所之危險度及侷限火災範圍。但設有人員進出與物品儲放所設置之出入口，如係位於建築物內相鄰場所間之牆壁時，均不符前開之但書規定；惟該場所如僅於面臨戶外之牆壁設有出入口等時，則無前開但書應區劃分隔之適用。條文內每150m² 內，以無開口，且具半小時以上防火時效之牆壁、樓地板區劃分隔者，不在此限。因沒有開口即表示火災中對流及輻射熱已有某種相當程度之熱阻隔，僅靠相鄰間之牆壁來進行熱傳導，但牆壁、樓地板具半小時以上防火時效之區劃分隔，表示能完全抵抗火災至少半小時以上，不會裂開或熱滲透至另一區劃空間，所以不在此限。而儲存第1類、第3類、第5類或第6類公共危險物品，其建築物除供室內儲存場所使用以外，尚有其他用途，表示已具複合用途，具多重可燃物質，管理較不易，法規提高要求以無開口且具1小時以上防火時效之牆壁、樓地板區劃分隔，來做替代補償其管理不易之問題。而高度在6m 以上之一層建築物，具可燃物垂直堆疊，形成立體燃燒及消防瞄子有效射水困難之雙重問題。

顯著滅火困難場所（續）

場所分類	設施規模等	公共危險物品種類
室外儲存場所	面積 ≥ 100m²	硫磺
室內儲槽場所	液體表面積 ≥ 40m²	高閃火點物品或第 6 類操作溫度 < 100℃者除外
	儲槽高度 ≥ 6m	
	閃火點 40～70℃儲槽專用室設於一層以外之建築物（無開口且 ≥ 1 小時防火時效牆壁地板區劃除外）	
室外儲槽場所	液體表面積 ≥ 40m²	高閃火點物品或第 6 類操作溫度 < 100℃者除外
	儲槽高度 ≥ 6m	
	固體公共危險物品管制量 ≥ 100 倍	
室內加油站	一面開放且其上方層尚有其他用途	第 4 類

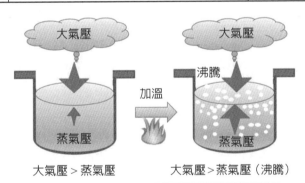

大氣壓 > 蒸氣壓　　　　大氣壓 > 蒸氣壓（沸騰）

液體中能量較高分子有脫離液面傾向，這是液體之本性；若在密閉容器中裝滿液體，沒有空間形成蒸氣，也不會對液體產生壓力

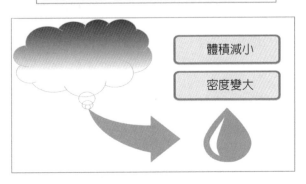

3-5 室外儲存及儲槽顯著滅火困難場所

第 194 條（續）

三、室外儲存場所儲存塊狀硫磺，其面積在 100m² 以上。

四、室內儲槽場所符合下列規定之一。但儲存高閃火點物品或第六類公共危險物品，其操作溫度未滿 100℃者，不在此限：

　　(一) 儲槽儲存液體表面積在 40m² 以上。

　　(二) 儲槽高度在 6 m 以上。

　　(三) 儲存閃火點在 40℃以上未滿 70℃之公共危險物品，其儲槽專用室設於一層以外之建築物。但以無開口且具 1 小時以上防火時效之牆壁、樓地板區劃分隔者，不在此限。

五、室外儲槽場所符合下列規定之一。但儲存高閃火點物品或第六類公共危險物品，其操作溫度未滿 100℃者，不在此限：

　　(一) 儲槽儲存液體表面積在 40m² 以上。

　　(二) 儲槽高度在 6m 以上。

　　(三) 儲存固體公共危險物品，其儲存數量達管制量 100 倍以上。

六、室內加油站一面開放且其上方樓層供其他用途使用。

【解說】

　　室外儲存場所儲存塊狀硫磺一定面積以上，代表燃料量多且以堆疊方式，一旦火災，勢必成為深層悶燒型態，欲完全撲滅火勢必耗費相當長之射水時間。在室內儲槽場所方面，儲存液體表面積大，因液體燃燒係以蒸發燃燒型態，油類火勢規模取決於其表面積；而儲槽專用室設於一層以外之建築物，意謂二層以上會增加消防活動難度。依內政部消防法令函釋及公告指出：

1. 第 4 款儲存閃火點在 40℃以上未達 70℃之第 4 類公共危險物品（如柴油），其儲槽專用室符合《公共危險物品及可燃性高壓氣體設置標準暨安全管理辦法》第 34 條規定，出入口設置甲種防火門且無設置窗戶，並以具半小時以上防火時效之牆壁、樓地板區劃分隔之獨立防火區劃者，得依第 194 條第 4 款第 3 目但書規定，排除顯著滅火困難場所之適用。

2. 第 6 款所稱顯著滅火場所之室內加油站，係指室內加油站設於建築物之第 1 層，且其上方樓層為非屬加油站用途使用者，並且僅有 1 面供車輛加油出入使用者。

3. 總樓地板面積指建築物各層，包括地下層、屋頂突出物及夾層等樓地板面積之總和。

建築物室內儲存場所

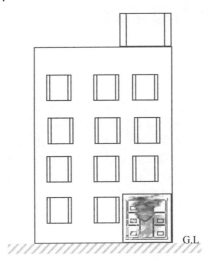

建築物供室內儲存場所使用，尚有其他用途，需以無開口且具 1 小時以上防火時效之牆壁、樓地板區劃予以分隔

面臨戶外出入口無區劃分隔適用

顯著滅火困難場所（室外儲槽場所）

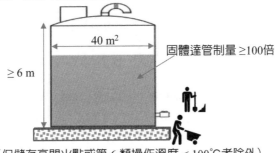

（但儲存高閃火點或第 6 類操作溫度 < 100℃者除外）

3-6 一般滅火困難場所

第 195 條

一般滅火困難場所，指公共危險物品等場所符合下列規定之一者：

一、公共危險物品製造場所或一般處理場所符合下列規定之一：

　(一) 總樓地板面積在 600m² 以上未滿 1000m²。

　(二) 公共危險物品數量達管制量 10 倍以上未滿 100 倍。但處理第 1 類公共危險物品之氯酸鹽類、過氯酸鹽類、硝酸鹽類、第 2 類公共危險物品之硫磺、鐵粉、金屬粉、鎂、第 5 類公共危險物品之硝酸酯類、硝基化合物、金屬疊氮化合物，或含有以上任一種成分之物品且供作爆炸物原料使用，或高閃火點物品其操作溫度未滿攝氏一百度者，不列入管制量計算。

　(三) 未達前條第 1 款規定，而供作噴漆塗裝、淬火、鍋爐或油壓裝置作業場所。但儲存高閃火點物品或第六類公共危險物品，其操作溫度未滿 100℃者，不在此限。

二、室內儲存場所符合下列規定之一：

　(一) 一層建築物以外。

　(二) 儲存公共危險物品數量達管制量 10 倍以上未滿 150 倍。但儲存第 1 類公共危險物品之氯酸鹽類、過氯酸鹽類、硝酸鹽類、第 2 類公共危險物品之硫磺、鐵粉、金屬粉、鎂、第 5 類公共危險物品之硝酸酯類、硝基化合物、金屬疊氮化合物，或含有以上任一種成分之物品且供作爆炸物原料使用，或高閃火點物品其操作溫度未滿攝氏一百度者，不列入管制量計算。

　(三) 總樓地板面積在 150m² 以上。

三、室外儲存場所符合下列規定之一：

　(一) 儲存塊狀硫磺，其面積在 5 m² 以上，未滿 100m²。

　(二) 儲存公共危險物品管制量在 100 倍以上。但其為塊狀硫磺或高閃火點物品者，不在此限。

四、室內儲槽場所或室外儲槽場所未達顯著滅火困難場所規定。但儲存第六類公共危險物品或高閃火點物品者，不在此限。

五、第 2 種販賣場所。

六、室內加油站未達顯著滅火困難場所。

【解說】

　公共危險物品等場所消防問題，是以消防搶救觀點來進行分類。基本上，顯著、一般及其他滅火困難場所之分類，是一種相對性比較程度之問題。如室內加油站一面開放且其上方樓層供其他用途使用者，因一面開放之火勢燃燒時，火流得直接往上延燒，使上方樓層供其他用途使用空間，易陷入火災延燒環境，所以屬顯著滅火困難場所，假使室內加油站有區劃空間或非具上方樓層，則屬一般滅火困難場所。此外，第一種販賣場所僅為其他滅火困難場所，但第二種販賣場所列入一般滅火困難場所，這是兩者管制量高低之問題，燃料量多者為一般滅火困難場所；但兩者皆非考量為顯著滅火困難場所，這是其空間規模小（6～10m²）之性質。

一般滅火困難場所

場所分類	設施規模等	公共危險物品種類
製造或一般處理場所	總樓地板面積 600～1000m²	6 類
	管制量 10～100 倍	高閃火點物品操作溫度 <100℃者或火藥原料類除外
	未達顯著滅火規定	供作噴漆塗裝、淬火、鍋爐或油壓裝置作業（高閃火點物品或第 6 類操作溫度 <100℃者除外）
室內儲存場所	一層建築物以外（非平房）	6 類
	總樓地板面積 ≥ 150m²	
	管制量 10～150 倍	高閃火點物品或火藥原料類除外
室外儲存場所	面積 5～100m²	硫磺
	管制量 ≥ 100 倍	塊狀硫磺或高閃火點物品者除外
室內（外）儲槽場所	未達顯著滅火規定	高閃火點物品或第 6 類除外
第 2 種販賣場所	管制量 15～40 倍	6 類
室內加油站	未達顯著滅火規定	第 4 類

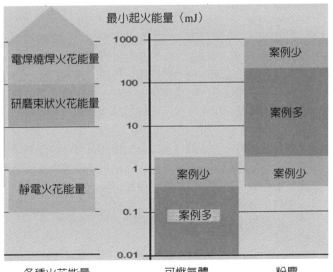

3-7　其他滅火困難場所與滅火設備分類

> **第 196 條**
> 其他滅火困難場所，指室外加油站、未達顯著滅火困難場所或一般滅火困難場所者。

【解說】

　　公共危險物品等場所係分三級管理，在設置相關消防安全設備上，考量當其發生火災後之控制程度，並依氧氣（無開口）、熱量（防火區劃、防火時效）、燃料之火載量（管制量、儲存面積）、強度（危險物品種類、高度、複合用途）等搶救難度，來區分顯著、一般及其他三種等級。

> **第 197 條**
> 公共危險物品等場所之滅火設備分類如下：
> 一、第 1 種滅火設備：指室內或室外消防栓設備。
> 二、第 2 種滅火設備：指自動灑水設備。
> 三、第 3 種滅火設備：指水霧、泡沫、二氧化碳或乾粉滅火設備。
> 四、第 4 種滅火設備：指大型滅火器。
> 五、第 5 種滅火設備：指滅火器、水桶、水槽、乾燥砂、膨脹蛭石或膨脹珍珠岩。
> 可燃性高壓氣體製造場所、加氣站、天然氣儲槽及可燃性高壓氣體儲槽之防護設備分類如下：
> 一、冷卻灑水設備。
> 二、射水設備：指固定式射水槍、移動式射水槍或室外消防栓。

【解說】

　　公共危險物品等場所在消防防護上設備，可分火災撲滅抑制目的（Fire Suppression）、火災控制（Fire Control）目的及火災防護（Fire Protection）三種。滅火設備是火災撲滅，而防護設備僅作爲冷卻防護之作用。依內政部消防法令函釋及公告指出，公共危險物品製造場所及一般處理場所，在火災時有充滿濃煙之虞者，不得使用之第 1 種或第 3 種之移動式滅火設備，因火災時會造成煙霧蓄積，以致無法人爲靠近操作進行滅火。

　　在可燃性高壓氣體製造場所、加氣站、天然氣儲槽及可燃性高壓氣體儲槽之防護設備，主要以水作爲唯一消防藥劑，因這些場所火災是以擴散燃燒或混合燃燒型態，且常以混合之化學爆炸型態呈現，在消防觀點主要是以降低輻射、對流及傳導熱爲主，因溫度與高壓成正相關，避免形成高溫之儲槽或容器，以防其高壓之物理爆炸，演變成化學爆炸之二次災害爲防護重點。

公共危險物品滅火設備分類

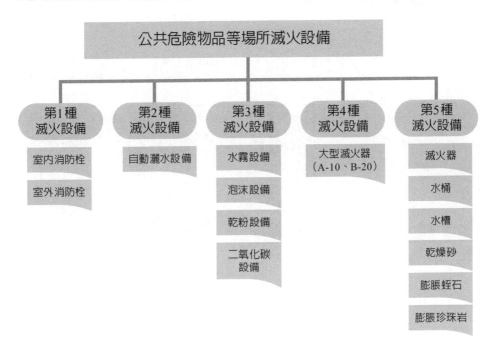

可燃性高壓氣體防護設備分類

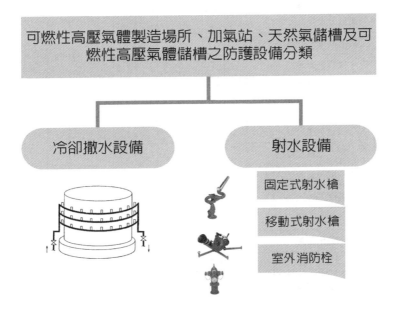

3-8 選擇滅火設備

第 198 條
公共危險物品製造、儲存或處理場所，依下表選擇滅火設備。

【解說】

滅火設備		防護對象	建築物及附屬設施	電氣設備	第一類 鹼金屬過氧化物	第一類 其他	第二類 鐵粉、金屬粉、鎂	第二類 硫化磷、赤磷、硫磺	第二類 其他	第三類 禁水性物質	第三類 其他	第四類	第五類	第六類	爆竹煙火
第一種		室內或室外消防栓	○			○		○	○		○		○	○	○
第二種		自動灑水設備	○			○		○	○		○		○	○	○
第三種		水霧滅火設備	○	○		○		○	○		○	○	○	○	○
		泡沫滅火設備	○			○		○	○		○	○	○	○	○
		二氧化碳滅火設備		○								○			
	乾粉	磷酸鹽類等	○	○		○		○	○		○	○		○	
		碳酸鹽類等		○	○		○		○	○		○			
		其他			○		○			○					
第四種	大型滅火器	柱狀水滅火器	○			○		○	○		○		○	○	○
		霧狀水滅火器	○	○		○		○	○		○		○	○	○
		柱狀強化液滅火器	○			○		○	○		○		○	○	○
		霧狀強化液滅火器	○	○		○		○	○		○	○	○	○	○
		泡沫滅火器	○			○		○	○		○	○	○	○	○
		二氧化碳滅火器		○								○			
	乾粉	磷酸鹽類等	○	○		○		○	○		○	○		○	
		碳酸鹽類等		○	○		○		○	○		○			
		其他			○		○			○					

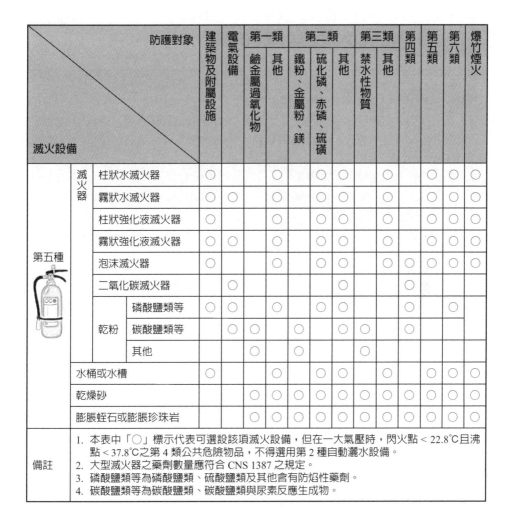

滅火設備 ＼ 防護對象	建築物及附屬設施	電氣設備	第一類 鹼金屬過氧化物	第一類 其他	第二類 鐵粉、金屬粉、鎂	第二類 硫化磷、赤磷、硫礦	第二類 其他	第三類 禁水性物質	第三類 其他	第四類	第五類	第六類	爆竹煙火
第五種　滅火器　柱狀水滅火器	○			○		○	○		○		○	○	○
霧狀水滅火器	○	○		○		○	○		○		○	○	○
柱狀強化液滅火器	○			○		○	○		○		○	○	○
霧狀強化液滅火器	○	○		○		○	○		○	○	○	○	○
泡沫滅火器	○			○		○	○		○	○	○	○	○
二氧化碳滅火器		○								○			
乾粉　磷酸鹽類等	○	○		○		○	○			○		○	
乾粉　碳酸鹽類等		○	○		○		○	○		○			
乾粉　其他			○		○			○					
水桶或水槽	○			○		○	○		○		○	○	○
乾燥砂			○	○	○	○	○	○	○	○	○	○	○
膨脹蛭石或膨脹珍珠岩			○	○	○	○	○	○	○	○	○	○	○

備註
1. 本表中「○」標示代表可選設該項滅火設備，但在一大氣壓時，閃火點 < 22.8℃且沸點 < 37.8℃之第 4 類公共危險物品，不得選用第 2 種自動灑水設備。
2. 大型滅火器之藥劑數量應符合 CNS 1387 之規定。
3. 磷酸鹽類等為磷酸鹽類、硫酸鹽類及其他含有防焰性藥劑。
4. 碳酸鹽類等為碳酸鹽類、碳酸鹽類與尿素反應生成物。

依滅火器認可基準指出，大型滅火器分類如下圖。

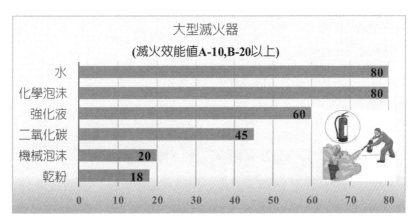

3-9 第5種滅火設備效能值

199條

設置第 5 種滅火設備者，應依下列規定核算其最低滅火效能值：

一、公共危險物品製造或處理場所之建築物，外牆為防火構造者，總樓地板面積每 100m²（含未滿）有一滅火效能值；外牆為非防火構造者，總樓地板面積每 50m²（含未滿）有一滅火效能值。

二、公共危險物品儲存場所之建築物，外牆為防火構造者，總樓地板面積每 150m²（含未滿）有一滅火效能值；外牆為非防火構造者，總樓地板面積每 75 m²（含未滿）有一滅火效能值。

三、位於公共危險物品製造、儲存或處理場所之室外具有連帶使用關係之附屬設施，以該設施水平最大面積為其樓地板面積，準用前二款外牆為防火構造者，核算其滅火效能值。

四、公共危險物品每達管制量之 10 倍（含未滿）應有一滅火效能值。

【解說】

設置第 5 種滅火設備使用時機，僅限於火勢初起階段，一旦過了這個時機，其使用已不具意義，因為消防力已小於火勢規模。而外牆具防火構造，代表其能耐火至少半小時以上，在火勢延燒上扮演一定作用，因此可減算滅火效能值。以下為本條計算例，假設於室外一般處理場所，工作物（防火構造）290m²、辦公室等（非防火構造）100m²、公共危險物品管制量 542 倍、變電設備 5 m²，請問設置第 5 種滅火設備（A3-B10-C）應需多少支？

【解】

建築物及工作物 $\dfrac{290}{100}+\dfrac{100}{50}=4.9$

建築物及工作物（A 類火災）設置第 5 種滅火設備個數

$$\frac{4.9}{3}=1.63 \quad 設置 2 支（A3-B10-C）$$

公共危險物品（B 類火災）$\dfrac{542}{10}=54.2$

公共危險物品（B 類火災）設置第 5 種滅火設備個數

$$\frac{54.2}{10}=5.42 \quad 設置 6 支$$

變電設備 $\dfrac{5}{100}=0.05$

因此，設置第 5 種滅火設備為

2（建築物及工作物）＋6（公共危險物品）＋1（電氣設備）＝9 支

設置第五種滅火設備者最低滅火效能值之計算方法

對象物		最低滅火效能值	第5種滅火設備設置數
製造或處理場所	外牆為防火構造者	$A1 = \dfrac{總樓地板面積}{100(m^2)}$	$\dfrac{A1 + A2 + A3}{第五種滅火設備能力單位}$
	外牆為非防火構造者	$A2 = \dfrac{總樓地板面積}{50(m^2)}$	
	室外附屬設施	$A3 = \dfrac{工作物水平最大面積合計}{150(m^2)}$	
儲存場所	外牆為防火構造者	$B1 = \dfrac{總樓地板面積}{150(m^2)}$	$\dfrac{B1 + B2 + B3}{第五種滅火設備能力單位}$
	外牆為非防火構造者	$B2 = \dfrac{總樓地板面積}{75(m^2)}$	
	室外工作物	$B3 = \dfrac{工作物水平最大面積合計}{150(m^2)}$	
公共危險物品		$C = \dfrac{公共危險物品許可倍數}{10（倍）}$	$\dfrac{C}{第五種滅火設備能力單位}$
電氣設備			$\dfrac{電氣設備場所面積}{100m^2}$
註：計算小數點進位，取整數			

火災爆炸原因之發火源種類

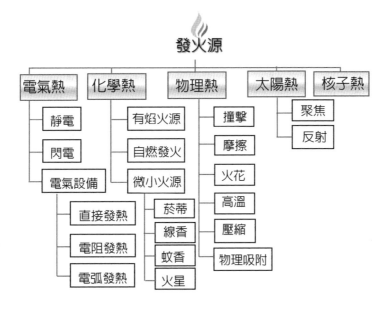

3-10 核算滅火效能值

第 200 條
第 5 種滅火設備除滅火器外之其他設備,依下列規定核算滅火效能值:
一、8 L 之消防專用水桶,每 3 個爲一滅火效能值。
二、水槽每 80 L 爲 1.5 滅火效能值。
三、乾燥砂每 50 L 爲 0.5 滅火效能值。
四、膨脹蛭石或膨脹珍珠岩每 160 L 爲一滅火效能值。

【解說】

第5種滅火設備(滅火器除外)		相當於一滅火效能值
消防專用水桶		24 L
水槽		53.3 L
乾燥砂		100 L
膨脹蛭石或膨脹珍珠岩		160 L

　　水桶移動性佳,且水冷卻能力好,而砂與膨脹蛭石(岩)以窒息滅火,砂細小窒息佳,膨脹蛭石(岩)因空隙關係,需大量完全覆蓋,始有滅火效能。
　　有關滅火效能值試驗方式如下:
　　A 類火災:A1 火災模型與 A2 火災模型如右上圖所示。
　　1. 滅火於燃燒盤點火 3 分鐘才開始進行,當燃燒盤尚有餘焰時,不得對下一個燃燒盤進行滅火。
　　2. 操作滅火器人員得穿著防火衣及面具,且應在風速 3m/sec 以下狀態進行。
　　3. 滅火劑噴射完畢時並無餘焰,且於噴射完畢後 2 分鐘以內不再復燃者才可判熄滅。如測得 S 個 A2 模型所得值就爲 2S 滅火效能值,如測得 S 個 A2 模型 +1 個 A1 模型所得值就爲(2S + 1)滅火效能值。
　　B 類火災:B 火災模型如右下圖所示。
　　1. 滅火動作應於點火 1 分鐘後才開始。
　　2. 操作滅火器人員得穿著防火衣及面具,且應在風速 3m/sec 以下狀態進行。
　　3. 滅火劑噴射完畢後,如經過 1 分鐘以內不再復燃,則可判定已完全熄滅。

滅火效能值試驗方式

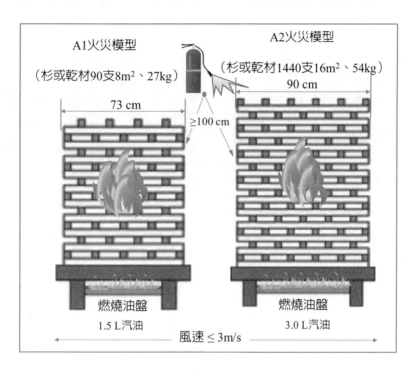

A1火災模型

（杉或乾材90支8m²、27kg）

A2火災模型

（杉或乾材1440支16m²、54kg）

73 cm

90 cm

≥100 cm

燃燒油盤

燃燒油盤

1.5 L汽油

3.0 L汽油

風速 ≤ 3m/s

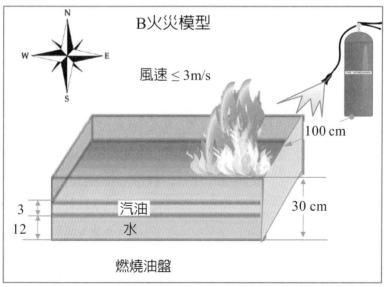

B火災模型

風速 ≤ 3m/s

N

W　　E

S

100 cm

3

12

汽油

水

30 cm

燃燒油盤

3-11 顯著滅火困難場所滅火設備

第 201 條
顯著滅火困難場所應依下表設置第 1 種、第 2 種或第 3 種滅火設備:

場所類別		滅火設備
製造場所及一般處理場所		設置第 1 種、第 2 種或第 3 種。但火災充滿濃煙之虞者,不得使用第 1 種或第 3 種之移動式。
室內儲存場所	高度 ≥ 6m 一層建築物	第 2 種或移動式以外之第 3 種
	其他	第 1 種之室外消防栓、第 2 種、第 3 種移動式泡沫(限室外泡沫消防栓者)或移動式以外之第 3 種。
室外儲存場所		設置第 1 種、第 2 種或第 3 種。但火災充滿濃煙之虞者,不得使用第 1 種或第 3 種之移動式
室內儲槽場所	硫磺	第 3 種之水霧
	第 4 類閃火點 ≥ 70℃	第 3 種之水霧、固定式泡沫或移動式以外 CO_2(或乾粉)
	其他	第 3 種之固定式泡沫、移動式以外 CO_2(或乾粉)
室外儲槽場所	硫磺	第 3 種之水霧
	第 4 類閃火點 ≥ 70℃	第 3 種之水霧或固定式泡沫
	其他	第 3 種之固定式泡沫
室內加油站		第 3 種之固定式泡沫

前項場所除下列情形外,並應設置第 4 種及第 5 種滅火設備:
一、製造及一般處理場所儲存或處理高閃火點物品之操作溫度未滿 100℃者,其設置之第 1 種、第 2 種或第 3 種滅火設備之有效範圍內,得免設第 4 種滅火設備。
二、儲存第 4 類公共危險物品之室外儲槽場所或室內儲槽場所,設置第 5 種滅火設備 2 具以上。
三、室內加油站應設置第 5 種滅火設備。

【解說】
　　依內政部消防法令函釋及公告(以下同),物流倉庫倘屬有分裝用途之顯著滅火困難場所,且為一般處理場所者,依第 201 條如在火災時有充滿濃煙之虞,則不得設置移動式之第 3 種滅火設備;若專為儲存用途,倘其倉庫為高度 6 公尺以上之 1 層建築物,亦不得設置移動式之第 3 種滅火設備。
　　於室內(外)儲槽場所依第 201 條選擇固定式泡沫滅火設備或水霧滅火設備者,規定如下:
1. 固定式泡沫滅火設備部分:室內(外)儲槽場所之固定式泡沫應依第 213 條規定,設置固定式泡沫放出口(Foam Chamber)。至第 217 條所定之泡沫噴頭,係設置於公共危險物品製造、一般處理、室內儲存及室外儲存等場所。
2. 水霧滅火設備部分:設於室內儲槽場所者,考量火災或洩漏易延燒至整個儲槽專用室,水霧滅火設備之防護範圍應涵蓋整個儲槽專用室;如設於室外儲槽場所者,應針對儲槽頂部及其側壁予以防護;至噴頭之設置位置應於儲槽頂部及側壁上部,使防護對象之表面積均在水霧噴頭放水之有效防護範圍內,但儲槽設有風樑或補強環等阻礙水流路徑者,風樑或補強環等下方亦應設置;另噴頭數量應依總放水量、每一噴頭之防護範圍及放水量核算,其中總放水量係以防護對象總表面積(即儲槽頂部及側壁之表面積合計)與第 212 條第 1 項第 3 款所定單位面積放水量(每平方公尺每分鐘 20 公升以上)之乘積以上。

顯著滅火困難場所應設滅火設備

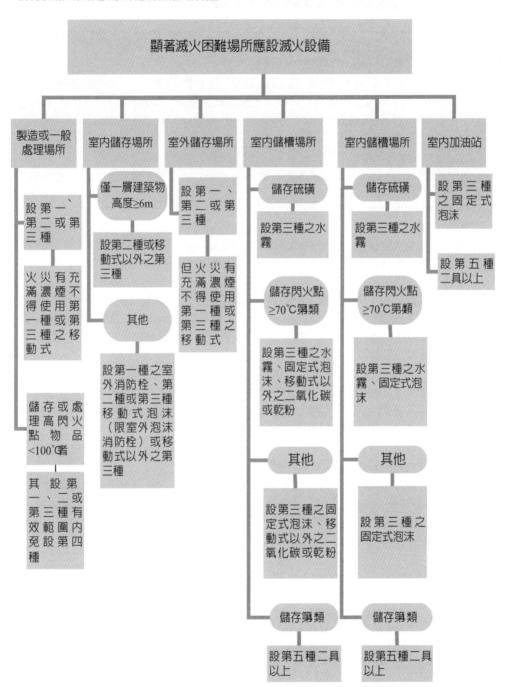

3-12 一般滅火困難場所滅火設備

第 202 條

一般滅火困難場所，依下列設置滅火設備：

一、公共危險物品製造場所及一般處理場所、室內儲存場所、室外儲存場所、第2種販賣場所及室內加油站設置第4種及第5種滅火設備，其第5種滅火設備之滅火效能值，在該場所儲存或處理公共危險物品數量所核算之最低滅火效能值 1/5 以上。

二、室內及室外儲槽場所，設置第4種及第5種滅火設備各1具以上。

前項設第4種滅火設備之場所，設有第1種、第2種或第3種滅火設備時，在該設備有效防護範圍內，得免設。

【解說】

　　基本上，第4種及第5種滅火設備因滅火效能值有限，大多只能使用於初期滅火階段，因其非自動滅火，需靠場所人員發現火勢後取用進行釋放或噴灑，以抑制、冷卻或窒息火勢之作用。

　　上揭第2種販賣場所係販賣裝於容器之六類物品，其數量達管制量 15～40 倍之場所，如與第1種販賣場所（管制量 ≤ 15 倍）比較，燃料量（火載量）相對較多，需設置第4種及第5種滅火設備，其第5種滅火設備之滅火效能值，在該場所儲存或處理公共危險物品數量所核算之最低滅火效能值 1/5 以上。

　　在製造、處理與儲存之顯著滅火困難場所之公共危險物品場所，原則上其火載量、火災猛烈度及潛在爆炸性皆相對較大，在選擇滅火設備時，以第1種、第2種或第3種固定系統式消防設備為主要考量，因上揭場所全天皆有人在，倘發生火災時，一般能早期發現，為初期滅火之需要，需設人員操作使用之第4種或第5種滅火設備。而在選取第1種或第3種時，於火災時易充滿濃煙處所，則不得使用由人員操作使用之移動式滅火設備。

　　而製造、處理與儲存之6類公共危險物品場所，其滅火方法及滅火原理選取如次：

1. 冷卻法：水、強化化學液、泡沫等。
2. 窒息法：二氧化碳、乾砂、膨脹蛭石或膨脹珍珠岩或泡沫等。
3. 抑制法：乾粉、海龍替代藥劑。

第 4 種及第 5 種滅火設備設置規定

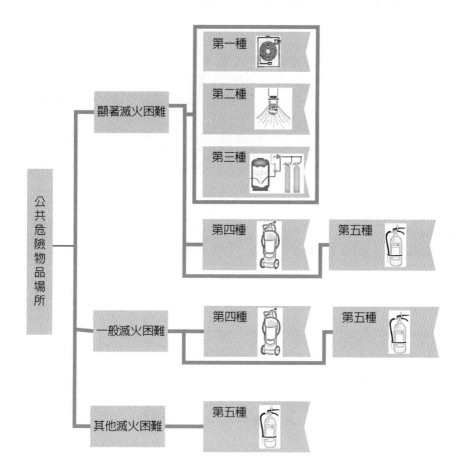

公共危險物品	滅火方法
第 1 類	用大量的水冷卻，乾粉抑制，乾砂窒息滅火
第 2 類	用水 / 強化液 / 泡沫冷卻，乾砂 / 不燃性氣體之窒息滅火
第 3 類	用乾砂窒息滅火，用水 / 強化液 / 泡沫之冷卻滅火
第 4 類	用強化液 / 泡沫 / 二氧化碳窒息，海龍替代 / 乾粉抑制滅火
第 5 類	如疊氮化鈉類（NaN_3）窒息，否則以水 / 強化液 / 泡沫之冷卻滅火
第 6 類	用海龍替代抑制滅火，否則以水 / 泡沫之冷卻滅火

3-13 其他滅火困難場所滅火設備

第 203 條
其他滅火困難場所,應設置第 5 種滅火設備,其滅火效能值應在該場所建築物與
其附屬設施及其所儲存或處理公共危險物品數量所核算之最低滅火效能值以上。
但該場所已設置第 1 種至第 4 種滅火設備之一時,在該設備有效防護範圍內,其
滅火效能值得減至 1/5 以上。
地下儲槽場所,應設置第 5 種滅火設備 2 具以上。

【解說】
其他滅火困難場所已設第 1 種至第 4 種之一時,仍應設第 5 種滅火設備。

第 204 條
電氣設備使用之處所,每 $100m^2$(含未滿)應設置第 5 種滅火設備 1 具以上。

【解說】
電氣設備使用之處所,設置二氧化碳手提滅火器之第 5 種滅火設備 1 具以上。

項目		設置第四種及第五種滅火設備
顯著滅火困難場所	製造及一般處理場所儲存或處理高閃火點物品之操作溫度 < 100°C	大型滅火器　　小型滅火器
	儲存第 4 類公共危險物品之室外儲槽場所或室內儲槽場所	小型滅火器　　小型滅火器
	室內加油站	小型滅火器

項目		設置第四種及第五種滅火設備
一般滅火困難場所	製造及一般處理場所	大型滅火器　　小型滅火器
	室內及室外儲存場所	大型滅火器　　小型滅火器
	室內及室外儲槽場所	大型滅火器　　小型滅火器
	第 2 種販賣場所	大型滅火器　　小型滅火器
	室內加油站	大型滅火器　　小型滅火器
其他滅火困難場所	全部	小型滅火器
	地下儲槽場所	小型滅火器　　小型滅火器

3-14 二氧化碳滅火設備

第 222 條
二氧化碳滅火設備準用第 82 條至 97 條規定。但全區放射方式之二氧化碳滅火設備，依下列規定計算其所需滅火藥劑量：
一、以表 1 所列防護區域體積及其所列每立方公尺防護區域體積所需之滅火藥劑量，核算其所需之量。但實際量未達所列之量時，以該滅火藥劑之總量所列最低限度之基本量計算。
二、防護區域之開口部未設置自動開閉裝置時，除依前款計算劑量外，另加算該開口部面積每 5kg/m² 之量。
於防護區域內或防護對象係為儲存、處理之公共危險物品，依表 2 之係數，乘以前項第 1 款或第 2 款所算出之量。未表列之公共危險物品，依中央主管機關認可之試驗方式求其係數。

【解說】
　　二氧化碳滅火設備之滅火原理係利用窒息，使燃燒因缺氧而無法產生化學氧化反應，使其燃燒停止。用於全區放射方式之二氧化碳滅火設備，因是使用窒息方式，因此滅火濃度勢必具有相當濃度以上，且區劃空間具有密閉性，始能使火勢達到窒息作用；因二氧化碳比空氣重 1.5 倍，且允許在一定高度以上牆壁具有開口，假使防護區域之開口部未設置自動開閉裝置時，需再加算該開口部面積每 5kg/m² 之二氧化碳量，以補充其漏出量。

表 1　防護區域體積藥劑量

防護區域體積 （m³）	每立方公尺防護區域體積所需之 滅火藥劑量（kg/m³）	滅火藥劑之基本需要量 （kg）
< 5	1.2	－
5〜15	1.1	6
15〜50	1.0	17
50〜150	0.9	50
150〜1,500	0.8	135
≧1,500	0.75	1,200

　　表 1 比較第 83 條（下表），兩者差異是 50 m³ 以下場所，小空間加強藥劑量，以防易氧化或高溫再行復燃。

防護區域體積 （m³）	每立方公尺防護區域體積所需之 滅火藥劑量（kg/m³）	滅火藥劑之基本需要量 （kg）
< 50	1.0	
50〜150	0.9	50
150〜1,500	0.8	135
≧1,500	0.75	1,200

表2 係數乘以表1所算出之量

公共危險物品	二氧化碳	乾粉			
		第一種	第二種	第三種	第四種
丙烯腈	1.2	1.2	1.2	1.2	1.2
氰甲烷	1.0	1.0	1.0	1.0	1.0
丙酮	1.0	1.0	1.0	1.0	1.0
乙醇	1.2	1.2	1.2	1.2	1.2
汽油	1.0	1.0	1.0	1.0	1.0
輕油	1.0	1.0	1.0	1.0	1.0
原油	1.0	1.0	1.0	1.0	1.0
醋酸乙酯	1.0	1.0	1.0	1.0	1.0
重油	1.0	1.0	1.0	1.0	1.0
潤滑油	1.0	1.0	1.0	1.0	1.0
煤油	1.0	1.0	1.0	1.0	1.0
甲苯	1.0	1.0	1.0	1.0	1.0
石腦油	1.0	1.0	1.0	1.0	1.0
丙醇	1.0	1.0	1.0	1.0	1.0
己烷	1.0	1.2	1.2	1.2	1.2
庚烷	1.0	1.0	1.0	1.0	1.0
苯	1.0	1.2	1.2	1.2	1.2
戊烷	1.0	1.4	1.4	1.4	1.4
甲醛	1.6	1.2	1.2	1.2	1.2
丁酮	1.0	1.0	1.0	1.2	1.0

二氧化碳滅火設備容器閥安全裝置

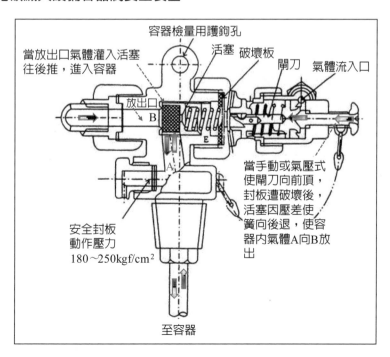

3-15 乾粉滅火設備

第 223 條

乾粉滅火設備，準用第 98 條至第 111 條之規定。但全區放射方式之乾粉滅火設備，於防護區域內儲存、處理之公共危險物品，依前條第二項表列滅火劑之係數乘以第 99 條所算出之量。前條第二項未表列出之公共危險物品，依中央主管機關認可之試驗求其係數。

【解說】

　　乾粉與二氧化碳一樣，因本身比重大，在應用上可分全區與局部放射方式。因臺灣海島型潮濕氣候，使用乾粉滅火設備是相當少見的。

第 99 條局部防護方式	藥劑量（面積式）	可燃性固體或易燃性液體存放於上方開放式容器，火災發生時，燃燒限於一面且可燃物無向外飛散之虞者，所需之滅火藥劑量。		
		$S\ m^2 \times Q\ kg/m^2 \times 1.1$ S：防護對象物之邊長在 <0.6m 時，以 0.6m 計		
		乾粉種類	防護對象每平方公尺表面積所需滅火藥劑量（kg/m²）	追加倍數
		第 1 種	8.8	
		第 2、3 種	5.2	1.1
		第 4 種	3.6	
	藥劑量（體積式）	$V\ m^2 \times Q\ kg/m^2 \times 1.1$ V：防護對象物之邊長在 <0.6m 時，以 0.6m 計 $Q = X - Y \times a/A$ Q：假想防護空間單位體積滅火藥劑量（kg/m³）所需追加倍數比照前目規定。 a：防護對象周圍實存牆壁面積之合計（m²）。 A：假想防護空間牆壁面積之合計（m²）。 X 及 Y 值，依下表規定為準：		
		乾粉種類	X值	Y值	追加倍數
		第 1 種	5.2	3.9	
		第 2、3 種	3.2	2.4	1.1
		第 4 種	2.0	1.5	
		供電信機器室使用者，所核算出之滅火藥劑量需乘以 0.7		

乾粉滅火設備動作流程

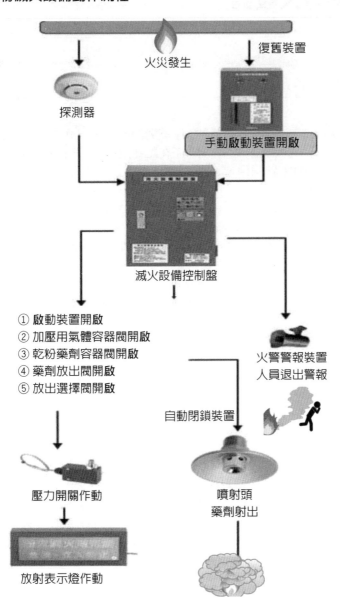

火災發生

復舊裝置

探測器

手動啟動裝置開**啟**

滅火設備控制盤

① **啟**動裝置開**啟**
② 加壓用氣體容器閥開**啟**
③ 乾粉藥劑容器閥開**啟**
④ 藥劑放出閥開**啟**
⑤ 放出選擇閥開**啟**

火警警報裝置
人員退出警報

自動閉鎖裝置

壓力開關作動

噴射頭
藥劑射出

放射表示燈作動

（東京防災設備保守協會，平成 28 年）

3-16 第4種滅火設備

第 224 條
第 4 種滅火設備距防護對象任一點之步行距離，應在 30m 以下。但與第 1 種、第 2 種或第 3 種滅火設備併設者，不在此限。

【解說】

第 4 種滅火設備係指大型滅火器，距防護對象任一點之步行距離，應在 30m 以下。但與第 1 種、第 2 種或第 3 種滅火設備併設者，不在此限；因已設第 1 種、第 2 種或第 3 種滅火設備等，滅火效能皆比第 4 種滅火設備優。

步行距離是相對於水平距離，在地面上常擺置各種物品或是於轉角通道問題，在滅火上以人員驅近使用滅火，以實際之步行距離來計算，在 30m 以下需設第 4 種滅火設備，除非該處所已有更佳之第 1～3 種滅火設備。

基本上，滅火器使用時機係處於初期滅火之階段，非常講求時效性，所以每一步行距離在 30m 以下，就能就近取得，再速往一定距離內火場進行打開噴灑滅火。所以，大型滅火器配置係採分散制，分布於廠區各處，不能以集中管理之方式。如果現場有更好之滅火設備，如第 1 種、第 2 種或第 3 種滅火設備，則能完全取代並免設第 4 種滅火設備。

第 4 種滅火設備比第 5 種滅火設備劑量多 2 倍以上，滅火效能值相對較高，以應付公共危險物品場所可能之起火事件；另一方面，為使大型滅火器能完全發揮效能，人員必須經過教育訓練，一旦真實火災時不畏火勢，並知其滅火原理及滅火能力，前進有效壓制燃燒。

第 4 種滅火設備適用於 A 類火災者應在 10 以上；適用於 B 類火災者應在 20 以上。大型滅火器所充填之滅火劑量規定如下：

(一)機械泡沫滅火器：20 L 以上。

(二)二氧化碳滅火器：45kg 以上。

(三)乾粉滅火器：18kg 以上。

依第 202 條指出，於公共危險物品製造場所及一般處理場所、室內儲存場所、室外儲存場所、第二種販賣場所及室加油站或室內及室外儲槽場所，依規定應設第 4 種滅火設備之場所，設有第 1 種、第 2 種或第 3 種滅火設備時，在該設備有效防護範圍內得免設。

第 4 種滅火設備防護距離

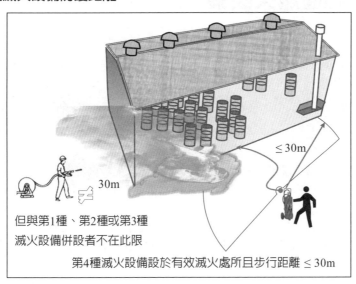

但與第1種、第2種或第3種
滅火設備併設者不在此限

第4種滅火設備設於有效滅火處所且步行距離 ≤ 30m

日本第 4 種滅火設備種類

日本第 4 種滅火設備（移動式大型滅火設備）
1. 水或化學泡沫滅火器：80 L 以上。
2. 機械泡沫滅火器：20 L 以上。
3. 二氧化碳滅火器：50kg 以上。
4. 乾粉滅火器：20kg 以上。
5. 鹵化物滅火器：30kg 以上。
6. 強化液滅火器：60 L 以上。

氣體體積與溫度壓力關係

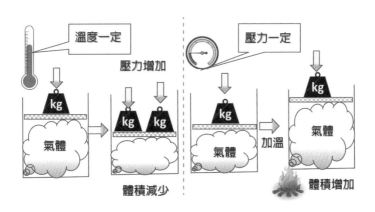

3-17 第5種滅火設備

第 225 條
第 5 種滅火設備應設於能有效滅火之處所，且至防護對象任一點之步行距離應在 20m 以下。但與第 1 種、第 2 種、第 3 種或第 4 種滅火設備併設者，不在此限。
前項選設水槽應備有 3 個 1 L 之消防專用水桶，乾燥砂、膨脹蛭石及膨脹珍珠岩應備有鏟子。

【解說】
　與上一條第 4 種滅火設備比較而言，顯然第 5 種滅火設備設置密度較高，且滅火設備種類具多元化。基本上，第 5 種滅火設備爲小型手提滅火器、水桶、水槽、乾燥砂、膨脹蛭石及膨脹珍珠岩。

1. 以手提式滅火器而言，其在 19 世紀末開始研製發展，一開始滅火器裝有酸性玻璃瓶，當玻璃瓶破裂時，瓶內酸液便流入蘇打溶液中，從而產生具有足夠氣壓的混合物，使滅火劑溶液自動噴出。而泡沫滅火器於 1917 年開始使用，二氧化碳滅火器與泡沫一樣產於第一次大戰期間，到 1950 年代手提乾粉滅火器受到世人青睞，並於 1957 年 NFPA 17 訂定乾粉滅火系統標準。

2. 水對 A 類火災是一種非常優良滅火劑，第 5 種滅火設備爲以水桶或水槽，進行取水滅火，其透過冷卻燃料表面及水分滲入燃料內層來熄滅火勢；且水引入火勢促進熱傳冷卻作用，減少輻射熱通量（Radiant Heat Flux），降低燃料熱裂解（Pyrolysis）速率，造成燃燒熱損失。當熱損失超過火勢熱獲得（Heat Gain），繼續灑水將使燃料表面持續降溫，直到火災熄滅爲止。

3. 乾燥砂、膨脹蛭石及膨脹珍珠岩是對付一些難以撲滅之危險物品火災，主要是以窒息作用來達到滅火之目的。既然是窒息，就需全面覆蓋，始能達到無氧供應，所以必須具備一定量以上。但此類滅火設備不像手提滅火器一樣，僅能適用於火勢初期階段，在一定火勢成長階段，仍能撒於火堆中，成爲燃燒障礙體，但此效果應不大，如果燃燒障礙體量多時，可能在控制火勢上就另當別論。

4. 再者，第 5 種滅火設備主要是初期滅火，火勢尙不大時，以人員取用之手動操作爲主，必須設於能靠近且安全之有效滅火處所，且考量時效性，必須就近能立即取用，至防護對象任一點之步行距離在 20m 以下。

第 5 種滅火設備防護距離

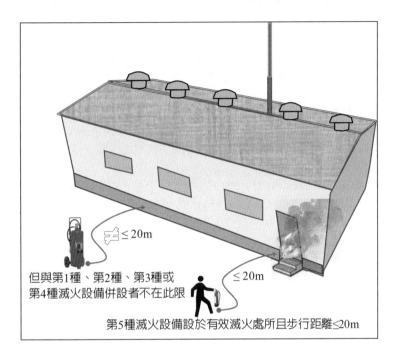

第 5 種滅火設備種類

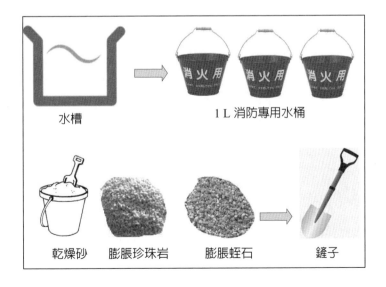

3-18 配線耐燃耐熱

【解說】

本條消防用配線，係分三個等級：

1. 耐燃保護配線係 CNS 11359 規定於 750℃時耐 3 小時，或 CNS 11174 規定於 840℃時耐 30 分鐘，與緊急電源需保持開啟狀態之供應連接線、非與緊急電源直接連接但為重要組件者。

2. 耐熱保護配線係 CNS 11175 於 310℃時耐 15 分鐘，經由控制盤或受信總機之控制回路、非控制回路但較重要傳送信號或不燃天花板底板者。

3. 一般配線，單純傳送末端信號或火災造成短路也會發出同樣信號者，或內置蓄電池者。

在消防工程中，一般電線使用上已有愈少傾向，而要求耐熱電線及耐燃電線來提高火災防護效果。以下依內政部消防法令函釋及公告，火警自動警報設備及瓦斯漏氣火警自動警報設備受信總機至中繼器間之配線，如為緊急電源回路，應施耐燃保護；如為控制回路，得採耐熱保護。其實務執行，應就中繼器緊急供電系統之輸入端型態區分，分別依下列方式辦理：

1. 中繼器由受信總機、檢知器或其他中繼器供應電力者，該輸入端配線認定屬控制回路，得採耐熱保護。

2. 中繼器非由受信總機、檢知器或其他中繼器供應電力者，其電力回路輸入端配線認定屬緊急電源回路，應採耐燃保護。

3. 中繼器內置蓄電池者，該輸入端配線得採一般配線。

有關室內消防栓之緊急供電系統配線施予耐燃保護或耐熱保護，惟配線進入消防栓箱內至結線部分，考量室內消防栓箱箱體為厚度在一點六公厘以上之鋼板或具同等性能以上之不燃材料者，且進入箱體至結線之距離短，尚具保護作用，得免施金屬導線管。另按火警自動警報設備之配線，採用電線配線者，需為耐熱六百伏特塑膠絕緣電線；採用電纜者，需為通信電纜。而耐燃電線係屬內政部消防技術審議委員會決議，應經審核認可之消防安全設備品目，需經審核認可始能設置使用。

消防安全設備緊急供電系統配線

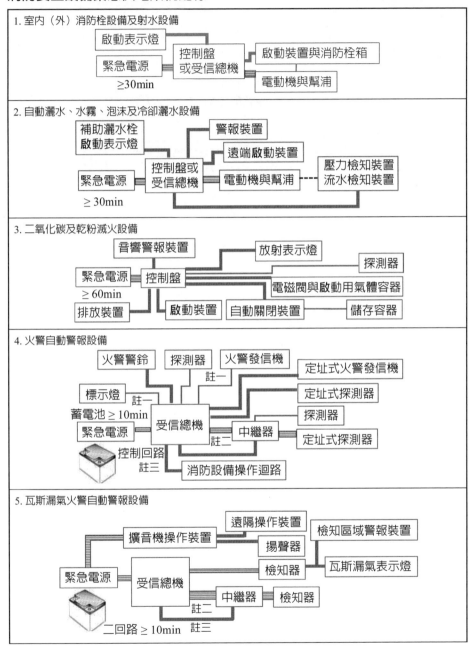

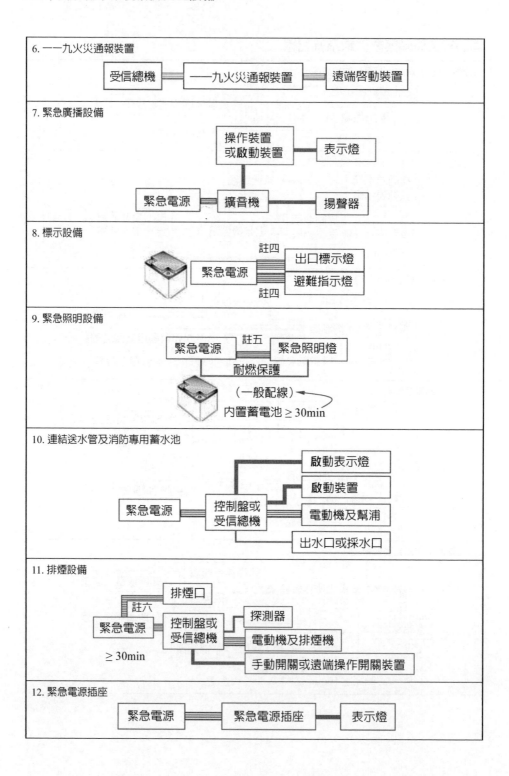

6. 一一九火災通報裝置

受信總機 —— 一一九火災通報裝置 —— 遠端啓動裝置

7. 緊急廣播設備

操作裝置或啟動裝置 —— 表示燈

緊急電源 —— 擴音機 —— 揚聲器

8. 標示設備

緊急電源 —— 註四 —— 出口標示燈 / 避難指示燈 —— 註四

9. 緊急照明設備

緊急電源 —— 註五 —— 緊急照明燈

耐燃保護

（一般配線）

內置蓄電池 ≥ 30min

10. 連結送水管及消防專用蓄水池

緊急電源 —— 控制盤或受信總機 —— 啟動表示燈 / 啟動裝置 / 電動機及幫浦 / 出水口或採水口

11. 排煙設備

緊急電源 —— 註六 —— 控制盤或受信總機 —— 排煙口 / 探測器 / 電動機及排煙機 / 手動開關或遠端操作開關裝置

≥ 30min

12. 緊急電源插座

緊急電源 —— 緊急電源插座 —— 表示燈

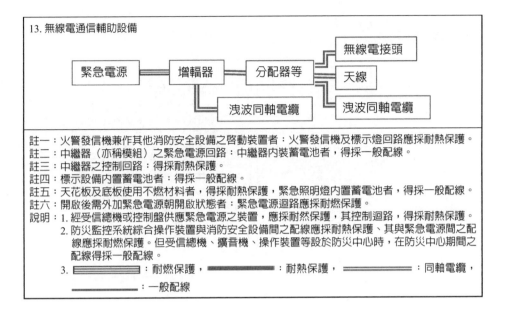

13. 無線電通信輔助設備

註一：火警發信機兼作其他消防安全設備之啟動裝置者：火警發信機及標示燈回路應採耐熱保護。
註二：中繼器（亦稱模組）之緊急電源回路：中繼器內裝蓄電池者，得採一般配線。
註三：中繼器之控制回路：得採耐熱保護。
註四：標示設備內置蓄電池者：得採一般配線。
註五：天花板及底板使用不燃材料者，得採耐熱保護，緊急照明燈內置蓄電池者，得採一般配線。
註六：開啟後需外加緊急電源朝開啟狀態者：緊急電源迴路應採耐燃保護。
說明：1. 經受信總機或控制盤供應緊急電源之裝置，應採耐燃保護，其控制迴路，得採耐熱保護。
　　　2. 防災監控系統綜合操作裝置與消防安全設備間之配線應採耐熱保護、其與緊急電源間之配線應採耐燃保護。但受信總機、擴音機、操作裝置等設於防災中心時，在防災中心期間之配線得採一般配線。
　　　3. ▦▦▦：耐燃保護，▬▬▬：耐熱保護，═══：同軸電纜，
　　　　　　─────：一般配線

日本消防認可緊急電源──燃料電池原理

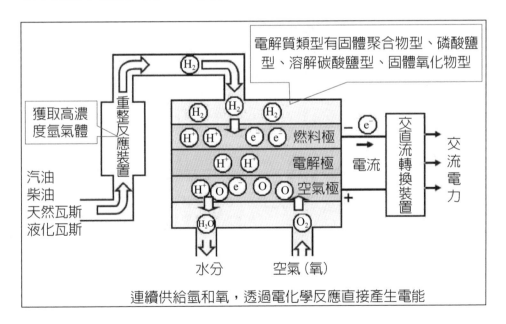

連續供給氫和氧，透過電化學反應直接產生電能

➕ 知識補充站

日本一般消防設備種類

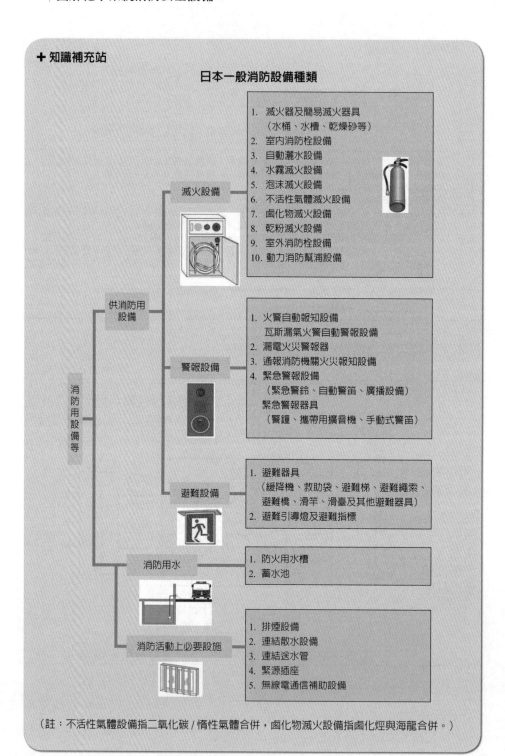

消防用設備等

- 供消防用設備
  - 滅火設備
    1. 滅火器及簡易滅火器具
       （水桶、水槽、乾燥砂等）
    2. 室內消防栓設備
    3. 自動灑水設備
    4. 水霧滅火設備
    5. 泡沫滅火設備
    6. 不活性氣體滅火設備
    7. 鹵化物滅火設備
    8. 乾粉滅火設備
    9. 室外消防栓設備
    10. 動力消防幫浦設備

  - 警報設備
    1. 火警自動報知設備
       瓦斯漏氣火警自動警報設備
    2. 漏電火災警報器
    3. 通報消防機關火災報知設備
    4. 緊急警報設備
       （緊急警鈴、自動警笛、廣播設備）
       緊急警報器具
       （警鐘、攜帶用擴音機、手動式警笛）

  - 避難設備
    1. 避難器具
       （緩降機、救助袋、避難梯、避難繩索、
       避難橋、滑竿、滑臺及其他避難器具）
    2. 避難引導燈及避難指標

- 消防用水
  1. 防火用水槽
  2. 蓄水池

- 消防活動上必要設施
  1. 排煙設備
  2. 連結散水設備
  3. 連結送水管
  4. 緊源插座
  5. 無線電通信補助設備

（註：不活性氣體設備指二氧化碳 / 惰性氣體合併，鹵化物滅火設備指鹵化烴與海龍合併。）

第4章
檢修基準

4-1 滅火器檢修一般注意事項

1. 應無性能上之障礙，如有汙垢，應以撢子或其他適當工具清理。
2. 合成樹脂製容器或構件，不得以辛那（二甲苯）或汽油等有機溶劑加以清理。
3. 開啓護蓋或栓塞時，應注意容器內殘壓，需排出容器內殘壓後，始得開啓。
4. 護蓋之開關，應使用適當之拆卸扳手，不得以鐵鎚或以鑿刀敲擊。
5. 乾粉藥劑極易因受潮而影響滅火之動作及效能，滅火器本體容器內壁及構件之清理及保養時，應充分注意。
6. 除二氧化碳及鹵化物滅火器之重量檢查或確認壓力指示計之指針位置等性能檢查外，各類型滅火器之性能檢查（包括檢查結果有不良狀況之處置措施，諸如藥劑更換充填、加壓用氣體容器之氣體充填），應由專業廠商專任之消防專技人員爲之。
7. 進行檢查保養，滅火器自原設置位置移開時，應暫時以其他滅火器替代之。
8. 性能檢查完成後之滅火器應依表 1-1 格式張貼標示，且該標示不得覆蓋、換貼或變更原新品出廠時之標示，並於滅火器瓶頸加裝檢修環，檢修環上應標註年份，材質以一體成型之硬質無縫塑膠、壓克力或鐵環製作，且尺寸以非經拆卸滅火器無法取出或直接以內徑不得大於滅火器瓶口 1mm 方式辦理，以顏色紅、橙、黃、綠、藍交替更換，自 110 年度起開始使用紅色檢修環，後續依年度別依序採用橙色（111 年度）、黃色（112 年度）、綠色（113 年度）、藍色（114 年度）之檢修環，依此類推，標準色系如右下圖：

滅火器檢修完成標示附加位置圖例

（標示於滅火器本體容器，檢修機構專用以紅色為底，參考自內政部消防署）

 依《消防安全設備檢修及申報辦法》第八條規定，檢修完成之消防安全設備，檢修人員或檢修機構應依下列規定附加檢修完成標示：
一、標示之規格樣式應符合規定。
二、以不易脫落之方式，於規定位置附加標示。
三、附加標示時，不得覆蓋、換貼或變更原新品出廠時之資訊；已附加檢修完成標示者，應先清除後，再予附加，且不得有混淆或不易辨識情形。
檢修人員或檢修機構未附加檢修完成標示、附加之檢修完成標示違反前項規定或經查有不實檢修者，消防機關應命其附加或除去之。

拆卸扳手

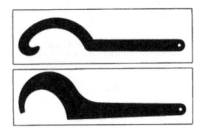

表 1-1　滅火器性能檢查及藥劑更換充填標示

滅火器設置場所名稱			
場所地址			
	廠商名稱		
廠商證書號碼			
消防專技人員姓名	○○○（消○證字第　　號）		
地址： 電話：			
品名	□乾粉滅火器　　　□水滅火器 □二氧化碳滅火器　□機械泡沫滅火器 □強化液滅火器　　□鹵化物滅火器		16.2cm
規格	□ 5 型 □ 10 型 □ 20 型 □其他		
製造日期		流水編號	
性能檢查日期	年　　月　　日		
檢查情形	□ 檢查合格（無需更換藥劑） □ 更換藥劑後合格		
	□ 水壓測試合格（10 年以上或無法辨識日期滅火器）		
下次性能檢查日期	年　　月　　日		
委託服務廠商	名稱： 電話：		

← ——————————— 11cm ——————————— →

檢修環標準色系

紅	橙	黃	綠	藍

Note

4-2 滅火器檢修外觀檢查（一）

一、設置狀況	1 設置數量	檢查方法	以目視或簡易之測定方法確認之。
		判定方法	應依規定核算其最低滅火效能值。
	2 設置場所	檢查方法	以目視或簡易之測定方法確認之。
		判定方法	1. 應無造成通行或避難上之障礙。 2. 應固定放置於取用方便之明顯處所。 3. 滅火器本體上端與樓地板面之距離，十八公斤以上者不得超過 1m，未滿十八公斤者不得超過 1.5m。 4. 應設置於滅火器上標示使用溫度範圍內之處所，如設置於使用溫度範圍外之處所時，應採取適當之保溫措施。 5. 容易對本體容器或其構件造成腐蝕之設置場所（如化工廠、電鍍廠、溫泉區）、濕氣較重之處所（如廚房等）或易遭海風、雨水侵襲之設置場所，應採取適當之保護措施。
	3 設置間距	檢查方法	以目視確認之。
		判定方法	1. 設有滅火器之樓層或場所，自樓面居室任一點或防護對象任一點至滅火器之步行距離不得超過二十公尺。但公共危險物品等場所與第一種、第二種、第三種或第四種滅火設備併設者，不在此限。 2. 公共危險物品等場所達顯著滅火困難、一般滅火困難者設置之第四種滅火設備（大型滅火器），距防護對象任一點之步行距離，應在三十公尺以下。但與第一種、第二種或第三種滅火設備併設者，不在此限。 3. 設有滅火器之可燃性高壓氣體儲存場所，任一點至滅火器之步行距離應在十五公尺以下，並不得妨礙出入作業。
	4 適用性	檢查方法	以目視確認滅火器設置種類是否適當。
		判定方法	設置之滅火器應符合現場需求。
二、標示	標示	檢查方法	以目視確認之。
		判定方法	1. 應無超過有效使用期限。 2. 應依規定張貼標示銘牌。
		注意事項	1. 已超過有效使用期限或未附銘牌者，得不需再施以性能檢查，即可予更換新品。 2. 滅火器應於其設置場所之明顯處所，標明「滅火器」之字樣。

滅火器外觀檢查

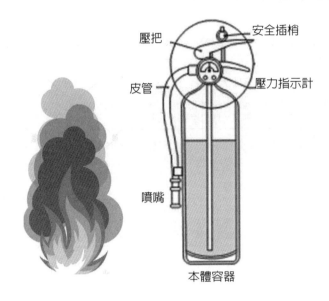

1 本體 容器	檢查 方法	以目視確認有無變形、腐蝕之情形。
	判定 方法	應無滅火藥劑洩漏、顯著之變形、損傷及腐蝕等情形。
	注意 事項	1. 如發現銲接部位受損或容器顯著變形時，因恐對滅火器之性能造成障礙，應即予汰換。 2. 如發現有顯著之腐蝕情形時，應即予汰換。 3. 如發現鐵鏽似有剝離現象者，應即予汰換。 4. 如有 1 至 3 之情形時，得不需再施以性能檢查，即可予汰換。
2 安全 插梢	檢查 方法	以目視確認有無變形、損傷之情形。
	判定 方法	1. 安全裝置應無脫落。 2. 應無妨礙操作之變形或損傷。
	注意 事項	如發現該裝置有產生妨礙操作之變形或損傷時，應加以修復或更新。
3 壓把	檢查 方法	以目視確認有無變形、損傷之情形。
	判定 方法	應無變形、損傷，且確實裝置於容器上。
	注意 事項	如發現該裝置有產生妨礙操作之變形、損傷時，應加以修理或更新。

4-3 滅火器檢修外觀檢查（二）

4 護蓋	檢查 方法	以目視及用手旋緊之動作，確認有無變形、鬆動之現象。
	判定 方法	1. 應無強度上障礙之變形、損傷。 2. 應與本體容器緊密接合。
	注意 事項	1. 如發現有強度上障礙之變形、損傷者，應即加以更新。 2. 護蓋有鬆動者，應即重新予以旋緊。
5 皮管	檢查 方法	以目視及用手旋緊之動作，確認有無變形或鬆動之現象。
	判定 方法	1. 應無變形、損傷或老化之現象，且內部應無阻塞。 2. 應與本體容器緊密接合。
	注意 事項	1. 如發現有顯著之變形、損傷或老化者，應即予以更新。 2. 如有阻塞者，應即實施性能檢查。 3. 皮管裝接部位如有鬆動，應即重新旋緊。
6 噴嘴、 噴管及 噴嘴栓	檢查 方法	以目視及用手旋緊之動作，確認有無變形、鬆動之現象。
	判定 方法	1. 應無變形、損傷或老化之現象，且內部應無阻塞。 2. 應與噴射皮管緊密接合。 3. 噴嘴栓應無脫落之現象。 4. 喇叭噴管握把（僅限二氧化碳滅火器）應無脫落之現象。
	注意 事項	1. 如發現有顯著之變形、損傷或老化者，應即予以更新。 2. 螺牙接頭鬆動時，應即予旋緊；噴嘴栓脫落者，應重新加以裝配。 3. 喇叭噴管握把脫落者，應即予以修復。
7 壓力指 示計	檢查 方法	以目視確認有無變形、損傷之現象。
	判定 方法	1. 應無變形、損傷之現象。 2. 壓力指示值應在綠色範圍內。
	注意 事項	如發現有性能上障礙之變形、損傷者，應即加以更新。
8 保持 裝置	檢查 方法	1. 以目視確認有無變形、腐蝕之現象。 2. 確認是否可輕易取用
	判定 方法	1. 應無變形、損傷或顯著腐蝕之現象。 2. 可方便取用。
	注意 事項	如發現有變形、損傷或顯著腐蝕現象者，應即加以修復或更新。

大型滅火器外觀

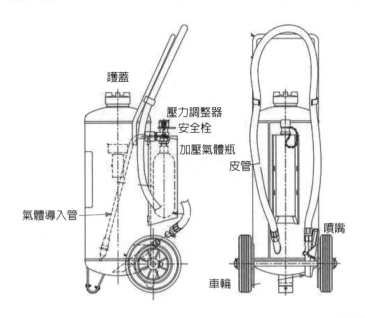

護蓋

壓力調整器
安全栓
加壓氣體瓶
皮管

氣體導入管

噴嘴

車輪

9 壓力調整器	檢查方法	（限大型加壓式滅火器）以目視確認有無變形、損傷之現象。
	判定方法	應無變形、損傷之現象。
	注意事項	如發現有變形、損傷者，應即加以修復或更新。
10 安全閥	檢查方法	以目視及用手旋緊之動作，確認有無變形、鬆動之現象。
	判定方法	1. 應無變形、損傷之現象。 2. 應緊密裝接在滅火器上。
	注意事項	如發現有顯著之變形、損傷者，應即予以更新。
11 車輪	檢查方法	1. 以目視確認其是否有變形、損傷之現象。 2. 以手實地操作，確認是否可圓滑轉動，及以目視確認有無變形、腐蝕之現象。
	判定方法	1. 應無變形、損傷之現象。 2. 應可圓滑轉動。
	注意事項	1. 如發現有變形、損傷或無法圓滑轉動者，應即加以修復。 2. 檢查時，應先加黃油（或潤滑油），以使其能圓滑滾動。
12 氣體導入管	檢查方法	（限大型滅火器） 以目視及用手旋緊之動作，確認有無變形、鬆動之現象。
	判定方法	1. 應無變形、損傷之現象。 2. 應緊密裝接在滅火器上。
	注意事項	1. 如發現有彎折、壓扁等之變形、損傷者，應予以更新。 2. 裝接部位如有鬆動者，應即重新裝配。

4-4 滅火器檢修性能檢查（一）

一、檢查抽樣	檢查頻率		依滅火器種類，化學泡沫滅火器應每年實施一次性能檢查，其餘類型滅火器應每三年實施一次性能檢查，並依表 1-1 之規定進行。
	檢查結果判定	沒缺點	滅火器視為良好。
		有缺點	依性能檢查發現有缺點之滅火器應立即檢修或更新。泡沫滅火藥劑經較長時間後會產生變化，應依滅火器銘板上所標示之時間或依製造商之使用規範，定期加以更換。其餘類型滅火器之滅火藥劑若無固化結塊、異物、沉澱物、變色、汙濁或異臭者等情形，滅火藥劑可繼續使用。
二、各加壓方式檢查	化學反應式滅火器	檢查順序	1. 打開護蓋，取出內筒、支撐架及活動蓋。 2. 確認滅火藥劑量是否達到液面標示之定量位置。 3. 將滅火藥劑取出，移置到另一容器內。 4. 本體容器內外、護蓋、噴射皮管、噴嘴、虹吸管、內筒及支撐架等用清水洗滌。 5. 確認各部構件。
	加壓式滅火器	檢查順序	1. 滅火藥劑量以重量表示者，應以磅秤確認滅火藥劑之總重量。 2. 有排氣閥者，應先將其打開，使容器內壓完全排出。 3. 卸下護蓋，取出加壓用氣體容器之支撐裝置及加壓用氣體容器。 4. 滅火藥劑量以容量表示者，確認藥劑量是否達到液面標示之定量位置。 5. 將滅火藥劑取出，移置到另一容器內。 6. 清理 　(1) 水系的滅火器，本體容器內外、護蓋、噴射皮管、噴嘴、虹吸管等應使用清水洗滌。 　(2) 鹵化物滅火器或乾粉滅火器，屬嚴禁水分之物質，應以乾燥之壓縮空氣，對本體容器內外、護蓋、噴射皮管、噴嘴、虹吸管進行清理。 7. 確認各構件。

滅火器設置

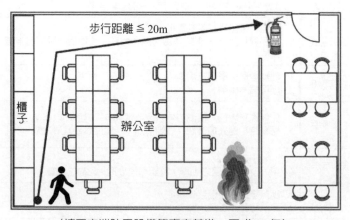

（埼玉市消防用設備等審查基準，平成 28 年）

滅火器檢修性能檢查

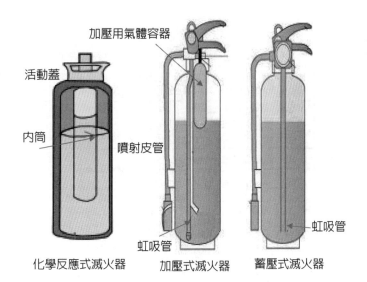

化學反應式滅火器　　加壓式滅火器　　蓄壓式滅火器

二、各加壓方式檢查	蓄壓式滅火器	檢查順序	1. 秤重以確認其滅火藥劑量。 2. 確認壓力指示計之指針位置。 3. 有排氣閥者，應先將其打開，無排氣閥者，應將其倒置，按下壓把，使容器內壓完全排出（二氧化碳滅火器及海龍滅火器除外）。 4. 自容器本體將護蓋或栓塞取下。 5. 將滅火藥劑取出，移置到另一容器內。 6. 依前項加壓式之清理要領，對本體容器內外、護蓋、噴射皮管、噴嘴、虹吸管進行清理。 7. 確認各構件。
		注意事項	對二氧化碳滅火器及海龍滅火器進行重量檢查時，如失重超過 10% 以上或壓力表示值在綠色範圍外時，應予以更新。
三、本體容器及內筒	檢查方法	本體容器	將內部檢視用照明器具插入本體容器內部，並對內部角落不易檢視之部位使用反射鏡檢查，以確認其有無腐蝕之情形。
		內筒	以目視確認化學泡沫滅火器之內筒、內筒蓋板有無變形。
		液面標示	以目視確認有無因腐蝕致標示不明確。
	判定方法		1. 應無顯著之腐蝕或內壁塗膜剝離之情形。 2. 應無變形、損傷之情形。 3. 液面表示應明確。
	注意事項		如發現本體容器內壁有顯著腐蝕或內壁塗膜剝離者，應即汰換。

4-5 滅火器檢修性能檢查（二）

四、滅火藥劑	檢查方法	性狀	1. 乾粉滅火藥劑應個別放入塑膠袋等及防止其有飛揚情形，以確認有無固化之情形。 2. 泡沫滅火藥劑，應個別取出至塑膠桶，以確認有無異常之情形。
		藥劑量	以液面標示表示藥劑量者，在取出藥劑前，應先確認有無達液面水平線；如以重量表示者，應秤其重量，以確認有無達到定量。
	判定方法		1. 應無固化之現象。 2. 應無變色、腐敗、沉澱或汙損之現象。 3. 重量應在規定量（如表 1-2）之容許範圍內。
	注意事項		1. 有固化結塊者應予更換。 2. 有異物、沉澱物、變色、汙濁或異臭者應予更換。 3. 與液面標示明顯不符者，如為化學泡沫滅火藥劑，應予全部更換。 4. 供補充或更換之滅火藥劑應使用銘板上所標示之滅火藥劑。 5. 泡沫滅火藥劑經較長時間後會產生變化，故應依滅火器銘板上所標示之時間或依製造商之使用規範，定期加以更換。 6. 二氧化碳滅火器及鹵化物滅火器，經依前述二檢查發現無任何異常現象者，其滅火藥劑之試驗可予省略。 7. 新更換及充填之滅火藥劑應為經內政部登錄機構認可之產品，於充填完成時其噴射性能須能噴射所充填滅火藥劑容量或重量 90% 以上之量，而使用期限內噴射性能須能噴射所充填滅火藥劑容量或重量 80% 以上之量，且滅火藥劑主成分應符合滅火器用滅火藥劑認可基準規定；二氧化碳滅火器所充之滅火藥劑，應採一般工業用之液體二氧化碳，純度應為 99% 以上，並有相關證明文件。 8. 滅火藥劑充填量及灌充壓力應符合滅火器認可基準規定。 9. 高壓氣體灌充作業需符合高壓氣體相關法令規定；灌充後之滅火器本體容器，應符合滅火器認可基準之氣密試驗。
五、加壓用氣體容器	檢查方法		1. 以目視確認有無變形、腐蝕，及其封板有無損傷。 2. 如為二氧化碳，應以磅秤測定其總重量，如為氮氣，應測定其內壓，以確認有無異常之情形。
	判定方法		1. 應無變形、損傷或顯著之腐蝕現象。 2. 封板應無損傷之情形。 3. 二氧化碳應在表 1-3 所示之容許範圍，氮氣應在圖 1-1 壓力之容許範圍內。
	注意事項		1. 二氧化碳之重量如超過容許範圍者，應以同型之加壓用氣體容器予以更換。 2. 氮氣氣體如超過規定壓力之容許範圍者，應加以調整或再行充填。 3. 裝接螺牙接頭計有順時針及逆時針兩種方式，裝配時應注意。
六、壓把	檢查方法		確認加壓用氣體容器已取下後，經由壓板及握把之操作，以確認動作狀況是否正常。
	判定方法		1. 應無變形、損傷。 2. 應能順暢、確實地正常動作。
	注意事項		1. 如發現有變形、損傷者，應即修復或予以更換。 2. 無法順暢確實動作者，應予修復或更換。
七、皮管	檢查方法		將噴射皮管取下，確認其有無阻塞之情形。
	判定方法		皮管與皮管接頭應無阻塞之情形。
	注意事項		如發現有阻塞時，應即加以清除。

噴嘴等性能檢查

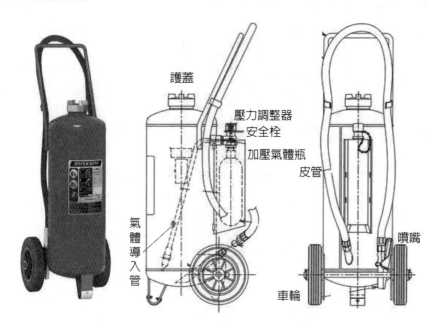

	檢查方法	操作握把以確認噴嘴之開、關及切換是否可輕易操作。
八、噴嘴	判定方法	應能順暢、確實動作。
	注意事項	無法順暢、確實動作者,應予修復或更換。
九、壓力指示計	檢查方法	排出容器內壓時,壓力指針是否能正常動作。
	判定方法	壓力指針之動作應正常。
	注意事項	壓力指針無法正常動作者,應予更換。
十、壓力調整器	檢查方法	1. 關閉滅火器本體容器連接閥門。 2. 打開加壓用氣體容氣閥,確認壓力計之指度及指針之動作情形。 3. 關閉加壓用氣體容器閥,確認高壓側（一次測）之壓力表指度是否下降,如有下降,應確認其氣體洩漏之部位。 4. 鬆開調整器之排氣閥或氣體導入管之結合部,將氣體放出,再恢復為原來狀態。
	判定方法	1. 壓力指針之動作應正常。 2. 調整壓力值應在綠色範圍內。
	注意事項	壓力指針無法正常動作或調整壓力值在綠色範圍外者,應予修復或更換。

4-6 滅火器檢修性能檢查（三）

十一、安全閥	檢查方法	1. 以目視確認安全閥有無變形、阻塞之情形。 2. 有排氣閥者，確認操作排氣閥後，動作有無障礙。 3. 彈簧式安全閥，應依圖 1-2 所示，將皮管裝接於水壓試驗機，加水壓後，確認其動作壓力是否正常。
	判定方法	1. 應無變形、損傷或阻塞之情形。 2. 應能確實動作。 3. 動作壓力應為規定值。
	注意事項	1. 有顯著之變形、損傷者，應予更換。 2. 有阻塞者，應加以清除。 3. 未確實動作或未依銘板所標示之動作壓力範圍內動作者，應予以修復。
十二、封板及墊圈	防乾粉上升封板 檢查方法	以目視確認有無變形、損傷，及是否確實裝設於滅火器上。
	防乾粉上升封板 判定方法	1. 應無變形、損傷之情形。 2. 應確實裝設於滅火器上。
	防乾粉上升封板 注意事項	1. 如發現有變形或損傷者，應予更換。 2. 裝置不確實者，應再確實安裝。
	墊圈 檢查方法	以目視確認有無變形、損傷或老化之現象。
	墊圈 判定方法	應無變形、損傷或老化之情形。
	墊圈 注意事項	如發現有變形、損傷或老化者，應予更換。
十三、虹吸管及氣體導入管	檢查方法	以目視或通氣方式確認。
	判定方法	1. 應無變形、損傷或阻塞之情形。 2. 裝接部位應無鬆動之情形。
	注意事項	1. 如發現有變形、損傷者，應即修復或予以更換。 2. 如發現有阻塞者，應加以清除。 3. 裝接部位之螺牙如有鬆動者，應即加以旋緊。但如為銲接或接著劑鬆動，及其他裝接不良者，應予更換。
十四、過濾網	檢查方法	以目視確認有無損傷、腐蝕或阻塞之情形。
	判定方法	應無損傷、腐蝕或阻塞之情形。
	注意事項	1. 如發現有損傷或腐蝕者，應予更換。 2. 如發現有阻塞者，應予以清除。

圖 1-1 氮氣壓力之容許範圍

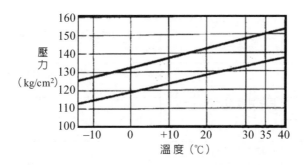

圖 1-2 水壓試驗機及保護架

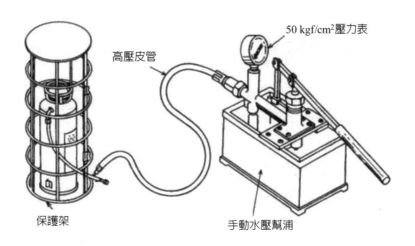

表 1-1 檢查試樣個數表

滅火器之區分			性能檢查項目
種類	加壓方式	對象	
水	加壓式	自製造年份起超過三年以上者	全數
	蓄壓式		
強化液	加壓式	自製造年份起超過三年以上者	全數
	蓄壓式		

化學泡	加壓式	設置達一年以上者	全數
機械泡	加壓式	自製造年份起超過三年以上者	
	蓄壓式		以上者如重量及指示壓力值無異常時，其它項目可予省略
鹵化物			
二氧化碳		自製造年份起超過三年	如重量及指示壓力值無異常時，其它項目可予省略
乾 粉	加壓式		全數
	蓄壓式		
全部之滅火器		如經外觀檢查有缺點者須進行性能檢查	全數

備註：製造日期超過十年或無法辨識製造日期之水滅火器、機械泡沫滅火器或乾粉滅火器，非經水壓測試合格，不得再行更換及充填藥劑，應予報廢。

表 1-2　總重量容許範圍

藥劑標示重量	總重量容許範圍
1kg 未滿	＋80g～－40g
1kg 以上　2kg 未滿	＋200g～－80g
2kg 以上　5kg 未滿	＋300g～－100g
5kg 以上　8kg 未滿	＋400g～－200g
8kg 以上　10kg 未滿	＋500g～－300g
10kg 以上　20kg 未滿	＋700g～－400g
20kg 以上　40kg 未滿	＋1,000g～－600g
40kg 以上　100kg 未滿	＋1,600g～－800g
100kg 以上	＋2,400g～－1,000g

表 1-3　重量容許範圍

充填量	容許範圍
5g 以上　10g 未滿	±1g
10g 以上　20g 未滿	±3g
20g 以上　50g 未滿	±5g
50g 以上　200g 未滿	±10g
200g 以上　500g 未滿	±20g
500g 以上	±30g

➕ 知識補充站

二氧化碳放射方式比較

放射方式	噴頭	放射壓力	放射時間	適用對象
全區式 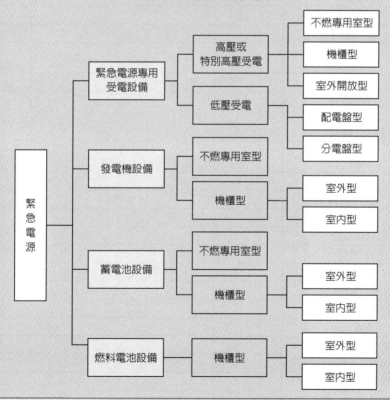	均勻擴散	高壓式 ≥ 14kg/cm² 低壓式 ≥ 9kg/cm²	電信室及總機室 ≤ 3.5 min 其他 ≤ 1 min	主要為電信機械室、總機室等電纜線捆形成深層火災,及精密儀器等區劃空間不大,進行整體防護之必要性
局部式	涵蓋對象表面及可燃物不得飛散		≤ 30 sec	空間內可燃物不會形成深層火災、區劃空間樓地板面積大等個別機組防護
移動式	人為移動水平距離 ≤ 15 m	放射量 ≥ 60kg/min(20℃)	$\geq 1.5 \min\left(\dfrac{90\text{kg}}{60\text{kg/min}}\right)$	區劃空間開口面積 ≥ 15% 者,每水平距離 ≤ 15 m 進行人為移動式防護

日本消防設備認可緊急電源

緊急電源
- 緊急電源專用受電設備
  - 高壓或特別高壓受電
    - 不燃專用室型
    - 機櫃型
    - 室外開放型
  - 低壓受電
    - 配電盤型
    - 分電盤型
- 發電機設備
  - 不燃專用室型
  - 機櫃型
    - 室外型
    - 室內型
- 蓄電池設備
  - 不燃專用室型
  - 機櫃型
    - 室外型
    - 室內型
- 燃料電池設備
  - 機櫃型
    - 室外型
    - 室內型

4-7 滅火器檢查表

檢修項目		檢修結果							處置措施
		滅火器的種別					判定	不良狀況	
		A	B	C	D	E			
外觀檢查									
設置狀況	設置數量								
	設置場所								
	設置間隔								
	適用性								
標示									
滅火器	本體容器								
	安全插梢								
	壓把（加壓式）								
	護蓋（加壓式）								
	皮管								
	噴嘴等								
	壓力指示計								
	壓力調整器（輪架型）								
	安全閥								
	保持裝置（掛勾或放置箱）								
	車輪（輪架型）								
	氣體導入管（輪架型）								
性能檢查									
本體容器內筒	本體容器								
	內筒								
	液面指示								
滅火藥劑	性狀								
	滅火藥劑量								
加壓用氣體容器									
壓把（壓板）									
皮管									
開閉式噴嘴等									
壓力指示計									
壓力調整器（輪架型）									

檢修項目	檢修結果							處置措施
	滅火器的種別					判定	不良狀況	
	A	B	C	D	E			
安全閥								
封板								
墊圈								
虹吸管及氣體導入管								
過濾網								
放射能力								

備註	

檢查器材	機器名稱	型式	校正年月日	製造廠商	機器名稱	型式	校正年月日	製造廠商

檢查日期	自民國　　年　　月　　日　至民國　　年　　月　　日

檢修人員	姓名		消防設備師（士）	證書字號		簽章	
	姓名		消防設備師（士）	證書字號		簽章	
	姓名		消防設備師（士）	證書字號		簽章	
	姓名		消防設備師（士）	證書字號		簽章	

備註：A：乾粉滅火器、B：泡沫滅火器、C：二氧化碳滅火器、D：海龍滅火器、E：水滅火器。
1. 應於「種別‧容量等情形」欄內填入適當之項目。
2. 檢查合格者於判定欄內打「○」；有不良情形時於判定欄內打「×」，並將不良情形填載於「不良狀況」欄。
3. 將不良狀況所採取之處置情形，應填載於「處置措施」欄。
4. 欄內有選擇項目時，應以「○」圈選之。

	樓層	場所	器具種類名稱	設置數量	檢修數量	合格數量	放射能力測試數量	要修理數目	廢棄數量

4-8 惰性氣體滅火設備外觀檢查（一）

<table>
<tr>
<td rowspan="8">一、惰性氣體滅火藥劑儲存容器等</td>
<td rowspan="4">1
滅火藥劑儲存容器</td>
<td rowspan="2">檢查方法</td>
<td>外形</td>
<td>1. 以目視確認儲存容器、固定架、各種計量儀器有無變形、腐蝕等情形。
2. 以目視確認容器本體是否確實固定於固定架上。
3. 核對設計圖面，確認設置之鋼瓶數。</td>
</tr>
<tr>
<td>設置狀況</td>
<td>1. 確認是否設在防護區域外，且不需經由防護區劃即可進出之場所。
2. 確認設置場所是否設有照明設備、明亮窗口，及周圍有無障礙物。並確認是否確保供操作及檢查之空間。
3. 確認周圍濕度有無過高，及周圍溫度是否在 40℃以下，有無日光直射（但低壓式除外）。
4. 確認有無遭日光曝曬、雨水淋濕之虞。</td>
</tr>
<tr>
<td rowspan="2">判定方法</td>
<td>外形</td>
<td>1. 應無變形、損傷、明顯腐蝕、生鏽或塗裝剝離等情形。
2. 以推押容器之方式，確認容器本體應確實固定在固定架或底座上。
3. 容器瓶數依規定數量設置。</td>
</tr>
<tr>
<td>設置狀況</td>
<td>1. 設在專用鋼瓶室之鋼瓶，應有適當之固定措施；但設於防護區域內時，應置於不燃性或難燃性材料製成之防護箱內。
2. 具適當採光，且應無檢查及使用上之障礙。
3. 濕度未過高，無日光直射且溫度在 40℃以下。
應無遭日光曝曬、雨水淋濕之虞。</td>
</tr>
<tr>
<td rowspan="2">2
容器閥</td>
<td>檢查方法</td>
<td colspan="2">以目視確認容器閥有無變形、腐蝕等情形。</td>
</tr>
<tr>
<td>判定方法</td>
<td colspan="2">應無變形、損傷、明顯腐蝕等情形。</td>
</tr>
<tr>
<td rowspan="3">3
容器閥開放裝置</td>
<td>檢查方法</td>
<td colspan="2">以目視確認容器閥開放裝置有無變形、脫落等情形。</td>
</tr>
<tr>
<td>判定方法</td>
<td colspan="2">1. 容器閥開放裝置應確實裝設於容器閥本體上，如為電氣式者，導線應無劣化或斷裂，如為氣壓式者，操作管及其連接部分應無鬆弛或脫落之情形。
2. 具有手動啓動裝置之開放裝置，其操作部應無明顯之鏽蝕情形。
3. 應裝設有安全栓或安全插梢，限有該裝置者。</td>
</tr>
<tr>
<td>注意事項</td>
<td colspan="2">檢查時，為防止產生誤放事故，請勿予以強烈之衝擊。</td>
</tr>
<tr>
<td colspan="2" rowspan="2">4
警報及安全裝置等</td>
<td>檢查方法</td>
<td colspan="2">（限二氧化碳滅火設備低壓式者）
1. 設於低壓式儲存容器之警報用接點壓力表、壓力開關等，以目視確認其不得有變形、損傷等情形。
2. 應以目視確認安全裝置、破壞板等不得有損傷等情形。</td>
</tr>
<tr>
<td>判定方法</td>
<td colspan="2">1. 壓力警報裝置沒有變形、損傷或脫落等情形。
2. 安全裝置等沒有損傷、異物阻塞等情形。</td>
</tr>
</table>

二氧化碳滅火設備外觀檢查

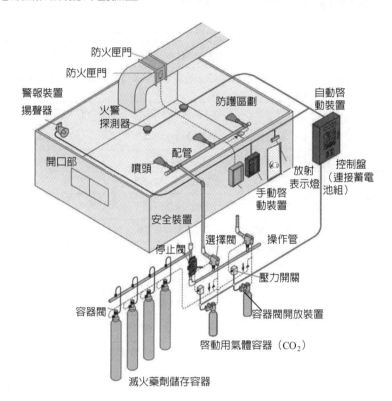

防火匣門
防火匣門
警報裝置
揚聲器
自動啓動裝置
火警探測器
防護區劃
開口部
配管
噴頭
放射表示燈
控制盤（連接蓄電池組）
手動啓動裝置
安全裝置
停止閥
選擇閥
操作管
壓力開關
容器閥
容器閥開放裝置
啓動用氣體容器（CO_2）
滅火藥劑儲存容器

一、二氧化碳滅火藥劑儲存容器等	5 自動冷凍機	檢查方法	（限二氧化碳滅火設備低壓式者） 1. 以目視確認各種配管及本體有無變形、腐蝕等情形。 2. 以目視確認冷凍機之底架有無鬆弛情形，且是否確實固定。 3. 設於安全閥、洩放閥及壓力表等裝置之閥類，應確認其是否處於「開」之狀態。 4. 確認其有無漏油之情形。
		判定方法	1. 各種配管及本體應無變形、損傷、龜裂、塗裝剝離或明顯腐蝕等情形。 2. 冷凍機之底架應確實固定。 3. 安全閥等閥體應處於「開」之位置。 4. 應無漏油之情形。
	6 連結管	檢查方法	（連結管及集合管）以目視確認有無變形、腐蝕等情形，及是否確實連接。
		判定方法	應無變形、損傷、明顯腐蝕等情形，並應確實連接。

4-9 惰性氣體滅火設備外觀檢查（二）

<table>
<tr><td rowspan="13">二、啓動用氣體容器等</td><td rowspan="5">1 啓動用氣體容器</td><td rowspan="2">檢查方法</td><td>外形</td><td>1. 以目視確認有無變形、腐蝕等情形，及是否裝設有容器收存箱。
2. 確認收存箱之箱門或類似開閉裝置之開關狀態是否良好。</td></tr>
<tr><td>標示</td><td>確認收存箱之表面是否設有記載該防護區劃名稱或防護對象物名稱及操作方法。</td></tr>
<tr><td rowspan="2">判定方法</td><td>外形</td><td>1. 應無變形、損傷、塗裝剝離或明顯腐蝕等情形，且收存箱及容器應確實固定。
2. 收存箱之箱門開關狀態應良好。</td></tr>
<tr><td>標示</td><td>應無損傷、脫落、汙損等情形。</td></tr>
<tr><td colspan="2"></td><td></td></tr>
<tr><td rowspan="2">2 容器閥</td><td colspan="2">檢查方法</td><td>以目視確認容器閥有無變形、腐蝕等情形。</td></tr>
<tr><td colspan="2">判定方法</td><td>應無變形、損傷、明顯腐蝕等情形。</td></tr>
<tr><td rowspan="4">3 容器閥開放裝置</td><td colspan="2">檢查方法</td><td>以目視確認容器閥開放裝置有無變形、脫落等情形。</td></tr>
<tr><td colspan="2">判定方法</td><td>1. 容器閥開放裝置應確實裝接在容器閥本體上，如為電氣式者，導線應無劣化或斷裂，如為氣壓式者，操作管及其連接部分應無鬆弛或脫落之情形。
2. 具有手動啓動裝置之開放裝置，其操作部位應無明顯之鏽蝕情形。
3. 應裝設有安全栓或安全插梢。</td></tr>
<tr><td colspan="2">注意事項</td><td>檢查時，為防止產生誤放事故，請勿予以強烈之衝擊。</td></tr>
<tr><td colspan="2"></td><td></td></tr>
<tr><td colspan="2"></td><td></td></tr>
<tr><td colspan="2"></td><td></td></tr>
<tr><td rowspan="6">三、選擇閥</td><td rowspan="4">1 本體</td><td rowspan="2">檢查方法</td><td>外形</td><td>以目視確認選擇閥有無變形、腐蝕等情形，且是否設於防護區域以外之處所。</td></tr>
<tr><td>標示</td><td>應確認其附近是否標明選擇閥之字樣及所屬防護區域或防護對象名稱，且是否設有記載操作方法之標示。</td></tr>
<tr><td rowspan="2">判定方法</td><td>外形</td><td>應無變形、損傷、明顯腐蝕等情形，且應設於防護區域以外之處所。</td></tr>
<tr><td>標示</td><td>應無損傷、脫落、汙損等情形。</td></tr>
<tr><td rowspan="2">2 開放裝置</td><td colspan="2">檢查方法</td><td>以目視確認有無變形、脫落等情形，及是否確實裝設在選擇閥上。</td></tr>
<tr><td colspan="2">判定方法</td><td>應無變形、損傷、脫落等情形，且確實裝接在選擇閥上。</td></tr>
</table>

容器閥（應用於各種滅火設備）

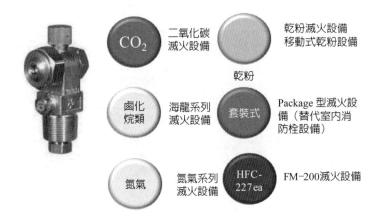

CO₂ 二氧化碳滅火設備

乾粉 乾粉滅火設備 移動式乾粉設備

鹵化烷類 海龍系列滅火設備

套裝式 Package 型滅火設備（替代室內消防栓設備）

氮氣 氮氣系列滅火設備

HFC-227ea FM-200滅火設備

選擇閥外觀檢查

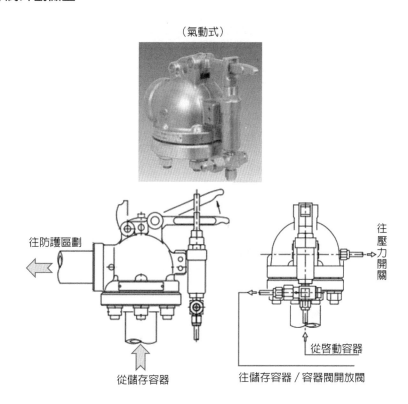

（氣動式）

往防護區劃

從儲存容器

往壓力開關

從啟動容器

往儲存容器／容器閥開放閥

4-10 惰性氣體滅火設備外觀檢查（三）

四、操作管及逆止閥	檢查方法			1. 以目視確認有無變形、損傷等情形，及是否確實連接。 2. 核對設計圖面，確認逆止閥裝設位置、方向及操作管之連接路徑是否正常。
	判定方法			1. 應無變形、損傷、明顯腐蝕等情形，且已確認連接。 2. 依設計圖面裝設配置。
五、啟動裝置	1 手動啟動裝置	檢查方法	周圍狀況	1. 確認操作箱周圍有無檢查及使用上之障礙，及設置位置是否適當。 2. 確認啟動裝置及其附近有無標示所屬防護區域名稱或防護對象名稱與標示操作方法、及其保安上之注意事項是否適當。 3. 確認啟動裝置附近有無「手動啟動裝置」標示。
			外形	1. 以目視確認操作箱有無變形、脫落等現象。 2. 確認箱面紅色之塗裝有無剝離、汙損等現象。
			電源燈	確認有無亮燈及其標示是否正常。
		判定方法	周圍狀況	1. 其周圍應無檢查及使用上之障礙，並應設於能看清區域內部且操作後能容易退避之防護區域附近。 2. 標示應無損傷、脫落、汙損等現象。
			外形	1. 操作箱應無變形、損傷、脫落等現象。 2. 紅色塗裝應無剝離、汙損等現象。
			電源燈	保持亮燈，且該標示應有所屬防護區域名稱、防護對象物名稱
	2 自動啟動裝置判定方法	檢查方法	探測裝置	準用火警自動警報設備之檢查基準確認之。
			切換裝置	（自動及手動切換裝置） 1. 以目視確認有無變形、脫落等情形，及切換位置是否正常。 2. 確認自動、手動及操作方法之標示是否正常。
		判定方法	探測裝置	準用火警自動警報設備之檢查基準確認之。
			切換裝置	（自動及手動切換裝置） 1. 應無變形、損傷、脫落等情形，且切換位置需處於定位。 2. 標示應無汙損、模糊不清之情形。
六、警報裝置	檢查方法			1. 以目視確認語音（揚聲器）、蜂鳴器、警鈴等警報裝置有無變形、脫落等現象。 2. 除平時無人駐守者之處所以外，確認是否設有音響警報裝置。使用二氧化碳氣體全區域放射方式者，確認音響警報裝置是否採用人語發音。 3. 確認有無設置音響警報裝置之標示。
	判定方法			1. 警報裝置應無變形、損傷、脫落等情形。 2. 平時無人駐守者之防火對象物等處所，應以語音為警報裝置。使用二氧化碳氣體全區域放射方式者，音響警報裝置應採用人語發音。 3. 警報裝置之標示正常，並應設於必要之處所，且無損傷、脫落、汙損等情形。

選擇閥相關裝置

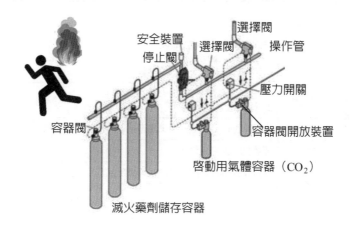

手動啓動裝置外觀檢查

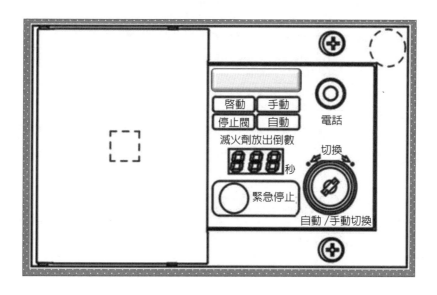

4-11 惰性氣體滅火設備外觀檢查（四）

七、控制裝置	檢查方法	控制盤	周圍狀況	確認周圍有無檢查及使用上之障礙。
			外形	以目視確認有無變形、腐蝕等現象。
		電壓計		1. 以目視確認有無變形、破損等情形。 2. 確認電源電壓是否正常。
		開關類		以目視確認有無變形、損傷等情形，及開關位置是否正常。
		標示		確認標示是否正常。
		備用品等		確認是否備有保險絲、燈泡等備用品及回路圖、操作說明書等。
	判定方法	控制盤	周圍狀況	應設於不易受火災波及之位置，且其周圍應無檢查及使用上之障礙。
			外形	應無變形、損傷、明顯腐蝕等現象。
		電壓計		1. 應無變形、損傷等情形。 2. 電壓計之指示值在規定範圍內。 3. 無電壓計者，其電源表示燈應亮燈。
		開關類		應無變形、損傷、脫落等情形，且開關位置正常。
		標示		1. 開關等之名稱應無汙損、模糊不清等情形。 2. 面板不得剝落。
		備用品等		1. 應備有保險絲、燈泡等備用品。 2. 應備有回路圖、操作說明書等。
八、配管	檢查方法	管及接頭		以目視確認有無損傷、腐蝕等情形，且有無提供其他物品之支撐或懸掛吊具等。
		金屬支撐吊架		以目視及手觸摸等方式，確認有無脫落、彎曲、鬆弛等情形。
	判定方法	管及接頭		1. 應無損傷、明顯腐蝕等情形。 2. 應無作為其他物品之支撐或懸掛吊具。
		金屬支撐吊架		應無脫落、彎曲、鬆弛等情形。
九、放射表示燈	檢查方法			以目視確認防護區劃出入口處，設置之放射表示燈有無變形、腐蝕等情形。
	判定方法			放射表示燈之設置場所正常，且應無變形、損傷、明顯腐蝕、文字模糊不清等情形。

揚聲器外觀檢查

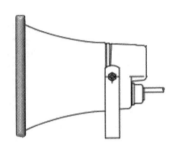

控制裝置外觀檢查

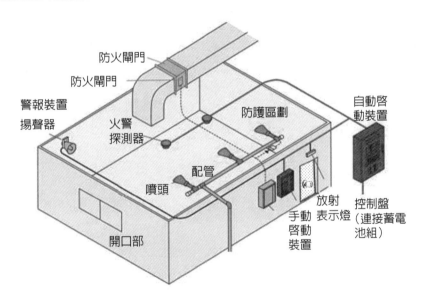

十、壓力上昇裝置（除二氧化碳滅火設備使用氣體二氧化碳外者）		檢查方法	以目視確認設置之壓力上昇防止裝置有無變形、損傷、腐蝕等情形及是否正確設置。
		判定方法	壓力上昇防止裝置應無變形、損傷、明顯腐蝕等情形及正確設置。
十一、噴頭	外形	檢查方法	以目視確認有無變形、腐蝕等現象。
		判定方法	應無變形、損傷、明顯腐蝕、阻塞等情形。
	放射障礙	檢查方法	以目視確認周圍有無造成放射障礙之物品，及裝設角度是否正常。
		判定方法	1. 周圍應無造成放射障礙之物品。 2. 噴頭之裝設應能將藥劑擴散至整個防護區域或防護對象物，且裝設角度應無明顯偏移之情形。

十一、防護區劃	區劃變更及氣密	檢查方法	1. 滅火設備設置後，有無因增建、改建、變更等情形，造成防護區劃之容積及開口部增減之情形，應核對設計圖面確認之。 2. 局部放射方式者，其防護對象物之形狀、數量、位置等有無變更，應核對設計圖面確認之。 3. 附門鎖之開口部，應以手動方式確認其開關狀況。 4. 滅火設備設置後，有無因增設管（道）線造成氣密降低之情形，以目視確認有無明顯漏氣之開口。

Note

4-12 惰性氣體滅火設備外觀檢查（五）

十一、防護區劃	區劃變更及氣密	判定方法	1. 開口部不得設於面對安全梯間、特別安全梯間或緊急昇降機間。 2. 防護區劃之開口部，因有降低滅火效果之虞或造成保安上之危險，應設有自動關閉裝置。使用二氧化碳氣體者，位於防護區域自樓地板高度三分之二以下之開口部，均應設置自動關閉裝置。 3. 使用二氧化碳氣體者未設自動關閉裝置之開口部總面積，供電信機械室使用時，應在圍壁面積 1% 以下，其他處所則應在防護區域體積值或圍壁面積值兩者中之較小數值 10% 以下。 4. 設有自動門鎖者，符合下列規定： (1) 應裝置完整，且門之關閉確實順暢。 (2) 應無門擋、障礙物等物品，且平時保持關閉狀態。
	開口部	檢查方法	（自動關閉裝置）以目視確認有無變形、損傷等情形。
		判定方法	應無變形、損傷、明顯腐蝕等情形。
十二、緊急電源	外形	檢查方法	（限內置型者）以目視確認蓄電池本體周圍之狀況，有無變形、損傷、洩漏、腐蝕等現象。
		判定方法	1. 設置位置之通風換氣應良好，且無灰塵、腐蝕性氣體之滯留及明顯之溫度變化等情形。 2. 蓄電池組支撐架應堅固。 3. 應無明顯變形、損傷、龜裂等情形。 4. 電解液應無洩漏，且導線連接部應無腐蝕之情形。
	標示	檢查方法	確認是否正常設置。
		判定方法	應標示額定電壓值及容量。
		注意事項	符合標準之蓄電池設備，應確認其有合格標示。
十三、皮管、管盤、瞄子及瞄子開關閥	周圍狀況	檢查方法	（限使用二氧化碳氣體移動式者）確認設置場所是否容易接近，且周圍有無妨礙操作之障礙物。
		判定方法	周圍應無檢查及使用上之障礙。
	外形	檢查方法	以目視確認收捲狀態之皮管有無變形、腐蝕等現象。
		判定方法	1. 皮管應整齊收捲於管盤上，且皮管應無變形、明顯龜裂等老化現象。 2. 皮管、管盤、瞄子及瞄子開關閥應無變形、損傷、顯著腐蝕等情形，且瞄子開關閥應在「關」之位置。
十四、標示燈及標示		檢查方法	（限使用二氧化碳氣體移動式者）確認標示燈「移動式二氧化碳滅火設備」之標示是否正常設置。
		判定方法	1. 標示燈應無變形、損傷等情形，且正常亮燈。 2. 標示應無損傷、脫落、汙損等情形。

噴頭外觀檢查

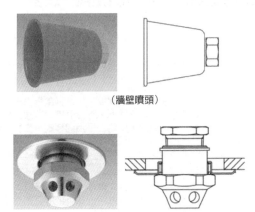

（牆壁噴頭）

（天花板噴頭）

緊急電源外觀檢查

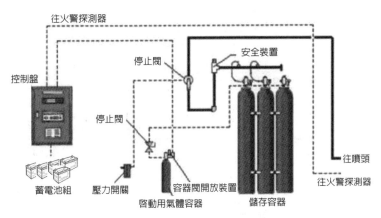

往火警探測器

控制盤

停止閥

安全裝置

停止閥

蓄電池組　壓力開關　容器閥開放裝置　儲存容器

啓動用氣體容器

往噴頭

往火警探測器

+ 知識補充站

建築物火災時間溫度曲線圖

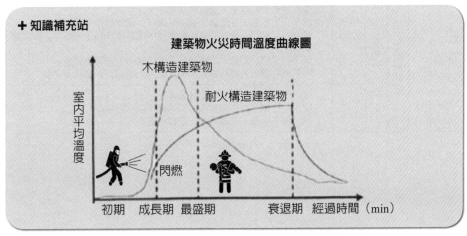

室內平均溫度

木構造建築物

耐火構造建築物

閃燃

初期　成長期　最盛期　衰退期　經過時間（min）

4-13 惰性氣體滅火設備性能檢查（一）

一、惰性氣體滅火藥劑儲存容器等（使用低壓二氧化碳氣體者除外）	高壓式	1 滅火藥劑量	檢查方法	台秤測定計	1. 將裝設在容器閥之容器閥開放裝置、連接管、操作管及容器固定器具取下。 2. 將容器置於台秤上，測定其重量計算至小數點第一位。 3. 藥劑量則為測定值扣除容器閥及容器重量後所得之值。
				水平液面計	1. 插入水平液面計電源開關，檢查其電壓值。 2. 使容器維持平常之狀態，將容器置於液面計探針與放射源之間。 3. 緩緩使液面計檢出部朝上下方向移動，當發現儀表指針振動差異較大時，由該位置即可求出自容器底部起之藥劑存量高度。 4. 液面高度與藥劑量之換算，應使用專用之換算尺為之。
				鋼瓶液面計	1. 打開保護蓋緩慢抽出表尺。 2. 當表尺被鋼瓶內浮球之磁性吸引而停頓時，讀取表尺刻度。 3. 對照各廠商所提供之專用換算表讀取藥劑重量。 4. 需考慮溫度變化造成之影響。
				其他	原廠技術手冊規範之藥劑量檢測方式量測
			判定方法		將藥劑量之測定結果與重量表或圖面明細表核對，其差值應在充填值10% 以下。
			注意事項	水平液面計	1. 不得任意卸取放射線源（鈷 60），萬一有異常時，應即時聯絡專業處理單位。 2. 鈷 60 有效使用年限約為 3 年，如已超過時，應即時聯絡專業單位處理或更換。 3. 使用壓力表者，應先確認容器內壓為規定之壓力值。
				共同事項	1. 因容器重量頗重，有傾倒或操作時應加以注意。 2. 測量後，應將容器號碼、充填量記載於重量表、檢查表上。 3. 當滅火藥劑量或容器內壓減少時，應迅即進行調查，並採取必要之措施。 4. 二氧化碳滅火設備之充填比應在 1.5 以上。 5. 使用具放射源者，應取得行政院原子能源委員會之許可登記。
		2 容器閥開放裝置	電氣式	檢查方法	1. 將裝設在容器閥之開放裝置取下，確認撞針有無彎曲、斷裂或短缺等情形。 2. 操作手動啟動裝置，確認電氣動作是否正常。 3. 拔下安全栓或安全插銷，以手動操作，確認動作是否正常。 4. 動作後之復歸，應確認於切斷通電或復舊操作時，是否可正常復歸定位。 5. 取下端子部之護蓋，以螺絲起子確認端子有無鬆動現象。 6. 將容器閥開放裝置回路從主機板離線以確認其斷線偵測功能。
				判定方法	1. 撞針應無彎曲、斷裂或短缺等情形。 2. 以規定之電壓可正常動作，並可確實以手動操作。 3. 應無端子鬆動、導線損傷、斷線等情形。

二氧化碳滅火設備全區防護

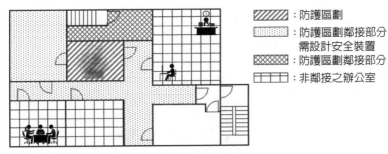

：防護區劃

：防護區劃鄰接部分
　需設計安全裝置

：防護區劃鄰接部分

：非鄰接之辦公室

（福岡市消防用設備等技術基準，平成 26 年）

高壓式藥劑量台秤測定法

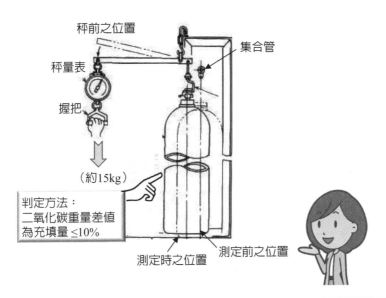

秤前之位置

集合管

秤量表

握把

（約15kg）

判定方法：
二氧化碳重量差值
為充填量 ≤10%

測定時之位置

測定前之位置

一、二氧滅火藥劑儲存容器等	低壓式	1 藥劑量	檢查方法	以液面計確認藥劑是否依規定量充填。
			判定方法	藥劑儲存量應在規定量以上。
		2 液面計	檢查方法	（液面計及壓力表） 1. 確認有無變形、損傷等情形，並以肥皂水測試連接部分是否有洩漏等現象。 2. 確認各種壓力表是否指示在規定之壓力值。
			判定方法	1. 應無變形、損傷、洩漏等情形。 2. 指示值應正常。

4-14 惰性氣體滅火設備性能檢查（二）

一、二氧化滅火藥劑儲存容器等	低壓式	3 警報裝置及安全裝置等	檢查方法	暫時將開關閥關閉，取下附接點之壓力表、壓力開關及安全閥等，使用試驗用氮氣確認其動作有無異常。
			判定方法	警報裝置等應在下列動作壓力範圍內動作，且功能正常。 $37kgf/cm^2$ ＞破壞板動作壓力 $30kgf/cm^2$ $25kgf/cm^2$　安全閥起噴壓力 $23kgf/cm^2$　壓力上升警報 $22kgf/cm^2$　冷凍機啓動 ＞常用壓力範圍 $21kgf/cm^2$　冷凍機停止 $19kgf/cm^2$　壓力下降警報
			注意事項	1. 關閉安全閥、壓力表之開關時，最好會同高壓氣體作業人員共同進行。 2. 檢查後，務必將安全閥、壓力表之開關置於「開」之位置。
		4 自動冷凍機	檢查方法	1. 冷凍機啓動、停止功能之檢查，應依前項 3 之規定，使接點壓力表動作，確認其運轉狀況是否正常。 2. 冷媒管路系統，應以肥皂水測試，確認其有無洩漏之情形。 3. 冷媒管路系統中裝設有液態氨者，需確認運轉中液態氨白色泡沫之發生狀態。
			判定方法	1. 冷凍機應正常運轉。 2. 冷凍機運轉中，不得發現白色泡沫持續發生 1～2 分鐘以上。
	連結管		檢查方法	（連結管及集合管）以扳手確認連接部分有無鬆動之情形。
			判定方法	連接部分應無鬆動現象。
二、啓動用氣體容器等	1 氣體量		檢查方法	1. 將裝在容器閥之開放裝置、操作管卸下，自容器收存箱中取出。 2. 使用可測定達 20kg 之彈簧秤或秤重計，測量容器之重量。 3. 核對裝設在容器上之面板或重量表所記載之重量。
			判定方法	二氧化碳之重量，其記載重量與測得重量之差值，應在充填量 10% 以下
	2 容器閥裝置		檢查方法	1. 電氣式者，準依前項規定確認之。 2. 手動式者，應將容器閥開放裝置取下，以確認活塞桿或撞針有無彎曲、斷裂或短缺等情形，及手動操作部之安全栓或封條是否能迅速脫離。
			判定方法	1. 活塞桿、撞針等應無彎曲、斷裂或短缺等情形。 2. 應可確實動作。

二氧化碳啓動用氣體容器

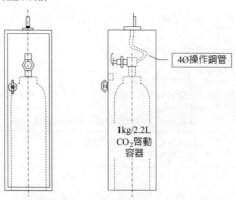

$1kg/2.2L$
CO_2啓動
容器

4Ø操作銅管

（福岡市消防用設備等技術基準，平成 26 年）

啟動用氣體容器性能檢查

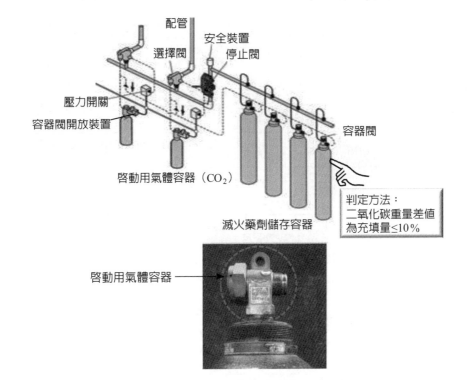

配管
安全裝置
選擇閥
停止閥
壓力開關
容器閥開放裝置
容器閥
啟動用氣體容器（CO_2）

判定方法：
二氧化碳重量差值
為充填量≤10％

滅火藥劑儲存容器

啟動用氣體容器

			檢查方法	1. 以扳手確認連接部分有無鬆動等現象。 2. 以試驗用氣體確認其功能是否正常。
三、選擇閥	1 閥本體		判定方法	連接部分不得有鬆弛等情形，且性能應正常。
	2 開放裝置	電氣式	檢查方法	1. 取下端子部之護蓋，確認末端處理、結線接續之狀況是否正常。 2. 操作供該選擇閥使用之啟動裝置，使開放裝置動作。 3. 啟動裝置復歸後，在控制盤上切斷電源，以拉桿復歸方式，使開放裝置復歸。 4. 以手動操作開放裝置，使其動作後，依前 3 之同樣方式使其復歸。
			判定方法	1. 以端子盤連接者，應無端子螺絲鬆動，及端子護蓋脫落等現象。 2. 以電氣操作或手動操作均可使其確實動作。 3. 選擇閥於「開」狀態時，拉桿等之扣環應呈解除狀態。
			注意事項	與儲存容器之電氣式開放裝置連動者，應先將開放裝置自容器閥取下。

4-15 惰性氣體滅火設備性能檢查（三）

三、選擇閥	2 開放裝置	氣壓式	檢查方法	1. 使用試驗用二氧化碳容器（內容積 1 公升以上，二氧化碳藥劑量 0.6kg 以上），自操作管連接部加壓，確認其動作是否正常。 2. 移除加壓源時，選擇閥由彈簧之動作或操作拉桿，確認其有無復歸。
			判定方法	1. 活塞桿應無變形、損傷之情形，且動作確實。 2. 選擇閥於「開」狀態時，確認插梢應呈突出狀態，且拉桿等之扣環應呈解除狀態。
			注意事項	實施加壓試驗時，操作管連接於儲存容器開放裝置者，應先將開放裝置自容器閥取下。
四、操作管	檢查方法			（操作管及逆止閥） 1. 以扳手確認連接部分有無鬆弛等現象。 2. 取下逆止閥，以試驗用氣體確認其功能有無正常。
	判定方法			1. 連接部分應無鬆動等現象。 2. 逆止閥之功能應正常。
五、啟動裝置	手動啟動裝置	1 操作箱	檢查方法	由開、關操作確認箱門是否能確實開關。
			判定方法	箱門應能確實開關。
		2 警報用開關	檢查方法	打開箱門，確認警報用開關不得有變形、損傷等情形，及警報裝置有無正常鳴響。
			判定方法	1. 操作箱之箱門打開時，系統警報裝置應能正常鳴響。 2. 應無變形、損傷、脫落、端子鬆動、導線損傷、斷線等現象。
			注意事項	警報用開關與操作箱之箱門間未設有微動開關者，當操作警報用按鈕時，警報裝置應能正常鳴響。
		3 按鈕等	檢查方法	1. 將藥劑儲存容器或啟動用氣體容器之容器閥開放裝置自容器閥取下，打開操作箱箱門，確認按鈕等有無變形、損傷等情形。 2. 操作該操作箱之放射用啟動按鈕或放射用開關，以確認其動作狀況。 3. 再進行上述試驗，於遲延裝置之時間範圍內，當操作緊急停止按鈕或緊急停止裝置時，確認容器閥開放裝置是否動作。
			判定方法	1. 應無變形、損傷、端子鬆動等情形。 2. 放射用啟動按鈕應於警報音響動作後始可操作。 3. 操作放射用啟動按鈕後，遲延裝置開始動作，電氣式容器閥開放裝置正常動作。 4. 緊急停止功能應正常。

電氣式選擇閥開放裝置

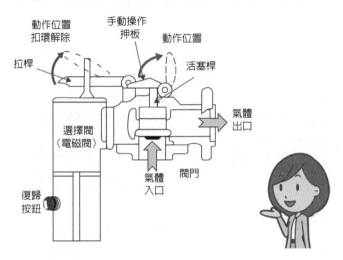

電氣式選擇閥開放裝置

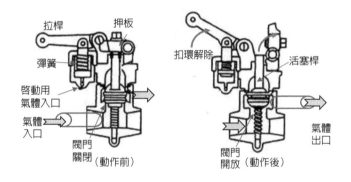

操作管性能檢查

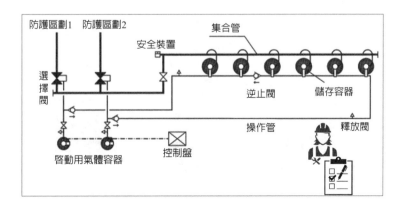

4-16 惰性氣體滅火設備性能檢查（四）

五、啟動裝置	手動啟動裝置	4 標示燈	檢查方法	操作開關，以確認有無亮燈。
			判定方法	應無明顯之劣化情形，且應正常亮燈。
	自動啟動裝置	1 火災探測裝置	檢查及判定方法	有關其檢查，準用火警自動警報設備之檢查要領確認之。
			注意事項	受信總機或專用控制盤上之自動、手動切換裝置，應置於「手動」之位置。
		2 切換裝置	檢查方法	1. 將儲存容器用或啟動氣體容器用之容器閥開放裝置自容器閥取下。 2. 如為「自動」時，將切換裝置切換至「自動」之位置，使探測器或受信總機內探測器回路之端子短路。 3. 如為「手動」時，將切換裝置切換至「手動」之位置，使探測器或受信總機內探測器回路之端子短路。 4. 應依每一防護區域或防護對象物分別確認其功能。
			判定方法	1. 如為「自動」時： (1) 警報裝置鳴動。 (2) 火警表示燈亮燈。 (3) 遲延裝置動作。 (4) 通風換氣裝置停止。 (5) 容器閥開放裝置動作。 2. 如為「手動」時： (1) 警報裝置鳴動。 (2) 火警表示燈亮燈。
			注意事項	1. 檢查時應一併進行警報裝置、控制裝置之性能檢查。 2. 使裝置動作時，應先將容器閥開放裝置取下才進行。
		3 切換燈	檢查方法	確認是否能正常亮燈。
			判定方法	應無明顯劣化之情形，且應正常亮燈。

二氧化碳手動啟動裝置

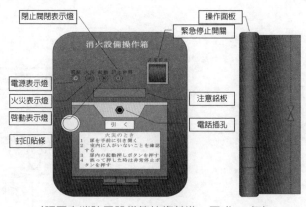

（福岡市消防用設備等技術基準，平成 26 年）

操作箱性能檢查

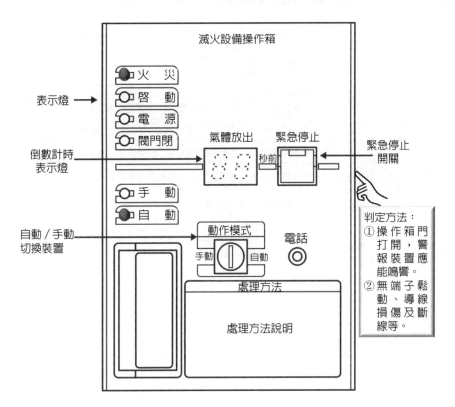

警報裝置性能檢查

六、警報裝置	音響警報	檢查方法	1. 每一防護區域或防護對象物，應進行探測器或手動啓動裝置之警報操作，以確認有無正常鳴動。 2. 音量應使用噪音計測定之。
		判定方法	每一防護區域或防護對象物之警報系統應正確，且距警報裝置一公尺處之音量應在九十分貝以上。
	語音警告	檢查方法	依前項檢查要領，連續進行兩次以上，在發出正常之警鈴等警告音響後，確認有無發出語音警報。
		判定方法	1. 警報系統動作區域正確，且距揚聲器一公尺處之音量應在九十分貝以上。 2. 語音警報啓動後，需先發出警鈴等警告音響，再播放退避之語音內容。

4-17 惰性氣體滅火設備性能檢查（五）

七、控制裝置	1 開關類	檢查方法	以螺絲起子及開關操作確認端子有無鬆動，及開關功能是否正常。
		判定方法	1. 端子應無鬆動，且無發熱之情形。 2. 應可正常開關。
	2 遲延裝置	檢查方法	遲延裝置之動作時限，應依前五之啓動裝置檢查方法進行檢查，操作啓動按鈕後，測定至容器閥開放裝置動作所需時間。
		判定方法	動作時限應在 20 秒以上，且在設計時之設定值範圍內。
		注意事項	使裝置動作時，應先將容器閥開放裝置取下才進行。
	3 保險絲類	檢查方法	確認有無損傷、熔斷之情形，及是否為規定之種類及容量。
		判定方法	1. 應無損傷、熔斷之情形。 2. 應依回路圖上所示之種類及容量設置。
	4 繼電氣	檢查方法	確認有無脫落、端子鬆動、接點燒損、灰塵附著等情形，並藉由開關之操作，使繼電氣動作，以確認其功能。
		判定方法	1. 應無脫落、端子鬆動、接點燒損、灰塵附著等情形。 2. 應正常動作。
	5 標示燈	檢查方法	由開關操作，以確認有無亮燈。
		判定方法	應無明顯之劣化情形，且應正常亮燈。
	6 結線接續	檢查方法	以目視及螺絲起子確認有無斷線、端子鬆動等情形。
		判定方法	應無斷線、端子鬆動、脫落、損傷等情形。
	7 接地	檢查方法	以目視或三用電表，確認有無腐蝕、斷線等情形。
		判定方法	應無顯著腐蝕、斷線等之損傷現象。
八、放射表示燈		檢查方法	以手動方式使壓力開關動作，或使控制盤內之表示回路端子短路，以確認有無亮燈。
		判定方法	應正常亮燈。

警報裝置性能檢查

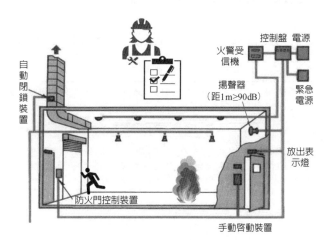

控制裝置性能檢查

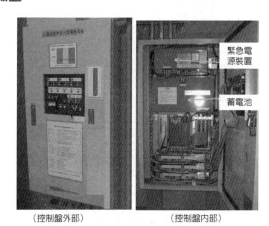

（控制盤外部）　　　　　（控制盤內部）

壓力開關

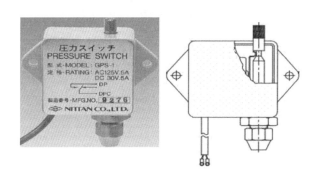

4-18 惰性氣體滅火設備性能檢查(六)

九、上昇壓力防止裝置			檢查方法	施以設計動作壓力，確認壓力上昇防止裝置能否正常動作開啓
			判定方法	壓力上昇防止裝置應能正常動作開啓
十、防護區劃	1 自動關閉裝置	電氣動作者	檢查方法	（鐵捲門、馬達、閘板）操作手動啓動裝置，確認自動關閉裝置之關閉狀態有無異常。
			判定方法	1. 各自動關閉裝置均應確實動作，且於遲延裝置之動作時限內達到關閉狀態。 2. 對於設在出入口之鐵捲門，或無其他出入口可退避者，應設有當操作啓動按鈕後，於延遲時間內可完全關閉之遲延裝置，及鐵捲門關閉後，滅火藥劑方能放射出之構造。
			注意事項	操作手動啓動裝置時，應先將容器閥開放裝置取下後再進行。
		氣壓動作者	檢查方法	（閘板等） 1. 使用試驗用氣體（試驗用啓動氣體、氮氣或空氣），連接通往自動關閉裝置之操作管。 2. 釋放試驗用氣體，確認自動關閉裝置之關閉狀態有無異常。 3. 確認有無氣體自操作管、自動關閉裝置洩漏，自動關閉裝置於釋放加壓壓力後有無自動復歸，及其復歸狀態是否異常。
			判定方法	1. 所有自動關閉裝置均應能確實動作。 2. 如為復歸型者，應能確實復歸。
			注意事項	使用氮氣或空氣時，應加壓至大約 $30kgf/cm^2$。
	2 換氣裝置		檢查方法	操作手動啓動裝置，確認換氣裝置於停止狀態時有無異常。
			判定方法	所有換氣裝置，應於遲延裝置之動作時限範圍內確實保持停止狀態。
			注意事項	1. 操作手動啓動裝置時，應先將容器閥開放裝置取下後再進行。 2. 換氣裝置如與滅火後之滅火藥劑排出裝置共用時，應自防護區域外進行復歸運轉。
	判定方法			1. 可撓式管接頭等應無變形、損傷、明顯腐蝕等情形，且貫穿牆、樓地板部分之間隙、充填部，應維持設置施工時之狀態。 2. 使用在儲存容器等之支撐固定架之錨定螺栓、螺帽，應無變形、損傷、鬆動、明顯腐蝕等情形，且支撐固定架應無損傷。

放射表示燈性能檢查

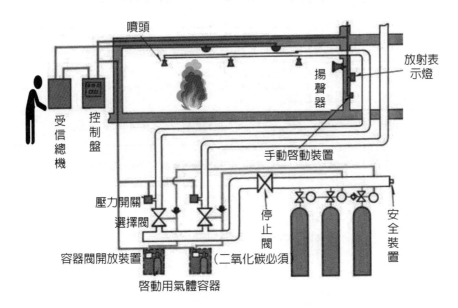

防護區劃性能檢查

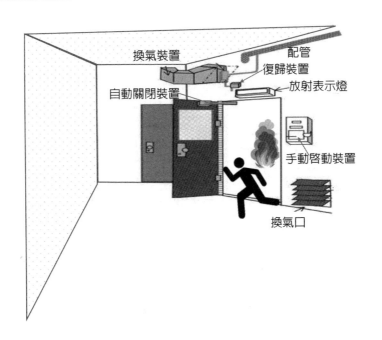

4-19 惰性氣體滅火設備性能檢查（七）

<table>
<tr><td rowspan="14">十、緊急電源（限內置型者）</td><td rowspan="3">1 端子電壓</td><td>檢查方法</td><td>1. 以電壓計測定確認充電狀態通往蓄電池充電回路之端子電壓。
2. 操作電池試驗用開關，由電壓計確認其容量是否正常。</td></tr>
<tr><td>判定方法</td><td>1. 應於充電裝置之指示範圍內。
2. 操作電池試驗用開關約三秒，該電壓計安定時之容量，應在電壓計之規定電壓值範圍內。</td></tr>
<tr><td>注意事項</td><td>進行容量試驗時，約三秒後，俟電壓計之指示值穩定，再讀取數值。</td></tr>
<tr><td rowspan="2">2 切換裝置</td><td>檢查方法</td><td>切斷常用電源，以電壓計或由電源監視用表示燈確認電源之切換狀況。</td></tr>
<tr><td>判定方法</td><td>1. 緊急電源之切換可自動執行。
2. 復舊狀況正常。</td></tr>
<tr><td rowspan="2">3 充電裝置</td><td>檢查方法</td><td>以三用電表確認變壓器、整流器等之功能。</td></tr>
<tr><td>判定方法</td><td>1. 變壓器、整流器等應無異常聲音、異臭、異常發熱、顯著灰塵或損傷等情形。
2. 電流計或電壓計應指示在規定值以上。
3. 具有充電電源監視燈者，應正常亮燈。</td></tr>
<tr><td rowspan="2">4 結線接續</td><td>檢查方法</td><td>以目視及螺絲起子確認有無斷線、端子鬆動等情形。</td></tr>
<tr><td>判定方法</td><td>應無斷線、端子鬆動、脫落、損傷等情形。</td></tr>
</table>

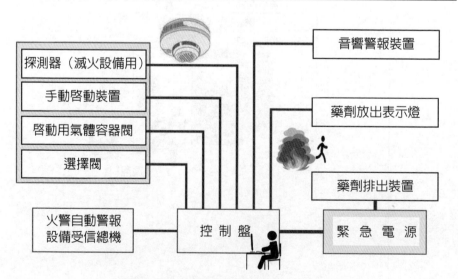

（埼玉市消防用設備等審查基準，平成 28 年）

換氣裝置性能檢查

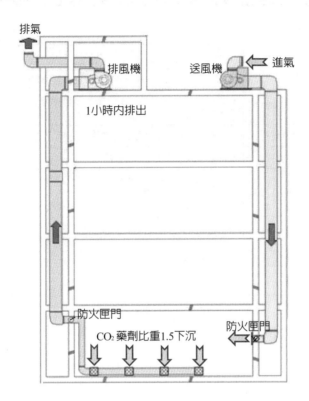

排氣

排風機　　送風機　　進氣

1小時內排出

防火匣門

CO_2 藥劑比重1.5下沉　　　防火匣門

緊急電源（內藏型）性能檢查

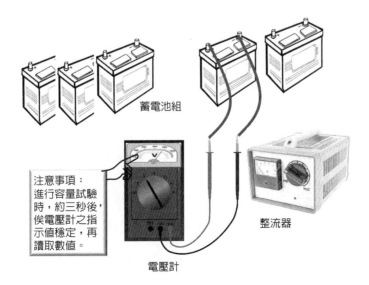

蓄電池組

注意事項：
進行容量試驗
時，約三秒後，
俟電壓計之指
示值穩定，再
讀取數值。

整流器

電壓計

4-20 惰性氣體滅火設備性能檢查（八）

十一、皮管、管盤、噴嘴及噴嘴開關閥	1 皮管	檢查方法	1. 自管盤將皮管取出，旋轉皮管與金屬接頭部分，確認其有無鬆動現象。 2. 確認整條皮管有無因老化產生割裂或明顯龜裂等現象。 3. 自皮管接頭至噴嘴之長度，應確認是否維持設置時之狀態。
		判定方法	皮管連接部應無鬆動、皮管損傷、老化等情形，且皮管長度應在二十公尺以上。
	2 管盤	檢查方法	取出皮管，確認其是否容易收捲。
		判定方法	皮管之拉取、收捲應保持順暢。
	3 噴嘴	檢查方法	1. 確認皮管、握把、噴嘴之連接部無鬆動之情形，噴嘴有無因灰塵、塵垢而造成阻塞現象。 2. 手持噴嘴握把部分，確認其有無適當之危害防止措施。
		判定方法	噴嘴應無堵塞、顯著腐蝕等情形，握把部分應有為防止凍傷而設置之木製或合成樹脂製把手，且應無損傷、脫落之現象。
	4 開關閥	檢查方法	（噴嘴開關閥）以手動操作噴嘴開關閥，確認其動作是否適當。
		判定方法	開關閥之開關應能容易操作。
十二、耐震措施		檢查方法	1. 應確認設於容許變位量較大部分之可撓式管接頭及貫穿牆、樓地板部分，有無變形、損傷等情形，及耐震措施是否恰當。 2. 以目視及螺絲起子確認儲存容器等之支撐固定架有無異常。
		判定方法	1. 可撓式管接頭等應無變形、損傷、明顯腐蝕等情形，且貫穿牆、樓地板部分之間隙、充填部，應維持設置施工時之狀態。 2. 使用在儲存容器等之支撐固定架之錨定螺栓、螺帽，應無變形、損傷、鬆動、明顯腐蝕等情形，且支撐固定架應無損傷。

移動式二氧化碳滅火設備

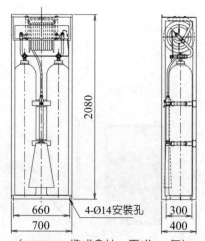

（NITTAN 株式會社，平成 31 年）

移動式二氧化碳性能檢查

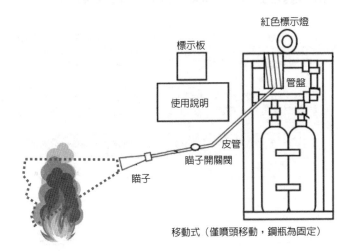

移動式（僅噴頭移動，鋼瓶為固定）

耐震措施性能檢查

儲存容器固定

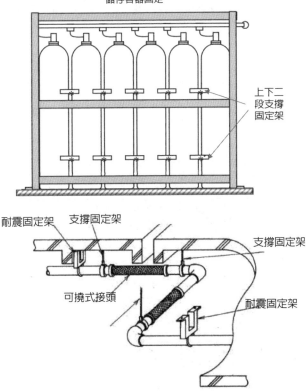

4-21 惰性氣體滅火設備綜合檢查（一）

<table>
<tr>
<td rowspan="3">全區放射方式及局部放射方式</td>
<td colspan="4">將電源切換為緊急電源狀態，依下列各點規定進行檢查。惰性氣體滅火設備全區放射方式應依設置之系統數量進行抽樣檢查，其抽樣分配方式如表 11-1 例示。抽測之系統放射區域在二區以上時，應至少擇一放射區域實施放射試驗；進行放射試驗系統，應於滅火藥劑儲存容器標示放射日期。</td>
</tr>
<tr>
<td rowspan="2">全區放射方式</td>
<td rowspan="2">檢查方法</td>
<td>高壓式</td>
<td>

1. 以空氣或氮氣進行放射試驗，所需空氣量或氮氣量，應就放射區域應設滅火藥劑量之 10% 核算，每公斤以下表所列公升數之比例核算，每次試驗最多放出 5 支。

滅火藥劑	每公斤核算空氣量或氮氣量（公升）
二氧化碳	55
氮氣	100
IG-55	100
IG-541	100

2. 檢查時應注意下列事項：
(1) 檢查後，對藥劑再充填期間所使用之儲存容器，應準備與放射儲存容器同一產品之同樣瓶數。
(2) 使用啟動用氣體容器之設備者，應準備與 (1) 相同之數量。
(3) 應準備必要數量，供塞住集合管部分或容器閥部及操作管部之帽蓋或塞子。

3. 檢查前，應就儲存容器部分事先備好下列事項：
(1) 暫時切斷控制盤等電源設備。
(2) 供放射用之儲存容器，應與容器閥開放裝置及操作管連接。
(3) 除放射用儲存容器外，應取下連接管用帽蓋等塞住集合管。
(4) 應塞住放射用以外之操作管。
(5) 確認除儲存容器部外，其他部分是否處於平常設置狀態。
(6) 控制盤等之設備電源，應在「開」之位置。

4. 檢查時，啟動操作應就下列方式擇一進行：
(1) 手動式，應操作手動啟動裝置使其啟動。
(2) 自動式，應將自動、手動切換裝置切換至「自動」位置，以探測器動作，或使受信機、控制盤探測器回路端子短路，使其啟動。

</td>
</tr>
<tr>
<td>低壓式</td>
<td>

應進行放射試驗，其放射試驗所需之藥劑量，為該放射區域所設滅火藥劑量之 10% 以上，或使用四十公升氮氣五瓶以上作為替代藥劑放射。
檢查應依下列事項進行：
1. 啟動裝置、警報裝置、遲延裝置、換氣裝置、自動關閉裝置（以氣壓動作者除外）等，應依前述性能檢查之要領個別實施，以確認其動作是否確實。

2. 放射檢查，應依下列任一方式確認其動作是否確實：
(1) 以手動操作儲存容器之放出閥或閉止閥及選擇閥，藉液面計確認其藥劑量，並放射至防護區域或防護對象物，以確認其放射系統、氣壓動作之自動關閉裝置及放射表示燈之動作狀況。
(2) 使用氮氣進行時，將氮氣減壓至規定壓力值作為壓力源，連接於放射區域之選擇閥等，以手動操作選擇閥使其放射，確認氣壓動作之自動關閉裝置及放射表示燈之動作狀況。

</td>
</tr>
</table>

表 11-1 惰性氣體滅火設備全區放射方式之綜合檢查抽樣分配表

抽樣 系統 \ 年	第1年	第2年	第3年	第4年	第5年	第6年	第7年	第8年	第9年	第10年
1										1
2									1	1
3								1	1	1
4							1	1	1	1
5						1	1	1	1	1
6					1	1	1	1	1	1
7				1	1	1	1	1	1	1
8			1	1	1	1	1	1	1	1
9		1	1	1	1	1	1	1	1	1
10	1	1	1	1	1	1	1	1	1	1
11	1	1	1	1	1	1	1	1	1	2

儲存容器綜合檢查

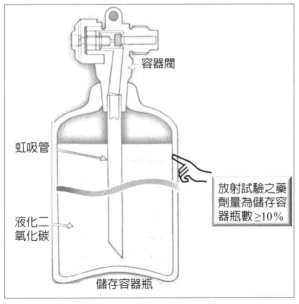

容器閥

虹吸管

液化二氧化碳

儲存容器瓶

放射試驗之藥劑量為儲存容器瓶數≥10％

低壓式綜合檢查

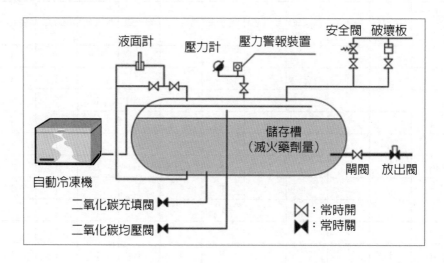

Note

4-22 惰性氣體滅火設備綜合檢查（二）

<table>
<tr><td rowspan="6">全區及局部放射方式</td><td rowspan="3">全區放射方式</td><td rowspan="1">判定方法</td><td>1. 警報裝置應確實鳴響。
2. 遲延裝置應確實動作。
3. 開口部等之自動關閉裝置應能正常動作，換氣裝置應確實停止。
4. 指定防護區劃啟動裝置及選擇閥能確實動作，可放射試驗用氣體。
5. 配管內之試驗用氣體應無洩漏情形。
6. 放射表示燈應確實亮燈。</td></tr>
<tr><td>注意事項</td><td>1. 檢查結束後，應將檢查時使用之試驗用氣體容器，換裝回復為原設置之儲存容器。
2. 在未完成完全換氣前，不得進入放射區域。遇不得已之情形非進入時，應配載空氣呼吸器。
3. 檢查結束後，應將所有回復定位。</td></tr>
<tr><td rowspan="3">局部放射方式</td><td>檢查方法</td><td>依前述之檢查方法進行確認。</td></tr>
<tr><td>判定方法</td><td>1. 警報裝置應確實鳴響。
2. 指定系統之啟動裝置及選擇閥應能確實動作，且可放射二氧化碳。
3. 配管內之二氧化碳應無洩漏情形。</td></tr>
<tr><td>注意事項</td><td>依前述之規定。</td></tr>
<tr><td rowspan="3">移動式</td><td rowspan="3"></td><td>檢查方法</td><td>1. 進行放射試驗，其所需試驗用氣體量為五支噴射瞄子內以該設備一具儲存容器量為之。
2. 檢查後，供藥劑再充填期間所使用之儲存容器替代設備，應準備與放射儲存容器同一型式之產品一支。
3. 放射用之儲存容器應處於正常狀態，其他容器應採取適當塞住其容器閥之措施。
4. 以手動操作拉出皮管，確認放射狀態是否正常。</td></tr>
<tr><td>判定方法</td><td>1. 指定之容器閥開放裝置動作，皮管拉出及瞄子開關閥應無異常之情形，可正常放射二氧化碳。
2. 皮管及皮管連接部分應無二氧化碳之洩漏。</td></tr>
<tr><td>注意事項</td><td>1. 完成檢查後，高壓式者應將檢查時使用之儲藏容器等換為替代容器，進行再充填。
2. 完成檢查後，應將所有裝置回復定位。</td></tr>
</table>

局部式二氧化碳滅火設備綜合檢查

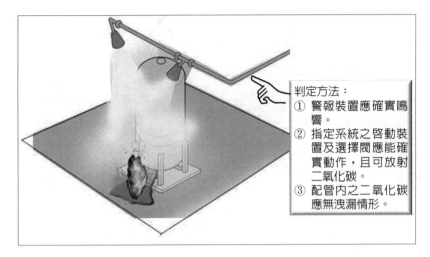

判定方法：
① 警報裝置應確實鳴響。
② 指定系統之啟動裝置及選擇閥應能確實動作，且可放射二氧化碳。
③ 配管內之二氧化碳應無洩漏情形。

移動式二氧化碳滅火設備綜合檢查

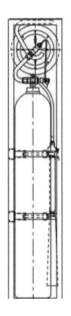
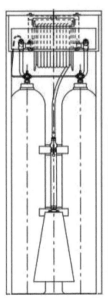

判定方法：
① 皮管拉出及瞄子開關閥應正常放射二氧化碳。
② 皮管及皮管連接部分應無洩漏。

4-23 惰性氣體滅火設備檢查表

惰性氣體滅火設備檢查表		區劃名稱：		設備方式：□全區□局部□移動式		
檢修項目			檢修結果			處置措施
			種別、容量等內容	判定	不良狀況	
外觀檢查						
滅火藥劑儲存容器等	滅火藥劑儲存容器	外形	kg× 支			
		設置狀況	℃			
	容器閥等					
	容器閥開放裝置		個			
	連結管、集合管		A			
啓動用氣體容器等	啓動用氣體容器	外形	kg× 支			
		標示				
	容器閥等					
	容器閥開放裝置		個			
選擇閥	本體	外形	個			
		標示				
	開放裝置	電氣式	個			
		氣壓式	個			
操作管、逆止閥						
啓動裝置	手動啓動裝置	周圍狀況				
		外形				
		電源表示燈				
	自動啓動裝置	火災探測裝置				
		切換裝置				
警報裝置						
控制裝置	控制盤	周圍狀況				
		外形	□壁掛型 □直立型 □埋入型 □專用 □兼用			

		電壓計	DC　　V			
		開關類				
		標示				
		備用品等				
	配管					
	放射表示燈		個			
	壓力上升防止裝置		$m^2 \times$ 處所			
噴頭		外形	個			
		放射障礙				
防護區劃		區劃變更及氣密				
		開口部自動關閉	式 × 個自動關閉器 × 個			
緊急電源		外形				
		標示	DC　　V			
	性能檢查					
滅火藥劑儲存容器		滅火藥劑量	$L \times$ 支			
	容器閥開放裝置	電氣式				
		氣壓式				
啓動用氣體容氣等		氣體量	$L \times$ 支			
	容器閥開放裝置					
選擇閥		閥本體				
	開放裝置	電氣式				
		氣壓式				
	操作管及逆止閥					
啓動裝置	手動啓動裝置	操作箱				
		警報用開關	個			
		按鈕等				
		標示燈				
		斷線偵測				
	自動啓動裝置	火災探測裝置	□專用 □兼用			
		切換裝置				

		切換表示燈				
		斷線偵測				
警報裝置		音響				
		音聲	分貝			
控制裝置		開關類				
		遲延裝置	秒			
		保險絲類	A			
		繼電氣				
		標示燈				
		結線接續				
		接地				
		放射表示燈	DC V			
防護區劃	自動關閉	電氣式				
		氣壓式				
		換氣裝置				
緊急電源		端子電壓	DC V			
		切換裝置				
		充電裝置				
		結線接續				
		耐震措施				
綜合檢查						
全區放射方式		警報裝置				
		遲延裝置	秒			
		開口部自動關閉裝置				
		啓動裝置、選擇閥				
		試驗用氣體有無洩漏				
		放射表示燈				

備註	一、各區劃所需滅火藥劑量			
	區劃名稱	選擇閥口徑	容器數	所需氣體量

	二、進行放射試驗之區劃： 三、使用試驗用氣體名稱：							
檢查器材	機器名稱	型式	校正年月日	製造廠商	機器名稱	型式	校正年月日	製造廠商
檢查日期	自民國 年 月 日 至民國 年 月 日							
檢修人員	姓名		消防設備師（士）		證書字號		簽章	（簽章）

1. 應於「種別‧容量等內容」欄內填入適當之項目。
2. 檢查合格者於判定欄內打「○」；有不良情形時，於判定欄內打「×」，並將不良情形填載於「不良狀況」欄。
3. 對不良狀況所採取之處置情形，應填載於「處置措施」欄。
4. 欄內有選擇項目時，應以「○」圈選之。

惰性氣體滅火設備檢修完成標示

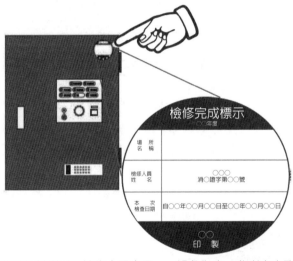

（控制操作裝置於其附近，檢修人員專用——綠色為底，參考自內政部消防署）

依消防安全設備檢修及申報辦法第 7 條，管理權人應填具消防安全設備檢修申報表，並檢附下列資料向當地消防機關申報備查：
一、檢修報告書及文件。
二、檢修結果有消防安全設備不符規定，立即改善有困難者，應加填消防安全設備改善計畫書。
三、管理權人身分證明文件影本。
四、管理權人委任代理人申報者之委任書。
五、使用執照影本。
六、公司或商業登記證明文件，非營利事業場所者，免附。

4-24 乾粉滅火設備外觀檢查（一）

一、蓄壓式乾粉滅火藥劑儲存容器等	1 滅火藥劑儲存容器	檢查方法	外形	1. 以目視確認儲存容器、固定架、各種計量儀器有無變形、腐蝕等情形。 2. 以目視確認容器本體是否確實固定於固定架上。
			設置狀況	1. 確認是否設在防護區域外，且不需經由防護區劃即可進出之場所。 2. 確認設置場所是否設有照明設備、明亮窗口，及周圍有無障礙物。並確認是否確保供操作及檢查之空間。 3. 確認周圍濕度有無過高，及周圍溫度是否在 40℃以下，有無日光直射（但低壓式除外）。 4. 確認有無遭日光曝曬、雨水淋濕之虞。
		判定方法	外形	1. 應無變形、損傷、明顯腐蝕、生鏽或塗裝剝離等情形。 2. 以推押容器之方式，確認容器本體應確實固定在固定架或底座上。
			設置狀況	1. 應設於防護區域外之處所，且為不經防護區劃即可進出之場所。 2. 具適當採光，且應無檢查及使用上之障礙。 3. 濕度未過高，無日光直射且溫度在 40℃以下。 4. 應無遭日光曝曬、雨水淋濕之虞。
	2 容器閥等	檢查方法		以目視確認容器閥有無變形、腐蝕等情形。
		判定方法		應無變形、損傷、明顯腐蝕等情形。
	3 壓力表	檢查方法		以目視確認有無變形、損傷等情形，且壓力指示值適當正常。
		判定方法		1. 應無變形、損傷等情形。 2. 指針應在綠色指示範圍內。
	4 閥類	檢查方法		以目視確認有無變形、損傷之情形，且開、關位置應正常。
		判定方法		1. 應無變形、損傷、明顯腐蝕等情形。 2. 開、關位置應正常。

日本移動式乾粉滅火設備

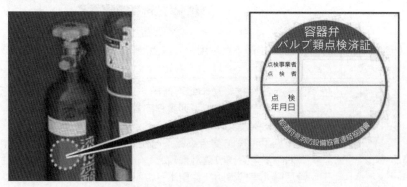

（加壓氣體瓶容器閥檢修完成標示）

乾粉滅火設備外觀檢查

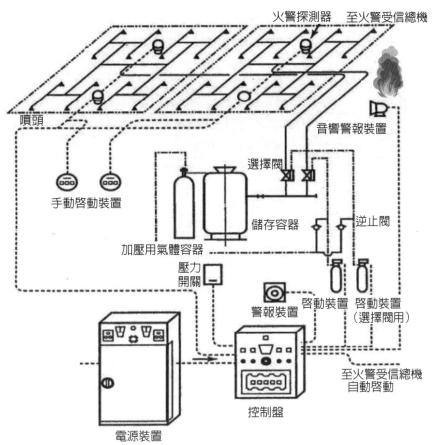

火警探測器　至火警受信總機

音響警報裝置

選擇閥

逆止閥

噴頭

手動啓動裝置

儲存容器

加壓用氣體容器

壓力開關

警報裝置　啓動裝置　啓動裝置（選擇閥用）

至火警受信總機自動啓動

控制盤

電源裝置

二、加壓式乾粉滅火藥劑儲存容器等	1 滅火藥劑儲存容器	檢查方法	外形	1. 以目視確認儲存容器、固定架、各種計量儀器有無變形、腐蝕等情形。 2. 以目視確認容器本體是否確實固定於固定架上。
			設置狀況	1. 確認是否設在防護區域外，且不需經由防護區劃即可進出之場所。 2. 確認設置場所是否設有照明設備、明亮窗口，及周圍有無障礙物，並確認是否確保供操作及檢查之空間。
			外形	1. 確認周圍濕度有無過高，及周圍溫度是否在 40°C 以下，有無日光直射（但低壓式除外）。 2. 確認有無遭日光曝曬、雨水淋濕之虞。
			標示	確認儲存容器之設置處所，是否設有「乾粉滅火藥劑儲存容器設置場所」標示。
			安全裝置	以目視確認放出口有無阻塞之情形。

4-25 乾粉滅火設備外觀檢查（二）

<table>
<tr><td rowspan="29">二、加壓式乾粉滅火藥劑儲存容器等</td><td rowspan="6">1 滅火藥劑儲存容器</td><td rowspan="6">判定方法</td><td>外形</td><td>1. 應無變形、損傷、明顯腐蝕、生鏽或塗裝剝離等情形。
2. 容器本體應確實固定在固定架或底座上。</td></tr>
<tr><td>設置狀況</td><td>1. 應設於防護區域外之處所，且為不經防護區劃即可進出之場所。
2. 具適當採光，且應無檢查及使用上之障礙。
3. 濕度未過高，無日光直射且溫度在 40℃以下。
4. 應無遭日光曝曬、雨水淋濕之虞。</td></tr>
<tr><td>標示</td><td>應無損傷、脫落、汙損等情形。</td></tr>
<tr><td>安全裝置</td><td>放出口應無阻塞之情形。</td></tr>
<tr><td rowspan="2">2 放出閥</td><td>檢查方法</td><td>以目視確認有無變形、腐蝕等情形。</td></tr>
<tr><td>判定方法</td><td>1. 應無變形、損傷、明顯腐蝕等情形。
2. 開、關位置應正常。</td></tr>
<tr><td rowspan="2">3 閥類</td><td>檢查方法</td><td>以目視確認有無變形、損傷之情形且開關位置應正常。</td></tr>
<tr><td>判定方法</td><td>1. 應無變形、損傷、明顯腐蝕等情形。
2. 開、關位置應正常。</td></tr>
</table>

下表對應「4 加壓氣體容器」區塊：

<table>
<tr><td rowspan="6">4 加壓氣體容器</td><td rowspan="3">加壓用氣體容器</td><td rowspan="3">檢查方法</td><td>外形</td><td>1. 以目視確認儲存容器、固定框架、各種測量計等有無變形或腐蝕等情形。
2. 以目視確認容器本體有無確實固定在固定框架上。
3. 核對設計圖面，確認設置之鋼瓶數。</td></tr>
<tr><td>設置狀況</td><td>1. 確認是否在防護區域外，且不需由防護區劃即可進出。
2. 確認設置場所是否設有照明設備、明亮窗口，及周圍有無障礙物。並確認是否確保供操作及檢查之空間。
3. 確認周圍濕度有無過高，及周圍溫度是否在 40℃以下。
4. 確認有無遭日光曝曬、雨水淋濕之虞。</td></tr>
<tr><td>標示</td><td>確認儲存容器之設置處所，是否設有「乾粉滅火藥劑儲存容器設置場所」之標示。</td></tr>
<tr><td rowspan="3">加壓用氣體容器</td><td rowspan="3">判定方法</td><td>外形</td><td>1. 應無變形、損傷、明顯腐蝕、生鏽或塗裝剝離等情形。
2. 推押容器之方式，確認容器本體應確實固定在固定架或底座上。
3. 容器瓶數依規定數量設置。</td></tr>
<tr><td>設置狀況</td><td>1. 應設在防護區域外之處所，且為不經防護區劃即可進出之場所。
2. 具適當採光，且應無檢查及使用上之障礙。
3. 濕度沒有過高，且溫度在 40℃以下。
4. 應無遭日光曝曬、雨水淋濕之虞。</td></tr>
<tr><td>標示</td><td>應無損傷、脫落、汙損等情形。</td></tr>
</table>

乾粉滅火設備外觀檢查

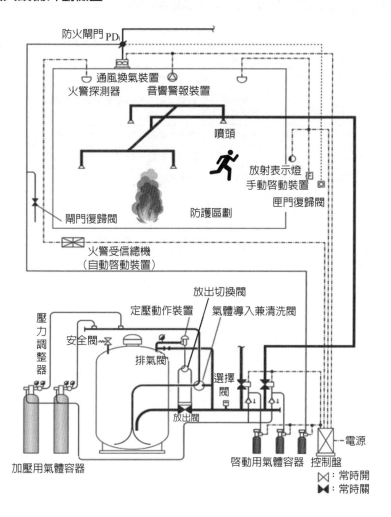

		容器閥	檢查方法	以目視確認容器閥有無變形、腐蝕等情形。
二、加壓式乾粉儲存器	4 加壓氣體容器		判定方法	應無變形、損傷、明顯腐蝕等情形。
		容器閥開放裝置	檢查方法	以目視確認容器閥開放裝置有無變形、脫落等情形。
			判定方法	1. 容器閥開放裝置應確實裝接於容器閥本體上，如為電氣式者，導線應無劣化或斷裂，如為氣壓式者，操作管及其連接部分應無鬆動或脫落之情形。 2. 具手動啓動裝置之開放裝置操作部，應無明顯鏽蝕情形。 3. 應裝設有安全栓或安全插梢。
			注意事項	檢查時，為防止產生誤放事故，請勿予強烈之衝擊。

4-26 乾粉滅火設備外觀檢查（三）

二、加壓式儲存容器	加壓氣體容器	壓力調整器	檢查方法	以目視確認壓力調整器有無變形、損傷等情形，及有無確實固定於容器閥上。
			判定方法	應無變形、損傷等情形，且應確實固定。
	連結管		檢查方法	（連結管及集合管）以目視確認有無變形、腐蝕等情形，及是否有確實連接。
			判定方法	應無變形、損傷、明顯腐蝕等情形，並應確實連接。
	定壓動作		檢查方法	以目視確認定壓動作裝置有無變形、損傷等情形。
			判定方法	應無變形、腐蝕等情形。
三、啓動用氣體容器等	1 啓動用氣體容器	檢查方法	外形	1. 以目視確認有無變形、腐蝕等情形，及是否裝設有容器收存箱。 2. 確認收存箱之箱門或類似開閉裝置之開關狀態是否良好。
			標示	確認收存箱之表面是否設有記載該防護區劃名稱或防護對象物名稱及操作方法。
		判定方法	外形	1. 應無變形、損傷、塗裝剝離或明顯腐蝕等情形，且收存箱及容器應確實固定。 2. 收存箱之箱門開關狀態應良好。
			標示	應無損傷、脫落、汙損等情形。
	2 容器閥	檢查方法		以目視確認容器閥有無變形、脫落等情形。
		判定方法		1. 容器閥開放裝置應確實裝接在容器閥本體上，如為電氣式者，導線應無劣化或斷裂，如為氣壓式者，操作管及其連接部分應無鬆弛或脫落之情形。 2. 具有手動啓動裝置之開放裝置，其操作部應無明顯之鏽蝕情形。 3. 應裝設有安全栓或安全插梢，並加封條。
		注意事項		4. 檢查時，為防止產生誤放事故，請勿予強烈之衝擊。
	3 容器閥開放裝置	檢查方法		以目視確認容器閥開放裝置有無變形、脫落等情形。
		判定方法		1. 容器閥開放裝置應確實裝接在容器閥本體上，如為電氣式者，導線應無劣化或斷裂，如為氣壓式者，操作管及其連接部分應無鬆弛或脫落之情形。 2. 具有手動啓動裝置之開放裝置，其操作部應無明顯之鏽蝕情形。 3. 應裝設有安全栓或安全插梢。
		注意事項		檢查時，為防止產生誤放事故，請勿予以強烈之衝擊。

容器閥

（日本 NITTAN, 2018）

容器閥為乾粉滅火設備、二氧化碳滅火設備、氮氣滅火設備、海龍滅火設備、海龍替代滅火設備（IG 系列滅火設備、鹵化烴滅火設備等）共同配備。

四、選擇閥	1 本體	檢查方法	外形	以目視確認選擇閥有無變形、腐蝕等情形，且是否設於防護區域以外之處所。
			標示	應確認其附近是否標明選擇閥之字樣，及所屬防護區域或防護對象名稱，且是否設有記載操作方法之標示。
		判定方法	外形	應無變形、損傷、明顯腐蝕等情形，且應設於防護區域以外之處所。
			標示	應無損傷、脫落、汙損等情形。
	2 開放裝置	檢查方法		以目視確認有無變形、脫落等情形，及是否確實裝設在選擇閥上。
		判定方法		應無變形、損傷、脫落等情形，且確實裝接在選擇閥上。
五、操作管及逆止閥	檢查方法			1. 以目視確認有無變形、損傷等情形，及是否確實連接。 2. 核對設計圖面，確認逆止閥裝設位置、方向及操作管之連接路徑是否正常。
	判定方法			1. 應無變形、損傷、明顯腐蝕等情形，且已確認連接。 2. 依設計圖面裝設配置。
六、啟動裝置	1 手動啟動裝置	檢查方法	周圍狀況	1. 確認操作箱周圍有無檢查及使用上之障礙，及設置位置是否適當。 2. 確認啟動裝置及其附近有無標示所屬防護區域名稱，或防護對象名稱與標示操作方法，及其保安上之注意事項是否適當。 3. 確認啟動裝置附近有無「手動啟動裝置」標示。
			外形	1. 以目視確認操作箱有無變形、脫落等現象。 2. 確認箱面紅色之塗裝有無剝離、汙損等現象。
			電源燈	確認有無亮燈及其標示是否正常。

4-27 乾粉滅火設備外觀檢查（四）

六、啟動裝置	1 手動啟動裝置	判定方法	周圍狀況	1. 其周圍應無檢查及使用上之障礙，並應設於能看清區域內部且操作後能容易退避之防護區域附近。 2. 標示應無損傷、脫落、汙損等現象。
			外形	1. 操作箱應無變形、損傷、脫落等現象。 2. 紅色塗裝應無剝離、汙損等現象。
			電源燈	保持亮燈，且該標示應有所屬防護區域名稱、防護對象物名稱。
	2 自動啟動裝置	檢查方法	探測裝置	準用火警自動警報設備之檢查基準確認之。
			切換裝置	（自動及手動切換裝置） 1. 以目視確認有無變形、脫落等情形，及切換位置是否正常。 2. 確認自動、手動及操作方法之標示是否正常。
		判定方法	探測裝置	準用火警自動警報設備之檢查基準確認之。
			切換裝置	（自動及手動切換裝置） 1. 應無變形、損傷、脫落等情形，且切換位置需處於定位。 2. 標示應無汙損、模糊不清之情形。
七、警報裝置	檢查方法			1. 以目視確認語音（揚聲器）、蜂鳴器、警鈴等警報裝置有無變形、脫落等現象。 2. 無人變電所等平常無人駐守之防火對象物或局部放射方式以外之處所，應確認是否設有音聲警報裝置。 3. 確認有無設有音響警報裝置之標示。
	判定方法			1. 警報裝置應無變形、損傷、脫落等情形。 2. 平常無人駐守之防火對象物或局部放射方式以外之處所，應以語音為警報裝置。 3. 警報裝置之標示正常並應設於必要之處所，且無損傷、脫落、汙損等情形。
八、控制裝置	檢查方法	控制盤	周圍狀況	確認周圍有無檢查及使用上之障礙。
			外形	以目視確認有無變形、腐蝕等現象。
		電壓計		1. 以目視確認有無變形、破損等情形。 2. 確認電源電壓是否正常。
		開關類		以目視確認有無變形、損傷等情形，及開、關位置是否正常。
		標示		確認標示是否正常。
		備用品等		確認是否備有保險絲、燈泡等備用品及回路圖、操作說明書等。

警報裝置與控制裝置外觀檢查

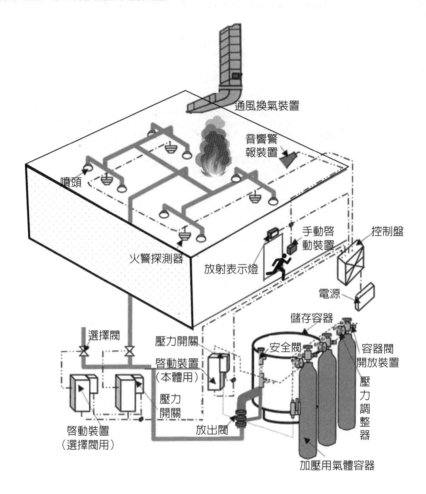

通風換氣裝置
音響警報裝置
噴頭
手動啓動裝置
控制盤
火警探測器
放射表示燈
電源
儲存容器
選擇閥
壓力開關
安全閥
容器閥開放裝置
啓動裝置（本體用）
壓力調整器
壓力開關
啓動裝置（選擇閥用）
放出閥
加壓用氣體容器

八、控制裝置	判定方法	控制盤	周圍狀況	應設於不易受火災波及之位置，且其周圍應無檢查及使用上之障礙。
			外形	應無變形、損傷、明顯腐蝕等現象。
		電壓計		1. 應無變形、損傷等情形。 2. 電壓計之指示值在規定範圍內。 3. 無電壓計者，其電源表示燈應亮燈。
		開關類		應無變形、損傷、脫落等情形，且開關位置正常。
		標示		1. 開關等之名稱應無汙損、模糊不清等情形。 2. 面板不得剝落。
		備用品等		1. 應備有保險絲、燈泡等備用品。 2. 應備有回路圖、操作說明書等。

4-28 乾粉滅火設備外觀檢查（五）

九、配管	檢查方法	管及接頭	以目視確認有無損傷、腐蝕等情形，且有無供作其他物品之支撐或懸掛吊具等。
		金屬支撐吊架	以目視及手觸摸等方式確認有無脫落、彎曲、鬆弛等情形。
	判定方法	管及接頭	1. 應無損傷、明顯腐蝕等情形。 2. 應無作為其他物品之支撐或懸掛吊具。
		金屬支撐吊架	應無脫落、彎曲、鬆弛等情形。
十、放射表示燈	檢查方法		以目視確認防護區劃出入口處，設置之放射表示燈有無變形、腐蝕等情形。
	判定方法		放射表示燈之設置場所正常，且應無變形、損傷、明顯腐蝕、文字模糊不清等情形。
十一、噴頭	外形	檢查方法	以目視確認有無變形、腐蝕等現象。
		判定方法	應無變形、損傷、明顯腐蝕、阻塞等情形。
	放射障礙	檢查方法	以目視確認周圍有無放射障礙之物品及裝設角度是否正常。
		判定方法	1. 周圍應無造成放射障礙之物品。 2. 噴頭之裝設應能將藥劑擴散至整個防護區域或防護對象物，且裝設角度應無明顯偏移之情形。
十二、防護區劃	區劃變更	檢查方法	1. 滅火設備設置後，有無因增建、改建、變更等情形，造成防護區劃之容積及開口部增減之情形，應核對設計圖面確認之。 2. 局部放射方式者，其防護對象物之形狀、數量、位置等有無變更，應核對設計圖面確認之。 3. 附門鎖之開口部，應以手動方式確認其開關狀況。
		判定方法	1. 開口部不得設於面對安全梯間、特別安全梯間或緊急昇降機間。 2. 位於樓地板高度三分之二以下之開口部，因有降低滅火效果之虞或造成保安上之危險，應設有自動關閉裝置。 3. 未設自動關閉裝置之開口部（含通風換氣管道）者，其防護體積與開口部面積之比率，應在法令規定範圍內，且其滅火藥劑量足夠。 4. 設有自動門鎖者，應符合下列規定。 　(1) 應裝置完整，且門之關閉確實順暢。 　(2) 應無門擋、障礙物等物品，且平時保持關閉狀態。
	開口部	檢查方法	（自動關閉裝置）以目視確認有無變形、損傷等情形。
		判定方法	應無變形、損傷、明顯腐蝕等情形。

警報裝置等外觀檢查

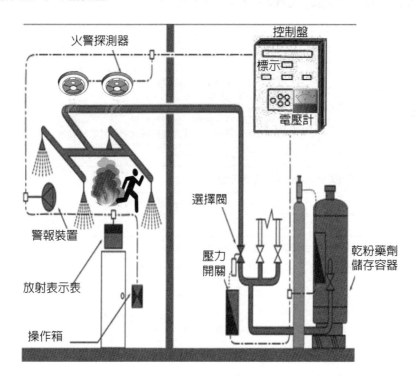

火警探測器

控制盤

標示

電壓計

警報裝置

放射表示表

操作箱

選擇閥

壓力開關

乾粉藥劑儲存容器

配管外觀檢查

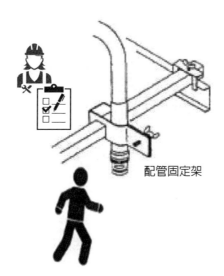

配管固定架

4-29 乾粉滅火設備外觀檢查（六）

十三、緊急電源（限內藏型者）	外形	檢查方法	以目視確認蓄電池本體周圍之狀況，有無變形·損傷、洩漏、腐蝕等現象。
		判定方法	1. 設置位置之通風換氣應良好，且無灰塵、腐蝕性氣體之滯留及明顯之溫度變化等情形。 2. 蓄電池組支撐架應堅固。 3. 應無明顯變形、損傷、龜裂等情形。 4. 電解液應無洩漏，且導線連接部應無腐蝕之情形。
	標示	檢查方法	確認是否正常設置。
		判定方法	應標示額定電壓值及容量。
		注意事項	符合標準之蓄電池設備，應確認其有合格標示。
十四、皮管、管盤、瞄子及瞄子開關閥	周圍狀況	檢查方法	確認設置場所是否容易接近，且周圍有無妨礙操作之障礙物。
		判定方法	周圍應無檢查及使用上之障礙。
	外形	檢查方法	以目視確認收存狀態之皮管有無變形、腐蝕等現象。
		判定方法	1. 皮管應整齊收捲於管盤上，且皮管應無變形、明顯龜裂等老化現象。 2. 皮管、管盤、瞄子及瞄子開關閥應無變形、損傷、顯著腐蝕等情形，且瞄子開關閥應在「關」之位置。
十五、燈及標示		檢查方法	（限移動式）確認標示燈「移動式二氧化碳滅火設備」之標示，是否正常設置。
		判定方法	1. 標示燈應無變形、損傷等情形，且正常亮燈。 2. 標示應無損傷、脫落、汙損等情形。

乾粉滅火設備檢修完成標示附加位置圖例

（手動啟動裝置於其附近，檢修機構專用——紅色為底，參考自內政部消防署）

移動式乾粉滅火設備

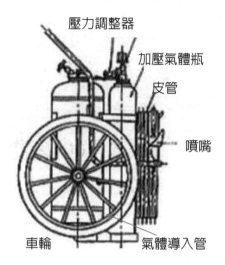

壓力調整器
加壓氣體瓶
皮管
噴嘴
車輪
氣體導入管

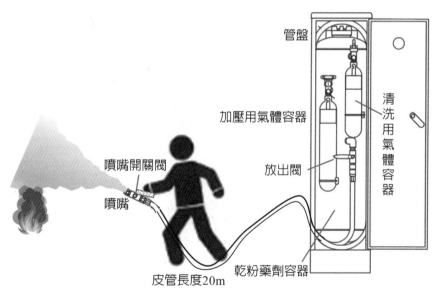

管盤
加壓用氣體容器
放出閥
清洗用氣體容器
噴嘴開關閥
噴嘴
皮管長度20m
乾粉藥劑容器

4-30 乾粉滅火設備性能檢查（一）

一、蓄壓式乾粉滅火藥劑儲存容器等	檢查方法	滅火藥劑量	1. 以釋壓閥將壓力洩放出，確認不得有殘壓。 2. 取下滅火藥劑充填蓋，自充填口測量滅火藥劑之高度，或將容器置於台秤上，測定其重量。 3. 取少量（約 300cc）之樣品，確認有無變色或結塊，並以手輕握之，檢視其有無異常。
		壓力表	歸零點之位置及指針之動作應適當正常。
	判定方法	滅火藥劑量	1. 儲存所定之滅火藥劑應達規定量以上（灰色為第四種乾粉；粉紅色為第三種乾粉；紫色系為第二種乾粉；白色或淡藍色為第一種乾粉）。 2. 不得有雜質、變質、固化等情形，且以手輕握搓揉，並自地面上高度五十公分處使其落下，應呈粉狀。
		壓力表	歸零點之位置及指針之動作應適當正常。
	注意事項		溫度超過 40°C以上，濕度超過 60% 以上時，應暫停檢查。
二、加壓式乾粉滅火藥劑儲存容器	1 滅火藥劑量	檢查方法	1. 取下滅火藥劑充填蓋，自充填口測量滅火藥劑之高度，或將容器置於台秤上，測定其重量。 2. 取少量（約 300cc）之樣品，確認有無變色或結塊，並以手輕握之，檢視其有無異常。
		判定方法	1. 儲存所定之滅火藥劑應達規定量以上（灰色為第四種乾粉；粉紅色為第三種乾粉；紫色系為第二種乾粉；白色或淡藍色為第一種乾粉）。 2. 不得有雜質、變質、固化等情形，且以手輕握搓揉，並自地面上高度五十公分處使其落下，應呈粉狀。
		注意事項	溫度超過 40°C以上，濕度超過 60% 以上時，應暫停檢查。
	2 放出閥	檢查方法	1. 以扳手確認安裝部位有無鬆動之情形。 2. 以試驗用氣體確認放出閥之開關功能是否正常。 3. 以試驗用氣體自操作管連接部分加壓，確認氣體有無洩漏
		判定方法	1. 應無鬆動之情形。 2. 開關功能應正常。 3. 應無洩漏之情形
	3 閥類	檢查方法	以手操作，確認開關功能是否可輕易操作。
		判定方法	可輕易進行開關之操作。
		注意事項	完成檢查後，應回復至原來之開關狀態。

台秤測定重量

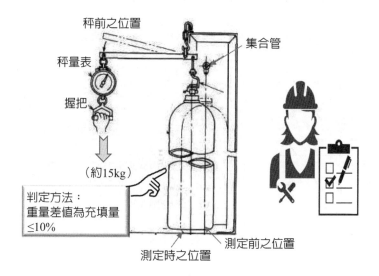

秤前之位置

集合管

秤量表

握把

（約15kg）

判定方法：
重量差值為充填量
≤10%

測定前之位置

測定時之位置

二、加壓式乾粉滅火藥劑儲存容器	4 加壓用氣體容器等	(1) 氣體量	檢查方法	氮氣	1. 設有壓力調整器者，應先關閉裝設於二次側之檢查開關或替代閥，以手動操作或以氣壓式、電氣式容器開放裝置使其動作而開放。 2. 讀取壓力調整器一次側壓力表或設在容器閥之壓力表指針。
				二氧化碳	1. 以扳手等工具，將連結管、固定用押條取下，再將加壓用氣體容器取出。 2. 分別將各容器置於計量器上，測定其總重量。 3. 由總重量扣除容器重量及開放裝置重量。
			判定方法	氮氣	使用氮氣者，在溫度 35℃、0kgf/cm² 狀態下，每一公斤乾粉滅火藥劑，需氮氣四十公升以上。
				二氧化碳	使用二氧化碳者，每一公斤滅火藥劑需二氧化碳二十公克以上，並加算清洗配管所需量（20g/1kg）以上，且應以另外之容器儲存。
		(2) 容器閥開放裝置	檢查方法	電氣式	1. 將裝設在容器閥之容器閥開放裝置取下，確認撞針有無彎曲、斷裂或短缺等情形。 2. 操作手動啟動裝置，確認電氣動作是否正常。 3. 拔下安全栓或安全插銷以手動確認動作是否正常。 4. 動作後之復歸，應確認於切斷通電或復舊操作時，是否可正常復歸定位。 5. 取下端子部護蓋，以螺絲起子確認端子有無鬆動。
			判定方法		1. 撞針應無彎曲、斷裂或短缺等情形。 2. 以規定之電壓可正常動作，並可確實以手動操作。 3. 應無端子鬆動、導線損傷、斷線等情形。

4-31 乾粉滅火設備性能檢查（二）

二、加壓式乾粉滅火藥劑儲存容器	4 加壓用氣體容器等	(2) 容器閥開放裝置	電氣室	注意事項	操作手動啟動裝置時，應將所有電氣式容器閥開放裝置取下再進行。
			氣壓式	檢查方法	1. 將裝設在容器閥之容器閥開放裝置取下，確認活塞桿或撞針有無彎曲、斷裂或短缺等情形。 2. 具有手動操作功能者，將安全栓拔下，以手動方式使其動作，確認撞針之動作、彈簧之復歸動作是否正常。
				判定方法	1. 活塞桿、撞針應無彎曲、斷裂或短缺等情形。 2. 動作及復歸動作應正常。
		(3) 壓力調整器	檢查方法		1. 關閉設置於壓力調整器二次側之檢查用開關或替代閥。 2. 以手動操作或以氣壓、電氣方式之容器閥開放裝置，使加壓用氣體容器之容器閥動作開放，確認一、二次側壓力表之指度及指針之動作。
			判定方法		1. 指針之動作應順暢。 2. 應標示設定壓力值。 3. 不得有漏氣之情形。
	5 連結管	檢查方法			（連結管及集合管）以扳手確認連接部分有無鬆動之情形。
		判定方法			連接部分應無鬆動現象。
	6 定壓動作裝置	檢查方法	封板式		確認封板有無變形、損傷等情形。
			彈簧式		1. 依下圖裝設。 2. 打開試驗用氣體容器閥。 3. 旋轉壓力調整器之調整把手，自 0kgf/cm² 起，緩緩調整壓力使其上升，而使遊動子動作。
			壓力開關式		1. 依下圖裝設。 2. 打開試驗用氣體容器閥。 3. 旋轉壓力調整器之調整把手，自 0kgf/cm² 起，緩緩調整壓力使其上升，至接點閉合時，讀取其壓力值。
			機械式		1. 依下圖裝設。 2. 打開試驗用氣體容器閥。 3. 旋轉壓力調整器之調整把手，自 0kgf/cm² 起，緩緩調整壓力使其上升，當閥之關閉解除時，讀取其壓力值。
			定時器式		以手動方式使定時器動作，測定其時間。

定壓動作裝置性能檢查

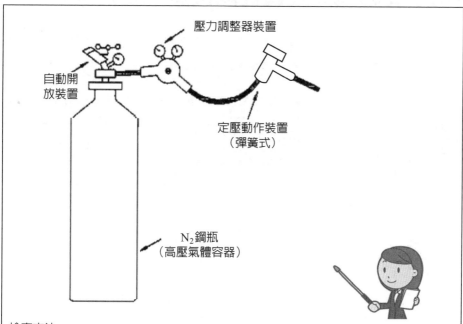

壓力調整器裝置

自動開
放裝置

定壓動作裝置
（彈簧式）

N₂鋼瓶
（高壓氣體容器）

檢查方法：
①彈簧式：打開試驗用氣體容器閥。旋轉壓力調整器之調整把手，自 0kgf/cm² 起，緩
　　　　　緩調整壓力使其上升，而使遊動子動作。
②壓力開關式：打開試驗用氣體容器閥。旋轉壓力調整器之調整把手，自 0kgf/cm² 起，
　　　　　　　緩緩調整壓力使其上升，至接點閉合時，讀取其壓力值。
③機械式：打開試驗用氣體容器閥，旋轉壓力調整器之調整把手，自 0kgf/cm² 起，緩
　　　　　緩調整壓力使其上升，當閥之關閉解除時，讀取其壓力值。
④定時器式：以手動方式使定時器動作，測定其時間。

二、加壓式乾粉滅火藥劑儲存容器	6 定壓動作裝置	判定方法	封板式	封板應無變形、損傷等情形。
			彈簧式	遊動子依設定壓力值動作。
			壓力開關式	點依設定壓力值閉合。
			機械式	閥之關閉依設定壓力值解除。
			定時器式	依設定時間動作。

4-32 乾粉滅火設備性能檢查（三）

三、啓動用氣體容器等	1 氣體量	檢查方法		1. 將裝在容器閥之容器閥開放裝置、操作管卸下，自容器收存箱中取出。 2. 使用可測定達 20kg 之彈簧秤或秤重計，測量容器之重量。 3. 核對裝設在容器上之面板或重量表所記載之重量。
		判定方法		二氧化碳之重量，其記載重量與測得重量之差值，應在充填量 10% 以下。
	2 容器閥裝置	檢查方法		1. 電氣式者，準依前項規定確認之。 2. 手動式者，應將容器閥開放裝置取下（閉止閥型者除外），以確認活塞桿或撞針有無彎曲、斷裂或短缺等情形，及手動操作部之安全栓或封條是否能迅速脫離。
		判定方法		1. 活塞桿、撞針等應無彎曲、斷裂或短缺等情形。 2. 應可確實動作。
四、選擇閥	1 閥本體	檢查方法		1. 以扳手確認連接部分有無鬆動等現象。 2. 以試驗用氣體確認其功能是否正常。
		判定方法		連接部分不得有鬆弛等情形，且性能應正常。
	2 開放裝置	電氣式	檢查方法	1. 取下端子部之護蓋，確認末端處理、結線接續之狀況是否正常。 2. 操作供該選擇閥使用之啓動裝置，使開放裝置動作。 3. 啓動裝置復歸後，在控制盤上切斷電源，以拉桿復歸方式，使開放裝置復歸。 4. 以手動操作開放裝置，使其動作後，依前 3 之同樣方式使其復歸。
			判定方法	1. 以端子盤連接者，應無端子螺絲鬆動，及端子護蓋脫落等現象。 2. 以電氣操作或手動操作均可使其確實動作。 3. 選擇閥於「開」狀態時，拉桿等之扣環應呈解除狀態。
			注意事項	與儲存容器之電氣式開放裝置連動者，應先將開放裝置自容器閥取下。
		氣壓式	檢查方法	1. 使用試驗用二氧化碳容器（內容積 1 公升以上，二氧化碳藥劑量 0.6kg 以上），自操作管連接部加壓，確認其動作是否正常。 2. 移除加壓源時，選擇閥由彈簧之動作或操作拉桿，確認其有無復歸。

啓動用氣體容器等性能檢查

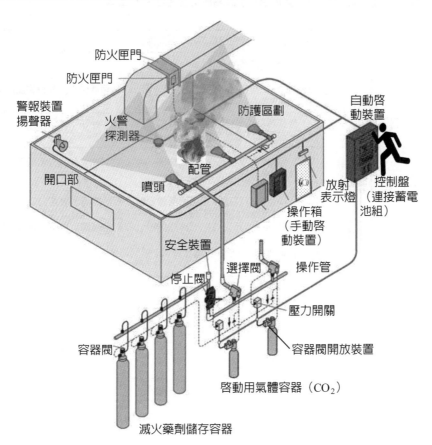

防火匣門
防火匣門
警報裝置
揚聲器
火警
探測器
防護區劃
自動啓
動裝置
開口部
噴頭
配管
放射
表示燈
控制盤
（連接蓄電
池組）
操作箱
（手動啓
動裝置）
安全裝置
停止閥
選擇閥
操作管
壓力開關
容器閥
容器閥開放裝置
啓動用氣體容器（CO_2）
滅火藥劑儲存容器

四、選擇閥	2 開放裝置	氣壓式	判定方法	1. 活塞桿應無變形、損傷之情形，且動作確實。 2. 選擇閥於「開」狀態時，確認插梢應呈突出狀態，且拉桿等之扣環應呈解除狀態。
			注意事項	實施加壓試驗時，操作管連接於儲存容器開放裝置者，應先將開放裝置自容器閥取下。
五、操作管	檢查方法			（操作管及逆止閥） 1. 以扳手確認連接部分有無鬆弛等現象。 2. 取下逆止閥，以試驗用氣體確認其功能有無正常。
	判定方法			1. 連接部分應無鬆動等現象。 2. 逆止閥之功能應正常。

4-33 乾粉滅火設備性能檢查（四）

<table>
<tr>
<td rowspan="20">六、啓動裝置</td>
<td rowspan="13">手動啓動裝置</td>
<td rowspan="2">1
操作箱</td>
<td>檢查方法</td>
<td>由開關操作確認箱門是否能確實開關。</td>
</tr>
<tr>
<td>判定方法</td>
<td>箱門應能確實開關。</td>
</tr>
<tr>
<td rowspan="3">2
警報用開關</td>
<td>檢查方法</td>
<td>打開箱門，確認警報用開關不得有變形、損傷等情形，及警報裝置有無正常鳴響。</td>
</tr>
<tr>
<td>判定方法</td>
<td>1. 操作箱之箱門打開時，該系統之警報裝置應能正常鳴響。
2. 應無變形損傷、脫落、端子鬆動、導線損傷斷線等現象。</td>
</tr>
<tr>
<td>注意事項</td>
<td>警報用開關與操作箱之箱門間未設有微動開關者，當操作警報用按鈕時，警報裝置應能正常鳴響。</td>
</tr>
<tr>
<td rowspan="2">3
按鈕等</td>
<td>檢查方法</td>
<td>1. 將藥劑儲存容器或啓動用氣體容器之容器閥開放裝置自容器閥取下，打開操作箱箱門，確認按鈕等有無變形、損傷等情形。
2. 操作該操作箱之放射用啓動按鈕或放射用開關，以確認其動作狀況。
3. 再進行上述試驗，於遲延裝置之時間範圍內，當操作緊急停止按鈕或緊急停止裝置時，確認容器閥開放裝置是否動作。</td>
</tr>
<tr>
<td>判定方法</td>
<td>1. 應無變形、損傷、端子鬆動等情形。
2. 放射用啓動按鈕應於警報音響動作後始可操作。
3. 操作放射用啓動按鈕後，遲延裝置開始動作，電氣式容器閥開放裝置應正常動作。
4. 緊急停止功能應正常。</td>
</tr>
<tr>
<td rowspan="2">4
標示燈</td>
<td>檢查方法</td>
<td>操作開關，以確認有無亮燈。</td>
</tr>
<tr>
<td>判定方法</td>
<td>應無明顯之劣化情形，且應正常亮燈。</td>
</tr>
<tr>
<td rowspan="5">自動啓動裝置</td>
<td rowspan="2">1
火災探測裝置</td>
<td>檢查及判定方法</td>
<td>有關其檢查，準用火警自動警報設備之檢查要領確認。</td>
</tr>
<tr>
<td>注意事項</td>
<td>受信總機或專用控制盤上之自動、手動切換裝置，應置於「手動」之位置。</td>
</tr>
<tr>
<td>2
切換裝置</td>
<td>檢查方法</td>
<td>1. 將儲存容器用或啓動氣體容器用之容器閥開放裝置自容器閥取下。
2. 如為「自動」時，將切換裝置切換至「自動」之位置，使探測器或受信總機內探測器回路之端子短路。
3. 如為「手動」時，將切換裝置切換至「手動」之位置，使探測器或受信總機內探測器回路之端子短路。
4. 應依每一防護區域或防護對象物分別確認其功能。</td>
</tr>
</table>

啓動裝置性能檢查

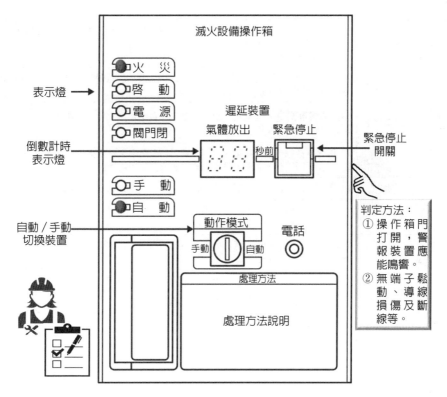

六、啓動裝置	自動啓動裝置	2 切換裝置	判定方法	1. 如為「自動」時 (1) 警報裝置鳴動。 (2) 火警表示燈亮燈。 (3) 遲延裝置動作。 (4) 通風換氣裝置停止。 (5) 容器閥開放裝置動作。 2. 如為「手動」時 (1) 警報裝置鳴動。 (2) 火警表示燈亮燈。
			注意事項	1. 檢查時應一併進行警報裝置、控制裝置之性能檢查。 2. 使裝置動作時，應先將容器閥開放裝置取下才進行。
		3 切換燈	檢查方法	確認是否能正常亮燈。
			判定方法	應無明顯劣化之情形，且應正常亮燈。

4-34 乾粉滅火設備性能檢查（五）

七、警報裝置	音響警報	檢查方法	1. 每一防護區域或防護對象物，應進行探測器或手動啓動裝置之警報操作，以確認有無正常鳴動。 2. 音量應使用噪音計（A 特性）測定之。
		判定方法	每一防護區域或防護對象物之警報系統應正確，且距警報裝置一公尺處之音量應在九十分貝以上。
	語音警告	檢查方法	依前項檢查要領，連續進行兩次以上，在發出正常之警鈴等警告音響後，確認有無發出語音警報。
		判定方法	1. 警報系統動作區域正確，且距揚聲器一公尺處之音量應在九十分貝以上。 2. 語音警報啓動後，需先發出警鈴等警告音響，再播放退避之語音內容。
八、控制裝置	1 開關類	檢查方法	以螺絲起子及開關操作確認端子有無鬆動，及開關功能是否正常。
		判定方法	1. 端子應無鬆動，且無發熱之情形。 2. 應可正常開、關。
	2 遲延裝置	檢查方法	遲延裝置之動作時限，應依前六之啓動裝置檢查方法進行檢查，操作啓動按鈕後，測定至容器閥開放裝置動作所需時間。
		判定方法	動作時限應在 20 秒以上，且在設計時之設定值範圍內。
		注意事項	使裝置動作時，應先將容器閥開放裝置取下才進行。
	3 保險絲類	檢查方法	確認有無損傷、熔斷之情形及是否為規定之種類及容量。
		判定方法	1. 應無損傷、熔斷之情形。 2. 應依回路圖上所示之種類及容量設置。
	4 繼電電氣	檢查方法	確認有無脫落、端子鬆動、接點燒損、灰塵附著等情形，並藉由開關之操作，使繼電氣動作，以確認其功能。
		判定方法	1. 應無脫落、端子鬆動、接點燒損、灰塵附著等情形。 2. 應正常動作。
	5 標示燈	檢查方法	由開關操作，以確認有無亮燈。
		判定方法	應無明顯之劣化情形，且應正常亮燈。

警報裝置性能檢查

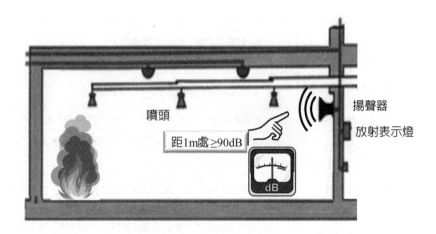

揚聲器

噴頭

距1m處 ≥90dB

放射表示燈

dB

八、控制裝置	6 結線接續	檢查方法	以目視及螺絲起子確認有無斷線、端子鬆動等情形。
		判定方法	應無斷線、端子鬆動、脫落、損傷等情形。
	7 接地	檢查方法	以目視或三用電表,確認有無腐蝕、斷線等情形。
		判定方法	應無顯著腐蝕、斷線等之損傷現象。
九、放射表示燈		檢查方法	以手動方式使壓力開關動作,或使控制盤內之表示回路端子短路,以確認有無亮燈。
		判定方法	應正常亮燈。
十、防護區劃	1 自動關閉裝置	電氣動作者 檢查方法	(鐵捲門、馬達、押板)操作手動啟動裝置,確認自動關閉裝置之關閉狀態有無異常。
		電氣動作者 判定方法	1. 各自動關閉裝置均應確實動作,且於遲延裝置之動作時限內達到關閉狀態。 2. 對於設在出入口之鐵捲門,或無其他出入口可退避者,應設有當操作啟動按鈕後,於延遲時間內可完全關閉之遲延裝置,及鐵捲門關閉後,滅火藥劑方能放射出之構造。
		電氣動作者 注意事項	操作手動啟動裝置時,應先將容器閥開放裝置取下後再進行
		氣壓動作者 檢查方法	(閘板等) 1. 使用試驗用氣體(試驗用啟動氣體、氮氣或空氣),連接通往自動關閉裝置之操作管。 2. 釋放試驗用氣體,確認自動關閉裝置之關閉狀態有無異常。 3. 確認有無氣體自操作管、自動關閉裝置洩漏,自動關閉裝置於釋放加壓壓力後有無自動復歸,及其復歸狀態是否異常。

4-35 乾粉滅火設備性能檢查（六）

十、防護區劃	1 自動關閉裝置	氣壓動作者	判定方法	1. 所有自動關閉裝置均應能確實動作。 2. 如為復歸型者，應能確實復歸。
			注意事項	使用氮氣或空氣時，應加壓至大約 30kgf/cm² 。
	2 換氣裝置		檢查方法	操作手動啟動裝置，確認換氣裝置於停止狀態時有無異常。
			判定方法	所有換氣裝置，應於遲延裝置之動作時限範圍內確實保持停止狀態。
			注意事項	1. 操作手動啟動裝置時，應先將容器閥開放裝置取下後再進行。 2. 換氣裝置如與滅火後之滅火藥劑排出裝置共用時，應自防護區域外進行復歸運轉。
十一、緊急電源（限內藏型者）	1 端子電壓		檢查方法	1. 以電壓計測定確認充電狀態通往蓄電池充電回路之端子電壓。 2. 操作電池試驗用開關，由電壓計確認其容量是否正常。
			判定方法	1. 應於充電裝置之指示範圍內。 2. 操作電池試驗用開關約三秒，該電壓計安定時之容量，應在電壓計之規定電壓值範圍內。
			注意事項	進行容量試驗時，約三秒後，俟電壓計之指示值穩定，再讀取數值。
	2 切換裝置		檢查方法	切斷常用電源，以電壓計或由電源監視用表示燈確認電源之切換狀況。
			判定方法	1. 緊急電源之切換可自動執行。 2. 復舊狀況正常。
	3 充電裝置		檢查方法	以三用電表確認變壓器、整流器等之功能。
			判定方法	1. 變壓器、整流器等應無異常聲音、異臭、異常發熱、顯著灰塵或損傷等情形。 2. 電流計或電壓計應指示在規定值以上。 3. 具有充電電源監視燈者，應正常亮燈。
	4 結線接續		檢查方法	以目視及螺絲起子確認有無斷線、端子鬆動等情形。
			判定方法	應無斷線、端子鬆動、脫落、損傷等情形。

控制裝置性能檢查

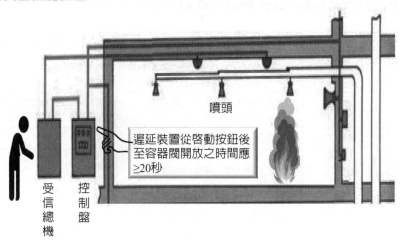

噴頭

遲延裝置從啓動按鈕後
至容器閥開放之時間應
≥20秒

受信總機　控制盤

緊急電源性能檢查

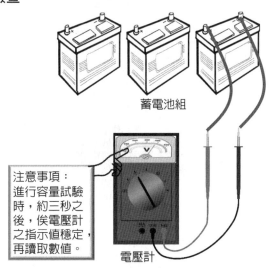

蓄電池組

注意事項：
進行容量試驗
時，約三秒之
後，俟電壓計
之指示值穩定，
再讀取數值。

電壓計

✚ 小博士解說

惰性氣體滅火設備係以高濃度之不活性氣體來稀釋空氣中之氧氣，因燃燒現象本身就是一種氧化行為，以氧濃度不足以維持火勢行為，來達到滅火之作用。而達抑制連鎖反應之滅火藥劑，如 FM-200（HFC-227）、FE-13（HFC-23）、FK-5-1-12（Novec-1230）等，因其滅火機制係以抑制反應，其滅火濃度設計往往較低（5.9～18%），而二氧化碳或惰性氣體滅火設備之設計滅火濃度範圍，需高達 34～50%。上述氫氟烴（Hydrofluorocarbons, HFC）是含有氟和氫原子的有機化合物，也是最常見的有機氟化合物。

4-36 乾粉滅火設備性能檢查（七）

十二、皮管、管盤、噴嘴及噴嘴開關閥	1 皮管	檢查方法	1. 自管盤將皮管取出，旋轉皮管與金屬接頭部分，確認其有無鬆動現象。 2. 確認整條皮管有無因老化產生割裂或明顯龜裂等現象。 3. 自皮管接頭至噴嘴之長度，應確認是否維持設置時之狀態。
		判定方法	皮管連接部應無鬆動，皮管損傷、老化等情形，且皮管長度應在二十公尺以上。
	2 管盤	檢查方法	取出皮管，確認其是否可容易收捲。
		判定方法	皮管之拉取、收捲應保持順暢。
	3 噴嘴	檢查方法	1. 確認皮管、握把、噴嘴之連接部應無鬆動之情形，噴嘴有無因灰塵、塵垢而造成阻塞現象。 2. 手持噴嘴握把部分，確認其有無適當之危害防止措施。
		判定方法	噴嘴應無堵塞、顯著腐蝕等情形，握把部分應有為防止凍傷而設置之木製或合成樹脂製把手，且應無損傷、脫落之現象。
	4 開關閥	檢查方法	（噴嘴開關閥）以手動操作噴嘴開關閥，確認其動作是否適當。
		判定方法	開關閥之開關應能容易操作。
十三、耐震措施		檢查方法	1. 應確認設於容許變位量較大部分之可撓式管接頭及貫穿牆、樓地板部分，有無變形、損傷等情形，及耐震措施是否恰當。 2. 以目視及螺絲起子確認儲存容器等之支撐固定架有無異常。
		判定方法	1. 可撓式管接頭等應無變形、損傷、明顯腐蝕等情形，且貫穿牆、樓地板部分之間隙、充填部，應維持設置施工時之狀態。 2. 使用在儲存容器等之支撐固定架之錨定螺栓、螺帽，應無變形、損傷、鬆動、明顯腐蝕等情形，且支撐固定架應無損傷。

移動式乾粉滅火設備

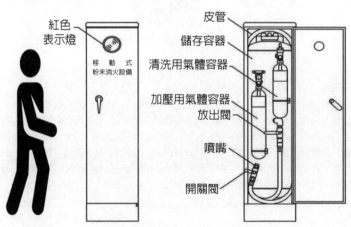

（太田市消防本部，平成 31 年）

皮管等性能檢查

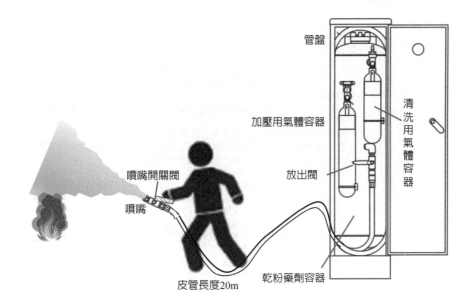

管盤

加壓用氣體容器

清洗用氣體容器

噴嘴開關閥

放出閥

噴嘴

皮管長度20m

乾粉藥劑容器

耐震措施性能檢查

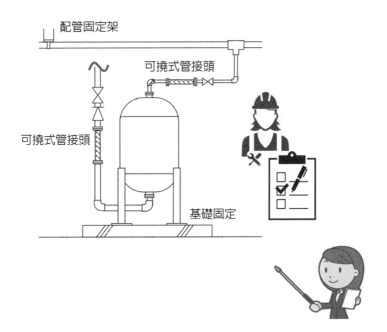

配管固定架

可撓式管接頭

可撓式管接頭

基礎固定

4-37 乾粉滅火設備綜合檢查（一）

全區及局部放射方式	全區放射方式	檢查方法	加壓式	將電源切換為緊急電源狀態，依下列各點進行檢查。當放射區域在 2 區以上時，每次檢查應避免選擇同一區域內重複檢查，應依序進行檢查。

將電源切換為緊急電源狀態，依下列各點進行檢查。當放射區域在 2 區以上時，每次檢查應避免選擇同一區域內重複檢查，應依序進行檢查。

全區及局部放射方式 — 全區放射方式 — 檢查方法 — 加壓式

1. 應進行放射試驗，其放射試驗所需之藥劑量，為該放射區域所設儲存容器瓶數之 10% 以上（小數點以下有尾數時進一）。
2. 檢查時應注意下列事項：
   (1) 檢查後，對藥劑再充填期間所使用之儲存容器，應準備與放射儲存容器同一產品之同樣瓶數。
   (2) 使用啓動用氣體容器之設備者，應準備與 (1) 相同之數量。
   (3) 應準備必要數量供塞住集合管部分或容器閥部及操作管部之帽蓋或塞子。
3. 檢查前，應就儲存容器部分事先備好加壓氣體容器：
   (1) 暫時切斷控制盤等電源設備。
   (2) 供放射用儲存容器，應與容器閥開放裝置及操作管連接。
   (3) 除放射用儲存容器外，應取下連接管用帽蓋等塞住集合管。
   (4) 應塞住放射用以外之操作管。
   (5) 將儲存容器操作盤回路氮氣切換閥，切換至清洗回路側。
   (6) 確認除儲存容器等及加壓用氣體容器外，其餘部分是否處於正常設置狀態。
   (7) 控制盤等之設備電源，應在「開」之位置。
4. 檢查時，啓動操作應就下列方式擇一進行：
   (1) 手動式，應操作手動啓動裝置使其啓動。
   (2) 自動式，應將自動手動切換裝置切換至「自動」位置以探測器動作、或使受信機、控制盤探測器回路端子短路，使其啓動。

蓄壓式

1. 應進行放射試驗，其放射試驗所需之藥劑量，為該放射區域所設儲存容器瓶數之 10% 以上（小數點以下有尾數時進一）。
2. 檢查時應注意下列事項：
   (1) 檢查後，對藥劑再充填期間所使用之儲存容器，應準備與放射儲存容器同一產品之同樣瓶數。
   (2) 使用啓動用氣體容器之設備者，應準備與 (1) 相同之數量。
   (3) 應準備必要數量供塞住集合管部分或容器閥部及操作管部之帽蓋或塞子。
3. 檢查前，依下列事項事先準備好啓動裝置及清洗用氣體容器。
   (1) 暫時切斷控制盤等電源設備。
   (2) 取下連接至放出閥之操作管，並加帽蓋。
   (3) 確認除儲存容器等及加壓用氣體容器外，其餘部分是否處於正常設置狀態。
   (4) 控制盤等之設備電源，應在「開」之位置。

乾粉滅火設備綜合檢查

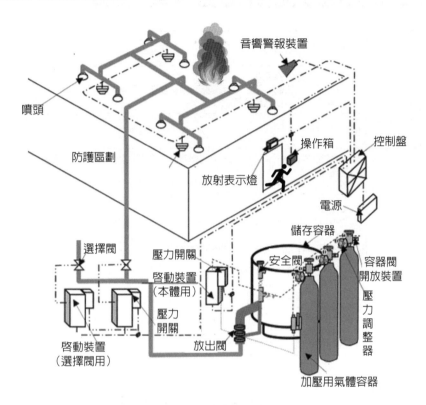

音響警報裝置

噴頭

防護區劃

放射表示燈

操作箱

控制盤

電源

選擇閥

壓力開關

啓動裝置
（本體用）

壓力
開關

放出閥

啓動裝置
（選擇閥用）

儲存容器

安全閥

容器閥
開放裝置

壓力調整器

加壓用氣體容器

		檢查方法	蓄壓式	4. 檢查時，啓動操作準依前項加壓式 4「檢查時，……」之規定進行。 5. 依 4 之規定操作後，確認警報裝置、遲延裝置、換氣裝置及自動關閉裝置之動作，以手動操作打開試驗用氣體容器之容器閥，經壓力調整器減壓之氣體向放射區域放射，確認放射標示燈之動作是否正常。
全區及局部放射方式	全區放射方式	判定方法		1. 警報裝置應確實鳴響。 2. 遲延裝置應確實動作。 3. 開口部等自動關閉裝置應能正常動作，換氣裝置應確實停止。 4. 指定防護區劃之啓動裝置及選擇閥能確實動作，可放射試驗用氣體。 5. 配管內之試驗用氣體應無洩漏情形。 6. 放射表示燈應確實亮燈。
		注意事項		1. 檢查結束後，應將檢查時使用之加壓用氣體容器或清洗用氣體容器，換裝為替代容器，進行再充填。 2. 在未完成完全換氣前，不得進入放射區域。遇不得已之情形非進入不可時，應配載空氣呼吸器。 3. 檢查結束後，應將所有回復定位。

4-38 乾粉滅火設備綜合檢查（二）

全區及局部方式	局部放射方式	檢查方法	依前述之規定進行確認。
		判定方法	1. 警報裝置應確實鳴響。 2. 指定系統之啓動裝置及選擇閥應能確實動作，且可放射二氧化碳。 3. 配管內之二氧化碳應無洩漏情形。
		注意事項	依前述之規定。
移動式		檢查方法	1. 進行放射試驗，其所需試驗用氣體量為五支噴射瞄子內，以該設備一具儲存容器量為之。 2. 檢查完成後，應準備與放射加壓用氣體容器或清洗用氣體容器相同產品一具，以替換供加壓用氣體容器或清洗用氣體容器於再充填期間，替代設置之加壓用氣體容器或清洗用氣體容器。 3. 放射用之儲存容器應處於正常狀態，其他容器應採取適當塞住其容器閥之措施。 4. 以手動操作拉出皮管，確認放射狀態是否正常。
		判定方法	1. 指定之容器閥開放裝置動作，皮管拉出及瞄子開關閥應無異常之情形，且試驗用氣體可正常放射。 2. 皮管及皮管連接部分應無試驗用氣體之洩漏。
		注意事項	1. 完成檢查後，應將檢查時使用之加壓用氣體容器或清洗用氣體容器，換裝替代容器，進行再充填。 2. 完成檢查後，應將所有裝置回復定位。

＋知識補充站

海龍及海龍替代品滅火實驗

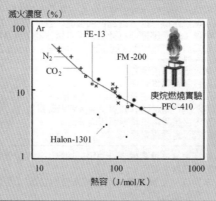

燃燒實驗顯示，滅火濃度在以物理性之稀釋氧氣滅火之滅火濃度大小依序為 Ar > N_2 > CO_2，而抑制滅火之滅火濃度較小，依大小排列為 FE-13、FM-200、PFC-410、Halon-1301，而在所設計滅火濃度下，熱容大小（吸熱）依序為 PFC-410、FM-200、Halon-1301、FE-13、CO_2、N_2、Ar。

乾粉局部式滅火設備綜合檢查

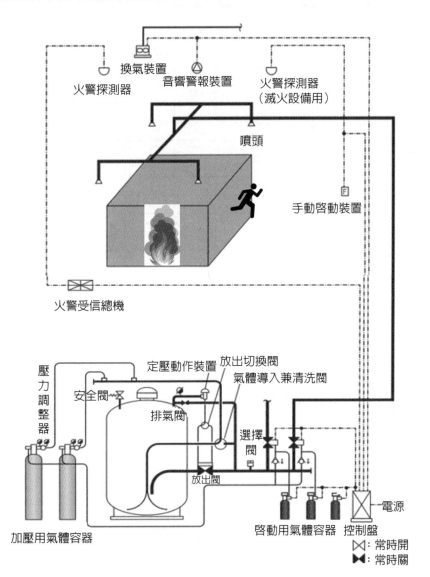

4-39 乾粉滅火設備檢查表

乾粉滅火設備			區劃名稱：	設備方式：□全區□局部□移動		
檢修項目			檢修結果			處置措施
			種別、容量等內容	判定	不良狀況	
外觀檢查						
蓄壓式滅火藥劑儲存容器等	滅火藥劑儲存容器	外形				
		設置狀況				
		標示				
	容器閥等					
	壓力計		kgf/cm²			
	閥類					
加壓式滅火藥劑儲存容器等	滅火藥劑儲存容器	外形				
		設置狀況				
		標示				
		安全裝置				
	放出閥					
	閥類					
	加壓氣體容器等	加壓氣體容器 外形				
		加壓氣體容器 設置狀況				
		加壓氣體容器 標示				
		容器閥等				
		容器閥開放裝置				
		壓力調整器				
	連結管集合管					
	定壓動作裝置					
啟動用氣體容器等	啟動用氣體容器	外形				
		標示				
	容器閥等					
	容器閥開放裝置					
選擇閥	本體	外形				
		標示				
	開放裝置					
操作管及逆止閥						
啟動裝置	手動啟動裝置	周圍狀況				
		外形				
		電源表示燈	V			
	自動啟動裝置	火災探測裝置				
		切換裝置				

	警報裝置					
控制裝置	控制盤	周圍狀況				
		外形				
	電壓計		V			
	開關類					
	標示					
	備用品等					
配管						
放射表示燈						
噴頭	外形					
	放射障礙					
防護區劃	區劃變更					
	開口部自動關閉					
緊急電源	外形					
	標示					
皮管等	周圍狀況					
	外形					
標示燈・標示						
性能檢查						
蓄壓式滅火設備儲存容器	滅火藥劑量		kg			
	壓力計					
加壓式滅火藥劑儲存容器等	滅火藥劑量			kg		
	放出閥					
	閥類等					
	加壓用氣體容器	氣體量				
		容器閥開放裝置	電氣式			
			氣壓式			
		壓力調整器		kfg/cm^2		
	連結管集合管					
	定壓動作裝置					
啟動用氣體容器等	氣體量					
	容器閥開放裝置					
選擇閥	閥本體					
	開放裝置	電氣式				
		氣壓式				

		操作管‧逆止閥				
啓動裝置	手動啓動裝置	操作箱				
		警報用開關				
		按鈕等				
		標示燈				
	自動啓動裝置	火災探測裝置	□專用□兼用			
		切換裝置				
		切換表示燈				
警報裝置		音響	dB			
		音聲				
控制裝置		開關類				
		遲延裝置	秒			
		保險絲類	A			
		繼電氣				
		標示燈				
		結線接續				
		接地				
		放射表示燈	V			
		防護區劃				
緊急電源		端子電壓	V			
		切換裝置				
		充電裝置				
		結線接續				
皮管等		皮管	m			
		管盤				
		噴嘴				
		噴嘴開關閥				
		耐震措施				
綜合檢查						
全區放射方式		警報方式				
		遲延裝置	秒			
		開口部自動關閉裝置				
		啓動裝置及撰擇閥				
		試驗氣體有無洩漏				
		放射表示燈				
局部放射方式		警報裝置				
		啓動裝置‧選擇閥				
		試驗氣體有無洩漏				

	移動式							
備註								
檢查器材	機器名稱	型式	校正年月日	製造廠商	機器名稱	型式	校正年月日	製造廠商
檢查日期	自民國　　年　　月　　日 至民國　　年　　月　　日							
檢修人員	姓名		消防設備師（士）	證書字號		簽章	（簽章）	
	姓名		消防設備師（士）	證書字號		簽章		
	姓名		消防設備師（士）	證書字號		簽章		
	姓名		消防設備師（士）	證書字號		簽章		

1. 應於「種別‧容量等內容」欄內填入適當之項目。
2. 檢查合格者於判定欄內打「○」；有不良情形時，於判定欄內打「×」，並將不良情形填載於「不良狀況」欄。
3. 對不良狀況所採取之處置情形，應填載於「處置措施」欄。
4. 欄內有選擇項目時，應以「○」圈選之。

乾粉滅火設備檢修完成標示附加位置圖例

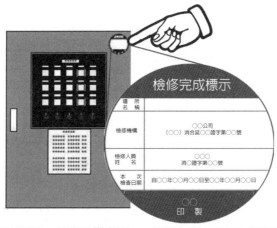

（控制盤於其附近，檢修機構專用──紅色為底，參考自內政部消防署）

依消防安全設備檢修及申報辦法規定，每次檢修時間及其申報日期應於同年度辦理，除依本辦法規定首次辦理檢修申報者外，甲類場所檢修時間距前次申報期限不得少於三個月，甲類以外之場所檢修時間距前次申報期限不得少於六個月。如係管理權人未依限辦理檢修申報，經主管機關限期改善後辦理完畢者，仍應依規定之期限辦理檢修申報，不受檢修時間及其申報日期應於同年度辦理與檢修時間間隔之限制。

號碼	容器號碼	總重量 (kg)	淨重量 (kg)	加壓用·啓動用氣體重量 (kg)	檢查年月日					
					乾粉滅火設備檢查表					
		(含容器閥)			檢查時加壓用·啓動用氣體之重量 (kg)					
	加壓用氣體容器 N_2									耐壓試驗年月
1	PLD-40001									
	啓動用氣體容器 CO_2									
1	IY-19991									

移動式乾粉滅火設備綜合檢查

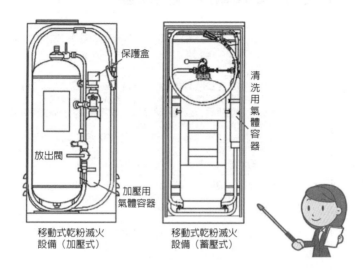

移動式乾粉滅火
設備（加壓式）

移動式乾粉滅火
設備（蓄壓式）

保護盒

放出閥

加壓用
氣體容器

清洗用氣體容器

+知識補充站

日本新型氣溶膠滅火設備

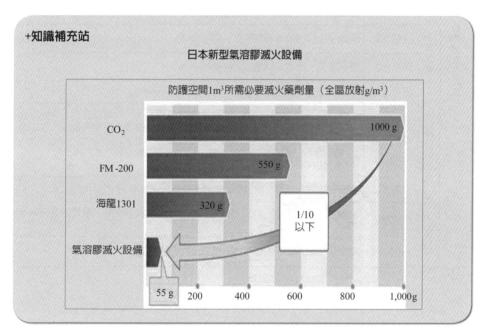

防護空間1m³所需必要滅火藥劑量（全區放射g/m³）

CO₂	1000 g
FM -200	550 g
海龍1301	320 g
氣溶膠滅火設備	55 g

1/10
以下

200　　400　　600　　800　　1,000g

+小博士解說

藥劑量僅是二氧化碳滅火系統的 1/10 以下！氣溶膠滅火劑以煙霧狀釋放並產生負觸媒作用（抑制連鎖反應）而能迅速使火勢熄滅。使用少於二氧化碳 1/10 體積的滅火系統，卻具有相同的滅火效能。（ヤマトプロテック株式会社，エアロゾル消火装置，2018）

4-40 海龍滅火設備外觀檢查（一）

一、蓄壓式海龍滅火藥劑儲存容器等	1 滅火藥劑儲存容器	檢查方法	外形	1. 以目視確認儲存容器、固定架、各種計量儀器有無變形、腐蝕等情形。 2. 以目視確認容器本體是否確實固定於固定架上。 3. 核對設計圖面，確認設置之鋼瓶數。
			設置狀況	1. 確認設在專用鋼瓶室之鋼瓶，應有適當之固定措施；設於防護區域內之鋼瓶，應置於不燃性或難燃性材料製成之防護箱內。 2. 確認設置場所是否設有照明設備、明亮窗口，及周圍有無障礙物。並確認是否確保供操作及檢查之空間。 3. 確認周圍濕度有無過高，及周圍溫度是否在 40℃以下，有無日光直射（但低壓式除外）。 4. 確認有無遭日光曝曬、雨水淋濕之虞。
		判定方法	外形	1. 應無變形、損傷、明顯腐蝕、生鏽或塗裝剝離等情形。 2. 以推押容器之方式，確認容器本體應確實固定在固定架或底座上。 3. 容器瓶數應依規定數量設置。
			設置狀況	1. 設在專用鋼瓶室之鋼瓶，應有適當之固定措施；但設於防護區域內時，應置於不燃性或難燃性材料製成之防護箱內。 2. 具適當採光，且應無檢查及使用上之障礙。 3. 濕度未過高，無日光直射且溫度在 40℃以下。 4. 應無遭日光曝曬、雨水淋濕之虞。
	2 容器閥	檢查方法		以目視確認容器閥有無變形、腐蝕等情形。
		判定方法		應無變形、損傷、明顯腐蝕等情形。
	3 容器閥開放裝置	檢查方法		以目視確認容器閥開放裝置有無變形、脫落等情形。
		判定方法		1. 容器閥開放裝置應確實裝接於容器閥本體上，如為電氣式者，導線應無劣化或斷裂，如為氣壓式者，操作管及其連接部分應無鬆動或脫落之情形。 2. 具有手動啟動裝置之開放裝置，其操作部應無明顯之鏽蝕情形。 3. 應裝設有安全栓或安全插梢。
		注意事項		檢查時，為防止產生誤放事故，請勿予強烈之衝擊。
	4 連結管	檢查方法		（連結管及集合管）以目視確認有無變形、腐蝕等情形，及是否有確實連接。
		判定方法		應無變形、損傷、明顯腐蝕等情形，並應確實連接。

海龍滅火設備外觀檢查

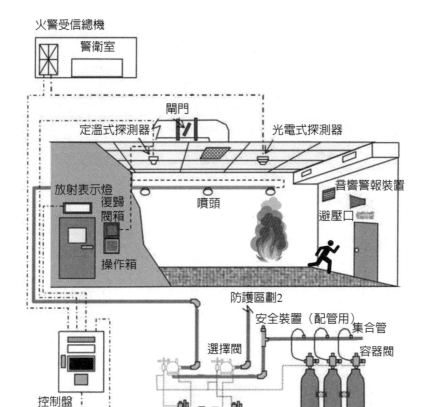

火警受信總機

警衛室

閘門

定溫式探測器

光電式探測器

放射表示燈
復歸
閥箱

噴頭

音響警報裝置

避壓口

操作箱

防護區劃2

安全裝置（配管用）

集合管

選擇閥

容器閥

控制盤

電磁開放器

儲存容器

電源
（蓄電池）

啟動用氣體容器

壓力開關

			外形	1. 以目視確認儲存容器、固定架、各種計量儀器有無變形、腐蝕等情形。 2. 以目視確認容器本體是否確實固定於固定架上。
二、加壓式海龍儲存容器等	1滅火藥劑儲存容器	檢查方法	設置狀況	1. 確認是否設在防護區域外，且不需經由防護區劃即可進出之場所。 2. 確認設置場所是否設有照明設備、明亮窗口，及周圍有無障礙物。並確認是否確保供操作及檢查之空間。 3. 確認周圍濕度有無過高，及周圍溫度是否在 40℃以下，有無日光直射（但低壓式除外）。 4. 確認有無遭日光曝曬、雨水淋濕之虞。
			標示	目視確認標示有無損傷、變形等。
			安全裝置	以目視確認放出口有無阻塞之情形。

4-41 海龍滅火設備外觀檢查（二）

二、加壓式海龍滅火藥劑儲存容器等	1 滅火藥劑儲存容器	判定方法		外形	1. 應無變形、損傷、明顯腐蝕、生鏽或塗裝剝離等情形。 2. 容器本體應確實固定在固定架或底座上。
				設置狀況	1. 應設於防護區域外之處所，且為不經防護區劃即可進出之場所。 2. 具適當採光，且應無檢查及使用上之障礙。 3. 濕度未過高，無日光直射且溫度在 40℃以下。 4. 應無遭日光曝曬，雨水淋濕之虞。
				標示	應無損傷、脫落、汙損等情形。
				安全裝置	放出口應無阻塞之情形。
	2 放出閥	檢查方法			以目視確認有無變形、腐蝕等情形。
		判定方法			應無變形、損傷等情形。
	3 閥類	檢查方法			以目視確認有無變形、損傷之情形，且開關位置應正常。
		判定方法			1. 應無變形、損傷、明顯腐蝕等情形。 2. 開、關位置應正常。
	4 加壓用氣體容器	加壓用氣體容器	檢查方法	外形	1. 以目視確認儲存容器、固定框架、各種測量計等有無變形或腐蝕等情形。 2. 以目視確認容器本體有無確實固定在固定框架上。 3. 核對設計圖面，確認設置之鋼瓶數。
				設置狀況	1. 確認是否設在防護區域外，且不需經由防護區劃即可進出之場所。 2. 確認設置場所是否設有照明設備、明亮窗口，及周圍有無障礙物。並確認是否確保供操作及檢查之空間。 3. 確認周圍濕度有無過高及周圍溫度是否在 40℃以下。 4. 確認有無遭日光曝曬、雨水淋濕之虞。
				標示	以目視確認標示有無損傷、變形等。
			判定方法	外形	1. 應無變形、損傷、明顯腐蝕、生鏽或塗裝剝離等情形。 2. 推押容器之方式，確認容器本體應確實固定在固定架或底座上。 3. 容器瓶數依規定數量設置。
				設置狀況	1. 設在專用鋼瓶室之加壓用氣體容器，應有適當之固定措施；但設於防護區域內時，應置於不燃性或難燃性材料製成之防護箱內。 2. 具適當採光，且應無檢查及使用上之障礙。 3. 濕度沒有過高，且溫度在 40℃以下。 4. 應無遭日光曝曬、雨水淋濕之虞。

海龍滅火設備外觀檢查

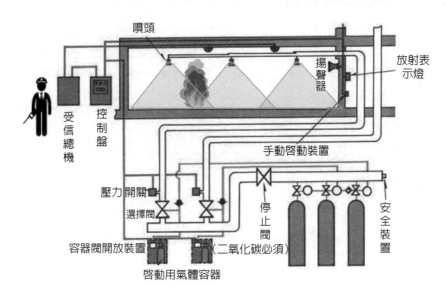

二、加壓式海龍滅火藥劑儲存容器等	4 加壓氣體容器	加壓氣體容器	判定方法	標示	應無損傷、脫落、汙損等情形。
		容器閥	檢查方法		以目視確認容器閥有無變形、腐蝕等情形。
			判定方法		應無變形、損傷、明顯腐蝕等情形。
		容器閥開放裝置	檢查方法		以目視確認容器閥開放裝置有無變形、脫落等情形。
			判定方法		1. 容器閥開放裝置應確實裝接於容器閥本體上，如為電氣式者，導線應無劣化或斷裂，如為氣壓式者，操作管及其連接部分應無鬆動或脫落之情形。 2. 具有手動啟動裝置之開放裝置，其操作部應無明顯之鏽蝕情形。 3. 應裝設有安全栓或安全插梢。
			注意事項		檢查時，為防止產生誤放事故，請勿予強烈之衝擊。
		壓力調整器	檢查方法		以目視確認壓力調整器有無變形、損傷等情形，及有無確實固定於容器閥上。
			判定方法		應無變形、損傷等情形，且應確實固定。
	5 連結管	檢查方法			（連結管及集合管）以目視確認有無變形、腐蝕等情形，及是否有確實連接。
		判定方法			應無變形、損傷、明顯腐蝕等情形，並應確實連接。

4-42 海龍滅火設備外觀檢查（三）

三、啓動用氣體容器等	1 啓動用氣體容器	檢查方法	外形	1. 以目視確認有無變形、腐蝕等情形，及是否裝設有容器收存箱。 2. 確認收存箱之箱門或類似開閉裝置之開關狀態是否良好。
			標示	確認收存箱之表面是否設有記載該防護區劃名稱或防護對象物名稱及操作方法。
		判定方法	外形	1. 應無變形、損傷、塗裝剝離或明顯腐蝕等情形，且收存箱及容器應確實固定。 2. 收存箱之箱門開關狀態應良好。
			標示	應無損傷、脫落、汙損等情形。
	2 容器閥	檢查方法		以目視確認容器閥有無變形、脫落等情形。
		判定方法		1. 容器閥開放裝置應確實裝接在容器閥本體上，如為電氣式者，導線應無劣化或斷裂，如為氣壓式者，操作管及其連接部分應無鬆弛或脫落之情形。 2. 手動啓動裝置開放裝置，其操作部應無明顯之鏽蝕情形。 3. 應裝設有安全栓或安全插梢，並加封條。
		注意事項		檢查時，為防止產生誤放事故，請勿予強烈之衝擊。
	3 容器閥開放裝置	檢查方法		以目視確認容器閥開放裝置有無變形、脫落等情形。
		判定方法		1. 容器閥開放裝置應確實裝接在容器閥本體上，如為電氣式者，導線應無劣化或斷裂，如為氣壓式者，操作管及其連接部分應無鬆弛或脫落之情形。 2. 具有手動啓動裝置之開放裝置，其操作部應無明顯之鏽蝕情形。 3. 應裝設有安全栓或安全插梢。
		注意事項		檢查時，為防止產生誤放事故，請勿予以強烈之衝擊。
四、選擇閥	1 本體	檢查方法	外形	以目視確認選擇閥有無變形、腐蝕等情形，且是否設於防護區域以外之處所。
			標示	應確認其附近是否標明選擇閥之字樣，及所屬防護區域或防護對象名稱，且是否設有記載操作方法之標示。
		判定方法	外形	應無變形損傷、明顯腐蝕等情形且應設於防護區域以外處所。
			標示	應無損傷、脫落、汙損等情形。
	2 開放裝置	檢查方法		1. 以目視確認有無變形、損傷等情形，及是否確實連接。 2. 核對設計圖面，確認逆止閥裝設位置、方向及操作管之連接路徑是否正常。
		判定方法		1. 應無變形、損傷、明顯腐蝕等情形，且應已確認連接。 2. 依設計圖面裝設配置。

選擇閥外觀檢查

（氣動式）

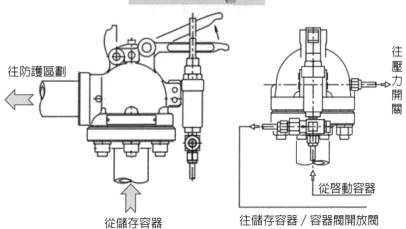

往防護區劃

往壓力開關

從啓動容器

從儲存容器

往儲存容器／容器閥開放閥

五、操作管及逆止閥	檢查方法			1. 以目視確認有無變形、損傷等情形，及是否確實連接。 2. 核對設計圖面，確認逆止閥裝設位置、方向及操作管之連接路徑是否正常。
	判定方法			1. 應無變形、損傷、明顯腐蝕等情形，且已確認連接。 2. 依設計圖面裝設配置。
六、啓動裝置	1 手動啓動裝置	檢查方法	周圍狀況	1. 確認操作箱周圍有無檢查及使用上之障礙，及設置位置是否適當。 2. 確認啓動裝置，及附近有無標示防護區域或防護對象名稱與標示操作方法，及其保安上之注意事項是否適當。 3. 確認啓動裝置附近有無「手動啓動裝置」標示。
			外形	1. 以目視確認操作箱有無變形、脫落等現象。 2. 確認箱面紅色之塗裝有無剝離、汙損等現象。
			電源燈	確認有無亮燈及其標示是否正常。
		判定方法	周圍狀況	1. 其周圍應無檢查及使用上之障礙，並應設於能看清區域內部，且操作後能容易退避之防護區域附近。 2. 標示應無損傷、脫落、汙損等現象。

4-43 海龍滅火設備外觀檢查（四）

六、啓動裝置	1 手動啓動裝置	判定方法	外形	1. 操作箱應無變形、損傷、脫落等現象。 2. 紅色塗裝應無剝離、汙損等現象。
			電源燈	保持亮燈，且該標示應有所屬防護區域名稱、防護對象物名稱。
	2 自動啓動裝置	檢查方法	探測裝置	準用火警自動警報設備之檢查基準確認之。
			切換裝置	（自動及手動切換裝置） 1. 以目視確認有無變形、脫落等情形，及切換位置是否正常。 2. 確認自動、手動及操作方法之標示是否正常。
		判定方法	探測裝置	準用火警自動警報設備之檢查基準確認之。
			切換裝置	（自動及手動切換裝置） 1. 應無變形、損傷、脫落等情形，且切換位置需處於定位。 2. 標示應無汙損、模糊不清之情形。
七、警報裝置	檢查方法			1. 以目視確認語音（揚聲器）、蜂鳴器、警鈴等警報裝置有無變形、脫落等現象。 2. 無人變電所等平常無駐守之防火對象物或局部放射方式以外之處所，應確認是否設有音聲警報裝置。 3. 確認有無設有音響警報裝置之標示。
	判定方法			1. 警報裝置應無變形、損傷、脫落等情形。 2. 平常無人駐守之防火對象物或局部放射方式以外之處所，應以語音為警報裝置。 3. 警報裝置之標示正常並應設於必要之處所，且無損傷、脫落、汙損等情形。
八、控制裝置	檢查方法	控制盤	周圍狀況	確認周圍有無檢查及使用上之障礙。
			外形	以目視確認有無變形、腐蝕等現象。
		電壓計		1. 以目視確認有無變形、破損等情形。 2. 確認電源電壓是否正常。
		開關類		以目視確認有無變形、損傷等情形，及開關位置是否正常。
		標示		確認標示是否正常。
		備用品等		確認是否備有保險絲、燈泡等及回路圖、操作說明書等。
	判定方法	控制盤	周圍狀況	應設不易受火災波及位置且其周圍應無檢查及使用上障礙。
			外形	應無變形、損傷、明顯腐蝕等現象。
		電壓計		1. 應無變形、損傷等情形。 2. 電壓計之指示值在規定範圍內。 3. 無電壓計者，其電源表示燈應亮燈。
		開關類		應無變形、損傷、脫落等情形，且開關位置正常。

揚聲器外觀檢查

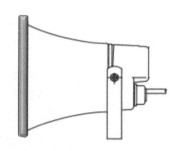

八、控制裝置	判定方法	標示	1. 開關等之名稱應無汙損、模糊不清等情形。 2. 面板不得剝落。
		備用品等	1. 應備有保險絲、燈泡等備用品。 2. 應備有回路圖、操作說明書等。
九、配管	檢查方法	管及接頭	以目視確認有無損傷、腐蝕等情形，且有無供作其他物品之支撐或懸掛吊具等。
		金屬支撐吊架	以目視及手觸摸等方式確認有無脫落、彎曲鬆弛等情形。
	判定方法	管及接頭	1. 應無損傷、明顯腐蝕等情形。 2. 應無作為其他物品之支撐或懸掛吊具。
		金屬支撐吊架	應無脫落、彎曲、鬆弛等情形。
十、放射表示燈	檢查方法		以目視確認防護區劃出入口處，設置之放射表示燈有無變形、腐蝕等情形。
	判定方法		放射表示燈之設置場所正常，且應無變形、損傷、明顯腐蝕、文字模糊不清等情形。
十一、噴頭	外形	檢查方法	以目視確認有無變形、腐蝕等現象。
		判定方法	應無變形、損傷、明顯腐蝕、阻塞等情形。
	放射障礙	檢查方法	以目視確認周圍有無造成放射障礙之物品，及裝設角度是否正常。
		判定方法	1. 周圍應無造成放射障礙之物品。 2. 噴頭之裝設應能將藥劑擴散至整個防護區域或防護對象物，且裝設角度應無明顯偏移之情形。

4-44 海龍滅火設備外觀檢查（五）

十二、防護區劃	區劃變更	檢查方法	1. 滅火設備設置後，有無因增建、改建、變更等情形，造成防護區劃之容積及開口部增減之情形，應核對設計圖面確認之。 2. 局部放射方式者，其防護對象物之形狀、數量、位置等有無變更，應核對設計圖面確認之。 3. 附門鎖之開口部，應以手動方式確認其開關狀況。
		判定方法	1. 開口部不得設於面對安全梯間、特別安全梯間或緊急昇降機間。 2. 位於樓地板高度三分之二以下之開口部，因有降低滅火效果之虞或造成保安上之危險，應設有自動關閉裝置。 3. 未設自動關閉裝置之開口部（含通風換氣管道）者，其防護體積與開口部面積之比率，應在法令規定範圍內，且其滅火藥劑量足夠。 4. 設有自動門鎖者，應符合下列規定。 (1) 應裝置完整，且門之關閉確實順暢。 (2) 無門擋、障礙物等物品且平時保持關閉狀態。
	開口部	檢查方法	（自動關閉裝置）以目視確認有無變形、損傷等情形。
		判定方法	應無變形、損傷、明顯腐蝕等情形。
十三、緊急電源（限內藏型者）	外形	檢查方法	以目視確認蓄電池本體周圍之狀況，有無變形‧損傷、洩漏、腐蝕等現象。
		判定方法	1. 設置位置之通風換氣應良好，且無灰塵、腐蝕性氣體之滯留及明顯之溫度變化等情形。 2. 蓄電池組支撐架應堅固。 3. 應無明顯變形、損傷、龜裂等情形。 4. 電解液應無洩漏，且導線連接部應無腐蝕之情形。
	標示	檢查方法	確認是否正常設置。
		判定方法	應標示額定電壓值及容量。
		注意事項	符合標準之蓄電池設備，應確認其有合格標示。
十四、瞄子及瞄子開關閥、管盤、皮管、	周圍狀況	檢查方法	確認設置場所是否容易接近，且周圍有無妨礙操作之障礙物。
		判定方法	周圍應無檢查及使用上之障礙。
	外形	檢查方法	以目視確認收存狀態之皮管有無變形、腐蝕等現象。
		判定方法	1. 皮管應整齊收捲於管盤上，且皮管應無變形、明顯龜裂等老化現象。 2. 皮管、管盤、瞄子及瞄子開關閥應無變形、損傷、顯著腐蝕等情形，且瞄子開關閥應在「關」之位置。

噴頭外觀檢查

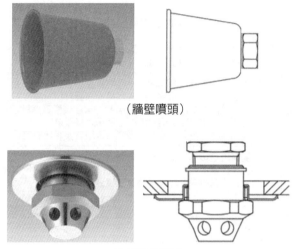

（牆壁噴頭）

（天花板噴頭）

十五、標示燈及標示	檢查方法	（限移動式）確認標示燈「移動式二氧化碳滅火設備」之標示，是否正常設置。
	判定方法	1. 標示燈應無變形、損傷等情形，且正常亮燈。 2. 標示應無損傷、脫落、汙損等情形。

✚ 小博士解說

惰性氣體滅火設備並沒有像二氧化碳或海龍滅火設備一樣，設置局部式或移動式，先決條件是滅火藥劑之分子量必須比空氣重，才具有覆蓋火勢之作用。因二氧化碳為所有天然氣體中最為有效的滅火劑。但氮氣方面分子量為 28，比空氣（28.84）輕；IG-55 方面，成分為氮氣與氬氣各占 50%，則分子量為 28×50% ＋ 39.9×50% ＝ 33.95，僅比空氣稍重；IG-541 方面，成分為氮氣 52%、氬氣 40% 與二氧化碳 8%，則分子量為 28×52% ＋ 39.9×40% ＋ 44×8% ＝ 34.04，僅比空氣稍重。而這些滅火設計濃度高，皆比二氧化碳 34% 多更多。可見這些惰性氣體滅火設備需靠高濃度，才足以稀釋空氣中氧，以達到滅火之作用，因此，在分子量僅比空氣重一點點的情況下，於局部式或移動式滅火表現上，效能將是一大問題。

4-45 海龍滅火設備性能檢查（一）

一、蓄壓式海龍滅火藥劑儲存容器等	1 滅火藥劑量	檢查方法	台秤測定計	1. 將裝設在容器閥之容器閥開放裝置、連接管、操作管及容器固定器具取下。 2. 將容器置於台秤上測定其重量，計算至小數點第一位。 3. 藥劑量則為測定值扣除容器閥及容器重量後所得之值。
			水平液面計	1. 插入水平液面計電源開關，檢查其電壓值。 2. 使容器維持平常之狀態，將容器置於液面計探針與放射源之間。 3. 緩緩使液面計檢出部上下方向移動，當發現儀表指針振動差異較大時，由該位置即可求出自容器底部起之藥劑存量高度。 4. 液面高度與藥劑量之換算，應使用專用之換算尺為之。
			鋼瓶液面計	1. 打開保護蓋緩慢抽出表尺。 2. 當表尺被鋼瓶內浮球之磁性吸引而停頓時，讀取表尺刻度。 3. 對照各廠商所提供之專用換算表讀取藥劑重量。 4. 需考慮溫度變化造成之影響。
			其他原廠技術手冊量測方式。	
		判定方法	將藥劑量之測定結果與重量表或圖面明細表核對，其差值應在充填值 10% 以下。	
		注意事項	水平液面計	1. 不得任意卸取放射線源（鈷 60），萬一有異常時，應即時聯絡專業處理單位。 2. 鈷 60 有效使用年限約為 3 年，如已超過時，應即時聯絡專業單位處理或更換。 3. 使用壓力表者，應先確認容器內壓為規定之壓力值。
			共同事項	1. 因容器重量頗重（約 150kg），有傾倒或操作時應加以注意。 2. 測量後，應將容器號碼、充填量記載於重量表、檢查表。 3. 當滅火藥劑量或容器內壓減少時，應迅即進行調查，並採取必要之措施。 4. 使用具放射源者，應取得行政院原子能源委員會許可登記。
	2 容器閥開放裝置	電氣式	檢查方法	1. 將裝設在容器閥之容器閥開放裝置取下，確認撞針有無彎曲、斷裂或短缺等情形。 2. 操作手動啟動裝置，確認電氣動作是否正常。 3. 拔下安全栓或安全插銷，手動操作確認動作是否正常。 4. 動作後之復歸，應確認於切斷通電或復舊操作時，是否可正常復歸定位。 5. 取下端子部之護蓋，以螺絲起子確認端子有無鬆動現象。 6. 將容器閥開放裝置回路從主機板離線確認其斷線偵測功能。

海龍滅火設備性能檢查

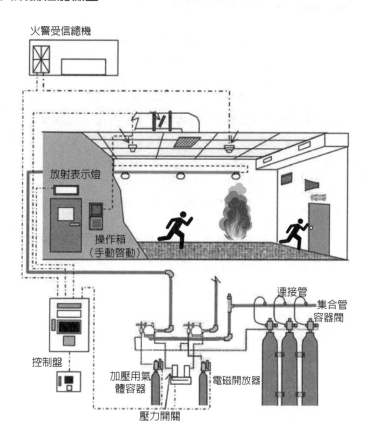

藥劑儲存容器台秤測定性能檢查

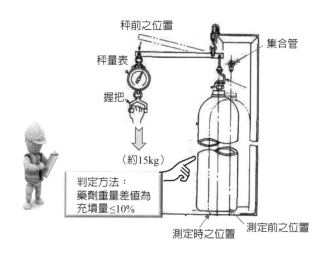

4-46 海龍滅火設備性能檢查（二）

一、蓄壓式海龍滅火藥劑儲存容器等	2 容器閥開放裝置	電氣式	判定方法	1. 撞針應無彎曲、斷裂或短缺等情形。 2. 以規定之電壓可正常動作，並可確實以手動操作。 3. 應可正常復歸 4. 應無端子鬆動、導線損傷、斷線等情形。 5. 將回路線離線時主機應發出斷線故障訊號。
			注意事項	操作手動啟動裝置時，應將所有電氣式容器閥開放裝置取下。
		氣壓式	檢查方法	1. 將裝設在容器閥之容器閥開放裝置取下，確認活塞桿或撞針有無彎曲、斷裂或短缺等情形。 2. 具有手動操作功能者，將安全栓拔下，以手動方式使其動作，確認撞針之動作，彈簧之復歸動作是否正常。
			判定方法	1. 活塞桿、撞針應無彎曲、斷裂或短缺等情形。 2. 動作及復歸動作應正常。
		電氣啟動藥劑啟動器方式	檢查方法	1. 將裝設在容器閥上藥劑釋放模組之啟動器從端子接點上取下，確認啟動器本體及藥劑釋放模組電路板有無彎曲、斷裂或短缺等情形。 2. 將原先安裝在藥劑釋放模組之啟動器端子接點上與 AG 燈泡（鎢絲燈泡）連接，以自動或手動方式使其動作，確認 AG 燈泡（鎢絲燈泡）是否動作，及藥劑釋放模組動作 LED 燈是否常亮。
			判定方法	1. 啟動器本體及藥劑釋放模組電路板應無彎曲、斷裂或短缺等情形。 2. AG 燈泡（鎢絲燈泡）應能動作及藥劑釋放模組動作 LED 燈為常亮。
	3 連結管		檢查方法	（連結管及集合管）以扳手確認連接部位有無鬆動之情形。
			判定方法	連接部位應無鬆動之情形。
二、加壓式海龍容器等	1 滅火藥劑量		檢查方法	以目視確認液面計之液面高度。
			判定方法	液面之標示應於規定之位置。
	2 放出閥		檢查方法	1. 以扳手確認安裝部位有無鬆動之情形。 2. 以試驗用氣體確認放出閥之開關功能是否正常。 3. 試驗用氣體自操作管連接部分加壓確認氣體有無洩漏。
			判定方法	1. 應無鬆動之情形。 2. 開關功能應正常。 3. 應無洩漏之情形。

氣壓式容器閥開放裝置

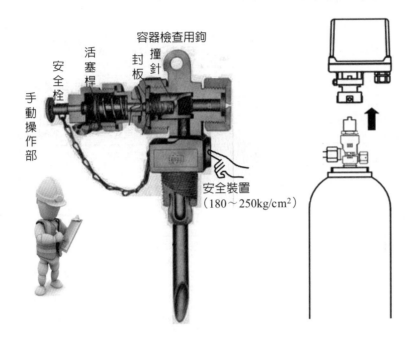

容器檢查用鉤
撞針
封板
活塞桿
安全栓
手動操作部
安全裝置
$(180\sim250kg/cm^2)$

三、啟動用氣體容器等	3 閥類	檢查方法	以手操作，確認開關功能是否可輕易操作。
		判定方法	可輕易進行開關之操作。
		注意事項	完成檢查後，應回復至原來之開關狀態。
	4 加壓用氣體容器等	氣體量 檢查方法	1. 氣體量，用前項一之 1 之檢查方法的規定確認之。 2. 關閉壓力試驗閥後，打開加壓手動閥，以目視確認壓力調整器之壓力值。
		氣體量 判定方法	1. 氣體量應在規定量以上。 2. 高壓側之壓力表指針應標示在規定壓力值之範圍內。
		氣體量 注意事項	檢查結束，在關閉手動加壓閥之後，應將儲存容器之洩氣閥及壓力試驗閥打開，確認加壓用氣體已放出後，再使其復歸。
		容器閥開放裝置	準用前一之 2 之規定確認之。
		壓力調整器 檢查方法	關閉設在壓力調整器二次側之檢查用開關或替代閥，以手動操作或以氣壓、電氣方式之容器閥開放裝置使加壓用氣體容器之容器閥動作開放，確認一、二次側壓力表之指度及指針之動作。
		壓力調整器 判定方法	1. 各部位應無氣體洩漏情形。 2. 一次側壓力表之指針應在規定壓力值。 3. 一次側壓力表之指針應在設定壓力值，且功能正常。
	5 連結管及集合管		準用前一之 2 之規定確認之。

4-47 海龍滅火設備性能檢查（三）

三、啟動用氣體容器等	6 氣體量	檢查方法		1. 將裝在容器閥之容器閥開放裝置、操作管卸下，自容器收存箱中取出。 2. 使用可測定達 20kg 之彈簧秤或秤重計測量容器之重量。 3. 核對裝設在容器上之面板或重量表所記載之重量。
		判定方法		二氧化碳之重量，其記載重量與測得重量之差值，應在充填量 10% 以下。
	7 容器閥裝置	檢查方法		1. 電氣式者，準依前項規定確認之。 2. 手動式者，應將容器閥開放裝置取下，以確認活塞桿或撞針有無彎曲、斷裂或短缺等情形，及手動操作部之安全栓或封條是否能迅速脫離。
		判定方法		1. 活塞桿、撞針等應無彎曲、斷裂或短缺等情形。 2. 應可確實動作。
四、選擇閥	1 閥本體	檢查方法		1. 以扳手確認連接部分有無鬆動等現象。 2. 以試驗用氣體確認其功能是否正常。
		判定方法		連接部分不得有鬆弛等情形，且性能應正常。
	2 開放裝置	電氣式	檢查方法	1. 取下端子部之護蓋，確認末端處理、結線接續之狀況是否正常。 2. 操作供該選擇閥使用之啟動裝置，使開放裝置動作。 3. 啟動裝置復歸後，在控制盤上切斷電源，以拉桿復歸方式，使開放裝置復歸。 4. 以手動操作開放裝置，使其動作後，依前 3 之同樣方式使其復歸。
			判定方法	1. 以端子盤連接者，應無端子螺絲鬆動，及端子護蓋脫落等現象。 2. 以電氣操作或手動操作均可使其確實動作。 3. 選擇閥於「開」狀態時，拉桿等之扣環應呈解除狀態。
			注意事項	與儲存容器之電氣式開放裝置連動者，應先將開放裝置自容器閥取下。
		氣壓式	檢查方法	1. 使用試驗用二氧化碳容器（內容積 1 公升以上，二氧化碳藥劑量 0.6kg 以上），自操作管連接部加壓，確認其動作是否正常。 2. 移除加壓源時，選擇閥由彈簧之動作或操作拉桿，確認其有無復歸。
			判定方法	1. 活塞桿應無變形、損傷之情形，且動作確實。 2. 選擇閥於「開」狀態時，確認插梢應呈突出狀態，且拉桿等之扣環應呈解除狀態。
			注意事項	實施加壓試驗時，操作管連接於儲存容器開放裝置者，應先將開放裝置自容器閥取下。

電氣式選擇閥性能檢查

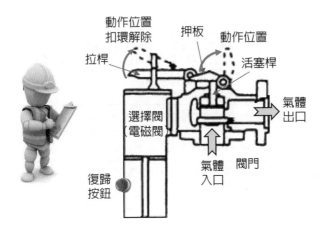

氣壓式選擇閥性能檢查

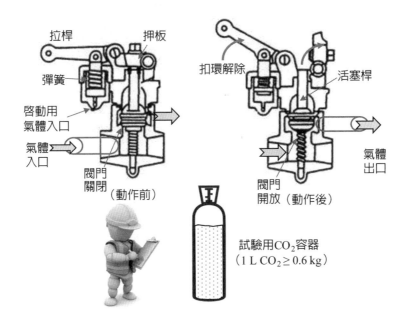

試驗用CO₂容器
（1 L CO₂ ≥ 0.6 kg）

✚ 小博士解說

氣壓式選擇閥，檢查時使用試驗用二氧化碳容器（內容積 1 公升以上，二氧化碳藥劑量 0.6kg 以上），自操作管連接部加壓，確認其動作是否正常。而移除加壓源時，選擇閥由彈簧之動作或操作拉桿，確認其有無復歸。

4-48 海龍滅火設備性能檢查（四）

五、操作管			檢查方法	（操作管及逆止閥） 1. 以扳手確認連接部分有無鬆弛等現象。 2. 取下逆止閥，以試驗用氣體確認其功能有無正常。
			判定方法	1. 連接部分應無鬆動等現象。 2. 逆止閥之功能應正常。
六、啓動裝置	手動啓動裝置	1 操作箱	檢查方法	由開關操作確認箱門是否能確實開關。
			判定方法	箱門應能確實開關。
		2 警報用開關	檢查方法	打開箱門，確認警報用開關不得有變形、損傷等情形，及警報裝置有無正常鳴響。
			判定方法	1. 操作箱之箱門打開時，該系統之警報裝置應能正常鳴響。 2. 應無變形、損傷、脫落、端子鬆動、導線損傷、斷線等現象。
			注意事項	警報用開關與操作箱之箱門間未設有微動開關者，當操作警報用按鈕時，警報裝置應能正常鳴響。
		3 按鈕等	檢查方法	1. 將藥劑儲存容器或啓動用氣體容器之容器閥開放裝置自容器閥取下，打開操作箱箱門，確認按鈕等有無變形、損傷等情形。 2. 操作該操作箱之放射用啓動按鈕或放射用開關，以確認其動作狀況。 3. 再進行上述試驗，於遲延裝置之時間範圍內，當操作緊急停止按鈕或緊急停止裝置時，確認容器閥開放裝置是否動作。
			判定方法	1. 應無變形、損傷、端子鬆動等情形。 2. 放射用啓動按鈕應於警報音響動作後始可操作。 3. 操作放射用啓動按鈕後，遲延裝置開始動作，電氣式容器閥開放裝置應正常動作。 4. 緊急停止功能應正常。
		4 標示燈	檢查方法	操作開關，以確認有無亮燈。
			判定方法	應無明顯之劣化情形，且應正常亮燈。
		5 斷線偵測	檢查方法	將手動啓動裝置回路線從控制主機板離線。
			判定方法	將回路線離線時，主機應發出斷線故障訊號。

操作管性能檢查

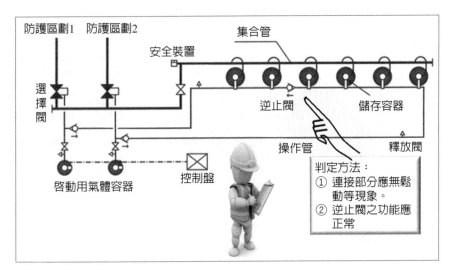

判定方法：
① 連接部分應無鬆動等現象。
② 逆止閥之功能應正常

啓動裝置性能檢查

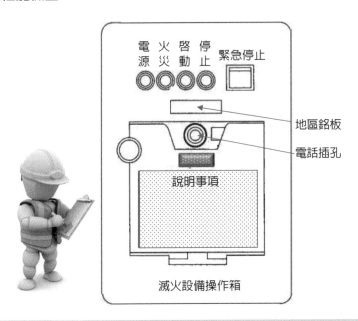

＋ 小博士解說

自動切換裝置之判定方法：①警報裝置鳴動。②火警表示燈亮燈。③遲延裝置動作。④通風換氣裝置停止。⑤容器閥開放裝置動作。

4-49 海龍滅火設備性能檢查（五）

六、啟動裝置	自動啟動裝置	1 火災探測裝置	檢查及判定方法	準用火警自動警報設備之檢查要領確認之。
			注意事項	受信總機或專用控制盤上之自動、手動切換裝置，應置於「手動」之位置。
		2 切換裝置	檢查方法	1. 將儲存容器或啟動氣體容器用容器閥開放裝置取下。 2. 如為「自動」時，將切換裝置切換至「自動」之位置，使探測器或受信總機內探測器回路之端子短路。 3. 如為「手動」時，將切換裝置切換至「手動」之位置，使探測器或受信總機內探測器回路之端子短路。 4. 應依每一防護區域或防護對象物，分別確認其功能。
			判定方法	1. 如為「自動」時： (1) 警報裝置鳴動。 (2) 火警表示燈亮燈。 (3) 遲延裝置動作。 (4) 通風換氣裝置停止。 (5) 容器閥開放裝置動作。 2. 如為「手動」時： (1) 警報裝置鳴動。 (2) 火警表示燈亮燈。
			注意事項	1. 檢查時應一併進行警報裝置、控制裝置之性能檢查。 2. 使裝置動作時，應先將容器閥開放裝置取下才進行。
		3 切換燈	檢查方法	確認是否能正常亮燈。
			判定方法	應無明顯劣化之情形，且應正常亮燈。
		4 斷線偵測	檢查方法	將手動啟動裝置回路線從控制主機板離線。
			判定方法	將回路線離線時，主機應發出斷線故障訊號。
七、警報裝置	音響警報		檢查方法	1. 每一防護區域或防護對象物，應進行探測器或手動啟動裝置之警報操作，以確認有無正常鳴動。 2. 音量應使用噪音計測定之。
			判定方法	每一防護區域或防護對象物之警報系統應正確，且距警報裝置一公尺處之音量應在九十分貝以上。
	語音警告		檢查方法	依前項檢查要領，連續進行兩次以上，在發出正常之警鈴等警告音響後，確認有無發出語音警報。
			判定方法	1. 警報系統動作區域正確，且距揚聲器一公尺處之音量應在九十分貝以上。 2. 語音警報啟動後，先發出警鈴，再播放退避之語音內容。

警報裝置性能檢查

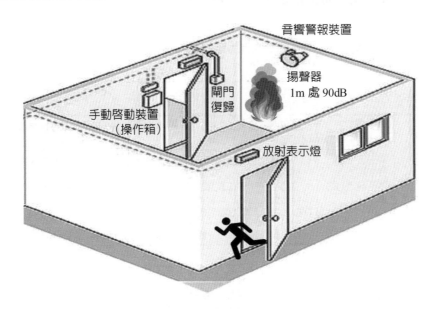

音響警報裝置

揚聲器
1m 處 90dB

閘門
復歸

手動啓動裝置
（操作箱）

放射表示燈

八、控制裝置	1 開關類	檢查方法	以螺絲起子及開關操作確認端子有無鬆動，及開關功能是否正常。
		判定方法	1. 端子應無鬆動，且無發熱之情形。 2. 應可正常開、關。
	2 遲延裝置	檢查方法	遲延裝置應依前「六、啓動裝置」之檢查方法，操作啓動按鈕後，測定至容器閥開放裝置動作所需時間。
		判定方法	動作時限應在 20 秒以上，且在設計時之設定值範圍内。
		注意事項	使裝置動作時，應先將容器閥開放裝置取下才進行。
	3 保險絲類	檢查方法	確認有無損傷、熔斷情形，及是否為規定之種類及容量。
		判定方法	1. 應無損傷、熔斷之情形。 2. 應依回路圖上所示之種類及容量設置。
	4 繼電氣	檢查方法	確認有無脫落、端子鬆動、接點燒損、灰塵附著等情形，並藉由開關之操作，使繼電氣動作以確認其功能。
		判定方法	1. 應無脫落、端子鬆動、接點燒損、灰塵附著等情形。 2. 應正常動作。
	5 標示燈	檢查方法	由開關操作，以確認有無亮燈。
		判定方法	應無明顯之劣化情形，且應正常亮燈。
	6 結線接續	檢查方法	以目視及螺絲起子確認有無斷線、端子鬆動等情形。
		判定方法	應無斷線、端子鬆動、脫落、損傷等情形。
	7 接地	檢查方法	以目視或三用電表，確認有無腐蝕、斷線等情形。
		判定方法	應無顯著腐蝕、斷線等之損傷現象。

4-50 海龍滅火設備性能檢查（六）

<table>
<tr>
<td rowspan="2">九、放射表示燈</td>
<td>檢查方法</td>
<td colspan="2" rowspan="1">以手動方式使壓力開關動作，或使控制盤內之表示回路端子短路，以確認有無亮燈。</td>
</tr>
<tr>
<td>判定方法</td>
<td colspan="2">應正常亮燈。</td>
</tr>
<tr>
<td rowspan="12">十、防護區劃</td>
<td rowspan="6">1 自動關閉裝置</td>
<td rowspan="3">電氣動作者</td>
</tr>
</table>

<table>
<thead>
<tr><th colspan="4"></th></tr>
</thead>
<tbody>
<tr>
<td rowspan="12" style="writing-mode:vertical-rl">十、防護區劃</td>
<td rowspan="6" style="writing-mode:vertical-rl">1 自動關閉裝置</td>
<td rowspan="3" style="writing-mode:vertical-rl">電氣動作者</td>
<td>檢查方法</td>
<td>（鐵捲門、馬達、閘板）操作手動啓動裝置，確認自動關閉裝置之關閉狀態有無異常。</td>
</tr>
<tr>
<td>判定方法</td>
<td>1. 各自動關閉裝置均應確實動作，且於遲延裝置之動作時限內達到關閉狀態。
2. 對於設在出入口之鐵捲門，或無其他出入口可退避者，應設有當操作啓動按鈕後，於延遲時間內可完全關閉之遲延裝置，及鐵捲門關閉後，滅火藥劑方能放射出之構造。</td>
</tr>
<tr>
<td>注意事項</td>
<td>操作手動啓動裝置時，應先將容器閥開放裝置取下後再進行。</td>
</tr>
<tr>
<td rowspan="3" style="writing-mode:vertical-rl">氣壓動作者</td>
<td>檢查方法</td>
<td>（閘板等）
1. 使用試驗用氣體（試驗用啓動氣體、氮氣或空氣），連接通往自動關閉裝置之操作管。
2. 釋放試驗用氣體，確認自動關閉裝置之關閉狀態有無異常。
3. 確認有無氣體自操作管、自動關閉裝置洩漏，自動關閉裝置於釋放加壓壓力後有無自動復歸，及其復歸狀態是否異常。</td>
</tr>
<tr>
<td>判定方法</td>
<td>1. 所有自動關閉裝置均應能確實動作。
2. 如為復歸型者，應能確實復歸。</td>
</tr>
<tr>
<td>注意事項</td>
<td>使用氮氣或空氣時，應加壓至大約 30kgf/cm^2。</td>
</tr>
<tr>
<td rowspan="3" style="writing-mode:vertical-rl">2 換氣裝置</td>
<td colspan="1"></td>
<td></td>
</tr>
<tr>
<td>檢查方法</td>
<td>操作手動啓動裝置，確認換氣裝置於停止狀態時有無異常。</td>
</tr>
<tr>
<td>判定方法</td>
<td>所有換氣裝置，應於遲延裝置之動作時限範圍內確實保持停止狀態。</td>
</tr>
<tr>
<td>注意事項</td>
<td>1. 操作手動啓動裝置時，應先將容器閥開放裝置取下後再進行。
2. 換氣裝置如與滅火後之滅火藥劑排出裝置共用時，應自防護區域外進行復歸運轉。</td>
</tr>
</tbody>
</table>

控制裝置性能檢查

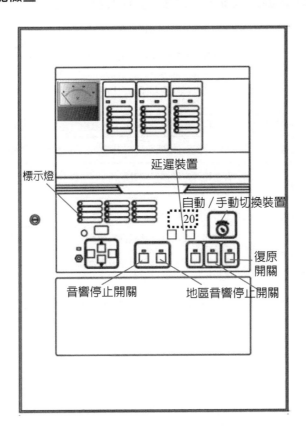

標示燈

延遲裝置

自動／手動切換裝置

20

復原
開關

音響停止開關　　　　　地區音響停止開關

壓力開關

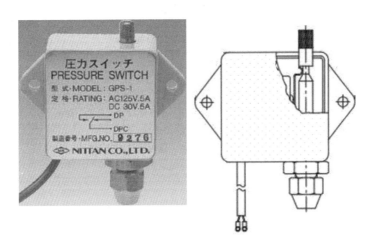

4-51 海龍滅火設備性能檢查（七）

十一、緊急電源（限內藏型者）	1 端子電壓	檢查方法	1. 以電壓計測定確認充電狀態通往蓄電池充電回路之端子電壓。 2. 操作電池試驗用開關，由電壓計確認其容量是否正常。
		判定方法	1. 應於充電裝置之指示範圍內。 2. 操作電池試驗用開關約三秒，該電壓計安定時之容量，應在電壓計之規定電壓值範圍內。
		注意事項	進行容量試驗時，約三秒後，俟電壓計之指示值穩定，再讀取數值。
	2 切換裝置	檢查方法	切斷常用電源，以電壓計或由電源監視用表示燈確認電源之切換狀況。
		判定方法	1. 緊急電源之切換可自動執行。 2. 復舊狀況正常。
	3 充電裝置	檢查方法	以三用電表確認變壓器、整流器等之功能。
		判定方法	1. 變壓器、整流器等應無異常聲音、異臭、異常發熱、顯著灰塵或損傷等情形。 2. 電流計或電壓計應指示在規定值以上。 3. 具有充電電源監視燈者，應正常亮燈。
	4 結線接續	檢查方法	以目視及螺絲起子確認有無斷線、端子鬆動等情形。
		判定方法	應無斷線、端子鬆動、脫落、損傷等情形。
十二、皮管、管盤、噴嘴及噴嘴開關閥	1 皮管	檢查方法	1. 自管盤將皮管取出，旋轉皮管與金屬接頭部分，確認其有無鬆動現象。 2. 確認整條皮管有無因老化產生割裂或明顯龜裂等現象。 3. 自皮管接頭至噴嘴之長度，應確認是否維持設置時之狀態。
		判定方法	皮管連接部應無鬆動，皮管損傷、老化等情形，且皮管長度應在二十公尺以上。
	2 管盤	檢查方法	取出皮管，確認其是否可容易收捲。
		判定方法	皮管之拉取、收捲應保持順暢。
	3 噴嘴	檢查方法	1. 確認皮管、握把、噴嘴之連接部應無鬆動之情形，噴嘴有無因灰塵、塵垢而造成阻塞現象。 2. 手持噴嘴握把部分，確認其有無適當之危害防止措施。
		判定方法	噴嘴應無堵塞、顯著腐蝕等情形，握把部分應有為防止凍傷而設置之木製或合成樹脂製把手，且應無損傷、脫落之現象。
	4 開關閥	檢查方法	（噴嘴開關閥） 以手動操作噴嘴開關閥，確認其動作是否適當。
		判定方法	開關閥之開關應能容易操作。

防護區劃性能檢查

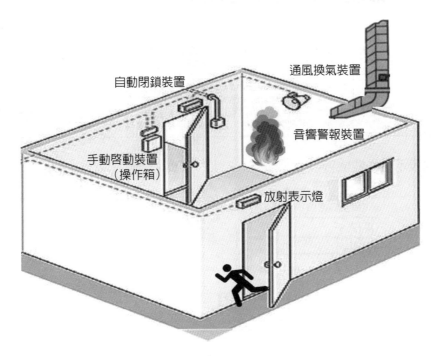

自動閉鎖裝置

通風換氣裝置

音響警報裝置

手動啟動裝置
（操作箱）

放射表示燈

緊急電源性能檢查

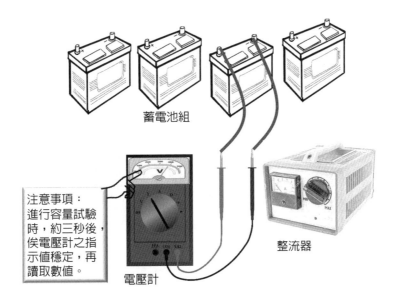

蓄電池組

注意事項：
進行容量試驗
時，約三秒後，
俟電壓計之指
示值穩定，再
讀取數值。

電壓計

整流器

4-52 海龍滅火設備性能檢查（八）

十三、耐震措施	檢查方法	1. 應確認設於容許變位量較大部分之可撓式管接頭及貫穿牆、樓地板部分，有無變形、損傷等情形，及耐震措施是否恰當。 2. 以目視及螺絲起子確認儲存容器等之支撐固定架有無異常。
	判定方法	1. 可撓式管接頭等應無變形、損傷、明顯腐蝕等情形，且貫穿牆、樓地板部分之間隙、充填部，應維持設置施工時之狀態。 2. 使用在儲存容器等之支撐固定架之錨定螺栓、螺帽，應無變形、損傷、鬆動、明顯腐蝕等情形，且支撐固定架應無損傷。

放射表示燈性能檢查

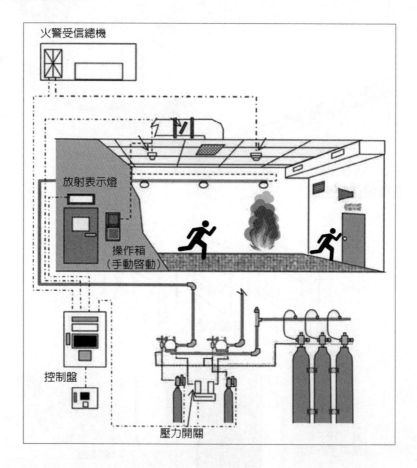

火警受信總機

放射表示燈

操作箱
（手動啓動）

控制盤

壓力開關

皮管等性能檢查

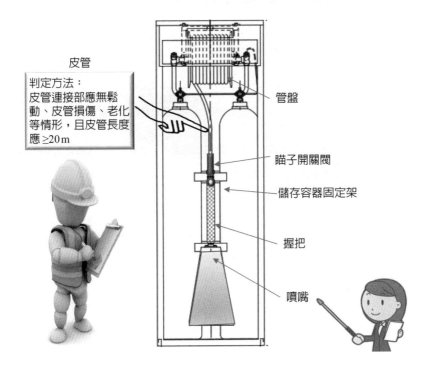

皮管

判定方法：
皮管連接部應無鬆
動、皮管損傷、老化
等情形，且皮管長度
應≥20m

管盤

瞄子開關閥

儲存容器固定架

握把

噴嘴

耐震措施性能檢查

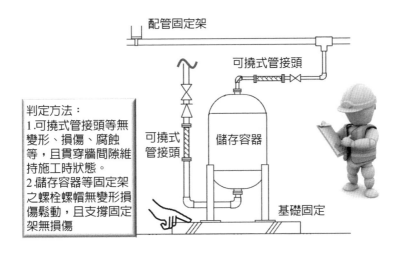

配管固定架

可撓式管接頭

判定方法：
1.可撓式管接頭等無
變形、損傷、腐蝕
等，且貫穿牆間隙維
持施工時狀態。
2.儲存容器等固定架
之螺栓螺帽無變形損
傷鬆動，且支撐固定
架無損傷

可撓式
管接頭

儲存容器

基礎固定

4-53 海龍滅火設備綜合檢查（一）

將電源切換為緊急電源狀態，依下列各點規定進行檢查。海龍滅火設備全區及局部放射方式應依設置之系統數量進行抽樣檢查，其抽樣分配方式如 p.242 表 1 例示。抽測之系統放射區域在二區以上時，應至少擇一放射區域實施放射試驗；進行放射試驗系統，應於滅火藥劑儲存容器標示放射日期。

全區及局部方式	全區放射方式	檢查方法	1. 以空氣或氮氣進行放射試驗，所需空氣量或氮氣量，應就放射區域應設滅火藥劑量之 10%，每公斤以下依 p.242 表 2 所列公升數之比例核算。
			
			2. 檢查時應注意下列事項：
			  (1) 充填空氣或氮氣之試驗用氣體容器壓力，應與該滅火設備之儲存容器之充填壓力大約相等。
			  (2) 使用啟動用氣體容器之設備者，應準備與 (1) 相同之數量。
			  (3) 應準備必要數量供塞住集合管部分或容器閥部及操作管部之帽蓋或塞子。
			
			3. 檢查前，應就儲存容器部分事先備好加壓氣體容器。
			  (1) 暫時切斷控制盤等電源設備。
			  (2) 將自儲存容器取下之容器閥開放裝置及操作管連接裝設在試驗用氣體容器上。
			  (3) 除試驗用氣體容器外，應取下連接管後用帽蓋蓋住集合管部
			  (4) 應塞住放射用以外之操作管
			  (5) 確認除儲存容器等及加壓用氣體容器外，其餘部分是否處於正常設置狀態。
			  (6) 控制盤等之設備電源，應在「開」之位置。
			
			4. 檢查時，啟動操作應就下列方式擇一進行。
			  (1) 手動式，應操作手動啟動裝置使其啟動。
			  (2) 自動式，應將自動、手動切換裝置切換至「自動」位置，以探測器動作，或使受信機、控制盤探測器回路端子短路使其啟動。

		判定方法	1. 警報裝置應確實鳴響。 2. 遲延裝置應確實動作。 3. 開口部等之自動關閉裝置應能正常動作，換氣裝置應確實停止。 4. 指定防護區劃之啟動裝置及選擇閥能確實動作，可放射試驗用氣體。 5. 配管內之試驗用氣體應無洩漏情形。 6. 放射表示燈應確實亮燈。
		注意事項	1. 檢查結束後，應將檢查時使用之加壓用氣體容器或清洗用氣體容器，換裝為替代容器，進行再充填。 2. 在未完成完全換氣前，不得進入放射區域。遇不得已之情形非進入時，應配載空氣呼吸器。 3. 檢查結束後，應將所有回復定位。

海龍滅火設備綜合檢查

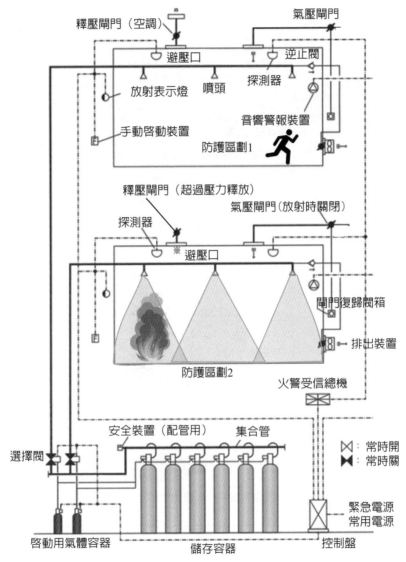

釋壓閘門（空調）

氣壓閘門

避壓口

逆止閥

放射表示燈　噴頭

探測器

音響警報裝置

手動啟動裝置

防護區劃1

釋壓閘門（超過壓力釋放）

氣壓閘門（放射時關閉）

探測器

※避壓口

閘門復歸閥箱

排出裝置

防護區劃2

火警受信總機

安全裝置（配管用）　集合管

選擇閥

▷◁：常時開
▶◀：常時關

緊急電源
常用電源

啟動用氣體容器　　　儲存容器　　　控制盤

※避壓口限 HFC-23、HFC227ea或FK-5-1-12使用

4-54 海龍滅火設備綜合檢查（二）

全區及局部方式	局部放射方式	檢查方法	依前述之規定進行確認。
		判定方法	1. 警報裝置應確實鳴響。 2. 指定系統之啟動裝置及選擇閥應能確實動作，且可放射試驗用氣體。 3. 配管內之試驗用氣體應無洩漏情形。
		注意事項	依前述之規定。
移動式		檢查方法	1. 應將管盤自儲存容器卸離，裝上試驗用氣體容器。 2. 以手動操作取出皮管，確認放射狀態是否正常。
		判定方法	1. 指定之容器閥開放裝置動作，皮管拉出及瞄子開關閥應無異常之情形，可正常放射二氧化碳。 2. 皮管及皮管連接部分應無試驗用氣體之洩漏。
		注意事項	1. 完成檢查後，應將檢查時使用之加壓用氣體容器或清洗用氣體容器，換裝替代容器，進行再充填。 2. 完成檢查後，應將所有裝置回復定位。

海龍滅火設備檢修完成標示

（控制盤於其附近，檢修機構專用——紅色為底，參考自內政部消防署）

依消防安全設備檢修及申報辦法第八條規定，檢修完成之消防安全設備，檢修人員或檢修機構應依下列規定附加檢修完成標示：

一、標示之規格樣式應符合規定。

二、以不易脫落之方式，於規定位置附加標示。

三、附加標示時，不得覆蓋、換貼或變更原新品出廠時之資訊；已附加檢修完成標示者，應先清除後，再予附加，且不得有混淆或不易辨識情形。

檢修人員或檢修機構未附加檢修完成標示、附加之檢修完成標示違反前項規定或經查有不實檢修者，消防機關應命其附加或除去之。

局部式海龍滅火設備綜合檢查

① 判定方法
② 警報裝置應確實鳴響。
③ 指定系統之啟動裝置及選擇閥應能
　確實動作，且可放射試驗用氣體。
④ 配管內之試驗用氣體應無洩漏情形。

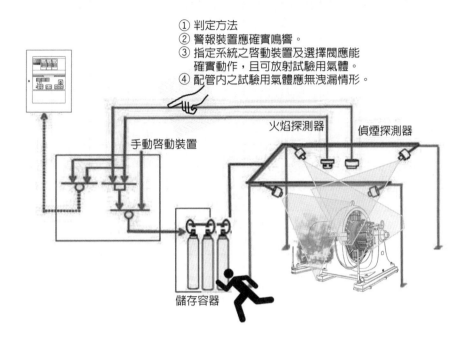

火焰探測器　偵煙探測器

手動啟動裝置

儲存容器

移動式海龍滅火設備綜合檢查

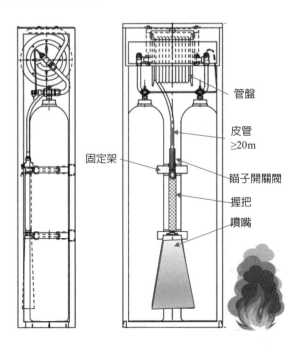

管盤

皮管
≥20m

瞄子開關閥

握把

噴嘴

固定架

海龍滅火設備全區及局部放射方式之綜合檢查抽樣分配表（表1）

設置數量（套）	第1年	第2年	第3年	第4年	第5年	第6年	第7年	第8年	第9年	第10年
1										1
2									1	1
3								1	1	1
4							1	1	1	1
5						1	1	1	1	1
6					1	1	1	1	1	1
7				1	1	1	1	1	1	1
8			1	1	1	1	1	1	1	1
9		1	1	1	1	1	1	1	1	1
10	1	1	1	1	1	1	1	1	1	1
11	1	1	1	1	1	1	1	1	1	2
12	1	1	1	1	1	1	1	1	2	2
13	1	1	1	1	1	1	1	2	2	2
14	1	1	1	1	1	1	2	2	2	2
15	1	1	1	1	1	2	2	2	2	2
16	1	1	1	1	2	2	2	2	2	2
17	1	1	1	2	2	2	2	2	2	2
18	1	1	2	2	2	2	2	2	2	2
19	1	2	2	2	2	2	2	2	2	2
20	2	2	2	2	2	2	2	2	2	2
21	2	2	2	2	2	2	2	2	2	3

備註：系統設置數量超過21套者，依其比例類推分配。

海龍滅火藥劑每公斤核算空氣量或氮氣量（表2）

滅火藥劑	每公斤核算空氣量或氮氣量（公升）
海龍 2402	9
海龍 1211	15
海龍 1301	16

＋ 小博士解說

全區放射檢查時之檢查方法，以空氣或氮氣進行放射試驗，所需空氣量或氮氣量，應就放射區域設置滅火藥劑量之 10%。

+知識補充站

日本消防安全設備檢修項目

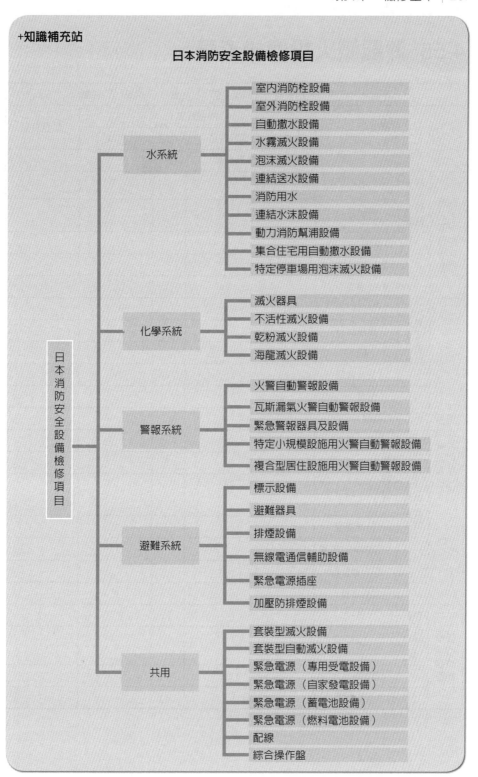

日本消防安全設備檢修項目

水系統
- 室內消防栓設備
- 室外消防栓設備
- 自動撒水設備
- 水霧滅火設備
- 泡沫滅火設備
- 連結送水設備
- 消防用水
- 連結水沫設備
- 動力消防幫浦設備
- 集合住宅用自動撒水設備
- 特定停車場用泡沫滅火設備

化學系統
- 滅火器具
- 不活性滅火設備
- 乾粉滅火設備
- 海龍滅火設備

警報系統
- 火警自動警報設備
- 瓦斯漏氣火警自動警報設備
- 緊急警報器具及設備
- 特定小規模施用火警自動警報設備
- 複合型居住設施用火警自動警報設備

避難系統
- 標示設備
- 避難器具
- 排煙設備
- 無線電通信輔助設備
- 緊急電源插座
- 加壓防排煙設備

共用
- 套裝型滅火設備
- 套裝型自動滅火設備
- 緊急電源（專用受電設備）
- 緊急電源（自家發電設備）
- 緊急電源（蓄電池設備）
- 緊急電源（燃料電池設備）
- 配線
- 綜合操作盤

4-55 海龍滅火設備檢查表

海龍滅火設備		區劃名稱：	設備方式：□全區 □局部 □移動			
檢修項目			檢修結果			處置措施
			種別、容量等內容	判定	不良狀況	
外觀檢查						
蓄壓式滅火藥劑儲存容器等	滅火藥劑儲存容器	外形	kg 支			
		設置狀況	°C			
	容器閥等					
	容器閥開放裝置		個			
	連結管・集合管		A			
加壓式滅火藥劑儲存容器	滅火藥劑儲存容器	外形				
		設置狀況				
		標示				
		安全裝置				
	放出閥					
	閥類					
	加壓用氣體容器等	加壓氣體容器	外形				
			設置狀況				
			標示				
		容器閥等				
		容器閥開放裝置				
		壓力調整器				
	連結管集合管					
啟動用氣體容器等	啟動用氣體容器	外形	kg 支			
		標示				
	容器閥等					
	容器閥開放裝置		個			

選擇閥	本體	外形	個			
		標示				
	開放裝置	電氣式	個			
		氣壓式	個			
操作管及逆止閥						
啓動裝置	手動啓動裝置	周圍狀況				
		外形				
		電源表示燈				
	自動啓動裝置	火災探測裝置				
		切換裝置				
警報裝置						
控制裝置	控制盤	周圍狀況				
		外形	□壁掛型□直立型 □埋入型□專用 □兼用			
	電壓計		DCV			
	開關類					
	標示					
	備用品等					
配管						
放射表示燈			個			
噴頭	外形		個			
	放射障礙					
防護區劃	區劃變更					
	開口部自動關閉	式 × 個自動關閉器 × 個				
緊急電源	外形					
	標示					
皮管等	周圍狀況					
	外形					
標示燈‧標示						
性能檢查						

蓄壓式滅火藥劑儲存容器		滅火藥劑量	L	支	○		
	容器閥開放裝置	電氣式			∕		
		氣壓式					
	連結管、集合管						
加壓式滅火藥劑儲存容器等		滅火藥劑量	L	支			
		放出閥					
		閥類等					
	加壓用氣體容器	氣體量					
		容器閥裝置 電氣式					
		容器閥裝置 氣壓式					
		壓力調整器					
	連結管、集合管						
啓動用氣體容器等		氣體量	L	支			
		容器閥開放裝					
選擇閥	開放裝置	閥本體					
		電氣式					
		氣壓式					
操作管‧逆止閥							
啓動裝置	手動啓動裝置	操作箱					
		警報用開關		個			
		按鈕等					
		標示燈					
		斷線偵測					
	自動啓動裝置	火災探測裝置	□專用	□兼用			
		切換裝置					
		切換表示燈					
		斷線偵測					

警報裝置	音響					
	音聲		分貝			
控制裝置	開關類					
	遲延裝置		秒			
	保險絲類		A			
	繼電氣					
	標示燈					
	結線接續					
	接地					
	放射表示燈		DCV			
防護區劃	自動關閉裝置	電氣式				
		氣壓式				
	換氣裝置					
緊急電源	端子電壓		DCV			
	切換裝置					
	充電裝置					
	結線接續					
皮管等	皮管		m			
	管盤					
	噴嘴					
	噴嘴開關閥					
	耐震措施					
綜合檢查						
全區放射方式	警報方式					
	遲延裝置		秒			
	開口部自動關閉裝置					
	啓動裝置撰擇閥					
	試驗用氣體有無洩漏					
	放射表示燈					
局部放射方式	警報裝置					
	啓動裝置撰擇閥					
	試驗氣體有無洩漏					

	移動式						

<table>
<tr><td rowspan="6">備
註</td><td colspan="7">一、各區劃所需滅火藥劑量</td></tr>
<tr><td>區劃名稱</td><td colspan="2">選擇閥口徑</td><td colspan="2">容器數</td><td colspan="2">所需氣體量</td></tr>
<tr><td></td><td colspan="2"></td><td colspan="2"></td><td colspan="2"></td></tr>
<tr><td></td><td colspan="2"></td><td colspan="2"></td><td colspan="2"></td></tr>
<tr><td></td><td colspan="2"></td><td colspan="2"></td><td colspan="2"></td></tr>
<tr><td colspan="7">二、 進行放射試驗之區劃：
三、 使用試驗用氣體名稱：</td></tr>
</table>

檢查器材	機器名稱	型式	校正年月日	製造廠商	機器名稱	型式	校正年月日	製造廠商

檢查日期	自民國　年　月　日至民國　年　月　日

檢修人員	姓名	消防設備師（士）	證書字號		簽章	（簽章）
	姓名	消防設備師（士）	證書字號		簽章	
	姓名	消防設備師（士）	證書字號		簽章	
	姓名	消防設備師（士）	證書字號		簽章	

1. 應於「種別、容量等內容」欄內填入適當之項目。
2. 檢查合格者於判定欄內打「○」；有不良情形時，於判定欄內打「×」，並將不良情形填載於「不良狀況」欄。
3. 對不良狀況所採取之處置情形，應填載於「處置措施」欄。
4. 欄內有選擇項目時，應以「○」圈選之。

號碼	容器號碼	總重量 (kg)	鋼瓶重 (kg)	氣體重量 (kg)	檢查年月日				耐壓試驗年月
		(含容器閥)			檢查時氣體之重量				
	儲存容器								
	啓動用氣體容器								

海龍滅火設備檢查表

✚ 小博士解說

惰性滅火設備係以稀釋（俗稱窒息）氧氣為滅火機制之 IG-01、IG-541、IG-55、IG-100、氮氣滅火設備而言，不包含海龍替代滅火設備中，以抑制連鎖反應之滅火藥劑而言，如 FM-200（HFC-227）、FE-13（HFC-23）、FK-5-1-12（Novec-1230）等鹵化烴滅火設備；上述自動滅火設備，應就個案設計逐案提送內政部消防技術審議委員會審議。在日本將惰性滅火設備與二氧化碳滅火設備併稱為不活性氣體滅火設備。

海龍替代滅火藥劑自動滅火設備，主要由氣體管路系統與自動偵測控制系統兩部分組成。氣體管路系統由藥劑儲存鋼瓶、釋放閥、管路、噴頭等組成，用於儲存、傳送滅火藥劑，以達到提供滅火藥劑之作用；自動偵測控制系統由控制盤、探測器、警報裝置（手動／自動啓動）裝置等組成，用於自動偵測、通報、手動或自動釋放高壓藥劑氣體，達到滅火之功能。

4-56 鹵化烴滅火設備外觀檢查（一）

一、蓄壓式鹵化烴滅火藥劑儲存容器等	1 滅火藥劑儲存容器	檢查方法	外形	1. 以目視確認儲存容器、固定架、各種計量儀器有無變形、腐蝕等情形。 2. 以目視確認容器本體是否確實固定於固定架上。 3. 核對設計圖面，確認設置之鋼瓶數。
			設置狀況	1. 確認設在專用鋼瓶室之鋼瓶，應有適當之固定措施；設於防護區域內之鋼瓶，應置於不燃性或難燃性材料製成之防護箱內。 2. 確認設置場所是否設有照明設備、明亮窗口，及周圍有無障礙物，並確認是否確保供操作及檢查之空間。 3. 確認周圍濕度有無過高，及周圍溫度是否在 40°C以下，有無日光直射（但低壓式除外）。 4. 確認有無遭日光曝曬、雨水淋濕之虞。
		判定方法	外形	1. 應無變形、損傷、明顯腐蝕、生鏽或塗裝剝離等情形。 2. 以推押容器之方式，確認容器本體應確實固定在固定架或底座上。 3. 容器瓶數應依規定數量設置。
			設置狀況	1. 設在專用鋼瓶室之鋼瓶，應有適當之固定措施；但設於防護區域內時，應置於不燃性或難燃性材料製成之防護箱內。 2. 具適當採光，且應無檢查及使用上之障礙。 3. 濕度未過高，無日光直射且溫度在 40°C以下。 4. 應無遭日光曝曬、雨水淋濕之虞
	2 容器閥	檢查方法		以目視確認容器閥有無變形、腐蝕等情形。
		判定方法		應無變形、損傷、明顯腐蝕等情形。
	3 容器閥開放裝置	檢查方法		以目視確認容器閥開放裝置有無變形、脫落等情形。
		判定方法		1. 容器閥開放裝置應確實裝接於容器閥本體上，如為電氣式者，導線應無劣化或斷裂，如為氣壓式者，操作管及其連接部分應無鬆動或脫落之情形。 2. 具有手動啟動裝置之開放裝置，其操作部應無明顯之鏽蝕情形。 3. 應裝設有安全栓或安全插梢。
		注意事項		檢查時，為防止產生誤放事故，請勿予強烈之衝擊。
	4 連結管	檢查方法		（連結管及集合管）以目視確認有無變形、腐蝕等情形，及是否有確實連接。
		判定方法		應無變形、損傷、明顯腐蝕等情形，並應確實連接。

鹵化烴滅火設備外觀檢查

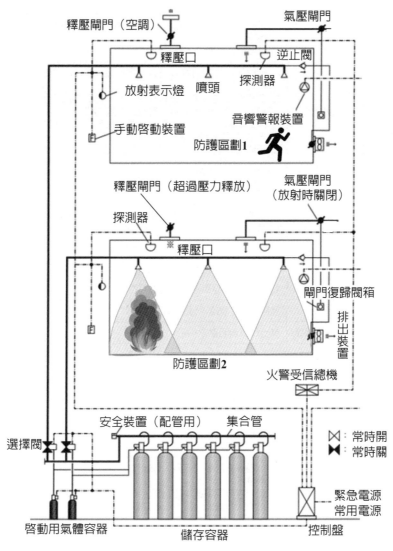

※避壓口限 **HFC-23**、**HFC227ea**或**FK-5-1-12**使用

4-57 鹵化烴滅火設備外觀檢查（二）

二、加壓式鹵化烴滅火藥劑儲存容器等	1 滅火藥劑儲存容器	檢查方法	外形	1. 以目視確認儲存容器、固定架、各種計量儀器有無變形、腐蝕等情形。 2. 以目視確認容器本體是否確實固定於固定架上。
			設置狀況	1. 確認是否設在防護區域外，且不需經由防護區劃即可進出之場所。 2. 確認設置場所是否設有照明設備、明亮窗口，及周圍有無障礙物。並確認是否確保供操作及檢查之空間。 3. 確認周圍濕度有無過高，及周圍溫度是否在40℃以下，有無日光直射（但低壓式除外）。 4. 確認有無遭日光曝曬、雨水淋濕之虞。
			標示	目視確認標示有無損傷、變形等。
			安全裝置	以目視確認放出口有無阻塞之情形。
		判定方法	外形	1. 應無變形、損傷、明顯腐蝕、生鏽或塗裝剝離等情形。 2. 容器本體應確實固定在固定架或底座上。
			設置狀況	1. 設防護區域外，且為不經防護區劃即可進出之場所。 2. 具適當採光，且應無檢查及使用上之障礙。 3. 濕度未過高，無日光直射且溫度在40℃以下。 4. 應無遭日光曝曬、雨水淋濕之虞。
			標示	應無損傷、脫落、汙損等情形。
			安全裝置	放出口應無阻塞之情形。
	2 放出閥	檢查方法		以目視確認有無變形、腐蝕等情形。
		判定方法		應無變形、損傷等情形。
	3 閥類	檢查方法		以目視確認有無變形、損傷之情形，且開關位置應正常。
		判定方法		1. 應無變形、損傷、明顯腐蝕等情形。 2. 開、關位置應正常。
	4 加壓氣體容器	加壓用氣體容器	檢查方法	外形	1. 以目視確認儲存容器、固定框架、各種測量計等有無變形或腐蝕等情形。 2. 以目視確認容器本體有無確實固定在固定框架上。 3. 核對設計圖面，確認設置之鋼瓶數。
				設置狀況	1. 確認是否設在防護區域外，且不需經由防護區劃即可進出之場所。 2. 確認設置場所是否設有照明設備、明亮窗口，及周圍有無障礙物，並確認是否確保供操作及檢查之空間。 3. 確認周圍濕度有無過高及周圍溫度是否40℃以下。 4. 確認有無遭日光曝曬、雨水淋濕之虞。
			標示		以目視確認標示有無損傷、變形等。

鹵化烴滅火設備外觀檢查

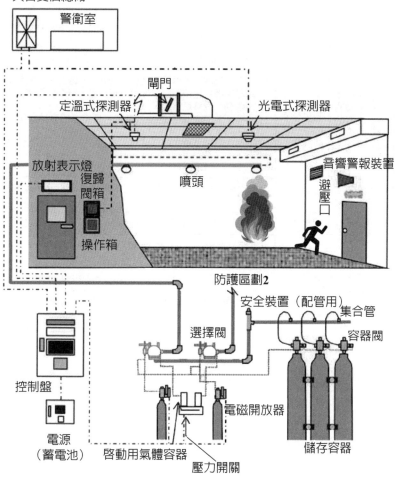

				外形	1. 應無變形、損傷、明顯腐蝕、生鏽或塗裝剝離等情形。 2. 推押容器之方式,確認容器本體應確實固定在固定架或底座上。 3. 容器瓶數依規定數量設置。
二、加壓式鹵化烴滅火藥劑儲存容器等	4 加壓氣體容器	加壓用氣體容器	判定方法	設置狀況	1. 設在專用鋼瓶室之加壓用氣體容器,應有適當之固定措施;但設於防護區域內時,應置於不燃性或難燃性材料製成之防護箱內。 2. 具適當採光,且應無檢查及使用上之障礙。 3. 濕度沒有過高,且溫度在 40℃以下。 4. 應無遭日光曝曬、雨水淋濕之虞。
				標示	應無損傷、脫落、汙損等情形。

4-58 鹵化烴滅火設備外觀檢查（三）

二、加壓式鹵化烴滅火藥劑儲存容器等	4 加壓氣體容器	容器閥	檢查方法		以目視確認容器閥有無變形、腐蝕等情形。
			判定方法		應無變形、損傷、明顯腐蝕等情形。
		容器閥開放裝置	檢查方法		以目視確認容器閥開放裝置有無變形脫落等情形。
			判定方法		1. 容器閥開放裝置應確實裝接於容器閥本體上，如為電氣式者，導線應無劣化或斷裂，如為氣壓式者，操作管及其連接部分應無鬆動或脫落之情形。 2. 具有手動啟動裝置之開放裝置，其操作部應無明顯之鏽蝕情形。 3. 應裝設有安全栓或安全插梢。
			注意事項		檢查時為防止產生誤放事故，請勿予強烈之衝擊。
		壓力調整器	檢查方法		以目視確認壓力調整器有無變形、損傷等情形，及有無確實固定於容器閥上。
			判定方法		應無變形、損傷等情形，且應確實固定。
	5 連結管		檢查方法		（連結管及集合管）以目視確認有無變形、腐蝕等情形，及是否有確實連接。
			判定方法		應無變形、損傷、明顯腐蝕等情形，並應確實連接。
三、啟動用氣體容器等	1 啟動用氣體容器	檢查方法	外形		1. 以目視確認有無變形、腐蝕等情形，及是否裝設有容器收存箱。 2. 確認收存箱之箱門或類似開閉裝置之開關狀態是否良好
			標示		確認收存箱之表面是否設有記載該防護區劃名稱或防護對象物名稱及操作方法。
		判定方法	外形		1. 應無變形、損傷、塗裝剝離或明顯腐蝕等情形，且收存箱及容器應確實固定。 2. 收存箱之箱門開關狀態應良好。
			標示		應無損傷、脫落、汙損等情形。
	2 容器閥		檢查方法		以目視確認容器閥有無變形、脫落等情形。
			判定方法		應無變形、損傷、明顯腐蝕等情形。
	3 容器閥開放裝置		檢查方法		以目視確認容器閥開放裝置有無變形、脫落等情形。
			判定方法		1. 容器閥開放裝置應確實裝接在容器閥本體上，如為電氣式者，導線應無劣化或斷裂，如為氣壓式者，操作管及其連接部分應無鬆弛或脫落之情形。 2. 具有手動啟動裝置之開放裝置，其操作部應無明顯之鏽蝕情形。 3. 應裝設有安全栓或安全插梢。
			注意事項		檢查時，為防止產生誤放事故，請勿予以強烈之衝擊。

容器閥外觀檢查

容器閥

四、選擇閥	1 本體	檢查方法	外形	以目視確認選擇閥有無變形、腐蝕等情形，且是否設於防護區域以外之處所。
			標示	應確認其附近是否標明選擇閥之字樣，及所屬防護區域或防護對象名稱，且是否設有記載操作方法之標示。
		判定方法	外形	應無變形、損傷、明顯腐蝕等情形，且應設於防護區域以外之處所。
			標示	應無損傷、脫落、汙損等情形。
	2 開放裝置	檢查方法		以目視確認有無變形、損傷等情形，及是否確實連接選擇閥。
		判定方法		應無變形、損傷等情形，且應已確認連接選擇閥。
五、操作管及逆止閥		檢查方法		1. 以目視確認有無變形損傷等情形，及是否確實連接。 2. 核對設計圖面，確認逆止閥裝設位置、方向及操作管之連接路徑是否正常。
		判定方法		1. 應無變形、損傷、明顯腐蝕等情形，且已確認連接。 2. 依設計圖面裝設配置。
六、啟動裝置	1 手動啟動裝置	檢查方法	周圍狀況	1. 確認操作箱周圍有無檢查及使用上之障礙，及設置位置是否適當。 2. 確認啟動裝置及其附近有無標示所屬防護區域名稱或防護對象名稱與標示操作方法、及其保安上之注意事項是否適當。 3. 確認啟動裝置附近有無「手動啟動裝置」標示。
			外形	1. 以目視確認操作箱有無變形、脫落等現象。 2. 確認箱面紅色之塗裝有無剝離、汙損等現象。
			電源燈	確認有無亮燈及其標示是否正常。
		判定方法	周圍狀況	1. 其周圍應無檢查及使用上之障礙，並應設於能看清區域內部，且操作後能容易退避之防護區域附近。 2. 標示應無損傷、脫落、汙損等現象。
			外形	1. 操作箱應無變形、損傷、脫落等現象。 2. 紅色塗裝應無剝離、汙損等現象。
			電源燈	保持亮燈，且該標示應有所屬防護區域名稱、防護對象物名稱。

4-59 鹵化烴滅火設備外觀檢查（四）

六、啓動裝置	2 自動啓動裝置	檢查方法	探測裝置	準用火警自動警報設備之檢查基準確認之。
			切換裝置	（自動及手動切換裝置） 1. 以目視確認有無變形、脫落等情形，及切換位置是否正常。 2. 確認自動、手動及操作方法之標示是否正常。
		判定方法	探測裝置	準用火警自動警報設備之檢查基準確認之。
			切換裝置	（自動及手動切換裝置） 1. 應無變形、損傷、脫落等情形，且切換位置需處於定位。 2. 標示應無汙損、模糊不清之情形。
七、警報裝置	檢查方法			1. 以目視確認語音（揚聲器）、蜂鳴器、警鈴等警報裝置有無變形、脫落等現象。 2. 無人變電所等平常無人駐守之防火對象物或局部放射方式以外之處所，應確認是否設有音聲警報裝置。 3. 確認有無設有音響警報裝置之標示。
	判定方法			1. 警報裝置應無變形、損傷、脫落等情形。 2. 平常無人駐守之防火對象物或局部放射方式以外之處所，應以語音為警報裝置。 3. 警報裝置之標示正常並應設於必要之處所，且無損傷、脫落、汙損等情形。
八、控制裝置	檢查方法	控制盤	周圍狀況	確認周圍有無檢查及使用上之障礙。
			外形	以目視確認有無變形、腐蝕等現象。
		電壓計		1. 以目視確認有無變形、破損等情形。 2. 確認電源電壓是否正常。
		開關類		以目視確認有無變形、損傷等情形，及開關位置是否正常。
		標示		確認標示是否正常。
		備用品等		確認是否備有保險絲、燈泡等備用品及回路圖、操作說明書等。
	判定方法	控制盤	周圍狀況	應設於不易受火災波及之位置，且其周圍應無檢查及使用上之障礙。
			外形	應無變形、損傷、明顯腐蝕等現象。
		電壓計		1. 應無變形、損傷等情形。 2. 電壓計之指示值在規定範圍內。 3. 無電壓計者，其電源表示燈應亮燈。

警報裝置外觀檢查

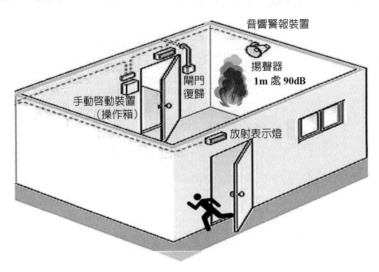

音響警報裝置

揚聲器
1m 處 90dB

閘門
復歸

手動啟動裝置
（操作箱）

放射表示燈

八、控制裝置	判定方法	開關類	應無變形、損傷、脫落等情形，且開關位置正常。
		標示	1. 開關等之名稱應無汙損、模糊不清等情形。 2. 面板不得剝落。
		備用品等	1. 應備有保險絲、燈泡等備用品。 2. 應備有迴路圖、操作說明書等。
九、配管	檢查方法	管及接頭	以目視確認有無損傷、腐蝕等情形，且有無供作其他物品之支撐或懸掛吊具等。
		金屬支撐吊架	以目視及手觸摸等方式，確認有無脫落、鬆弛等情形。
	判定方法	管及接頭	1. 應無損傷、明顯腐蝕等情形。 2. 應無作為其他物品之支撐或懸掛吊具。
		金屬支撐吊架	應無脫落、彎曲、鬆弛等情形。
十、放射表示燈	檢查方法		以目視確認防護區劃出入口處，設置之放射表示燈有無變形、腐蝕等情形。
	判定方法		放射表示燈之設置場所正常，且應無變形、損傷、明顯腐蝕、文字模糊不清等情形。
十一、噴頭	外形	檢查方法	以目視確認有無變形、腐蝕等現象
		判定方法	應無變形、損傷、明顯腐蝕、阻塞等情形
	放射障礙	檢查方法	以目視確認周圍有無造成放射障礙之物品，及裝設角度是否正常
		判定方法	1. 周圍應無造成放射障礙之物品。 2. 噴頭之裝設應能將藥劑擴散至整個防護區域或防護對象物，且裝設角度應無明顯偏移之情形。

4-60 鹵化烴滅火設備外觀檢查（五）

十二、防護區劃	區劃變更及氣密	檢查方法	1. 滅火設備設置後，有無因增建、改建、變更等情形，造成防護區劃之容積及開口部增減之情形，應核對設計圖面確認之。 2. 附門鎖之開口部，應以手動方式確認其開關狀況。 3. 滅火設備設置後，有無因增設管（道）線造成氣密降低之情形，以目視確認有無明顯漏氣之開口。
		判定方法	1. 防護區劃之開口部，因有降低滅火效果之虞或造成保安上之危險，應設有自動關閉裝置。 2. 設有自動門鎖者，應符合下列規定： (1) 應裝置完整，且門之關閉確實順暢。 (2) 應無門擋、障礙物等物品，且平時保持關閉狀態。 3. 防護區劃內無因增設管（道）線造成明顯漏氣之開口。
	開口部	檢查方法	（自動關閉裝置）以目視確認有無變形、損傷等情形。
		判定方法	應無變形、損傷、明顯腐蝕等情形。
十三、緊急電源（限內藏型者）	外形	檢查方法	以目視確認蓄電池本體周圍之狀況，有無變形·損傷、洩漏、腐蝕等現象。
		判定方法	1. 設置位置之通風換氣應良好，且無灰塵、腐蝕性氣體之滯留及明顯之溫度變化等情形。 2. 蓄電池組支撐架應堅固。 3. 應無明顯變形、損傷、龜裂等情形。 4. 電解液應無洩漏，且導線連接部應無腐蝕之情形。
	標示	檢查方法	確認是否正常設置。
		判定方法	應標示額定電壓值及容量。
		注意事項	符合標準之蓄電池設備，應確認其有合格標示。

鹵化烴滅火設備儲存容器

Novec 1230（FK-5-1-12）滅火劑是一種氟化酮，以液態形式儲存，滅火濃度為 4.2～5.9%，釋放時為氣態迅速均勻分布整個防護空間。

防護區劃外觀檢查

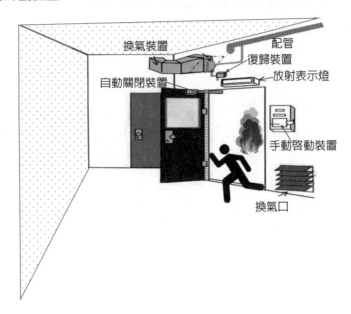

換氣裝置
配管
復歸裝置
放射表示燈
自動關閉裝置
手動啟動裝置
換氣口

緊急電源外觀檢查

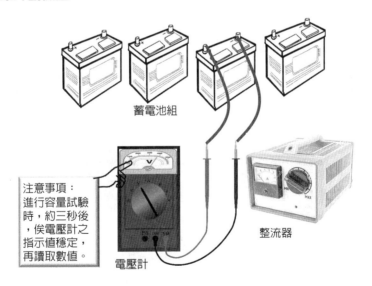

蓄電池組

注意事項：
進行容量試驗
時，約三秒後
，俟電壓計之
指示值穩定，
再讀取數值。

整流器

電壓計

＋知識補充站

以滅火設備投額成本而言，鹵化烴滅火設備是氣體滅火藥劑成本貴，而惰性氣體滅火
設備之滅火藥劑是便宜的，但設備建置系統是相對較貴的。

4-61 鹵化烴滅火設備性能檢查（一）

			台秤測定計	1. 將裝設在容器閥之容器閥開放裝置、連接管、操作管及容器固定器具取下。 2. 將容器置於台秤上，測定其重量計算至小數點第一位。 3. 藥劑量則為測定值扣除容器閥及容器重量後所得之值。
一、蓄壓式鹵化烴滅火藥劑儲存容器等	1 滅火藥劑量	檢查方法	水平液面計	1. 插入水平液面計電源開關，檢查其電壓值。 2. 使容器維持平常之狀態，將容器置於液面計探針與放射源之間。 3. 緩緩使液面計檢出部上下移動，當發現儀表指針振動差異較大時，由該位置即可求出自容器底部起之藥劑存量高度。 4. 液面高度與藥劑量之換算，應使用專用之換算尺為之。
			鋼瓶液面計	1. 打開保護蓋緩慢抽出表尺。 2. 當表尺被鋼瓶內浮球之磁性吸引而停頓時，讀取表尺刻度。 3. 對照各廠商所提供之專用換算表讀取藥劑重量。 4. 需考慮溫度變化造成之影響。
			以其他原廠技術手冊規範之方式檢測藥劑量。	
		判定方法	將藥劑量之測定結果與重量表或圖面明細表核對，其差值應在充填值10%以下。	
		注意事項	水平液面計	1. 不得任意卸取放射線源（鈷 60），萬一有異常時，應即時聯絡專業處理單位。 2. 鈷 60 有效使用年限約為 3 年，如已超過時，應即時聯絡專業單位處理或更換。 3. 使用壓力表者，應先確認容器內壓為規定之壓力值。
			共同事項	1. 因容器重量頗重（約 150 kg），有傾倒或操作時應加以注意。 2. 測量後，應將容器號碼、充填量記載於重量表、檢查表上。 3. 當滅火藥劑量或容器內壓減少時，應迅即進行調查，並採取必要之措施。 4. 使用具放射源者，應取得行政院原子能源委員會之許可登記。

蓄壓式滅火藥劑儲存容器

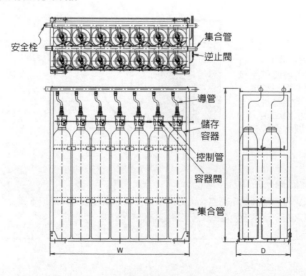

滅火藥劑量台秤測定計

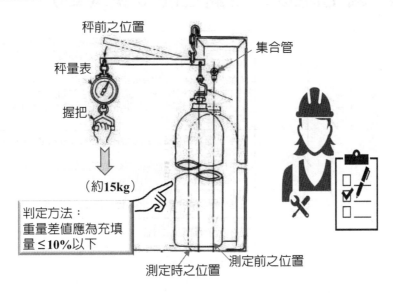

秤前之位置

秤量表

握把

集合管

（約15kg）

判定方法：
重量差值應為充填
量 ≤10%以下

測定時之位置　測定前之位置

一、蓄壓式鹵化烴滅火藥劑儲存容器等	2容器閥開放裝置	電氣式	檢查方法	1. 將裝設在容器閥之容器閥開放裝置取下，確認撞針有無彎曲、斷裂或短缺等情形。 2. 操作手動啓動裝置，確認電氣動作是否正常。 3. 拔下安全栓或安全插銷，以手動操作，確認動作是否正常。 4. 動作後之復歸，應確認於切斷通電或復舊操作時，是否可正常復歸定位。 5. 取下端子部之護蓋，以螺絲起子確認端子有無鬆動現象。 6. 將容器閥開放裝置回路從主機板離線，以確認其斷線偵測功能。
			判定方法	1. 撞針應無彎曲、斷裂或短缺等情形。 2. 以規定之電壓可正常動作，並可確實以手動操作。 3. 應可正常復歸。 4. 應無端子鬆動、導線損傷、斷線等情形。 5. 將回路線離線時，主機應發出斷線故障訊號。
			注意事項	操作手動啓動裝置時，應將所有電氣式容器閥開放裝置取下。
		氣壓式	檢查方法	1. 將裝設在容器閥之容器閥開放裝置取下，確認活塞桿或撞針有無彎曲、斷裂或短缺等情形。 2. 具有手動操作功能者，將安全栓拔下，以手動方式使其動作，確認撞針之動作，彈簧之復歸動作是否正常。
			判定方法	1. 活塞桿、撞針應無彎曲、斷裂或短缺等情形。 2. 動作及復歸動作應正常。

4-62 鹵化烴滅火設備性能檢查（二）

一、蓄壓式鹵化烴滅火藥劑儲存容器等	2 容器閥開放裝置	電氣啟動藥劑方式	檢查方法	1. 將裝設在容器閥上藥劑釋放模組之啟動器從端子接點上取下，確認啟動器本體及藥劑釋放模組電路板有無彎曲、斷裂或短缺等情形。 2. 將原先安裝在藥劑釋放模組之啟動器端子接點上與 AG 燈泡（鎢絲燈泡）連接，以自動或手動方式使其動作，確認 AG 燈泡（鎢絲燈泡）是否動作及藥劑釋放模組動作 LED 燈是否常亮。
			判定方法	1. 啟動器本體及藥劑釋放模組電路板應無彎曲、斷裂或短缺等情形。 2. AG 燈泡（鎢絲燈泡）應能動作及藥劑釋放模組動作 LED 燈為常亮。
	3 連結管		檢查方法	（連結管及集合管）以扳手確認連接部位有無鬆動之情形。
			判定方法	連接部位應無鬆動之情形。
二、加壓式鹵化烴滅火藥劑儲存容器等	1 滅火藥劑量		檢查方法	以目視確認液面計之液面高度。
			判定方法	液面之標示應於規定之位置。
	2 放出閥		檢查方法	1. 以扳手確認安裝部位有無鬆動之情形。 2. 以試驗用氣體確認放出閥之開關功能是否正常。 3. 以試驗用氣體自操作管連接部分加壓，確認氣體有無洩漏。
			判定方法	1. 應無鬆動之情形。 2. 開關功能應正常。 3. 應無洩漏之情形。
	3 閥類		檢查方法	以手操作，確認開關功能是否可輕易操作。
			判定方法	可輕易進行開關之操作。
			注意事項	完成檢查後，應回復至原來之開關狀態。
	4 加壓用氣體容器等	氣體量	檢查方法	1. 氣體量，用前項一之 1 之檢查方法的規定確認之。 2. 關閉壓力試驗閥後，打開加壓手動閥，以目視確認壓力調整器之壓力值。
			判定方法	1. 氣體量應在規定量以上。 2. 高壓側之壓力表指針應標示在規定壓力值之範圍內。
			注意事項	檢查結束，在關閉手動加壓閥之後，將將儲存容器之洩氣閥及壓力試驗閥打開，確認加壓用氣體已放出後，再使其復歸。
		容器閥開放裝置		準用前一之 2 之規定確認之。

鹵化烴滅火設備性能檢查

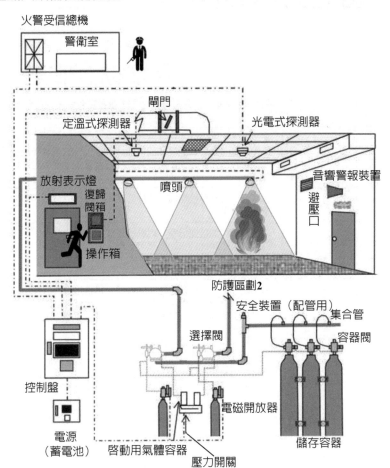

火警受信總機

警衛室

閘門

定溫式探測器

光電式探測器

放射表示燈

復歸閥箱

噴頭

音響警報裝置

避壓口

操作箱

防護區劃2

安全裝置（配管用）

集合管

選擇閥

容器閥

控制盤

電磁開放器

電源（蓄電池）

啓動用氣體容器

壓力開關

儲存容器

二、加壓式鹵化烴滅火藥劑儲存容器等	4 加壓用氣體容器等	壓力調整器	檢查方法	關閉設在壓力調整器二次側之檢查用開關或替代閥，以手動操作或以氣壓、電氣方式之容器閥開放裝置使加壓用氣體容器之容器閥動作開放，確認一、二次側壓力表之指度及指針之動作。
			判定方法	1. 各部位應無氣體洩漏情形。 2. 一次側壓力表之指針應在規定壓力值。 3. 一次側壓力表之指針應在設定壓力值，且功能正常。
	5 連結管及集合管			準用前一之 2 之規定確認之。

4-63 鹵化烴滅火設備性能檢查（三）

三、啓動用氣體容器等	1 氣體量	檢查方法	1. 將裝在容器閥之容器閥開放裝置、操作管卸下，自容器收存箱中取出。 2. 使用可測定達 20kg 之彈簧秤或秤重計，測量容器重量。 3. 核對裝設在容器上之面板或重量表所記載之重量。
		判定方法	二氧化碳之重量，其記載重量與測得重量之差值，應在充填量 10% 以下。
	2 容器閥裝置	檢查方法	1. 電氣式者，準依前項規定確認之。 2. 手動式者，應將容器閥開放裝置取下，以確認活塞桿或撞針有無彎曲、斷裂或短缺等情形，及手動操作部之安全栓或封條是否能迅速脫離。
		判定方法	1. 活塞桿、撞針等應無彎曲、斷裂或短缺等情形。 2. 應可確實動作。
四、選擇閥	1 閥本體	檢查方法	1. 以扳手確認連接部分有無鬆動等現象。 2. 以試驗用氣體確認其功能是否正常。
		判定方法	連接部分不得有鬆弛等情形，且性能應正常。
	2 開放裝置	電氣式 檢查方法	1. 取下端子部之護蓋，確認末端處理、結線接續之狀況是否正常。 2. 操作供該選擇閥使用之啓動裝置，使開放裝置動作。 3. 啓動裝置復歸後，在控制盤上切斷電源，以拉桿復歸方式，使開放裝置復歸。 4. 以手動操作開放裝置，使其動作後，依前 3 之同樣方式使其復歸。
		電氣式 判定方法	1. 以端子盤連接者，應無端子螺絲鬆動，及端子護蓋脫落等現象。 2. 以電氣操作或手動操作均可使其確實動作。 3. 選擇閥於「開」狀態時，拉桿等之扣環應成解除狀態。
		電氣式 注意事項	與儲存容器之電氣式開放裝置連動者，應先將開放裝置自容器閥取下。
		氣壓式 檢查方法	1. 使用試驗用二氧化碳容器（內容積 1 公升以上，二氧化碳藥劑量 0.6kg 以上），自操作管連接部加壓，確認其動作是否正常。 2. 移除加壓源時，選擇閥由彈簧之動作或操作拉桿，確認其有無復歸。
		氣壓式 判定方法	1. 活塞桿應無變形、損傷之情形，且動作確實。 2. 選擇閥於「開」狀態時，確認插梢應呈突出狀態，且拉桿等之扣環應呈解除狀態。
		氣壓式 注意事項	實施加壓試驗時，操作管連接於儲存容器開放裝置者，應先將開放裝置自容器閥取下。

選擇閥外觀檢查

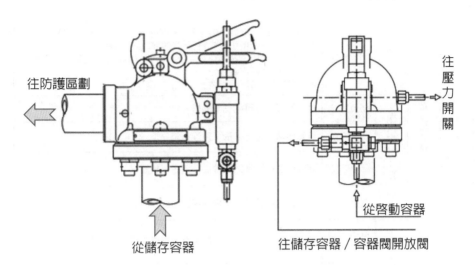

往防護區劃

往壓力開關

從啓動容器

從儲存容器

往儲存容器／容器閥開放閥

五、操作管	檢查方法			（操作管及逆止閥） 1. 以扳手確認連接部分有無鬆弛等現象。 2. 取下逆止閥，以試驗用氣體確認其功能有無正常。
	判定方法			1. 連接部分應無鬆動等現象。 2. 逆止閥之功能應正常。
六、啓動裝置	手動啓動裝置	1 操作箱	檢查方法	由開、關操作確認箱門是否能確實開關。
			判定方法	箱門應能確實開、關。
		2 警報用開關	檢查方法	打開箱門，確認警報用開關不得有變形、損傷等情形，及警報裝置有無正常鳴響。
			判定方法	1. 操作箱之箱門打開時，該系統之警報裝置應能正常鳴響。 2. 應無變形、損傷、脫落、端子鬆動、導線損傷、斷線等現象。
			注意事項	警報用開關與操作箱之箱門間未設有微動開關者，當操作警報用按鈕時，警報裝置應能正常鳴響。
		3 按鈕等	檢查方法	1. 將藥劑儲存容器或啓動用氣體容器之容器閥開放裝置自容器閥取下，打開操作箱箱門，確認按鈕等有無變形、損傷等情形。 2. 操作該操作箱之放射用啓動按鈕或放射用開關，以確認其動作狀況。 3. 再進行上述試驗，於遲延裝置之時間範圍內，當操作緊急停止按鈕或緊急停止裝置時，確認容器閥開放裝置是否動作。

4-64 鹵化烴滅火設備性能檢查（四）

六、啟動裝置	手動啟動裝置	3 按鈕等	判定方法	1. 應無變形、損傷、端子鬆動等情形。 2. 放射用啟動按鈕應於警報音響動作後始可操作。 3. 操作放射用啟動按鈕後，遲延裝置開始動作，電氣式容器閥開放裝置應正常動作。 4. 緊急停止功能應正常。
		4 標示燈	檢查方法	操作開關，以確認有無亮燈。
			判定方法	應無明顯之劣化情形，且應正常亮燈。
		5 斷線偵測	檢查方法	將手動啟動裝置回路線從控制主機板離線。
			判定方法	將回路線離線時，主機應發出斷線故障訊號。
	自動啟動裝置	1 火災探測裝置	檢查及判定方法	有關其檢查，準用火警自動警報設備之檢查要領確認之。
			注意事項	受信總機或專用控制盤上之自動、手動切換裝置，應置於「手動」之位置。
		2 切換裝置	檢查方法	1. 將儲存容器用或啟動氣體容器用之容器閥開放裝置自容器閥取下。 2. 如為「自動」時，將切換裝置切換至「自動」之位置，使探測器或受信總機內探測器回路之端子短路。 3. 如為「手動」時，將切換裝置切換至「手動」之位置，使探測器或受信總機內探測器回路之端子短路。 4. 應依每一防護區域或防護對象物分別確認其功能。
			判定方法	1. 如為「自動」時： (1) 警報裝置鳴動。 (2) 火警表示燈亮燈。 (3) 遲延裝置動作。 (4) 通風換氣裝置停止。 (5) 容器閥開放裝置動作。 2. 如為「手動」時： (1) 警報裝置鳴動。 (2) 火警表示燈亮燈。
			注意事項	1. 檢查時應一併進行警報、控制裝置之性能檢查。 2. 使裝置動作時，應先將容器閥開放裝置取下進行。

加壓式性能檢查

壓力調整器　　　　安全裝置
一次側　　二次側　　安全閥
　　　　　　　　　破裂板

儲存容器

加壓用氣體容器

六、啟動裝置	手動啟動裝置	3 切換燈	檢查方法	確認是否能正常亮燈。
			判定方法	應無明顯劣化之情形，且應正常亮燈。
		4 斷線偵測	檢查方法	將手動啟動裝置回路線從控制主機板離線。
			判定方法	將回路線離線時，主機應發出斷線故障訊號。
七、警報裝置	音響警報		檢查方法	1. 每一防護區域或防護對象物，應進行探測器或手動啟動裝置之警報操作，以確認有無正常鳴動。 2. 音量應使用噪音計測定之。
			判定方法	每一防護區域或防護對象物之警報系統應正確，且距警報裝置一公尺處之音量應在九十分貝以上。
	語音警告		檢查方法	依前項檢查要領，連續進行兩次以上，在發出正常之警鈴等警告音響後，確認有無發出語音警報。
			判定方法	1. 警報系統動作區域正確，且距揚聲器一公尺處之音量應在九十分貝以上。 2. 語音警報啟動後，需先發出警鈴等警告音響，再播放退避之語音內容。

4-65 鹵化烴滅火設備性能檢查（五）

八、控制裝置	1 開關類	檢查方法	以螺絲起子及開關操作確認端子有無鬆動，及開關功能是否正常。
		判定方法	1. 端子應無鬆動，且無發熱之情形。 2. 應可正常開關。
	2 遲延裝置	檢查方法	遲延裝置之動作時限，應依前五之啓動裝置檢查方法進行檢查，操作啓動按鈕後，測定至容器閥開放裝置動作所需時間。
		判定方法	動作時限應在 20 秒以上，且在設計時之設定值範圍內。
		注意事項	使裝置動作時，應先將容器閥開放裝置取下才進行。
	3 保險絲類	檢查方法	確認有無損傷熔斷之情形，及是否為規定之種類及容量。
		判定方法	1. 應無損傷、熔斷之情形。 2. 應依回路圖上所示之種類及容量設置。
	4 繼電氣	檢查方法	確認有無脫落、端子鬆動、接點燒損、灰塵附著等情形，並藉由開關之操作，使繼電氣動作，以確認功能。
		判定方法	1. 應無脫落、端子鬆動、接點燒損、灰塵附著等情形。 2. 應正常動作。
	5 標示燈	檢查方法	由開關操作，以確認有無亮燈。
		判定方法	應無明顯之劣化情形，且應正常亮燈。
	6 結線接續	檢查方法	以目視及螺絲起子確認有無斷線、端子鬆動等情形。
		判定方法	應無斷線、端子鬆動、脫落、損傷等情形。
	7 接地	檢查方法	以目視或三用電表，確認有無腐蝕、斷線等情形。
		判定方法	應無顯著腐蝕、斷線等之損傷現象。
九、放射表示燈		檢查方法	以手動方式使壓力開關動作，或使控制盤內之表示回路端子短路，以確認有無亮燈。
		判定方法	應正常亮燈。
十、防護區劃	1 自動關閉裝置	電氣動作者 檢查方法	（鐵捲門、馬達、閘板）操作手動啓動裝置，確認自動關閉裝置之關閉狀態有無異常。
		判定方法	1. 各自動關閉裝置均應確實動作，且於遲延裝置之動作時限內達到關閉狀態。 2. 對於設在出入口之鐵捲門，或無其他出入口可退避者，應設有當操作啓動按鈕後，於延遲時間內可完全關閉之遲延裝置，及鐵捲門關閉後滅火藥劑方能放射出之構造。
		注意事項	操作手動啓動裝置時，應先將容器閥開放裝置取下後再進行。

警報裝置及放射表示燈等性能檢查

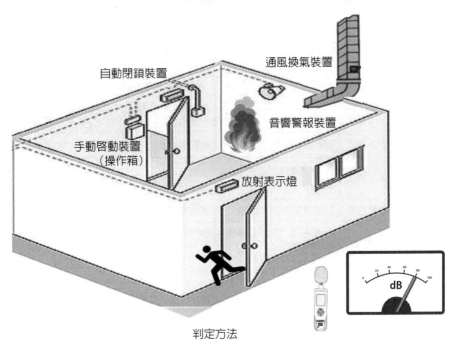

判定方法
① 警報系統動作區域正確，且距揚聲器一公尺處之音量應在九十分貝以上。
② 語音警報啓動後，需先發出警鈴等警告音響，再播放退避之語音內容。

十、防護區劃	1 自動關閉裝置	氣壓動作者	檢查方法	（閘板等） 1. 使用試驗用氣體（試驗用啓動氣體、氮氣或空氣），連接通往自動關閉裝置之操作管。 2. 釋放試驗用氣體，確認自動關閉裝置之關閉狀態有無異常。 3. 確認有無氣體自操作管、自動關閉裝置洩漏，自動關閉裝置於釋放加壓壓力後有無自動復歸，及其復歸狀態是否異常。
			判定方法	3. 所有自動關閉裝置均應能確實動作。 4. 如為復歸型者，應能確實復歸。
			注意事項	使用氮氣或空氣時，應加壓至大約 30kgf/cm^2。
	2 換氣裝置		檢查方法	操作手動啓動裝置，確認換氣裝置於停止狀態時有無異常。
			判定方法	所有換氣裝置，應於遲延裝置之動作時限範圍內確實保持停止狀態。
			注意事項	1. 操作手動啓動裝置時，應先將容器閥開放裝置取下後再進行。 2. 換氣裝置如與滅火後之滅火藥劑排出裝置共用時，應自防護區域外進行復歸運轉。

4-66 鹵化烴滅火設備性能檢查（六）

十一、緊急電源（限內藏型者）	1 端子電壓	檢查方法	1. 以電壓計測定確認充電狀態通往蓄電池充電回路之端子電壓。 2. 操作電池試驗用開關，由電壓計確認其容量是否正常。
		判定方法	1. 應於充電裝置之指示範圍內。 2. 操作電池試驗用開關約三秒，該電壓計安定時之容量，應在電壓計之規定電壓值範圍內。
		注意事項	進行容量試驗時，約三秒後，俟電壓計之指示值穩定，再讀取數值。
	2 切換裝置	檢查方法	切斷常用電源，以電壓計或由電源監視用表示燈確認電源之切換狀況。
		判定方法	1. 緊急電源之切換可自動執行。 2. 復舊狀況正常。
	3 充電裝置	檢查方法	以三用電表確認變壓器、整流器等之功能。
		判定方法	1. 變壓器、整流器等應無異常聲音、異臭、異常發熱、顯著灰塵或損傷等情形。 2. 電流計或電壓計應指示在規定值以上。 3. 具有充電電源監視燈者，應正常亮燈。
	4 結線接續	檢查方法	以目視及螺絲起子確認有無斷線、端子鬆動等情形。
		判定方法	應無斷線、端子鬆動、脫落、損傷等情形。
十二、耐震措施		檢查方法	1. 應確認設於容許變位量較大部分之可撓式管接頭及貫穿牆、樓地板部分，有無變形、損傷等情形，及耐震措施是否恰當。 2. 以目視及螺絲起子確認儲存容器等之支撐固定架有無異常。
		判定方法	1. 可撓式管接頭等應無變形、損傷、明顯腐蝕等情形，且貫穿牆、樓地板部分之間隙、充填部，應維持設置施工時之狀態。 2. 使用在儲存容器等之支撐固定架之錨定螺栓、螺帽，應無變形、損傷、鬆動、明顯腐蝕等情形，且支撐固定架應無損傷。

鹵化烴滅火設備

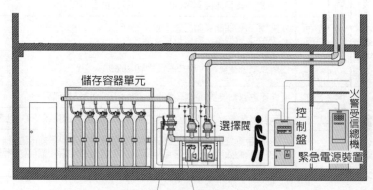

（NITTAN 株式會社，平成 31 年）

緊急電源性能檢查

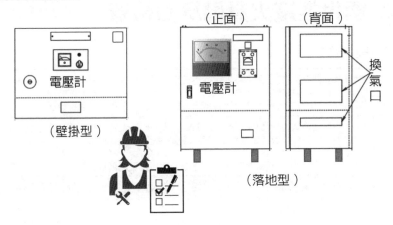

耐震措施性能檢查

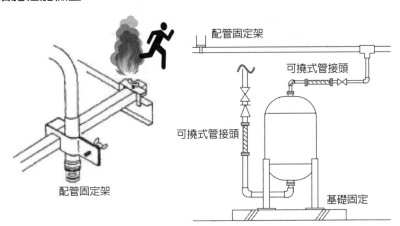

氣體滅火設備之管路設計工作壓力

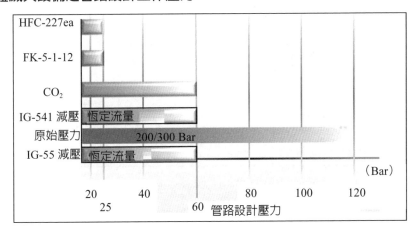

4-67 鹵化烴滅火設備綜合檢查

（全區放射方式）

將電源切換為緊急電源狀態，依下列各點規定進行檢查。鹵化烴滅火設備全區放射方式應依設置之系統數量進行抽樣檢查，其抽樣分配方式如 p.274 表 1 例示。抽測之系統放射區域在二區以上時，應至少擇一放射區域實施放射試驗；進行放射試驗系統，應於滅火藥劑儲存容器標示放射日期。

檢查方法	1. 以空氣或氮氣進行放射試驗，所需量應就放射區域應設滅火藥劑量之 10%，每公斤以下表所列公升數之比例核算，每次試驗最多放出 5 支。 表鹵化烴滅火藥劑每公斤核算空氣量或氮氣量 滅火藥劑 / 每公斤核算空氣量或氮氣量（公升） HFC-23 / 34 HFC-227ea / 14 2. 檢查時應注意下列事項： (1) 充填空氣或氮氣之試驗用氣體容器壓力，應與該滅火設備之儲存容器之充填壓力大約相等。 (2) 使用啟動用氣體容器之設備者，應準備與 (1) 相同之數量。 (3) 應準備必要數量供塞住集合管或容器閥及操作管帽蓋或塞子。 3. 檢查前，應就儲存容器部分事先備好加壓氣體容器。 (1) 暫時切斷控制盤等電源設備。 (2) 取下容器閥開放裝置及操作管，連接裝設在試驗用氣體容器上。 (3) 除試驗用氣體容器外，應取下連接管後用帽蓋蓋住集合管部。 (4) 應塞住放射用以外之操作管。 (5) 確認除儲存容器及加壓用氣體容器外，其餘是否正常狀態。 (6) 控制盤等之設備電源，應在「開」之位置。 4. 檢查時，啟動操作應就下列方式擇一進行： (1) 手動式，應操作手動啟動裝置使其啟動。 (2) 自動式，應將自動、手動切換裝置切換至「自動」位置，以探測器動作、或使受信機、控制盤探測器回路端子短路，使其啟動。

表格內容（表鹵化烴滅火藥劑每公斤核算空氣量或氮氣量）：

滅火藥劑	每公斤核算空氣量或氮氣量（公升）
HFC-23	34
HFC-227ea	14

判定方法	1. 警報裝置應確實鳴響。 2. 遲延裝置應確實動作。 3. 開口部等之自動關閉裝置應能正常動作，換氣裝置應確實停止。 4. 指定防護區劃之啟動裝置及選擇閥能確實動作，可放射試驗用氣體。 5. 配管內之試驗用氣體應無洩漏情形。 6. 放射表示燈應確實亮燈。
注意事項	1. 檢查結束後，應將檢查時使用之加壓用氣體容器或清洗用氣體容器，換裝為替代容器，進行再充填。 2. 在未完成完全換氣前，不得進入放射區域。遇不得已之情形非進入不可時，應配載空氣呼吸器。 3. 檢查結束後，應將所有回復定位。

鹵化烴滅火設備綜合檢查（全區放射方式）

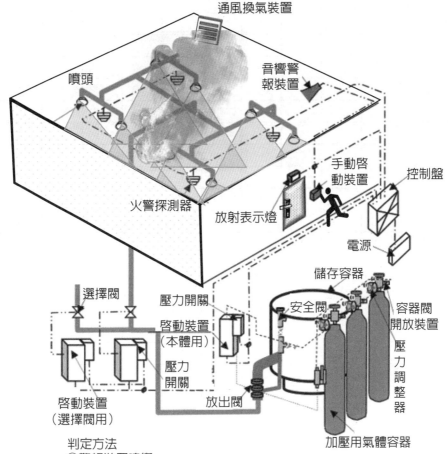

通風換氣裝置

噴頭

音響警
報裝置

手動啓
動裝置

控制盤

火警探測器

放射表示燈

電源

儲存容器

選擇閥

壓力開關

安全閥

容器閥
開放裝置

啓動裝置
（本體用）

壓力
調
整
器

壓力
開關

放出閥

啓動裝置
（選擇閥用）

加壓用氣體容器

判定方法
①警報裝置鳴響。
②遲延裝置動作。
③開口部等自動關閉裝置、換氣裝置應停止。
④指定啓動裝置及選擇閥應能確實動作。
⑤配管內試驗用氣體無洩漏。
⑥放射表示燈亮燈。

＋知識補充站

鹵化烴滅火設備滅火機制

在火焰燃燒過程中，物質燃燒時產生大量 H、OH 離子等游離基，這是一種非常不穩定之中間產物，其生命週期非常短暫，在火焰燃燒過程中，游離基消失瞬間幾乎又同時產生，引發一連串連鎖反應，形成一直延燒下去，至火焰消失形成悶燒時始停止。而鹵化物滅火設備的滅火原理，主要是負觸媒效應，當鹵物烷放射後，受熱分解成鹵化游離基（親電子性），能快速捕捉 H、OH 離子等游離基，達到阻斷或抑制火焰連鎖反應，令火焰停止，最後熄滅之作用。

表 1　鹵化烴滅火設備全區及局部放射方式之綜合檢查抽樣分配表

設置數量／套	第1年	第2年	第3年	第4年	第5年	第6年	第7年	第8年	第9年	第10年
1										1
2									1	1
3								1	1	1
4							1	1	1	1
5						1	1	1	1	1
6					1	1	1	1	1	1
7				1	1	1	1	1	1	1
8			1	1	1	1	1	1	1	1
9		1	1	1	1	1	1	1	1	1
10	1	1	1	1	1	1	1	1	1	1
11	1	1	1	1	1	1	1	1	1	2
12	1	1	1	1	1	1	1	1	2	2
13	1	1	1	1	1	1	1	2	2	2
14	1	1	1	1	1	1	2	2	2	2
15	1	1	1	1	1	2	2	2	2	2
16	1	1	1	1	2	2	2	2	2	2
17	1	1	1	2	2	2	2	2	2	2
18	1	1	2	2	2	2	2	2	2	2
19	1	2	2	2	2	2	2	2	2	2
20	2	2	2	2	2	2	2	2	2	2
21	2	2	2	2	2	2	2	2	2	3

備註：系統設置數量超過 21 套者，依其比例類推分配。

＋ 知識補充站

日本消防設備三條路徑開發新體系

消防用設備新體系

為了促進消防領域新技術發展，因應大規模複雜建築物之高層化和地下化A路徑（現有規格式法規）、B路徑（性能法規）、C路徑（部長認定）等三條多樣化路經（平成16年實施）。

路徑A　規格式規定
（消防法第17條之1）

・滅火設備
・警報設備
・避難設備
・消防搶救必要設備

消防法第17條之1消防用設備等

路徑A與路徑B相同依法定程序之消防用設備，以確保透明性
・檢修申報義務
・消防設備認可
・消防設備士業務對象

路徑B　性能式規定
（消防法第17條之1）
・抑制初期擴大性能
・支援避難活動性能
・支援消防活動性能

・具有與法定消防設備同等性能並能替代
・具有必要防火安全性能之消防設備
・如套裝型滅火設備替代室內消防栓設備
・如套裝型自動滅火設備替代自動撒水設備

路徑C　部長認定
（消防法第17條之3）
依消防法施行細則之程序規定

・新技術開發之特殊消防用設備等部長認定
・如新開發高性能滅火藥劑
・如特殊灑水設備精準定位放射
・由專門機構進行性能評估後部長批准
・不依法規基準，由該設備維護計畫彈性管理，促進技術開發

特殊消防用設備等

部長認定特殊消防用設備已在一定程度上擴展並累積技術知識，移轉路徑B，能簡化程序進行普及化

4-68 鹵化烴滅火設備檢查表

鹵化烴滅火設備檢查表		區劃名稱：			（設備方式：□全區）
檢修項目			檢修結果		處置措施
		種別、容量等內容	判定	不良狀況	
外觀檢查					
蓄壓式滅火藥劑儲存容器等	滅火藥劑儲存容器	外形	kg　　支		
		設置狀況	℃		
	容器閥等				
	容器閥開放裝置		個		
	連結管集合管		A		
加壓式滅火藥劑儲存容器等	滅火藥劑儲存容器	外形			
		設置狀況			
		標示			
		安全裝置			
	放出閥				
	閥類				
	加壓用氣體容器等	加壓氣體容器	外形		
			設置狀況		
			標示		
		容器閥等			
		容器閥開放裝置			
		壓力調整器			
	連結管集合管				
啓動用氣體容器等	啓動用氣體容器	外形	kg　　支		
		標示			
	容器閥等				
	容器閥開放裝置		個		
選擇閥	本體	外形	個		
		標示			

	開放裝置	電氣式	個			
		氣壓式	個			
操作管及逆止閥						
啓動裝置	手動啓動裝置	周圍狀況				
		外形				
		電源表示燈				
	自動啓動裝置	火災探測裝置				
		切換裝置				
警報裝置						
控制裝置	控制盤	周圍狀況				
		外形	□壁掛型 □直立型 □埋入型 □專用 □兼用			
	電壓計		DC　　V			
	開關類					
	標示					
	備用品等					
配管						
放射表示燈			個			
噴頭	外形		個			
	放射障礙					
防護區劃	區劃變更及氣密					
	開口部自動關閉		式 × 個自動 關閉器 × 個			
緊急電源	外形					
	標示					
性能檢查						
蓄壓式滅火藥劑儲存容器	滅火藥劑量		L　　支			
	容器閥開放裝置	電氣式				
		氣壓式				

加壓式滅火藥劑儲存容器等		滅火藥劑量		L　支			
		放出閥					
		閥類等					
	加壓用氣體容器	氣體量					
		容器閥裝置	電氣式				
			氣壓式				
		壓力調整器					
	連結管集合管						
啓動用氣體容氣等		氣體量		L　支			
		容器閥開放裝置					
選擇閥		閥本體					
	開放裝置	電氣式					
		氣壓式					
		操作管‧逆止閥					
啓動裝置	手動啓動裝置	操作箱					
		警報用開關		個			
		按鈕等					
		標示燈					
		斷線偵測					
	自動啓動裝置	火災探測裝置		□專用 □兼用			
		切換裝置					
		切換表示燈					
		斷線偵測					
警報裝置		音響					
		音聲		分貝			
控制裝置		開關類					
		遲延裝置		秒			
		保險絲類		A			
		繼電氣					
		標示燈					
		結線接續					

		接地					
	放射表示燈		DC　　V				
防護區劃	自動關閉	電氣式					
		氣壓式					
	換氣裝置						
緊急電源	端子電壓		DC　　V				
	切換裝置						
	充電裝置						
	結線接續						
	耐震措施						
	綜合檢查						
全區放射方式	警報方式						
	遲延裝置		秒				
	開口部自動關閉裝置						
	啓動裝置選擇閥						
	試驗用氣體有無洩漏						
	放射表示燈						

備註	一、各區劃所需滅火藥劑量

區劃名稱	選擇閥口徑	容器數	所需氣體量

二、進行放射試驗之區劃：
三、使用試驗用氣體名稱：

檢查器材	機器名稱	型式	校正年月日	製造廠商	機器名稱	型式	校正年月日	製造廠商

檢查日期	自民國　　　年　　　月　　　日　至民國　　　年　　　月　　　日				
檢修人員	姓名		消防設備師（士）	證書字號	簽章
	姓名		消防設備師（士）	證書字號	簽章

1. 應於「種別、容量等內容」欄內填入適當之項目。
2. 檢查合格者於判定欄內打「○」；有不良情形時，於判定欄內打「×」，並將不良情形填載於「不良狀況」欄。

4-69 簡易自動滅火設備外觀檢查（一）

一、蓄壓式滅火藥劑儲存容器等	1 滅火藥劑儲存容器	檢查方法	外形	1. 以目視確認儲存容器、固定架、各種計量儀器有無變形、腐蝕等情形。 2. 以目視確認容器是否確實固定於固定架上（容器箱內）。 3. 核對設計圖面，確認設置之容器數量與規格。
			設置狀況	1. 確認設置場所採光照明是否充足，並確認檢查及操作之空間是否足夠。 2. 確認周圍溫度是否在 49℃以下。
			標示	以目視確認標示有無損傷、變形等。
		判定方法	外形	1. 應無變形、損傷、明顯腐蝕、生鏽或塗裝剝離等情形。 2. 以推押容器之方式，確認容器本體確實固定在固定架上；容器若放置於容器箱內者，則推押容器箱判斷箱體是否固定牢靠。 3. 容器數量與規格需依規定設置。
			設置狀況	1. 具適當採光，且應無檢查及使用上之障礙。 2. 周圍溫度在 49℃以下。
			標示	應無損傷、脫落、汙損等情形。
	2 容器閥等	檢查方法		以目視確認容器閥有無變形、腐蝕等情形。
		判定方法		應無變形、損傷、明顯腐蝕等情形。
	3 壓力表	檢查方法		目視確認有無變形損傷等情形且壓力指示值適當正常。
		判定方法		1. 應無變形、損傷等情形。 2. 指針應在綠色指示範圍內。
二、加壓式乾粉滅火藥劑儲存容器等	1 滅火藥劑儲存容器	檢查方法	外形	1. 以目視確認儲存容器、固定架、各種計量儀器有無變形、腐蝕等情形。 2. 目視確認容器本體是否確實固定於固定架（容器箱）上。 3. 核對設計圖面，確認設置之容器數量與規格。
			設置狀況	1. 確認設置場所採光照明是否充足，並確認檢查及操作之空間是否足夠。 2. 周圍溫度在 49℃以下。
			標示	以目視確認標示有無損傷、變形等。
			安全裝置（洩壓閥）	以目視確認放出口有無阻塞之情形。
		判定方法	外形	1. 應無變形、損傷、明顯腐蝕、生鏽或塗裝剝離等情形。 2. 以推押容器之方式，確認容器本體確實固定在固定架上；容器若放置於容器箱內者，則推押容器箱判斷箱體是否固定牢靠。 3. 容器數量與規格應依規定設置。

簡易自動滅火設備外觀檢查

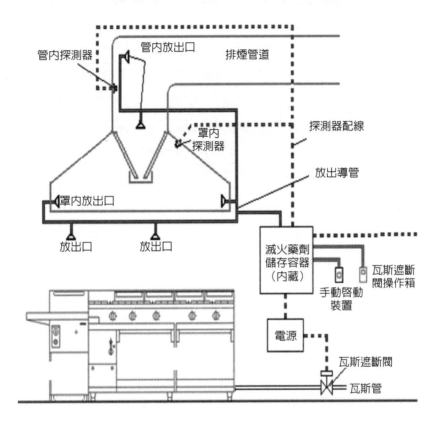

	1 滅火藥劑儲存容器	判定方法	設置狀況	1. 具適當採光，且應無檢查及使用上之障礙。 2. 周圍溫度在 49℃以下。
二 、 加 壓 式 乾 粉 滅 火 藥 劑 儲 存 容 器 等			標示	應無損傷、脫落、汙損等情形。
			安全裝置	放出口應無阻塞之情形。
	2 容器閥	檢查方法		以目視確認有無變形、腐蝕等情形。
		判定方法		應無變形、損傷、明顯腐蝕等情形。
	3 加壓氣體容器	加壓用氣體容器	檢查方法	外形	1. 以目視確認儲存容器、固定框架、各種測量計等有無變形或腐蝕等情形。 2. 以目視確認容器本體有無確實固定在固定框架上。
				設置狀況	1. 設置場所採光照明充足，確認檢查及操作空間足夠。 2. 周圍溫度在 49℃以下。
				標示	確認儲存容器之設置處所，是否設有「乾粉滅火藥劑儲存容器設置場所」標示。

4-70 簡易自動滅火設備外觀檢查（二）

二、加壓式乾粉滅火藥劑儲存容器等	3 加壓氣體容器	加壓用氣體容器	判定方法	外形	1. 應無變形損傷明顯腐蝕、生鏽或塗裝剝離等情形。 2. 推押容器方式確認容器本體應確實固定在固定架或底座上。
				設置狀況	1. 設置場所採光照明充足並確認檢查及操作空間足夠。 2. 周圍溫度在 49℃以下。
				標示	應無損傷、脫落、汙損等情形。
		容器閥	檢查方法		以目視確認容器閥有無變形、腐蝕等情形。
			判定方法		應無變形、損傷、明顯腐蝕等情形。
		容器閥開放裝置	檢查方法		以目視確認容器閥開放裝置有無變形、脫落等情形。
			判定方法		1. 容器閥開放裝置應確實裝接於容器閥本體上，如為電氣式者，導線應無劣化或斷裂；如為氣壓式者，操作管及其連接部分應無鬆動或脫落之情形；如為利用鋼索牽引之彈簧撞針式者，鋼索與操作管及其連接部分應無鬆動或脫落之情形。 2. 具有手動啟動裝置之開放裝置，其操作部應無明顯之鏽蝕情形。 3. 應裝設有安全栓或安全插梢。
			注意事項		檢查時，為防止產生誤放事故，請勿予強烈之衝擊。
		壓力調整器	檢查方法		以目視確認壓力調整器有無變形、損傷等情形，及有無確實固定於容器閥上。
			判定方法		應無變形、損傷等情形，且應確實固定。
	連結管	檢查方法			（連結管及集合管）以目視確認有無變形、腐蝕等情形，及是否有確實連接。
		判定方法			應無變形、損傷、明顯腐蝕等情形，並應確實連接。
三、啟動裝置	1 手動啟動裝置	檢查方法	周圍狀況		1. 確認操作箱周圍有無檢查及使用上之障礙，及設置位置是否適當。 2. 確認啟動裝置及其附近有無標示所屬防護區域名稱或防護對象名稱與標示操作方法，及其保安上之注意事項是否適當。 3. 確認啟動裝置附近有無「手動啟動裝置」標示。
			外形		1. 以目視確認操作箱有無變形、脫落等現象。 2. 確認箱面紅色之塗裝有無剝離、汙損等現象。
			電源燈		確認有無亮燈及其標示是否正常。
		判定方法	周圍狀況		1. 其周圍應無檢查及使用上之障礙，並應設於能看清區域內部且操作後能容易退避之防護區域附近。 2. 標示應無損傷、脫落、汙損等現象。

啟動裝置等外觀檢查

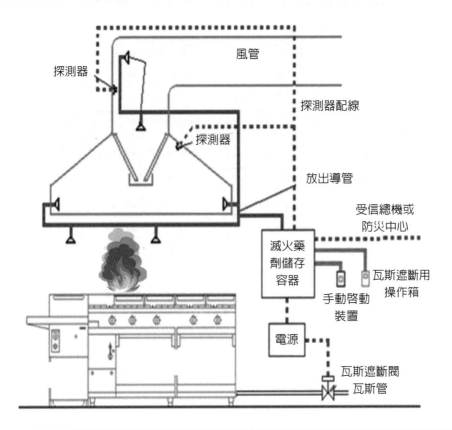

探測器
風管
探測器
探測器配線
放出導管
受信總機或
防災中心
滅火藥劑儲存容器
瓦斯遮斷用操作箱
手動啟動裝置
電源
瓦斯遮斷閥
瓦斯管

三、啟動裝置	1 手動啟動裝置	檢查方法	外形	1. 操作箱應無變形、損傷、脫落等現象。 2. 紅色塗裝應無剝離、汙損等現象。
			電源燈	保持亮燈，且該標示應有所屬防護區域名稱、防護對象物名稱。
	2 自動啟動裝置	檢查方法		1. 採電氣式偵熱或火焰式探測器者，以目視確認外形有無變形、嚴重油垢、明顯腐蝕等現象。 2. 採機械式熱熔片（熱敏玻璃）探測器之鋼索者，以目視確認連接有無損傷、汙損等現象及是否牢固。
		判定方法		1. 探測器外形無變形、嚴重油垢、明顯腐蝕等現象。 2. 鋼索無損傷、汙損等現象並牢固設置。
四、控制裝置	檢查方法	控制盤（或機械式噴放控制器）	周圍狀況	確認周圍有無檢查及使用上之障礙。
			外形	1. 以目視確認有無變形、腐蝕等現象。 2. 其組件與容器閥連接部位是否牢固。 3. 具有手動啟動按鈕（拉柄）之控制裝置，其操作部是否正常堪用，並裝設有封條或防護罩。

4-71 簡易自動滅火設備外觀檢查（三）

四、控制裝置	檢查方法	系統狀態指示器或電源燈		1. 以目視確認有無變形、破損等情形。 2. 確認系統狀態指示或電源電壓是否正常。
		開關類		以目視確認有無變形、損傷等情形，及開關位置是否正常。
		標示		確認標示是否正常。
		備用品等		確認是否備有保險絲、燈泡等備用品及回路圖、操作說明書等。
	判定方法	控制盤（或機械式噴放控制器）	周圍狀況	應設於不易受火災波及之位置，且其周圍應無檢查及使用上之障礙。
			外形	1. 應無變形、損傷、明顯腐蝕等現象。 2. 其組件及與鋼瓶閥連接部位應牢固。 3. 具有手動啟動按鈕（拉柄）之控制裝置，其操作部應正常堪用並裝設有封條或防護罩。
		系統狀態指示器或電源燈		1. 以目視確認有無變形、破損等情形。 2. 確認統狀態指示或電源電壓是否正常。
		開關類		應無變形、損傷、脫落等情形，且開關位置正常。
		標示		1. 開關等之名稱應無汙損、模糊不清等情形。 2. 面板不得剝落。
		備用品等		1. 應備有保險絲、燈泡等備用品。 2. 應備有回路圖、操作說明書等。
五、配管	檢查方法	管及接頭		以目視確認有無損傷、腐蝕等情形，且有無供作其他物品之支撐或懸掛吊具等。
		金屬支撐吊架		以目視及手觸摸等方式，確認有無脫落、彎曲、鬆弛等情形。
	判定方法	管及接頭		1. 應無損傷、明顯腐蝕等情形。 2. 應無作為其他物品之支撐或懸掛吊具。
		金屬支撐吊架		應無脫落、彎曲、鬆弛等情形。
六、噴頭	外形	檢查方法		1. 以目視確認有無變形、腐蝕等現象。 2. 噴頭噴孔應設有保護蓋或膜片保護。
		判定方法		1. 應無變形、損傷、明顯腐蝕、阻塞等情。 2. 形噴頭噴孔保護蓋或膜片需完好。
	放射障礙	檢查方法		以目視確認周圍有無造成放射障礙之物品，及裝設角度是否正常。
		判定方法		1. 周圍應無造成放射障礙之物品。 2. 噴頭之裝設角度應對準爐具中心或依原核准設計圖面。

噴頭等外觀檢查

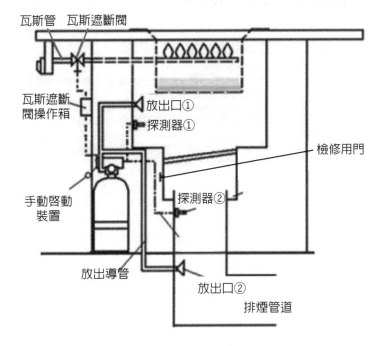

七、瓦斯遮斷閥	外形	檢查方法	以目視確認本體及管路接續處有無變形、腐蝕等現象。
		判定方法	應無變形、損傷、明顯腐蝕等情形。
	標示	檢查方法	遮斷閥附近有無「瓦斯遮斷閥」標示。
		判定方法	標示應無損傷、脫落、汙損等現象。
八、防護對象	檢查方法		滅火設備設置後，有因增建、改建、變更等情形，造成滅火設備及防護對象物之種類、數量、位置及尺寸規格產生異動之情形，應核對設計圖面確認之。
	判定方法		滅火設備及防護對象物之種類、數量、位置及尺寸規格不應與設計圖面存有差異。
九、緊急電源（限內藏型者）	外形	檢查方法	以目視確認蓄電池本體周圍之狀況，有無變形‧損傷、洩漏、腐蝕等現象。
		判定方法	1. 應無明顯變形、損傷、龜裂等情形。 2. 電解液應無洩漏，且導線連接部應無腐蝕之情形。
	標示	檢查方法	確認是否正常設置。
		判定方法	應標示額定電壓值及容量。

4-72 簡易自動滅火設備性能檢查（一）

進行檢查前，需安裝上安全插梢或取下加壓用或啟動用氣體容器。					
一、蓄壓式滅火藥劑儲存容器等	滅火藥劑量	檢查方法	以台秤測定計 1. 將裝設在容器閥之容器閥開放裝置、連接管、操作管及容器固定器具取下。 2. 將容器置於台秤上測定其重量計算至小數點第一位。 3. 藥劑量為測定值扣除容器閥及容器重量後所得之值。		
		判定方法	將藥劑量之測定結果與重量表、圖面明細表或原廠技術手冊規範核對，其差值應在充填值 3% 以下。		
		注意事項	1. 測量後應將容器號碼、充填量記載於重量表、檢查表。 2. 當滅火藥劑量或容器內壓減少時，應即必要之措施。		
二、加壓式滅火藥劑儲存容器等	1 滅火藥劑量	檢查方法	1. 使用台秤測定計之方法： (1) 將裝設在容器閥之容器閥開放裝置、連接管、操作管及容器固定器具取下。 (2) 將儲存容器置於台秤上，測定其重量計算至小數點第一位。 (3) 藥劑量為測定值扣除容器閥及容器重量後值。 2. 使用量尺測定之方法： (1) 將將裝設在儲存容器之容器閥、連接管、操作管及容器固定器具取下。 (2) 將自充填口以量尺測量滅火藥劑之液面高度。		
		判定方法	1. 藥劑量之重量應與標示差異不超過 3%。 2. 滅火藥劑之液面高度，應與標示高度差異在誤差範圍內。		
	2 加壓用氣體容器等	氣體量	檢查方法	1. 以手旋轉加壓用氣體容器，將容器取下。 2. 將容器置於計量器上，測定其總重量。 3. 總重量應比標示重量不少於 14.2 公克。	
			判定方法	氣體量應在規定量以上。	
		容器閥開放裝置	電氣式	檢查方法	1. 以手旋轉加壓用氣體容器，將容器取下。檢視閥開放裝置，確認撞針有無彎曲、斷裂或短缺等情形。 2. 拔下安全栓或安全插梢，以手操作電氣式手動啟動裝置，確認撞針動作是否正常。 3. 使用復歸扳手將撞針縮回原位。
				判定方法	1. 撞針應無彎曲、斷裂或短缺等情形。 2. 以規定之電壓可正常動作，並可確實以手動操作
				注意事項	加壓用氣體容器旋回閥開放裝置前，應先使用復歸扳手將撞針縮回原位後再進行。

以台秤測定計
滅火藥劑量台秤測定

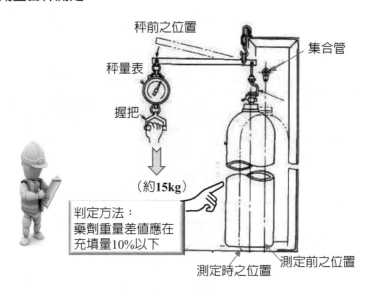

秤前之位置

集合管

秤量表

握把

（約15kg）

判定方法：
藥劑重量差值應在
充填量10%以下

測定時之位置　測定前之位置

二、加壓式滅火藥劑儲存容器等	2 加壓用氣體容器等	容器閥開放裝置	彈簧式	檢查方法	1. 以手旋轉加壓用氣體容器，將容器取下。檢視閥開放裝置，確認撞針有無彎曲、斷裂或短缺等情形。 2. 拔下容器閥開放裝置與手動啓動裝置的安全栓或安全插梢，以手操作箱外的機械式手動啓動裝置，確認撞針動作是否正常。 3. 使用復歸扳手將撞針縮回原位。將鋼索縮回手動啓動裝置，並裝回安全栓或安全插梢。
			壓力調整器	檢查方法	關閉設在壓力調整器二次側之檢查用開關或替代閥，以手動操作或以氣壓、電氣方式之容器閥開放裝置，使加壓用氣體容器之容器閥動作開放，確認一、二次側壓力表之指度及指針之動作。
				判定方法	1. 各部位應無氣體洩漏情形。 2. 一次側壓力表之指針應在規定壓力值。 3. 一次側壓力表之指針應在設定壓力值，且功能正常。
三、啓動用氣體容器等	1 氣體量	檢查方法			1. 容器閥之容器閥開放裝置、操作管卸下。 2. 使用彈簧秤或秤重計，測量容器之重量。 3. 其重量不得小於記載在容器上之最小重量。
		判定方法			測得重量應高於標示之最小重量。
	2 容器閥裝置	檢查方法			1. 電氣式者，準依前項規定確認之。 2. 鋼索牽引之彈簧式者，準依前項規定確認之。
四、操作管	檢查方法				以扳手確認連接部分有無鬆弛等現象。
	判定方法				連接部分應無鬆動等現象。

4-73 簡易自動滅火設備性能檢查（二）

五、啟動裝置	手動啟動裝置	檢查方法	1. 確認已取下加壓用或啟動用氣動容器後始得進行。 2. 取下手動啟動裝置之封條。 3. 以手操作手動啟動裝置，確認容器閥開放裝置之撞針動作是否正常。
		判定方法	確認容器閥開放裝置之撞針動作正常。
	自動啟動裝置	檢查方法	1. 確認已取下加壓用或啟動用氣動容器後始得進行。 2. 有關電氣式偵熱探測器其檢查，準用火警自動警報設備之檢查要領確認之。 3. 有關金屬熔片式偵熱探測器其檢查，以瓦斯噴燈對機械式熔斷片探測器直接加熱。
		判定方法	確認容器閥開放裝置之撞針動作正常。
六、控制裝置（或機械式噴放控制器）	1 開關類	檢查方法	以螺絲起子及開關操作確認端子有無鬆動，及開關功能是否正常。
		判定方法	1. 端子應無鬆動，且無發熱之情形。 2. 應可正常開關。
	2 保險絲類	檢查方法	確認有無損傷、熔斷之情形及是否為規定之種類與容量。
		判定方法	1. 應無損傷、熔斷之情形。 2. 應依回路圖上所示之種類及容量設置。
	3 繼電氣	檢查方法	確認有無脫落、端子鬆動、接點燒損、灰塵附著等情形，並藉由開關之操作，使繼電氣動作，以確認其功能。
		判定方法	1. 應無脫落、端子鬆動、接點燒損、灰塵附著等情形。 2. 應正常動作。
	4 標示燈	檢查方法	由開關操作，以確認有無亮燈。
		判定方法	應無明顯之劣化情形，且應正常亮燈。
	5 結線接續	檢查方法	以目視及螺絲起子確認有無斷線、端子鬆動等情形。
		判定方法	應無斷線、端子鬆動、脫落、損傷等情形。
	6 接地	檢查方法	以目視或三用電表，確認有無腐蝕、斷線等情形。
		判定方法	應無顯著腐蝕、斷線等之損傷現象。
七、緊急電源（限內藏型者）	1 端子電壓	檢查方法	1. 以電壓計測定確認充電狀態通往蓄電池充電回路之端子電壓。 2. 操作電池試驗用開關，由電壓計確認容量是否正常。
		判定方法	1. 應於充電裝置之指示範圍內。 2. 操作電池試驗用開關約三秒，該電壓計安定時之容量，應在電壓計之規定電壓值範圍內。
		注意事項	進行容量試驗時，約三秒後，俟電壓計之指示值穩定，再讀取數值。

瓦斯遮斷閥外觀檢查

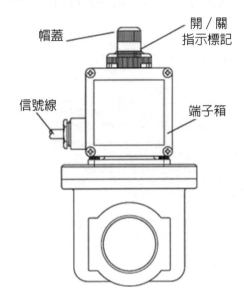

七、緊急電源（限內藏型者）	2 切換裝置	檢查方法	切斷常用電源，以電壓計或由電源監視用表示燈確認電源之切換狀況
		判定方法	1. 緊急電源之切換可自動執行。 2. 復舊狀況正常。
	3 充電裝置	檢查方法	以三用電表確認變壓器、整流器等之功能。
		判定方法	1. 變壓器、整流器等應無異常聲音、異臭、異常發熱、顯著灰塵或損傷等情形。 2. 電流計或電壓計應指示在規定值以上。 3. 具有充電電源監視燈者，應正常亮燈。
	4 結線接續	檢查方法	以目視及螺絲起子確認有無斷線、端子鬆動等情形。
		判定方法	應無斷線、端子鬆動、脫落、損傷等情形。
八、噴頭		檢查方法	確認噴頭之連接部有無鬆動之情形，噴頭有無因油垢而造成阻塞現象。
		判定方法	噴頭應無堵塞、顯著腐蝕等情形，且應無損傷、脫落之現象。

✚ 知識補充站

氣體滅火設備無國家標準，依「各類場所消防安全設備設置標準」第三條：「未定國家標準……，應檢附國外標準……，經中央主管機關認可後，始准使用。」，所以常檢附 NFPA 2001，並依中央消防主管機關送審認可的程序來辦理，核可後據以施工。

4-74 簡易自動滅火設備綜合檢查（一）

將電源切換為緊急電源狀態，依下列各點進行檢查。		
檢查方法	蓄壓式	1. 應進行放射試驗，其放射試驗所需試驗用氣體量，為該放射區域應設之蓄壓用氣體量之 10% 以上（小數點以下有尾數時進一）。 2. 檢查應依下列事項進行準備： (1) 檢查後，應準備與啟動用氣體容器同一產品之同樣瓶數，以替換供啟動用氣體再充填期間，替代設置之啟動用氣體容器。 (2) 應準備必要數量供塞住集合管部及操作管部之帽蓋、塞子。 3. 檢查前，應依下列事項先準備好啟動用氣體容器： (1) 暫時切斷控制盤等之電源設備。 (2) 取下連接至放出閥之操作管，並加帽蓋。 (3) 確認除儲存容器等及啟動裝置外，其餘部分是否處於正常設置狀態。 (4) 控制盤等之設備電源，應處於「開」之位置。 4. 檢查時，啟動操作應就下列方式擇一進行： (1) 手動式者，應操作手動啟動裝置使其啟動。 (2) 自動式者，應以探測器動作、或使受信機、控制盤探測器回路之端子短路，使其啟動。 5. 依前述規定操作後，確認警報裝置之動作，以手動操作打開啟動用氣體容器之容器閥，氣體向放射區域放射，確認移報受信總機功能之動作是否正常。
檢查方法	加壓式	1. 應進行放射試驗，其放射試驗所需試驗用氣體量，為該放射區域應設加壓用氣體之 10% 以上（小數點以下有尾數時，則進一）。 2. 檢查時應注意下列事項： 檢查後，供加壓用氣體再充填期間，替代設置之加壓用氣體容器，應準備與放射加壓用氣體同一產品之同樣瓶數。 3. 檢查前，應依下列事項事先準備好加壓氣體容器： (1) 暫時切斷控制盤等之電源設備（機械式噴放控制器免之）。 (2) 將放射加壓用氣體容器旋入容器閥開放裝置及操作管連接。 (3) 除放射用加壓氣體容器外，應取下連接管後，用帽蓋蓋住集合管部。 (3) 應塞住放射用以外之操作管。 (4) 確認除儲存容器等及加壓用氣體容器外，其餘部分是否處於常設置狀態。 (5) 控制盤等之設備電源，應處於「開」之位置。 4. 檢查時之啟動操作準用前述進行。 5. 依前項規定操作後，確認警報裝置之動作，以手動操作打開啟動用氣體容器之容器閥，氣體向放射區域放射，確認移報受信總機功能之動作是否正常。

簡易自動滅火設備

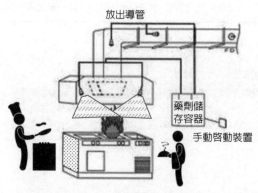

放出導管

藥劑儲存容器

手動啟動裝置

蓄壓式藥劑

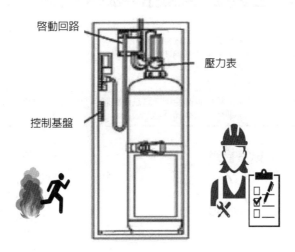

加壓式藥劑

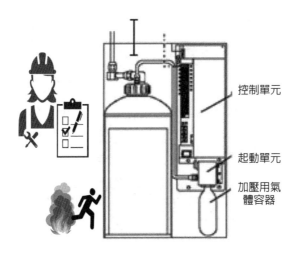

瓦斯洩漏警報器

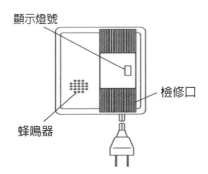

4-75 簡易自動滅火設備綜合檢查（二）

判定方法	1. 加壓用或啟動用氣體容器確實擊發。 2. 如設有警報裝置，應確實鳴響。 3. 移報火警受信總機功能應確實動作。 4. 瓦斯遮斷閥應動作關閉瓦斯。
注意事項	1. 檢查結束後，應將檢查時使用之試驗用氣體容器，換裝回復為原設置之儲存容器。 2. 完成檢查後，應將所有裝置回復定位。

簡易自動滅火設備綜合檢查

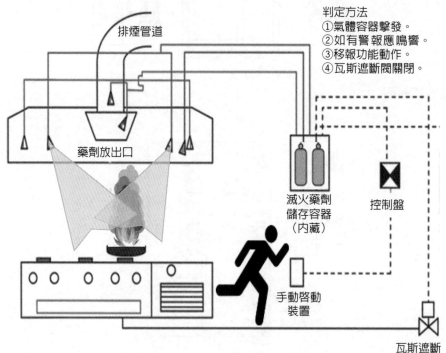

排煙管道

判定方法
①氣體容器擊發。
②如有警報應鳴響。
③移報功能動作。
④瓦斯遮斷閥關閉。

藥劑放出口

滅火藥劑
儲存容器
（內藏）

控制盤

手動啟動
裝置

瓦斯遮斷
閥操作箱

油鍋火災實驗（600W）

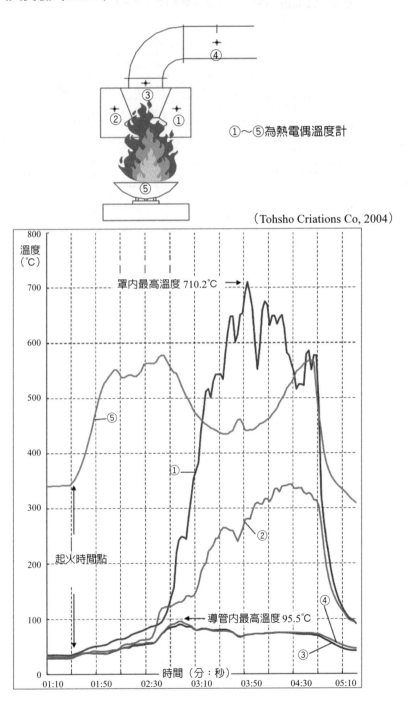

①～⑤為熱電偶溫度計

（Tohsho Criations Co, 2004）

4-76 簡易自動滅火設備檢查表

簡易自動滅火設備						
檢修項目			檢修結果			處置措施
			種別、容量等内容	判定	不良狀況	
蓄壓式滅火藥劑儲存容器等	滅火藥劑儲存容器	外形	kg　　支			
		設置狀況				
		標示				
	容器閥等					
	壓力表					
加壓式滅火藥劑儲存容器等	滅火藥劑儲存容器	外形				
		設置狀況				
		標示				
		安全裝置				
	容器閥					
	加壓用氣體容器等	加壓氣體容器	外形				
			設置狀況				
			標示				
		容器閥等				
		容器閥開放裝置				
		壓力調整器				
	連結管、集合管					
啓動裝置	手動啓動裝置	周圍狀況				
		外形				
		電源表示燈				
	自動啓動裝置	火災探測裝置	種類			
		自動手動切換裝置				
控制裝置	控制盤	周圍狀況				
		外形	□壁掛型□直立型□埋入型□專用□兼用			

	系統狀態指示器或電源燈					
	開關類					
	標示					
	備用品等					
配管						
噴頭	外形		個			
	放射障礙					
瓦斯遮斷閥	外形		個			
	標示					
防護對象						
緊急電源	外形					
	標示					
性能檢查						
蓄壓式滅火藥劑儲存容器	滅火藥劑量		L　　支			
加壓式滅火藥劑儲存容器等	滅火藥劑量			L　　支			
	加壓用氣體容器	氣體量					
		容器閥裝置	電氣式				
			鋼索牽引之彈簧式				
		壓力調整器					
	連結管、集合管						
啓動用氣體容器等	氣體量		L　　支			
	容器閥開放裝置					
操作管						
啓動裝置	手動啓動裝置	操作箱					
		警報用開關		個			
		按鈕等					
		標示燈					
		斷線偵測					

自動啟動裝置	火災探測裝置	□專用　□兼用				
	切換裝置					
	切換表示燈					
	斷線偵測					
控制裝置	開關類					
	保險絲類	A				
	繼電氣					
	標示燈					
	結線接續					
	接地					
緊急電源	端子電壓	DC　　V				
	切換裝置					
	充電裝置					
	結線接續					
噴頭	噴嘴					
	噴嘴蓋					
綜合檢查						
局部放射方式	警報裝置					
	啟動裝置					
	試驗氣體有無洩漏					
	瓦斯遮斷閥有無動作					
備註						

檢查器材	機器名稱	型式	校正年月日	製造廠商	機器名稱	型式	校正年月日	製造廠商

檢查日期	自民國　　年　　月　　日　至民國　　年　　月　　日

檢修人員	姓名		消防設備師（士）	證書字號		簽章	（簽章）
	姓名		消防設備師（士）	證書字號		簽章	

	姓名		消防設備師（士）	證書字號		簽章	
	姓名		消防設備師（士）	證書字號		簽章	

1. 應於「種別‧容量等內容」欄內填入適當之項目。
2. 檢查合格者於判定欄內打「○」；有不良情形時，於判定欄內打「×」，並將不良情形填載於「不良狀況」欄。
3. 對不良狀況所採取之處置情形，應填載於「處置措施」欄。
4. 欄內有選擇項目時，應以「○」圈選之。

簡易自動滅火設備											
號碼	容器號碼	總重量（kg）	鋼瓶重（kg）	氣體重量（kg）	檢查年月日						
		（含容器閥）			檢查時氣體之重量						
	儲存容器										耐壓試驗年月
	啟動用氣體容器										

✚ 知識補充站

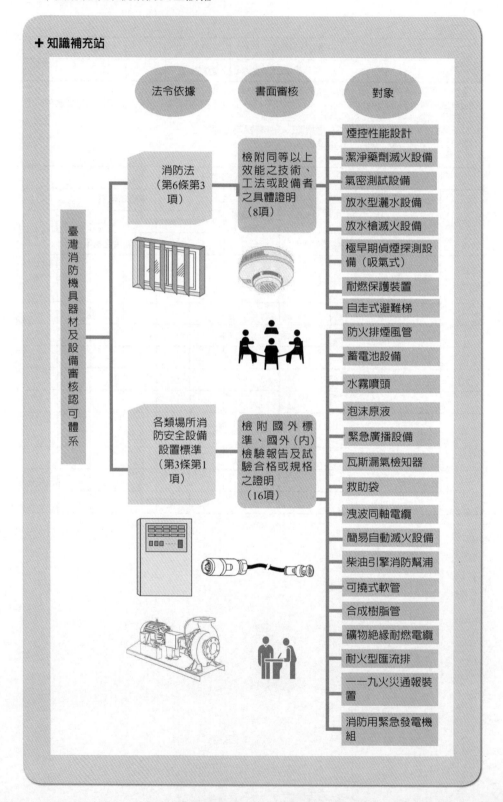

第5章
認可基準

5-1 滅火器認可基準（109年12月修正）

滅火器適用之火災類別

適用滅火器 \ 火災分類	水	泡沫	二氧化碳	強化液	乾粉		
					ABC類	BC類	D類
A 類火災	○	○	×	○	○	×	×
B 類火災	△	○	○	○	○	○	×
C 類火災	△	△	○	△	○	○	×
D 類火災	×	×	×	×	×	×	○

備註：1.「○」表示適用，「×」表示不適用，「△」表示有條件試驗合格後適用。
      2. 水滅火器以霧狀放射者，亦可適用 B 類火災。

適用 B 類火災滅火效能值之試驗模型

模型號碼	燃燒表面積（m^2）	模型一邊之長度 L（cm）	汽油量（公升）	滅火效能值
1	0.2	44.7	6	B-1
2	0.4	63.3	12	B-2
3	0.6	77.5	18	B-3
4	0.8	89.4	24	B-4
5	1.0	100	30	B-5
6	1.2	109.5	36	B-6
8	1.6	126.5	48	B-8
10	2.0	141.3	60	B-10
12	2.4	155.0	72	B-12
14	2.8	167.4	84	B-14
16	3.2	178.9	96	B-16
18	3.6	189.7	108	B-18
20	4.0	200.0	120	B-20
24	4.8	219.1	144	B-24
26	5.2	228.0	156	B-26
28	5.6	237.0	168	B-28
30	6.0	244.9	180	B-30
32	6.4	252.4	192	B-32
40	8.0	282.8	240	B-40

車用滅火器種類

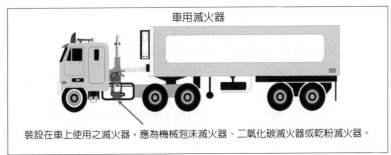

車用滅火器

裝設在車上使用之滅火器，應為機械泡沫滅火器、二氧化碳滅火器或乾粉滅火器。

滅火效能值試驗方式

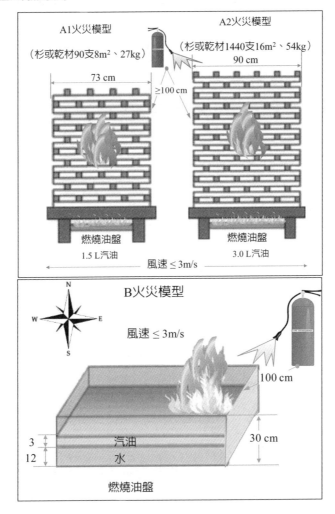

A1火災模型
（杉或乾材90支8m²、27kg）

A2火災模型
（杉或乾材1440支16m²、54kg）

73 cm

90 cm

≥100 cm

燃燒油盤

燃燒油盤

1.5 L汽油

3.0 L汽油

風速 ≤ 3m/s

B火災模型

N
W　E
S

風速 ≤ 3m/s

100 cm

3　汽油
12　水

30 cm

燃燒油盤

合格判定

1. A、B 類滅火試驗第 1 次不合格者得再測試一次,並以第二次測試結果,作為判定依據。
2. 如係 A、B 類滅火器者,應先撲滅 A 類火災模型合格後,始可進行 B 類火災之滅火試驗,A 類火災滅火試驗不合格時,不得再進行 B 類火災滅火試驗。

免作滅火試驗

得免作滅火試驗之情形
大型滅火器之滅火效能值,如可認定其具有經型式認可之滅火效能值同等以上之值時,則可免作滅火試驗。

滅火器放射機構與操作方法

滅火器之分類		水滅火器	機械泡沫滅火器	二氧化碳滅火器	乾粉滅火器
放射機構	蓄壓				
	加壓式	○	○		○
操作方法	握緊壓把	○	○	○	○

備註
1. 蓄壓式係常時將本體、容器內之滅火劑利用氮氣、空氣等予以蓄壓,應安裝指示壓力表者。
2. 二氧化碳係為液化氣體以充填於容器內之滅火劑本身之蒸氣壓來加壓者。構造雖為蓄壓式,但得不安裝指示壓力表。
3. 加壓式係於使用時,將本體容器內之滅火劑予以加壓者。一般之加壓氣體使用 CO_2 或氮氣,並儲存於鋼瓶。
4. 型號 40 以上加壓式機械泡沫滅火器及型號 100 以上加壓式乾粉滅火器,應使用以氮氣為加壓氣體之容器。

滅火器軟管

滅火器應裝置軟管,但下列除外:

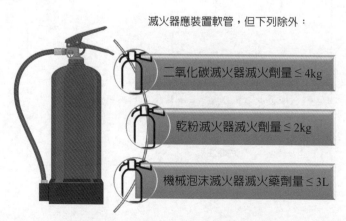

二氧化碳滅火器滅火劑量 ≤ 4kg

乾粉滅火器滅火劑量 ≤ 2kg

機械泡沫滅火器滅火藥劑量 ≤ 3L

滅火器噴射性能試驗

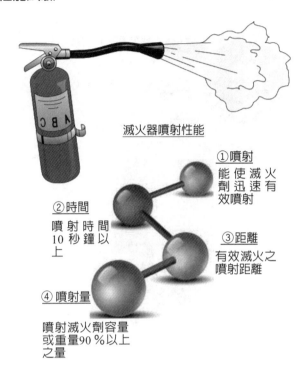

滅火器噴射性能

① 噴射
能使滅火劑迅速有效噴射

② 時間
噴射時間10秒鐘以上

③ 距離
有效滅火之噴射距離

④ 噴射量
噴射滅火劑容量或重量90％以上之量

滅火器攜帶裝置

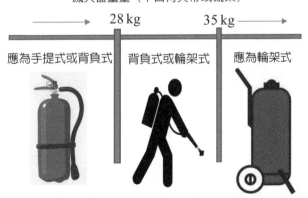

滅火器重量（不含背負帶或輪架）

28 kg　　35 kg

應為手提式或背負式　背負式或輪架式　應為輪架式

大型滅火器滅火劑量

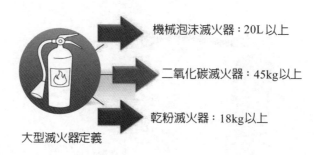

機械泡沫滅火器：20L 以上

二氧化碳滅火器：45kg以上

乾粉滅火器：18kg以上

大型滅火器定義

二氧化碳滅火器充填比

滅火劑種類	滅火劑重量每1kg之容器容積
二氧化碳	1,500cm³ 以上

滅火器火災種類標示顏色

滅火器適用於 A 類火災者，以黑色字標示「普通火災用」字樣；適用於 B 類火災者，以黑色字標示「油類火災用」字樣；適用C類火災者，則以白色字標示「電氣火災用」。

滅火器噴射壓力源

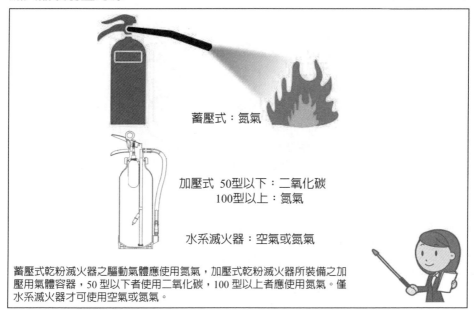

蓄壓式：氮氣

加壓式 50型以下：二氧化碳
100型以上：氮氣

水系滅火器：空氣或氮氣

蓄壓式乾粉滅火器之驅動氣體應使用氮氣，加壓式乾粉滅火器所裝備之加壓用氣體容器，50型以下者使用二氧化碳，100型以上者應使用氮氣。僅水系滅火器才可使用空氣或氮氣。

車用型滅火器振動試驗

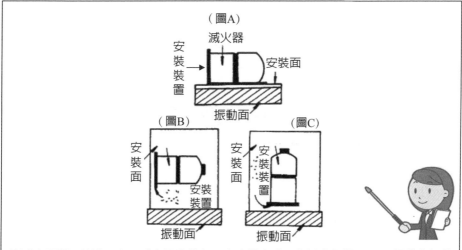

（圖A）
滅火器
安裝裝置
安裝面
振動面

（圖B）
安裝面
安裝裝置
振動面

（圖C）
安裝面
安裝裝置
振動面

依滅火器認可基準，車用滅火器應依上圖之安裝方法，施以全振幅2mm，振動數每分鐘2,000次頻率之上下振動試驗。依圖A及B方式者應測試2小時，如係圖C方式者應測試4小時後，不得發生洩漏、龜裂、破斷或顯著之變形。如滅火器附有固定架者，以固定架代替安裝裝置施行試驗，固定架亦不得發生顯著之損傷及其他障礙。

住宅用滅火器試驗規定

蓄壓式滅火器

不具更換或充填滅火藥劑之構造

(一) 住宅用滅火器應為蓄壓式滅火器，且不具更換或充填滅火藥劑之構造。滅火器以接著劑將外蓋等固定在本體容器上者，如將其外蓋打開所需之力達 50 牛頓米（N·m）以上者，即視為不能再更換或充填滅火藥劑之構造。

(二) 住宅用滅火器應依下列規定實施試驗：

1. 住宅用滅火器外觀構造及性能準用之規定。
2. 住宅用滅火器準用耐蝕及防鏽規定，但筒體外部可使用非紅色塗裝。
3. 住宅用滅火器應能噴射所充填滅火藥劑容量或重量為 85% 以上之量。
4. 實施下列普通火災至電氣火災滅火性能試驗各 3 次：

   (1) 普通火災：點火 3 分鐘後滅火，噴放完畢木材不得有殘焰，且 2 分鐘內不得復燃。

   (2) 高溫油鍋火災：試驗用油應使用著火溫度為 360℃～370℃之食用油，於熱電偶偵測溫度到達 400℃時開始滅火，噴放完畢後 1 分鐘內不得復燃。

   (3) 電氣火災：依下表規定實施試驗合格。

適用滅火器 火災分類	水	機械泡沫	二氧化碳	乾粉		
				ABC類	BC類	D類
A 類火災	○	○	×	○	×	×
B 類火災	×	○	○	○	○	×
C 類火災	×	×	○	○	○	×
D 類火災	×	×	×	×	×	○

   (4) 合格判定

   ① 實施上開普通火災至電氣火災滅火性能試驗各 3 次，3 次試驗應至少有 2 次能滅火。

   ② A 類火災試驗在第 1 次噴射完畢後，4 分鐘內不再復燃者，得免做第 2 次試驗。

   ③ 對於高溫油鍋火災，如有下列情形之一者，視為無法滅火：

   A. 產生油之噴濺或對滅火人員可能造成燒傷之危險。

   B. 滅火時，火焰高度超過油炸鍋上緣 1.8 m。

   C. 滅火時，火焰高度超過油炸鍋上緣 1.2 m 且持續 3 秒鐘以上。

住宅用滅火器標示規定

普通火災適用 	高溫油鍋火災適用 	電氣火災適用 

（火焰為紅色，底色為白色）

住宅用滅火器標示應貼在本體容器明顯處，並記載下列所列事項。

1. 住宅用滅火器標示類別，依下表規定：

住宅用滅火器類別	住宅用滅火器滅火藥劑成分
住宅用水滅火器	水（含濕潤劑）等
住宅用乾粉滅火器	磷酸鹽、硫酸鹽等
住宅用強化液滅火器	強化液（鹼性）；強化液（中性）
住宅用機械泡沫滅火器	水成膜泡沫；界面活性劑泡沫

2. 使用方法及圖示。
3. 使用溫度範圍。
4. 適用火災之圖示（如上圖）
5. 噴射時間。
6. 噴射距離。
7. 製造號碼或製造批號。
8. 製造年月。
9. 製造廠商。
10. 型式、型式認可號碼。
11. 所充填之滅火藥劑容量或重量。
12. 使用操作應注意事項：
    (1) 使用期間及使用期限之注意事項。
    (2) 指示壓力表之注意事項。
    (3) 滅火藥劑不得再填充使用之說明。
    (4) 使用時之安全注意事項。
    (5) 放置位置等相關資訊。
    (6) 日常檢查相關事項。
    (7) 高溫油鍋火災使用時之安全注意事項。
    (8) 其他使用上應注意事項。

滅火器筒紅色部與耐壓試驗

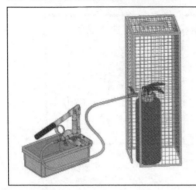

筒體外部,不含滅火器底部、把手、軟管、護蓋等,其紅色部應為筒體表面積 25% 以上,在設置狀態下,可以從任何角度確認紅色部。但圓點花樣等設計裝飾、銘牌與其圖示及使用方法表示部等之紅色,不計入紅色部之範圍。

滅火器本體容器之耐壓,以水壓施行 5 分鐘之試驗,不得發生洩漏、破損變形,亦不得產生圓周長 0.5% 以上之永久變形。

滅火器之閥體耐壓,以 55kgf/cm^2 施行耐壓試驗 1 分鐘後,不得有洩漏及顯著變形。

化學泡沫滅火器過濾網

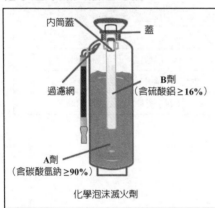

內筒蓋
蓋
B劑
(含硫酸鋁 ≥16%)
過濾網
A劑
(含碳酸氫鈉 ≥90%)
化學泡沫滅火劑

化學泡沫滅火器其連接至噴嘴或軟管之藥劑導管,在本體容器內之開口部,應依下列規定裝設過濾網:

(一) 過濾網網目之最大徑,應為噴嘴最小徑之 3/4 以下。

(二) 過濾網網目部分之合計面積,應為噴嘴開口部最小剖面積之 30 倍以上。

加壓用氣體容器

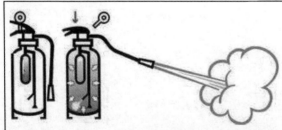

內容積超過 100cm^3 之加壓用氣體容器,充填氣體後,將容器置 40°C溫水中,施以 2 小時浸水試驗時,不得發生洩漏現象。4. 使用二氧化碳之加壓用氣體容器所灌裝之二氧化碳,每 1g 有 1.5cm^3 以上之內容積。作動封板,於 180kgf/cm^2 以上鋼瓶設計破壞壓力之 3/4 以下之壓力,施以水壓試驗時,應能破裂。

內容積 100cm^3 以下之加壓用氣體容器,灌裝二氧化碳者以 250kgf/cm^2 之壓力,如灌裝氮氣者以最高灌裝壓力之 5/3 倍壓力,實施水壓試驗 2 分鐘時,不得發生洩漏或異常膨脹。

指示壓力錶

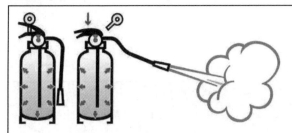

蓄壓式滅火器（二氧化碳滅火器除外）應裝設符合下列規定之指示壓力錶：
(一) 指示壓力錶之指示壓力容許差，施以下列試驗時，應在使用壓力範圍壓力值之 ±10% 以內。
   1. 使用壓力上限值之 2 倍壓力，施以繼續 30 分鐘之靜壓試驗。
   2. 從零加壓至使用壓力上限值後，再減壓至零，以每分鐘 15 次之速度操作，反覆作 1000 次。
   3. 將壓力錶收納於重量 1kg 之木箱內，由高度 50cm 處向硬木地板面自然落下。
   4. 將環境溫度自 0°C 至 40°C 之溫度範圍，作變化之試驗。
(二) 將外殼浸入在溫度 40°C 水中 20 分鐘，不得有洩漏，且壓力被閉塞在外殼內時，應具有效減壓之構造。

驅動氣體與標示

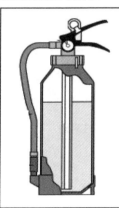

作為滅火器噴射壓力之壓力源，於滅火器所充填之驅動氣體對滅火藥劑之性能或性狀不得產生不良影響。蓄壓式乾粉滅火器之驅動氣體應使用氮氣，加壓式乾粉滅火器所裝之加壓用氣體容器，50 型以下者使用二氧化碳，100 型以上者應使用氮氣。僅水系滅火器才可使用空氣或氮氣。

滅火器本體容器（包括進口產品），應用中文以不易磨滅之方法，在滅火器設置狀態下，以軟管或噴嘴左方 90 度位置為中心，左右不超過 150 度之範圍內。而住宅用滅火器本體容器，應在滅火器設置狀態下，正對指示壓力錶，左右不超過 150 度之範圍內

5-2 滅火器用滅火藥劑認可基準（102年7月發布）

各種乾粉之主成分

種類	簡稱	主成分	著色
1. 多效磷鹽乾粉（第三種乾粉）	ABC 乾粉	磷酸二氫銨（$NH_4H_2PO_4$）70% 以上	以白色或紫色以外顏色著色，且不得滲入白土（CLAY）2% 以上。
2. 普通乾粉（第一種乾粉）	BC 乾粉	碳酸氫鈉（$NaHCO_3$）90% 以上	白色
3. 紫焰乾粉（第三種乾粉）	KBC 乾粉	碳酸氫鉀（$KHCO_3$）85% 以上	淺紫色
4. 鉀鹽乾粉	XBC 乾粉	–	–
5. 硫酸鉀乾粉	XBC-SO	硫酸鉀（K_2SO_4）70% 以上	白色
6. 氯化鉀乾粉	XBC-CL	氯化鉀（KCl）70% 以上	白色
7. 碳酸氫鉀與尿素化學反應物（第四種乾粉）	XBC-Monnex	（$KHCO_3+H_2NCONH_2$）鉀為 27～29%，氮為 14～17%	灰白色

滅火劑之共通性質

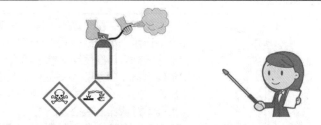

（一）滅火劑不得有顯著毒性或腐蝕性，且不得發生明顯之毒性或腐蝕性氣體。

水溶液　　　　液狀

（二）水溶液滅火劑及液狀滅火劑，不得發生結晶析出、溶液之分離、浮游物質或沉澱物以及其他異常。

粉末

（三）粉末滅火劑不得發生結塊、變質或其他異常化學泡沫滅火劑。

機械泡沫滅火劑

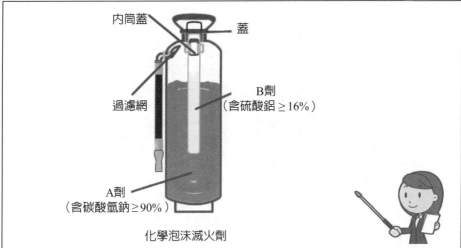

化學泡沫滅火劑

內容為甲種藥劑、乙種藥劑等 2 種;其中甲種藥劑所含碳酸氫鈉($NaHCO_3$)應在 90% 以上,其性狀應為易溶於水之乾燥粉狀。乙種藥劑以硫酸鋁($Al_2(SO_4)_3 \cdot nH_2O$)為主成分,其氧化鋁含量應在 16% 以上,其性狀應為易溶於水之乾燥粉狀。

機械泡沫滅火劑

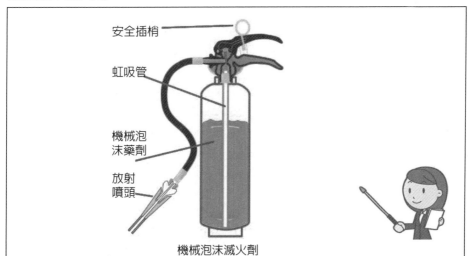

機械泡沫滅火劑

機械泡沫滅火劑係由界面活性劑或水成膜為主成分所產生泡沫之滅火劑。滅火劑應為水溶液、液狀或粉末狀,如為液狀或粉末狀者,應能容易溶解於水,且於該滅火劑容器上標示「應使用飲用水溶解」等字樣。在檢驗時,灌裝此滅火劑之滅火器,於 20℃ 使其作動時,泡沫膨脹比在 5 倍以上,且 25% 還原時間在 1 分鐘以上。

＋知識補充站

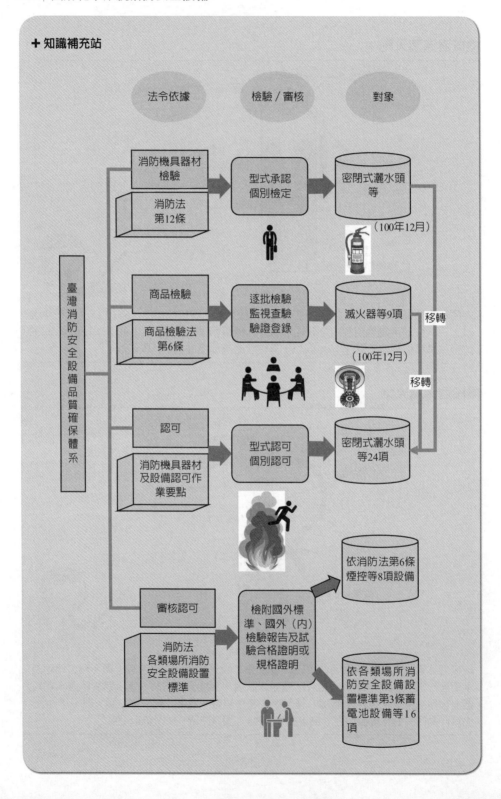

第6章
測試方法及判定要領（109年6月）

6-1 滅火器測試報告書（一）

測試項目	測試方法	判定要領
適應性	確認所設置滅火器之種類。	應為適合設置場所之結構、用途、設備、儲存物品等對象物之區分的滅火器。
設置數量‧滅火效能值	依應設置滅火器之主用途或從屬用途部分，步行距離應在20m以下等方面，加以確認所設置滅火器之滅火效能值及設置數量。	1. 設置數量及滅火效能值，應為適合各主用途或從屬用途部分之數值。 2. 步行距離應配置在20m以下。
	1. 儲存或使用少量危險物或指定可燃物者。 2. 電影片映演場所放映室及變壓器、配電盤等之電氣設備使用處所。 3. 使用大量火源之場所。 確認以上各情形時，所設置滅火器之滅火效能值及設置數量。	1. 滅火器設置之增加（或減少）之數值應適當正常。 2. 所需滅火效能值及設置數量應適當正常。
設置場所等	對各樓層，以目視來確認設置場所等之狀況。	1. 自樓面居室任一點至滅火器之步行距離不得超過20m。 2. 應不妨礙通行或避難，且於使用時能夠輕易地取出。 3. 滅火器上端應設置在距離樓地板面1m（18kg以下者）或1.5m（18kg以上者）高度以下之處所。 4. 周圍溫度應在滅火器之使用溫度範圍內。 5. 需要防止傾倒者，應施以容易取出之防止傾倒措施。 6. 設置於有蒸氣、氣體等發生之虞的場所者，應採取適當之防護措施。 7. 設置於室外者，應採取收納在收納箱等之防護措施。
標識	以目視確認標識之設置狀況。	應設有長邊24cm、短邊8cm以上，以紅底白字標明「滅火器」字樣之標識。
機器	以目視確認滅火器之狀況。	1. 應附有商品檢驗標識。 2. 各部分應無變形、損傷等。

滅火器標識

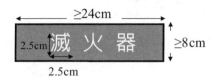

滅火器設置規定與手提滅火器剖開構造

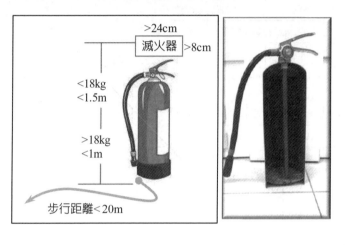

滅火器如採懸掛於牆上或放置於滅火器箱方式時，其上端與樓地板面之距離，十八公斤以上者不得超過一公尺，未滿十八公斤者不得超過一點五公尺，惟並未規定滅火器不得放置於地板面上。

滅火器鋼瓶水壓試驗機及保護架

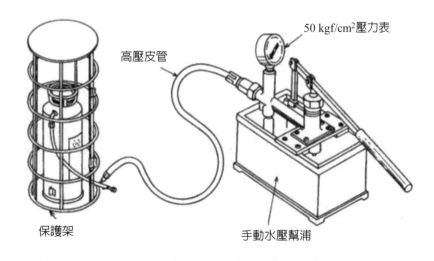

6-2 滅火器測試報告書（二）

滅火器測試報告書														
測試日期○○年○○月○○日														
測試人員姓名：○○○簽章														
地址：○○市○○路○○號○○樓														
用途		甲3‧旅館			所需滅火效能值				90					
樓層	用途	樓地板面積	滅火器種類及數量						滅火效能值			結果			
			a	b	c	d	e	合計	A	B	C	適應性	設置場所等	標識	機器
地下一	電氣室 鍋爐房 停車場	50 150 750	2 2		1			5	9	20	○ ○ ○	○ ○ ○	○ ○ ○	○ ○ ○	○ ○ ○
1	大廳	250	1					4	20			○	○	○	○
	餐廳	600	2									○	○	○	○
	廚房	100	1							8		○	○	○	○
2	客房	950	2					2	10			○	○	○	○
3	客房	950	2					2	10			○	○	○	○
4	客房	950	2					2	10			○	○	○	○
5	客房	950	2					2	10			○	○	○	○
6	客房	950	2					2	10			○	○	○	○
7	客房	950	2					2	10			○	○	○	○
8	客房	950	2					2	10			○	○	○	○
合計		8,550	22		1			23	99	28		————————			
備考														

註：1. 滅火器之種類別欄中，a 為乾粉滅火器、b 為泡沫滅火器、c 為二氧化碳滅火器、d 為水滅火器、e 為大型滅火器。

　　2. 滅火效能值「C」欄，如設有符合之滅火器則以打「○」方式表示。

　　3. 測試人員應依本表填寫適當內容，測試結果符合規定者，於「結果」欄位下打「○」，不符合者打「×」。

滅火器外觀

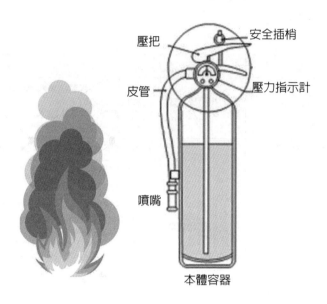

壓把
安全插梢
皮管
壓力指示計
噴嘴
本體容器

大型滅火器（輪架式）

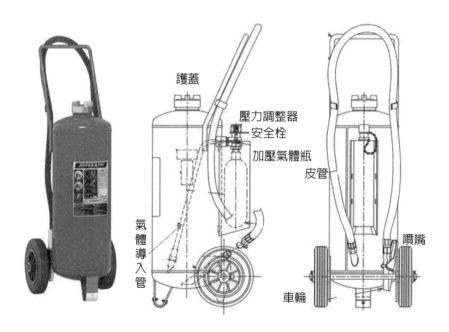

護蓋
壓力調整器
安全栓
加壓氣體瓶
皮管
氣體導入管
噴嘴
車輪

6-3 惰性氣體滅火設備測試報告書 外觀試驗（一）

測試項目			測試方法	判定要領
外觀試驗	控制裝置	設置場所	以目視確認設置場所等狀況。	1. 應設置在儲存容器設置場所、防災中心等易於檢查之場所。 2. 應為無受火災等災害損害之虞的處所。 3. 應牢固地設置，不致因地震等而傾倒。
		表示燈、開關	以目視確認機器等之狀況。	應設置確認電源之表示燈、復舊開關。
		防護措施		多接點繼電氣上應採取防止撞擊、塵埃之適當防護措施。
		遲延裝置		1. 滅火藥劑採二氧化碳之全區放射方式者，應設置從啓動裝置動作至放出之時間在 20 秒以上的遲延裝置。 2. 滅火藥劑採其他惰性氣體之全區放射方式者，應設置配合防護區域使用型態，遲延時間設定在 20 秒以下之遲延裝置。但防護區域常時無人者，不在此限。
		自動、手動啓動切換裝置		1. 應設置自動‧手動之切換表示。 2. 切換應以鑰匙等才能操作。
	電源	常用電源	以目視確認電源之狀況。	1. 應為專用回路。 2. 電源容量應適當正常。
		緊急電源種類	確認緊急電源之種類。	應為發電機設備或蓄電池設備，其容量能使該設備有效動作一小時以上。
	啓動裝置	手動啓動裝置 設置場所等 設置場所	以目視確認設置場所等之狀況。	應設在防護區域出入口附近，能看清防護區域內部，且在火災時易於操作，操作後能立即退避之處所。
		設置位置		每一防護區域或防護對象應裝設一套。
		設置高度		操作部應設在距樓地板面高度 0.8m 以上、1.5m 以下之位置。
		設備標示		應在附近明顯易見處所，設置該設備「手動啓動裝置」之標示。
		操作標示		在啓動裝置或其附近，應標示防護區域名稱、操作方法及安全上應注意事項等。
		塗色等	以目視確認機器之狀況。	外殼應漆紅色，無明顯損傷，且門扉之開閉應能確實。
		防護措施	以目視確認機器之狀況。	箱門應進行封印。
		表示燈		以電力啓動者，應設置電源表示燈。

二氧化碳滅火設備外觀檢查

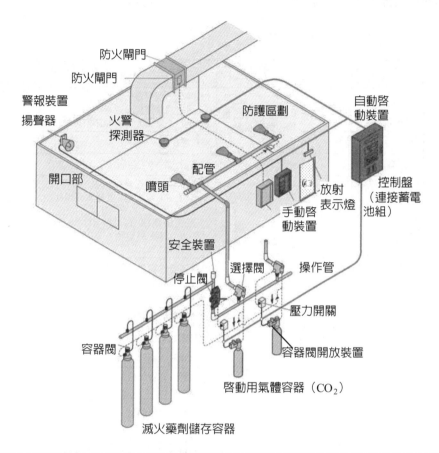

測試項目			測試方法	判定要領
外觀試驗	啟動裝置	自動啟動裝置 設置場所	以目視確認設置場所等之狀況。	1. 應設置在儲存容器設置場所、防災中心等易於檢查之場所。 2. 應設置在無受火災等災害損害之虞的處所。
		構造、性能	以目視確認機器之狀況。	1. 應設置電源表示燈、自動及手動切換表示燈。 2. 自動、手動切換，應以拉桿或鑰匙操作，始能切換。
		探測器		1. 應依火警自動警報設備之規定設置。 2. 應設置二個以上探測器迴路。
	警報裝置	設置位置	以目視確認設置位置之狀況。	其設置應可將警報有效地通知各防護區域。
		警報方式	以目視確認機器之狀況。	全區放射者，應設音響警報及警示燈等聽視覺警示裝置。除平時無人駐守之防護對象外，該音響警報應採用人語發音。
		構造、性能		應適當正常。
	儲存滅火藥劑量		以目視確認滅火藥劑之狀況。	使用之滅火藥劑應在規定量以上。

6-4 惰性氣體滅火設備測試報告書 外觀試驗（二）

測試項目			測試方法	判定要領
外觀試驗	儲存容器等	設置場所等	設置場所	以目視確認設置場所等之狀況。	1. 應為防護區域外之場所。 2. 應為溫度變化少之場所。 3. 應為不受日光直射及雨淋之場所。
			標示		應設置標示。
		儲存容器		以目視確認機器之狀況。	應依行政院勞工委員會所定相關規定。
		充填比等			1. 滅火藥劑採二氧化碳者：高壓式充填比為 1.5 以上、1.9 以下；低壓式充填比為 1.1 以上、1.4 以下。 2. 滅火藥劑採 IG-01、IG-541、IG55 或 IG-100，溫度 35℃時，充填壓力應在 300kgf/cm² （30.0MPa）以下。
		容器閥			儲存容器之容器閥應符合 CNS 10848、10849 或同等以上標準之規定，但採二氧化碳低壓式者，不在此限。
		容器閥開放裝置			容器閥開放裝置應牢固地安裝在容器閥上。
		安全裝置、破壞板			應符合 CNS 11176 或同等以上標準之規定。
外觀試驗	配管·閥類	設置狀況		以目視確認設置狀況。	應無變形、損傷、腐蝕等，且接續確實。
		配管管路			集合管、導管、分歧管等配管及閥類之配管管路應適當正常。
		閉止閥（限二氧化碳滅火設備）	設置場所	以目視確認設置狀況。	應設置在防護區域外之適當場所。
			標示		在閉止閥或其附近，應標示「閉止閥」字樣，並設有常時開、檢修時閉之適當標示。
			配管·配線接續部		應接續確實。
			構造		1. 手動操作或遠隔操作時，應能開或閉。 2. 遠隔操作者，應能手動操作。 3. 應設有向外部發出開及閉信號之開關。
		構造、材質		以目視確認機器之狀況。	1. 鋼管應為符合 CNS 4626 或具同等以上強度之無縫鋼管，施以鍍鋅等防蝕處理，並符合下列規定： (1) 採二氧化碳高壓式或其他，管號 Sch80 以上。 (2) 採二氧化碳低壓式者，管號 Sch40 以上。 2. 銅管應為符合 CNS 5127 或具同等以上強度者，且符合下列規定： (1) 採二氧化碳高壓式或其他惰性氣體者，應具 165kgf/cm² 以上之耐壓性能。 (2) 採二氧化碳低壓式者，應具 37.5kgf/cm² 以上之耐壓性能。

容器閥（應用於各種滅火設備）

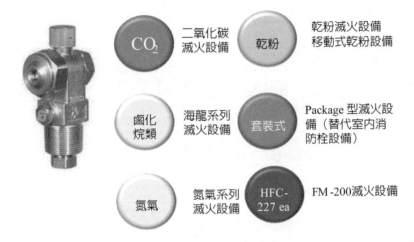

二氧化碳滅火設備（CO₂）
乾粉滅火設備 移動式乾粉設備（乾粉）
海龍系列滅火設備（鹵化烷類）
Package型滅火設備（替代室內消防栓設備）（套裝式）
氮氣系列滅火設備（氮氣）
FM-200滅火設備（HFC-227 ea）

	測試項目		測試方法	判定要領
外觀試驗	配管·閥類	構造、材質	以目視確認機器之狀況。	3. 配管接頭應符合下列規定，且施以適當之防蝕處理。 (1) 採二氧化碳高壓式或其他惰性氣體者，應具165kgf/cm² 以上之耐壓性能。 (2) 採二氧化碳低壓式者，應具 37.5kgf/cm² 以上之耐壓性能。 4. 最低配管與最高配管間，落差應在50公尺以下。
		口徑、使用數	以目視確認設置狀況。	配管、配管接頭及閥類之口徑、使用個數等，應依照設計。
		安全裝置	以目視確認設置狀況。	如設有選擇閥，從儲存容器至選擇閥之配管間，應設置安全裝置。
	選擇閥	設置場所等 設置場所	以目視確認設置場所等之狀況。	應設置在防護區域外之適當場所。
		設置場所等 標示		應標示「選擇閥」字樣及所屬防護區域或防護對象。
		導管接續部	以目視確認機器之狀況。	啟動用導管之接續部應無龜裂、變形等，且接續牢靠。
		構造		應適當正常。
外觀試驗	啟動用氣體容器	設置場所	以目視確認設置場所等之狀況。	1. 應為防護區域外之場所。 2. 應為溫度變化少之場所。 3. 應為不受日光直射及雨淋之場所。
		構造、性能	以目視確認機器之狀況。	1. 內容積應為 1l 以上。 2. 二氧化碳量應為 0.6kg 以上。 3. 充填比應為 1.5 以上。

6-5 惰性氣體滅火設備測試報告書外觀試驗（三）

	測試項目	測試方法	判定要領
外觀試驗	啓動用氣體容器	構造、性能	以目視確認機器之狀況。	4. 容器閥應符合 CNS 11176 或同等以上標準之規定。 5. 啓動用氣體容器經內政部認可者，不受上開 1～4 項之限制。 6. 應依行政院勞工委員會所定相關規定。
	噴頭	設置位置	目視確認設置位置狀況。	應能有效滅火。
		構造、性能	以目視確認機器之狀況。	應適當正常。
	噴頭·皮管	設置位置	以目視確認設置位置之狀況。	採移動放射方式者，皮管接頭至防護對象任一部分之水平距離應在 15m 以下。
		構造、性能	以目視確認機器之狀況。	皮管、噴嘴及管盤應符合 CNS 11177 之規定。
	防護區域等	防護區域	以目視確認設置狀況。	防護區域之規模、位置等應適當。
		開口部自動關閉措施	以目視確認設置狀況。	1. 滅火藥劑採二氧化碳者，其開口部有保安顧慮，或位於距樓地板高度三分之二以下部分，有滅火藥劑流出，導致滅火效果減低之虞者，應設置自動關閉裝置。 2. 滅火藥劑採其他惰性氣體者，其開口部應設置放射時自動關閉之裝置。
		追加滅火藥劑開口部面積（限二氧化碳滅火設備）	以目視確認開口部之狀況。	因開口部而需要追加滅火藥劑量者，該開口面積應在所定面積以下。
		滅火藥劑流失防止措施	以目視確認門扉等之狀況。	門扉等構造應為所放射之滅火藥劑明顯無流至防護區域外之虞者。
		開口部位置	以目視確認開口部之狀況。	開口部不得設在面向樓梯間、緊急用昇降機間等場所。
		滅火藥劑排出措施	以目視確認排放措施之狀況。	應採取使放出之滅火藥劑排放至安全場所之措施。
		壓力上升防止措施	以目視確認設置狀況。	IG-01、IG-541、IG55 或 IG-100 全區放射者，應採防止該防護區域內壓力上升之措施。
	耐震措施		以目視確認耐震措施之狀況。	儲存容器、啓動用氣體容器及配管等，應採取防止因地震而產生變形、損傷之措施。

CO₂噴頭與鋼瓶儲存室

二氧化碳全區放射區域圖

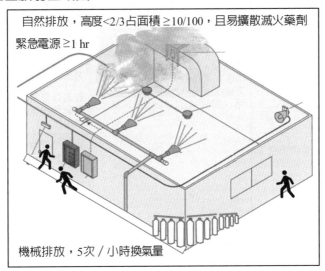

選擇閥相關裝置

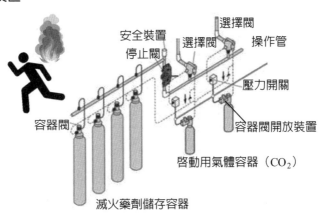

6-6 惰性氣體滅火設備測試報告書性能試驗（一）

測試項目				測試方法	判定要領
性能試驗	動作試驗		選擇閥動作試驗	解開各系統在儲存容器周圍之導管，如為電力啓動者，應操作啓動裝置；如為氣壓啓動者，則應使用試驗用氣體，確認各個動作狀況。	自動及手動之動作應確實。
			閉止閥動作試驗（限二氧化碳滅火設備）	手動操作閉止閥使其閉，確認其動作狀況。遠隔操作閉止閥者，以遠隔操作使其閉，確認其動作狀況。	控制盤及手動啓動裝置（操作箱）之閉止表示燈應亮燈或閃爍。亮燈者，音響警報裝置亦應動作。
			容器閥開放裝置動作試驗	將容器閥開放裝置從啓動用氣體容器取下，操作手動啓動裝置或控制盤；如為自動啓動裝置，則使探測器動作。確認各該裝置之動作狀況，測定、記錄遲延時間，並做自動及手動切換試驗。	撞針應無變形、損傷等，且確實地動作。
		控制裝置試驗	遲延時間		遲延裝置應依設定時間動作。
			緊急停止裝置動作狀況		在遲延裝置之設定時間內操作緊急用停止開關時，放出機關應停止。
			音響警報先行動作狀況		放出用開關、拉栓等應在音響警報裝置動作、操作後，才能操作。
			自動、手動切換動作狀況		切換開關應為專用，且切換應能確實執行。
			異常信號試驗 / 短路試驗	解開各系統在儲存容器周邊之導管，並在控制盤或操作箱輸出入端子，以試驗用電源進行下列測試： 1. 使放射啓動信號線與電源線短路，確認動作。 2. 使放射啓動信號線與表示燈用信號線短路，確認動作。	1. 放射啓動回路不得動作。 2. 應有回路短路或回路異常之顯示，且音響警報不得動作。
性能試驗	動作試驗	控制裝置試驗	異常信號試驗 / 接地試驗	解開各系統在儲存容器周邊之導管，使控制盤或操作箱之音響警報啓動信號線、放射停止信號線、電源線及容器閥開放裝置啓動用信號線等（已接地之電源線除外）分別接地，確認動作狀況。	應有回路接地或回路異常之顯示，且音響警報不得動作。

選擇閥

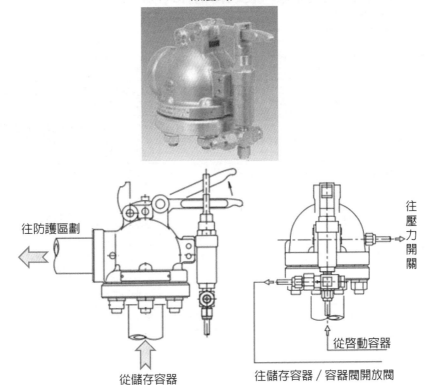

（氣動式）

往防護區劃

往壓力開關

從啓動容器

從儲存容器

往儲存容器／容器閥開放閥

手動啓動裝置

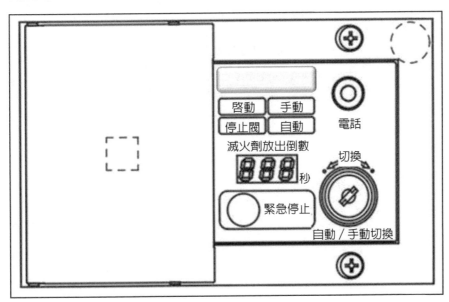

啓動　手動

停止閥　自動

電話

滅火劑放出倒數

切換

秒

緊急停止

自動／手動切換

6-7 惰性氣體滅火設備測試報告書 性能試驗（二）

測試項目				測試方法	判定要領
性能試驗	動作試驗	音響警報裝置試驗	啓動裝置動作狀況	如為手動啓動裝置，應操作該裝置，確認其動作狀況。如為自動啓動裝置，應以符合火警自動警報設備探測器動作試驗之測試方法，確認其動作狀況。	應由手動或自動啓動裝置之操作或動作，即自動發出警報。
			警報鳴動狀況		只要未操作手動啓動裝置或控制盤之緊急停止裝置或復舊開關，警報即應在一定時間內繼續鳴動。
			音量		音量應在防護區域內任一點均能加以確認。
			音聲警報裝置動作狀況		應可在警鈴或蜂鳴器鳴動後，以人語發音發出警報。
			自動警報動作狀況		即使已操作手動啓動裝置之緊急停止開關或控制盤之復舊開關，如火警自動警報設備之探測器動作時，仍應自動發出警報。
		附屬裝置連動試驗	動作狀況	如為電力啓動者，應操作啓動裝置；如為氣壓啓動者，應以試驗用氣體，確認換氣裝置之停止、防火捲門之自動關閉機關的動作狀況。	應在設定時間內確實地動作。
			復歸操作狀況		應可從防護區域外容易地進行復舊操作。
		滅火藥劑排出試驗		啓動排放裝置。	排放裝置應正常地動作。
		放射表示燈試驗		使壓力開關動作，以確認該區域之表示燈的亮燈狀況。	設置在防護區域出入口等之放射表示燈，應確實地亮燈或閃爍。
		自動冷凍機試驗	啓動狀況	操作自動冷凍機之電動機，依安裝在儲存容器之溫度計、壓力表等，確認自動冷凍機之啓動及停止時的動作狀況，並測定電流值及溫度、壓力。	啓動、運轉應順利。
			電流		電動機在運轉時之電流值，應在規定值以內。
			溫度、壓力		電動機在啓動及停止時之溫度或壓力，應在規定值以內。

揚聲器

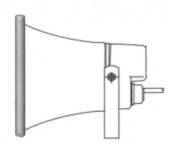

控制裝置

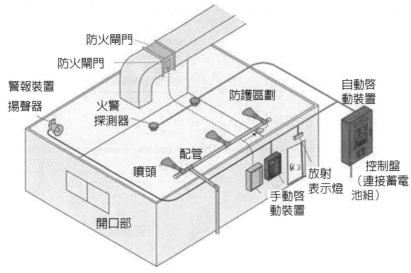

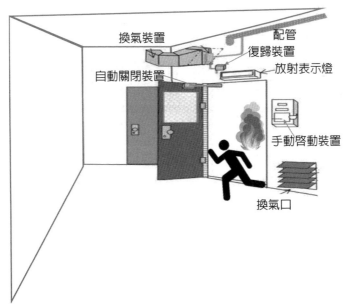

6-8 惰性氣體滅火設備測試報告書綜合試驗

測試項目			測試方法	判定要領
綜合試驗	綜合動作試驗	選擇閥動作狀況、放出管路	在各防護區域操作啓動裝置,放射試驗用氣體,確認通氣及各構件之狀況。試驗用氣體應使用氮氣或空氣,施加與該設備之使用壓力相同的壓力。所需試驗用氣體量,依放射區域應設滅火藥劑量之10%核算。	控制該防護區域之選擇閥應確實動作,從噴頭放射試驗用氣體的放出管路應無誤。
		通氣狀況		因試驗用氣體的放射,通氣應確實。
		氣密狀況		集合管、導管等各配管部分及閥類應無外漏之情形。
		警報裝置動作狀況		音響警報裝置之鳴動及警示燈之警示效果應確實。
		放射表示燈亮燈狀況		在該區域之放射表示燈應亮燈或閃爍。
		附屬裝置動作狀況		附屬裝置、自動關閉裝置之動作、換氣裝置之停止等應確實。

惰性氣體滅火設備全區防護

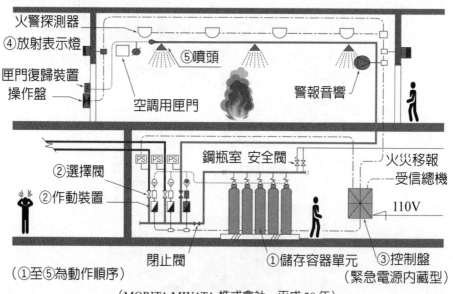

火警探測器
④放射表示燈
匣門復歸裝置 操作盤
⑤噴頭
空調用匣門
警報音響
鋼瓶室 安全閥
②選擇閥
②作動裝置
火災移報
受信總機
110V
閉止閥
①儲存容器單元
③控制盤
(緊急電源內藏型)
(①至⑤為動作順序)

(MORITA MIYATA 株式會社,平成 28 年)

二氧化碳滅火設備動作流程

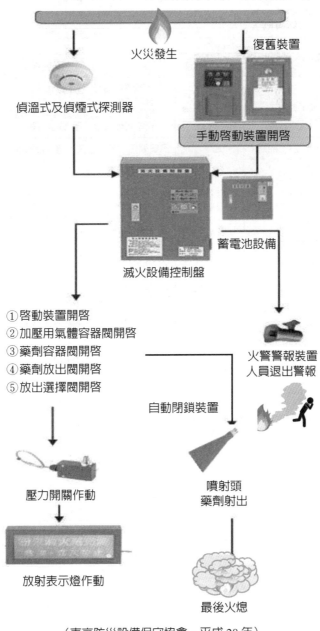

火災發生　　復舊裝置

偵溫式及偵煙式探測器

手動啓動裝置開啓

滅火設備控制盤

蓄電池設備

①啓動裝置開啓
②加壓用氣體容器閥開啓
③藥劑容器閥開啓
④藥劑放出閥開啓
⑤放出選擇閥開啓

火警警報裝置
人員退出警報

自動閉鎖裝置

壓力開關作動

噴射頭
藥劑射出

放射表示燈作動

最後火熄

（東京防災設備保守協會，平成 28 年）

6-9 鹵化烴滅火設備測試報告書
外觀試驗（一）

測試項目			測試方法	判定要領
外觀試驗	控制裝置	設置場所	以目視確認設置場所等之狀況。	1. 應設置在儲存容器設置場所、防災中心等易於檢查之場所。 2. 應為無受火災等災害損害之虞的處所。 3. 應牢固地設置，不致因地震等而傾倒。
		表示燈、開關	以目視確認機器等之狀況。	應設置確認電源之表示燈、復舊開關。
		防護措施		多接點繼電氣上應採取防止撞擊、塵埃適當防護措施。
		遲延裝置		採全區放射方式者，應設置配合防護區域使用型態，遲延時間設定在 20 秒以下之遲延裝置。但防護區域常時無人者，不在此限。
		自動、手動啓動切換裝置		1. 應設置自動‧手動之切換表示。 2. 切換應以鑰匙等才能操作。
	電源	常用電源	以目視確認電源狀況。	1. 應為專用回路。 2. 電源容量應適當正常。
		緊急電源種類	確認緊急電源之種類。	應為發電機設備或蓄電池設備，其容量能使該設備有效動作一小時以上。
	啓動裝置	手動啓動裝置 設置場所等 設置場所	以目視確認設置場所等之狀況。	應設在防護區域出入口附近，能看清防護區域內部，且在火災時易於操作，操作後能立即退避之處所。
		設置位置		每一防護區域或防護對象應裝設一套。
		設置高度		操作部應設在距樓地板面高度 0.8m 以上、1.5m 以下之位置。
		設備標示		應在附近明顯易見處所，設置該設備「手動啓動裝置」之標示。
		操作標示		在啓動裝置或其近旁，應標示防護區域名稱、操作方法及安全上應注意事項等。
		塗色等	以目視確認機器狀況。	外殼應漆紅色，無明顯損傷，且門扉之開閉應能確實。
		防護措施	以目視確認機器狀況。	箱門應進行封印。
		表示燈		以電力啓動者應設置電源表示燈。
外觀試驗	啓動裝置	自動啓動裝置 設置場所	以目視確認設置場所等之狀況。	1. 應設置在儲存容器設置場所、防災中心等易於檢查之場所。 2. 應設置在無受火災等災害損害之虞的處所。
		構造、性能	以目視確認機器狀況。	1. 應設電源表示燈、自動及手動切換表示燈。 2. 自動、手動切換，應以拉桿或鑰匙操作，始能切換。

開口部自動關閉裝置

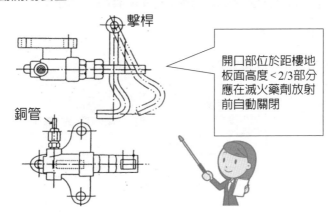

擊桿

銅管

開口部位於距樓地板面高度＜2/3部分應在滅火藥劑放射前自動關閉

緊急電源

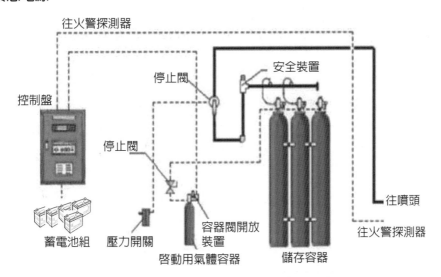

往火警探測器

安全裝置

停止閥

控制盤

停止閥

蓄電池組　壓力開關

容器閥開放裝置

啓動用氣體容器

儲存容器

往噴頭

往火警探測器

	測試項目			測試方法	判定要領
外觀試驗	啓動裝置	自動啓動裝置	探測器	以目視確認機器狀況。	a 應依火警自動警報設備之規定設置。 b 應設置二個以上探測器回路。
	警報裝置		設置位置	以目視確認設置位置之狀況。	其設置應可將警報有效地通知各防護區域。
			警報方式	以目視確認機器之狀況。	全區放射者，應設音響警報及警示燈等聽視覺警示裝置。除平時無人駐守之防護對象外，該音響警報應採用人語發音。
			構造、性能		應適當正常。
	儲存滅火藥劑量			以目視確認滅火藥劑之狀況。	使用之滅火藥劑應在規定量以上。

6-10 鹵化烴滅火設備測試報告書外觀試驗（二）

測試項目			測試方法	判定要領
外觀試驗	儲存容器等	設置場所等 / 設置場所	以目視確認設置場所等之狀況。	1. 應為防護區域外之場所。 2. 應為溫度變化少之場所。 3. 應為不受日光直射及雨淋之場所。
		標示		應設置標示。
		儲存容器	以目視確認機器之狀況。	應依行政院勞工委員會所定相關規定。
		充填比等		充填比或充填密度（fill density）應依經內政部消防技術審議委員會認可之檢測機構之認可值。
		容器閥		儲存容器之容器閥應符合 CNS 10848、10849 或同等以上標準之規定。
		容器閥開放裝置		容器閥開放裝置應牢固地安裝在容器閥上。
		安全裝置、破壞板		應符合 CNS 11176 或同等以上標準之規定。
	配管、閥類	設置狀況	目視確認設置狀況。	應無變形、損傷、腐蝕等，且接續確實。
		配管管路	目視確認設置狀況。	集合管、導管、分歧管等配管及閥類之配管管路應適當正常。
		構造·材質	以目視確認機器之狀況。	1. 鋼管應為符合 CNS 4626 或具同等以上強度之無縫鋼管，施以鍍鋅等防蝕處理，並符合下列規定： (1) 採 HFC-23 者，管號 Sch80 以上。 (2) 採 HFC-227ea、FC-3-1-10、HCFC Blend A、FK-5-1-12 者，管號 Sch40 以上。 2. 銅管應符合 CNS 5127 或具同等以上強度。 3. 配管接頭應具鋼管或銅管同等以上強度，並施以適當之防蝕處理。
		口徑、使用數	目視確認設置狀況。	配管、配管接頭及閥類之口徑、使用個數等，應依照設計。
		安全裝置	目視確認設置狀況。	如設有選擇閥，從儲存容器至選擇閥之配管間，應設置安全裝置。
	選擇閥	設置場所等 / 設置場所	以目視確認設置場所等之狀況。	應設置在防護區域外之適當場所。
		標示		應標明「選擇閥」字樣及所屬防護區域或防護對象。
		導管接續部	以目視確認機器之狀況。	啟動用導管之接續部應無龜裂、變形等，且接續牢靠。
		構造		應適當正常。

配管閥類

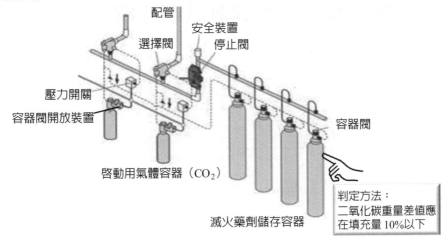

判定方法：
二氧化碳重量差值應在填充量 10%以下

容器閥開放裝置種類

	儲存容器之開放裝置，使用容器閥螺型管（電磁開放裝置）時，容器設置 7 支以上且同時開放之設備時，應有 2 個以上之容器裝置螺型管（安全閥）。
電磁式	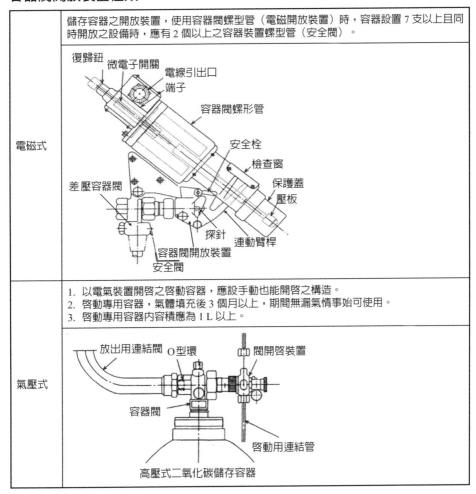
	1. 以電氣裝置開啟之啟動容器，應設手動也能開啟之構造。 2. 啟動專用容器，氣體填充後 3 個月以上，期間無漏氣情事始可使用。 3. 啟動專用容器內容積應為 1 L 以上。
氣壓式	

6-11 鹵化烴滅火設備測試報告書 外觀試驗（三）

測試項目			測試方法	判定要領
外觀試驗	啓動用氣體容器	設置場所	以目視確認設置場所等之狀況。	1. 應為防護區域外之場所。 2. 應為溫度變化少之場所。 3. 應為不受日光直射及雨淋之場所。
		構造、性能	以目視確認機器之狀況。	1. 內容積應為 1ℓ 以上。 2. 二氧化碳量應為 0.6kg 以上。 3. 充填比應為 1.5 以上。 4. 容器閥應符合 CNS 11176 或同等以上標準之規定。 5. 啓動用氣體容器經內政部認可者，不受上開 1. 至 4. 之限制。 6. 應依行政院勞工委員會所定相關規定。
	噴頭	設置位置	以目視確認設置位置之狀況。	應能有效滅火。
		構造、性能	以目視確認機器之狀況。	應適當正常。
	噴頭、皮管	設置位置	以目視確認設置位置之狀況。	採移動放射方式者，皮管接頭至防護對象任一部分之水平距離應在 15m 以下。
		構造、性能	以目視確認機器之狀況。	皮管、噴嘴及管盤應符合 CNS 11177 之規定。
	防護區域等	防護區域	以目視確認設置狀況。	防護區域之規模、位置等應適當。
		開口部自動關閉措施	以目視確認設置狀況。	開口部應設置放射時自動關閉之裝置。
		滅火藥劑流失防止措施	以目視確認門扉等之狀況。	門扉等構造應為所放射之滅火藥劑明顯無流至防護區域外之虞者。
		開口部位置	以目視確認開口部之狀況。	開口部不得設在面向樓梯間、緊急用昇降機間等場所。
		滅火藥劑排出措施	以目視確認排放措施之狀況。	應採取使放出之滅火藥劑排放至安全場所之措施。
		壓力上升防止措施	以目視確認設置狀況。	應採防止該防護區域內壓上升之措施。
	耐震措施		以目視確認耐震措施之狀況。	儲存容器、啓動用氣體容器及配管等，應採取防止因地震而產生變形、損傷之措施。

啟動用氣體容器

噴頭外觀

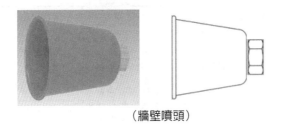

（牆壁噴頭）

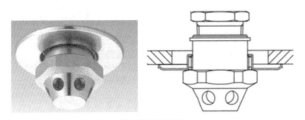

（天花板噴頭）

容器閥

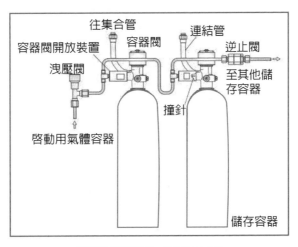

（埼玉市消防局，平成 28 年）

6-12 鹵化烴滅火設備測試報告書
性能試驗

測試項目				測試方法	判定要領
性能試驗	動作試驗		選擇閥動作試驗	解開各系統在儲存容器周圍之導管,如為電力啓動者,應操作啓動裝置;如為氣壓啓動者,則應使用試驗用氣體,以確認各個動作狀況。	自動及手動之動作應確實。
			容器閥開放裝置動作試驗		撞針應無變形、損傷等,且確實地動作。
			遲延時間	將容器閥開放裝置從啓動用氣體容器取下,操作手動啓動裝置或控制盤;如為自動啓動裝置,則使探測器動作。確認各該裝置之動作狀況,測定、記錄遲延時間,並做自動及手動切換試驗。	遲延裝置應依設定時間動作。
			緊急停止裝置動作狀況		在遲延裝置之設定時間內操作緊急用停止開關時,放出機關應停止。
			音響警報先行動作狀況		放出用開關、拉栓等應在音響警報裝置動作、操作後,才能操作。
			自動、手動切換動作狀況		切換開關應為專用,且切換應能確實執行。
		控制裝置試驗	異常信號試驗 短路試驗	解開各系統在儲存容器周邊之導管,並在控制盤或操作箱輸出入端子,以試驗用電源進行下列測試: 1. 使放射啓動信號線與電源線短路,確認動作狀況。 2. 使放射啓動信號線與表示燈用信號線短路,確認動作狀況。	1. 放射啓動回路不得動作。 2. 應有回路短路或回路異常之顯示,且音響警報不得動作。
			異常信號試驗 接地試驗	解開各系統在儲存容器周邊之導管,使控制盤或操作箱之音響警報啓動信號線、放射停止信號線、電源線及容器閥開放裝置啓動用信號線等(已接地之電源線除外)分別接地,確認動作狀況。	應有回路接地或回路異常之顯示,且音響警報不得動作。

選擇閥

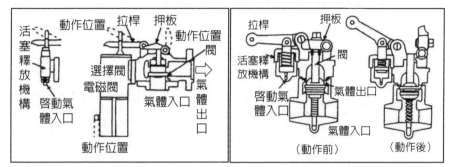

電氣式選擇閥　　　　　　氣壓式選擇閥

（危險物設施基準指南，平成 7 年）

操作管

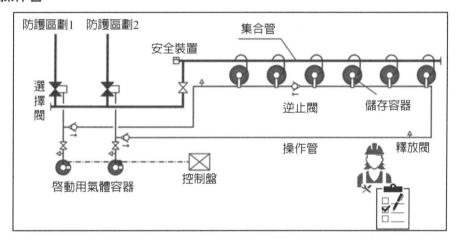

		測試項目	測試方法	判定要領
性能試驗	動作試驗	音響警報裝置試驗	啟動裝置動作狀況	如為手動啟動裝置，應操作該裝置，確認其動作狀況。如為自動啟動裝置，應以符合火警自動警報設備探測器動作試驗之測試方法，確認其動作狀況。	應由手動或自動啟動裝置之操作或動作，即自動發出警報。
			警報鳴動狀況		只要未操作手動啟動裝置、控制盤之緊急停止裝置或復舊開關，警報即應在一定時間內繼續鳴動。
			音量		音量應在防護區域內任一點均能加以確認。
			音聲警報裝置動作狀況		應可在警鈴或蜂鳴器鳴動後，以人語發音發出警報。

6-13 鹵化烴滅火設備測試報告書性能及綜合試驗

測試項目				測試方法	判定要領
性能試驗	動作試驗	音響警報裝置試驗	自動警報動作狀況	如為手動啓動裝置，應操作該裝置，確認其動作狀況。 如為自動啓動裝置，應以符合火警自動警報設備探測器動作試驗之測試方法，確認其動作狀況。	即使已操作手動啓動裝置之緊急停止開關或控制盤之復舊開關，如火警自動警報設備之探測器動作時，仍應自動發出警報。
		附屬裝置連動試驗	動作狀況	如為電力啓動者，應操作啓動裝置；如為氣壓啓動者，應以試驗用氣體，確認換氣裝置之停止、防火捲門之自動關閉機關的動作狀況。	應在設定時間內確實地動作。
			復歸操作狀況		應可從防護區域外容易地進行復舊操作。
		滅火藥劑排出試驗		啓動排放裝置。	排放裝置應正常地動作。
		放射表示燈試驗		使壓力開關動作，以確認該區域之表示燈的亮燈狀況。	設置在防護區域出入口等之放射表示燈應確實地亮燈或閃爍。

綜合試驗

		測試項目	測試方法	判定要領
綜合試驗	綜合動作試驗	選擇閥動作狀況、放出管路	在各防護區域操作啓動裝置，放射試驗用氣體，確認通氣及各構件之狀況。 試驗用氣體應使用氮氣或空氣，施加與該設備之使用壓力相同的壓力。所需試驗用氣體量，依放射區域應設滅火藥劑量之10%核算。	控制該防護區域之選擇閥應確實動作，從噴頭放射試驗用氣體的放出管路應無誤。
		通氣狀況		因試驗用氣體的放射，通氣應確實。
		氣密狀況		集合管、導管等各配管部分及閥類應無外漏之情形。
		警報裝置動作狀況		音響警報裝置之鳴動及警示燈之警示效果應確實。
		放射表示燈亮燈狀況		在該區域之放射表示燈應亮燈或閃爍。
		附屬裝置動作狀況		附屬裝置、自動關閉裝置之動作、換氣裝置之停止等應確實。

全區放射方式

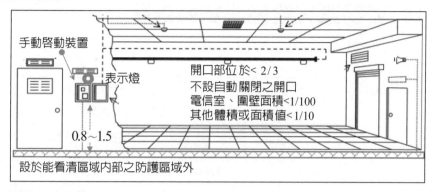

手動啓動裝置

表示燈

開口部位 於< 2/3
不設自動關閉之開口
電信室、圍壁面積<1/100
其他體積或面積值<1/10

0.8～1.5

設於能看清區域內部之防護區域外

選擇閥與安全閥

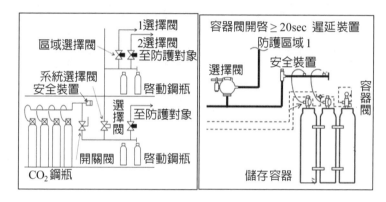

1選擇閥
2選擇閥
至防護對象

區域選擇閥

系統選擇閥
安全裝置

選擇閥

至防護對象

啓動鋼瓶

開關閥

啓動鋼瓶

CO₂鋼瓶

容器閥開啓 ≥ 20sec 遲延裝置
防護區域 1

選擇閥

安全裝置

容器閥

儲存容器

安全裝置

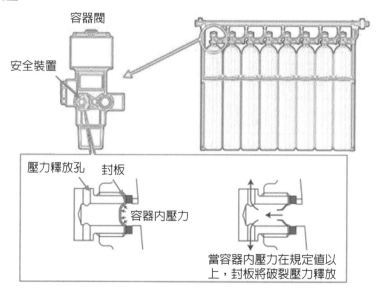

容器閥

安全裝置

壓力釋放孔　封板

容器內壓力

當容器內壓力在規定值以
上，封板將破裂壓力釋放

6-14 乾粉滅火設備測試報告書 外觀試驗（一）

測試項目			測試方法	判定要領
外觀試驗	控制裝置	設置場所等	以目視確認設置場所等之狀況。	1. 應設置在儲存容器設置場所、防災中心等易於檢查之場所。 2. 應為無受火災等災害損害之虞的處所。 3. 應牢固地設置，不致因地震等而傾倒。
		標示燈、開關	以目視確認機器等之狀況。	應設置確認電源之表示燈、復舊開關。
		防護措施		多接點繼電氣上應採取防止撞擊、塵埃之適當防護措施。
		遲延裝置		如為全區放射方式者，應設置從啓動裝置動作至乾粉放出之時間在 20 秒以上的遲延裝置。
		自動、手動啓動切換裝置		1. 應設置自動‧手動之切換表示。 2. 切換應以拉桿或鑰匙等才能操作。
	電源	常用電源	以目視確認電源之狀況。	1. 應為專用回路。 2. 電源容量應適當正常。
		緊急電源種類	確認緊急電源之種類。	應為發電機設備或蓄電池設備，其容量能使該設備有效動作一小時以上。
	啓動裝置	手動啓動裝置 設置場所等 設置場所	以目視確認設置場所等之狀況。	應設在防護區域出入口附近，能看清防護區域內部，且在火災時易於操作，操作後能立即退避之處所。
		設計位置		每一防護區域或防護對象應裝設一套。
		設置高度		操作部應設在距樓地板面高度 0.8m 以上，1.5m 以下之位置。
		設備表示		應在附近明顯易見之處所，設置「手動啓動裝置」之標示。
		操作表示		在啓動裝置或其近旁，應標示防護區域之名稱、操作方法及安全上注意事項等。
		防護措施	以目視確認機器之狀況。	箱門應進行封印。
		表示燈	以目視確認機器之狀況。	電力啓動者應設置電源表示燈。

乾粉滅火設備控制裝置

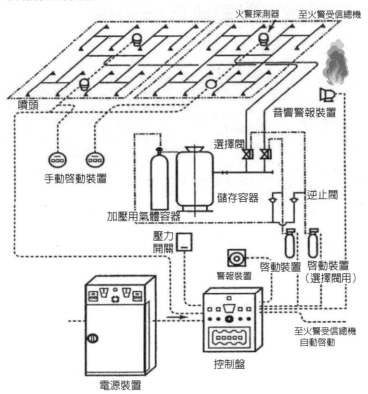

乾粉滅火設備儲存容器

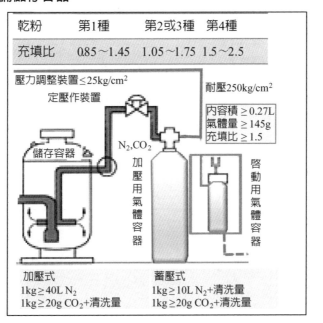

乾粉	第1種	第2或3種	第4種
充填比	0.85～1.45	1.05～1.75	1.5～2.5

壓力調整裝置≤25kg/cm²
定壓作裝置

耐壓250kg/cm²

內容積≥0.27L
氣體量≥145g
充填比≥1.5

儲存容器

N₂,CO₂
加壓用氣體容器

啟動用氣體容器

加壓式
1kg≥40L N₂
1kg≥20g CO₂+清洗量

蓄壓式
1kg≥10L N₂+清洗量
1kg≥20g CO₂+清洗量

6-15 乾粉滅火設備測試報告書
外觀試驗（二）

測試項目				測試方法	判定要領
外觀試驗	啟動裝置	自動啟動裝置	設置場所	以目視確認設置場所等之狀況。	1. 應設置在儲存容器設置場所、防災中心等易於檢查之場所。 2. 應設置在無受火災等災害損害之虞的處所。
			構造、性能	以目視確認機器之狀況。	1. 應設置電源表示燈自動及手動切換表示燈。 2. 自動手動之切換，應以拉桿或鑰匙等才能操作。
			探測器		1. 應依火警自動警報設備之規定設置。 2. 應設置二個以上探測器回路。
	警報裝置		設置位置	以目視確認設置位置之狀況。	其設置應可將警報有效地通知各防護區域。
			警報方式	以目視確認機器之狀況。	設在全區放射方式者，除平時無人駐守之防護對象外，應採用人語發音。
			構造、性能		應適當正常。
	儲存滅火藥劑			以目視確認滅火藥劑之狀況。	應使用所規定之滅火藥劑，且在規定量以上。
	儲存容器等	設置場所等	設置場所	以目視確認設置場所等之狀況。	1. 應為防護區域外之場所。 2. 應為溫度變化少之場所。 3. 應為不受日光直射及雨淋之場所。
			標識		應設有標示。
		機器	蓄壓式 儲存容器	以目視確認機器之狀況。	應符合 CNS9788 壓力容器（通則），並依行政院勞工委員會相關檢查規定辦理。
			蓄壓式 容器閥		內壓在 10 kgf/cm^2 以上者，應設符合 CNS10848 及 CNS10849 之容器閥。
			蓄壓式 容器閥開放裝置		容器閥開放裝置應牢固地安裝在容器閥上。
			加壓式 儲存槽		應符合 CNS9788 壓力容器（通則），並依行政院勞工委員會相關檢查規定辦理。
			加壓式 定壓動作裝置		1. 應設置在各儲存槽。 2. 儲存槽壓力達設定壓力時，放出閥應可開啟。

乾粉滅火設備外觀試驗

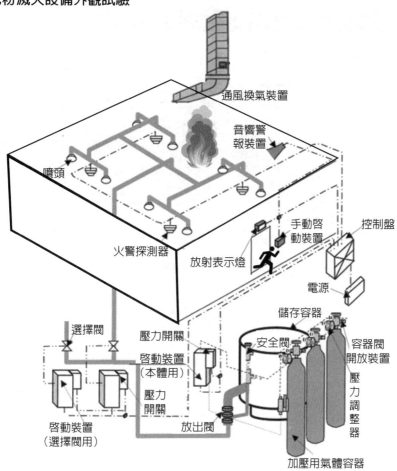

乾粉滅火設備局部應用方式

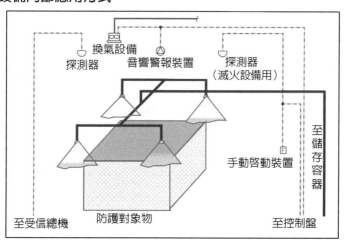

6-16 乾粉滅火設備測試報告書
外觀試驗（三）

測試項目			測試方法	判定要領
外觀試驗	配管、閥類	機器 充填比	以目視確認機器之狀況。	1. 如為第一種乾粉，應在 0.85 以上、1.45 以下。 2. 如為第二種乾粉或第三種乾粉，應在 1.05 以上、1.75 以下。 3. 如為第四種乾粉，應在 1.50 以上、2.50 以下。
		安全裝置		應符合 CNS 11176 之規定。
		耐震措施	以目視確認耐震措施之狀況。	應採取防止因地震而產生變形、損傷之措施。
外觀試驗	配管、閥類	設置狀況	以目視確認設置狀況。	應無變形、損傷、腐蝕等，且接續確實。
		配管管路	以目視確認設置狀況。	集合管、導管、分歧管等配管及閥類之配管管路應適當正常。
		構造、材質	以目視確認機器之狀況。	1. 鋼管應符合 CNS6445（但蓄壓式如壓力超過 25kgf/cm2 在 42kgf/cm^2 以下，應符合 CNS4626 之無縫鋼管管號 SCH40），並施以鍍鋅等防蝕處理。 2. 銅管應符合 CNS5127，並應能承受調整壓力或最高使用壓力 1.5 倍之壓力。 3. 閥類應符國家標準之規定且施以防蝕處理，或具有同等以上強度、耐蝕性及耐熱性者。
		口徑、使用數	以目視確認設置狀況。	配管、配管接頭及閥類之口徑、使用個數等，應依規定設計。
		安全裝置	以目視確認設置狀況。	如設有選擇閥，從儲存容器至選擇閥之配管間，應設置安全裝置。
		耐震措施	以目視確認耐震措施之狀況。	應採取防止因地震而產生變形、損傷之措施。
	選擇閥	設置場所等 設置場所	以目視確認設置場所等狀況。	應設置在防護區域外之適當場所。
		設置場所等 標示		應標明「選擇閥」字樣及所屬防護區域或防護對象。
		導管接續部	以目視確認機器之狀況。	啟動用導管之接續部應無龜裂、變形等，且接續牢靠。
		構造		應適當正常。
	啟動用氣體容器	設置場所	以目視確認設置場所等之狀況。	1. 應為防護區域外之場所。 2. 應為溫度變化少之場所。 3. 應為不受日光直射及雨淋之場所。

乾粉滅火設備外觀試驗

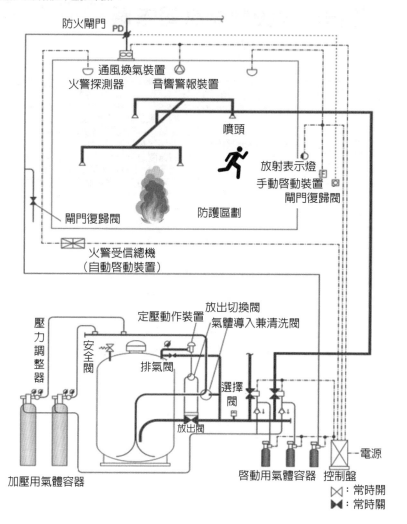

警報裝置

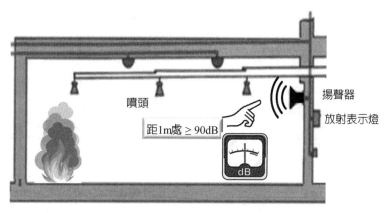

6-17 乾粉滅火設備測試報告書外觀試驗（四）

	測試項目		測試方法	判定要領
外觀試驗	啓動用氣體	構造、性能	以目視確認機器之狀況。	1. 內容積應為 0.27 1 以上。 2. 二氧化碳量應為 145g 以上。 3. 充填比應為 1.5 以上。 4. 容器閥應符合 CNS 11176 之規定。 5. 應符合 CNS9788 壓力容器（通則），並依行政院勞工委員會相關檢查規定辦理。
	噴頭	設置位置	以目視確認設置位置之狀況。	應能有效滅火。
		構造、性能	以目視確認機器之狀況。	應適當正常。
	瞄子、皮管	設置位置	以目視確認設置位置之狀況。	應設置在至皮管接頭之水平距離為 15m 以下的範圍內。
		構造、性能	以目視確認機器之狀況。	皮管、噴嘴及管盤應符合 CNS 11177 之規定。
	防護區域等	防護區域	以目視確認設置狀況。	防護區域、防護空間之規模、位置等應適當。
		開口部自動關閉措施	以目視確認設置狀況。	在距樓地板面高度為樓高三分之二以下位置之開口部，因放射滅火藥劑流出，導致有減低滅火效果之虞者，應設置自動關閉裝置。
		追加滅火劑之開口部面積	以目視確認開口部之狀況。	因開口部而需要追加滅火藥劑量之部分開口面積，應為規定面積以下。
		滅火藥劑流失防止措施	以目視確認門扉等之狀況。	門扉等構造應為所放射之滅火藥劑明顯無流至防護區域外之虞者。
	加壓用氣體容器	設置場所	以目視確認設置場所等之狀況。	1. 應為防護區域外之場所。 2. 應為溫度變化少之場所。 3. 應為不受日光直射及雨淋之場所。
		加壓容器	以目視確認機器之狀況。	應確實地固定在安置架上，如有氣壓開關者，開關應在正常位置。
		容器閥		應符合 CNS 11176 之規定。
		容器閥開放裝置		應牢固地安裝在容器閥上。
		耐震措施		應採取防止因地震而產生變形、損傷之措施。
	加壓用氣體	種類	以目視確認加壓用氣體之狀況。	氣體之種類應適當、正確。
		氣體量		氣體量應為規定量以上。

乾粉儲存容器與定壓動作裝置

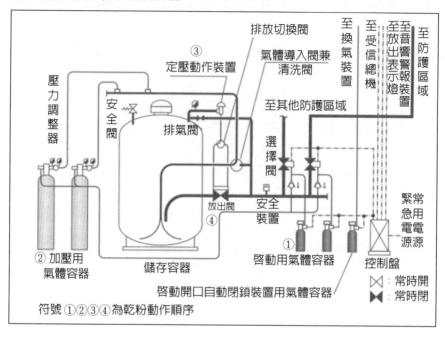

警報裝置等

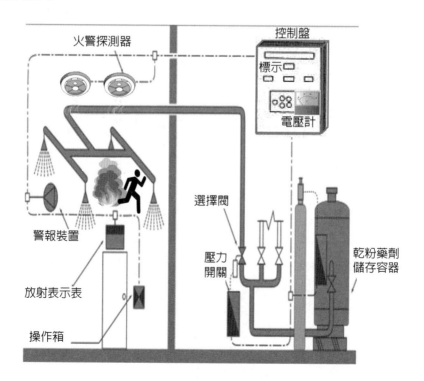

6-18 乾粉滅火設備測試報告書性能試驗

		測試項目		測試方法	判定要領
性能試驗	動作試驗	防護區域		————	————
		選擇閥動作試驗		解開各系統在儲存容器周圍之導管,如為電力啓動者,應操作啓動裝置;如為氣壓啓動者,則應使用試驗用氣體,以確認各個動作狀況。	自動及手動之動作應確實。
		容器閥開放裝置動作試驗		將容器閥開放裝置從啓動用氣體容器取下,操作手動啓動裝置或控制盤。如為自動啓動裝置,則使探測器動作,以確認該等裝置的動作狀況;並應做自動及手動之切換試驗。	撞針應無變形、損傷等,且確實地動作。
		控制裝置試驗	遲延時間		遲延裝置應依設定時間動作。
			緊急停止裝置動作狀況		在遲延裝置之設定時間內操作緊急用停止開關時,放出機關應停止。
			音響警報先行動作狀況		啓動裝置開關、拉桿等應在音響警報裝置動作後,始能操作。
			自動、手動切換動作狀況		切換開關應為專用,且切換應能確實執行。
性能試驗	動作試驗	音響警報裝置試驗	由啓動裝置動作狀況	如為依手動啓動裝置者,應操作手動啓動裝置,確認動作狀況。如為依自動啓動裝置者,應以符合火警自動警報設備探測器動作試驗之測試方法,確認動作狀況。	應由手動或自動啓動裝置之操作或動作,即自動發出警報。
			警報鳴動狀況		只要未操作手動啓動裝置、控制盤之緊急停止裝置或復舊開關,警報應在一定時間內繼續鳴動。
			音量		音量應在防護區域內任一點均能加以確認。
			音聲警報裝置動作狀況		應可在警鈴或蜂鳴器鳴動後,能以人語發音發出警報者。
			自動警報動作狀況		即使已操作手動啓動裝置之緊急停止開關或控制盤之復舊開關,如火警自動警報設備之探測器動作時,仍應自動發出警報。
		附屬裝置連動試驗	動作狀況	如為電力啓動者,應操作啓動裝置;如為氣壓啓動者,應以試驗用氣體,確認換氣裝置之停止、防火鐵捲門之自動關閉機關的動作狀況。	應在設定時間內確實地動作。
			復歸操作狀況		應可從防護區域外容易進行復舊操作。

配管檢查

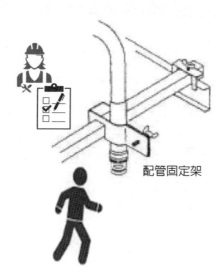

配管固定架

啟動裝置

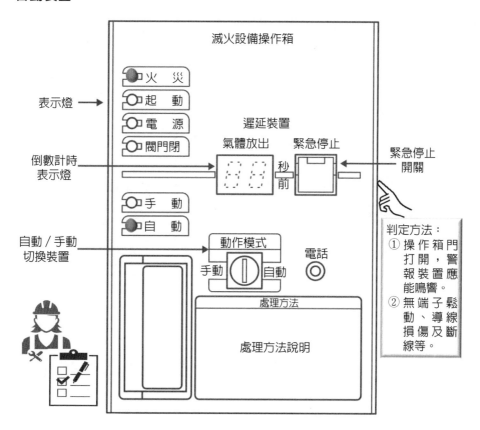

滅火設備操作箱

表示燈 →

火 災
起 動
電 源
閥門閉

遲延裝置

氣體放出 緊急停止

倒數計時
表示燈

秒前

緊急停止
開關

手 動
自 動

自動／手動
切換裝置

動作模式

電話

手動 自動

判定方法：
① 操作箱門
打開，警
報裝置應
能鳴響。
② 無端子鬆
動、導線
損傷及斷
線等。

處理方法

處理方法說明

6-19 乾粉滅火設備測試報告書綜合試驗

測試項目			測試方法	判定要領
性能試驗	動作試驗	定壓動作裝置試驗	動作壓力（kgf/cm²）	將壓力表接在儲存槽後，以試驗用氣體加壓儲存槽，至定壓動作裝置動作，同時記錄壓力值及至動作為止所需時間。	定壓動作裝置之動作壓力應適當正常。
			動作時間（sec）		至定壓動作裝置開始動作為止所需之時間應適當正常。
		放射表示燈試驗		使壓力開關動作等，以確認該區域表示燈的亮燈狀況。	設置在防護區域出入口等之放射表示燈，應確實地亮燈或閃爍。
		壓力調整裝置試驗		關閉壓力調整器之二次側後，使加壓氣體容器之容器閥動作開啟，確認動作狀況。	壓力調整性能及壓力調整值應適當正常。
		清洗裝置試驗		操作清潔裝置，放出試驗用氣體。	氣體斷線應確實。

綜合試驗

測試項目			測試方法	判定要領
綜合試驗	綜合動作試驗	選擇閥動作狀況、放出管路	在各防護區域操作啟動裝置，放射試驗用氣體，確認通氣及各構件之狀況。試驗用氣體應使用氮氣或空氣，施加與該設備之使用壓力相同的壓力，放射至該設備之儲存容器或儲存槽。	控制該防護區域之選擇閥應確實地動作，從噴頭放射試驗用氣體的放出管路應無誤。
		通氣狀況		因試驗用氣體的放射，通氣應確實。
		氣密狀況		集合管、導管等各配管部分及閥類應無外漏之情形。
		區劃別儲存容器開放數		如為選擇儲存容器之個數而放出滅火藥劑者，應開放規定數量之儲存容器。
		音響警報裝置動作狀況		音響警報裝置之鳴動應確實。
		放射表示燈亮燈狀況		在該區域之放射表示燈應亮燈或閃爍。
		附屬裝置動作狀況		附屬裝置、自動關閉裝置之動作、換氣裝置之停止等應確實。

移動式乾粉滅火設備

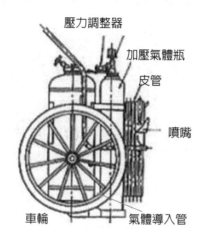

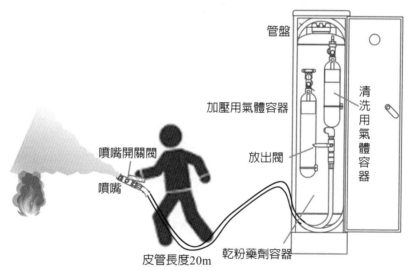

容器閥

（日本 NITTAN, 2018）

6-20 簡易自動滅火設備測試報告書外觀試驗（一）

測試項目			測試方法	判定要領
外觀試驗	控制裝置	設置場所等	以目視確認設置場所等之狀況。	1. 凡煎炒、滷煮、油炸、烤肉等會生成油煙的爐具及其上方油煙罩、風管應實施保護。 2. 不同居室之油煙罩不得合併由同一套控制裝置保護。 3. 應設置在油煙罩附近，不直接受爐火熱源波及，環境溫度在 49℃以下之場所。 4. 確認控制裝置周圍有無檢查及使用上之障礙，及設置位置是否適當。
		裝置本體		1. 控制裝置上應標示操作方法及安全上注意事項。 2. 應牢固地設置，不致因地震等而傾倒。 3. 本體應標示「廚房簡易自動滅火裝置」之字樣。
	電源	常用電源	以目視確認電源之狀況。	1. 應為專用回路。 2. 電源容量應適當正常。
		緊急電源種類	確認緊急電源之種類。	應為發電機設備或蓄電池設備，其容量能使該設備有效動作 1 小時。
	手動啟動裝置	設置場所等 設置場所	以目視確認設置場所等之狀況。	應裝設在逃生出口路線，火災時能接近操作處。
		設置位置		每一防護區域或防護對象應至少裝設一套。
		設置高度		操作部應設在距樓地板面高度 0.8m 以上、1.5m 以下之位置。
		設備表示		本體應標示「手動啟動裝置」之字樣及其操作方法。
		操作表示		同一廚房內設置一組以上手動啟動裝置時，應於其旁標示所屬防護區域或防護對象之名稱。
		防護措施	以目視確認機器之狀況。	確認手動啟動裝置上之封條是否完好。
	滅火藥劑		以目視確認滅火藥劑之狀況。	依原廠設計手冊，由系統中噴頭數量多寡及噴頭流量點值總和，判定鋼瓶藥劑量是否充足。

簡易自動滅火設備

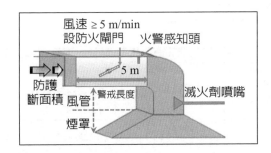

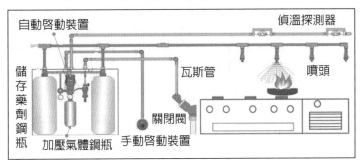

測試項目				測試方法	判定要領
外觀試驗	儲存容器等		設置場所	以目視確認設置場所等之狀況。	確認容器裝置在環境溫度40℃以下之場所。
		容器本體	蓄壓式	儲存容器	以目視確認機器之狀況。	確認有無變形、銹蝕、汙損及藥劑使用年限等情形。
				容器閥裝置		確認有無變形、損傷、明顯腐蝕等情形。
				容器閥開放裝置		容器閥開放裝置應牢固地安裝在容器閥上。
				壓力表	以目視確認壓力指示。	應無變形、損傷等情形、指針應在綠色指示範圍內。
			加壓式	儲存槽	以目視確認機器之狀況。	確認有無變形、銹蝕、汙損及藥劑使用年限等情形。
				定壓動作裝置		1. 應設置在各儲存槽。 2. 儲存槽壓力達設定壓力，放出閥應可開啟。

6-21 簡易自動滅火設備測試報告書外觀試驗（二）

測試項目				測試方法	判定要領
儲存容器等	容器本體	加壓式	安全措施	以目視確認機器之狀況。	洩壓閥放出口應無阻塞之情形。
探測部				以目視探測器外形之狀況。	1. 各型探測部設置距離應符合其認可之探測範圍。 2. 確認有無變形、脫落、油垢、汙損等情形。
外觀試驗	瓦斯遮斷閥	設置場所等	設置場所	以目視確認設置場所等之狀況。	如設有瓦斯遮斷閥，應為滅火系統專用，並設置在油煙罩附近，不受爐火熱源波及位置，且設置位置、標示及導管接續部應符合下列規定。
			設置位置		每一控制裝置應至少設置一只。
			標示		應標明「滅火裝置專用瓦斯遮斷閥」字樣及所屬防護區域或防護對象。
		導管接續部		以目視確認機器之狀況。	導管之接續部應無龜裂、變形、腐蝕等，且無瓦斯洩漏之虞。
	配管	設置狀況		以目視確認設置狀況。	應無變形、損傷、腐蝕等，且接續確實。
		配管管路		以目視確認設置狀況。	1. 集合管、導管、分歧管等配管及閥類配管正常。 2. 管路接續不得使用壓接管件及缺氧膠，應以車牙連結及止洩帶密封方式施作。 3. 管路穿越油煙罩處，其穿孔縫隙應以金屬接頭或防火材料密封。
外觀試驗	配管	構造、材質		以目視確認機器之狀況。	藥劑管路及配件需採用不鏽鋼管或黑鐵管；不得使用鍍鋅鋼管。
		口徑、使用數		以目視確認設置狀況。	配管、管接頭及閥類口徑、使用個數等依規定設計。
	噴頭	設置位置		以目視確認設置位置之狀況。	1. 凡煎炒、滷煮、油炸、烤肉等會生成油煙的各爐具上方，均各需設置一只以上噴嘴。 2. 油煙靜電機的風管前後各需設置一只噴嘴。 3. 濾網式煙罩內部各風管開口均各需設置一只噴嘴朝排氣方向噴射（水洗式煙罩除外）。 4. 濾網式煙罩，濾網後方每3m水平設一只噴嘴（水洗式煙罩除外）。 5. 噴頭之裝設角度應對準爐具中心，或依設備製造原廠規定。

瓦斯遮斷閥設置位置

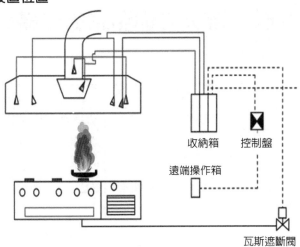

收納箱　控制盤

遠端操作箱

瓦斯遮斷閥

蓄壓式與加壓式藥劑

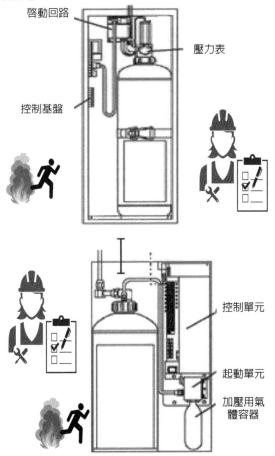

啓動回路

壓力表

控制基盤

控制單元

起動單元

加壓用氣
體容器

6-22 簡易自動滅火設備測試報告書外觀及性能試驗

測試項目			測試方法	判定要領
性能試驗	噴頭	構造、性能	以目視確認機器之狀況。	噴嘴孔應有適當保護，以防油垢堵塞。
	防護區域		以目視確認設置狀況。	滅火裝置安裝平面圖應標示於控制裝置旁，以供比對防護區域、防護對象與原設計是否相符。
	加壓（啟動）用氣 體容器	設置場所	以目視確認設置場所等之狀況。	確認安裝在環境溫度 40°C 以下之場所。
		加壓容器	以目視確認機器之狀況。	應確實地固定在容器閥開放裝置上，容器使用年限不可逾期。
		容器閥開放裝置		應無變形、損傷、腐蝕等，且撞針完好。
	加壓（啟動）用氣體	種類	以目視確認加壓用氣體之狀況。	氣體之種類應適當、正確。
		氣體量		氣體量應為規定量以上，必要時需秤重。

性能試驗

測試項目			測試方法	判定要領
性能試驗	動作試驗	防護區域	————	————
		控制裝置	1. 確認已採取安全措施，試驗時藥劑不會被噴出。 2. 對探測器加熱。	1. 對探測器加熱達到溫度設定點時，控制裝置應能立即作動。 2. 瓦斯遮斷閥應能立即關閉，停止瓦斯供應。 3. 系統啟動訊號應已傳送到火災受信總機。 4. 水洗式油煙罩，其水洗功能，此時應能自動啟動。
		手動啟動裝置試驗	1. 確認已採取安全措施，試驗時藥劑不會被噴出。 2. 操作手動啟動裝置，以確認系統的動作。	1. 控制裝置應能立即作動。 2. 瓦斯遮斷閥應能立即關閉，停止瓦斯供應。 3. 系統啟動訊號應能傳送到火災受信總機。 4. 水洗式油煙罩，其水洗功能，此時應能自動啟動。 5. 使用電力加熱之爐具，此時其電源應能自動斷電。

簡易自動滅火設備測試

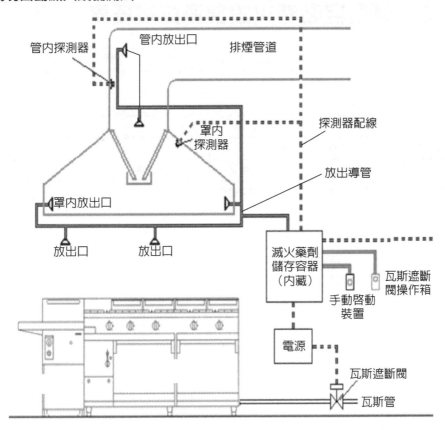

管內探測器　管內放出口　排煙管道

罩內
探測器

探測器配線

放出導管

罩內放出口

放出口　放出口

滅火藥劑
儲存容器
（內藏）

瓦斯遮斷
閥操作箱

手動啟動
裝置

電源

瓦斯遮斷閥

瓦斯管

滅火藥劑量台秤測定

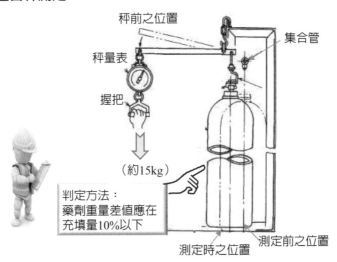

秤前之位置

秤量表

集合管

握把

（約15kg）

判定方法：
藥劑重量差值應在
充填量10%以下

測定時之位置　測定前之位置

6-23 簡易自動滅火設備測試概要表

項目	
設置處所	－－－樓－－－－－－
滅火藥劑	藥劑種類－－－－－－
儲存容器	－－－kg/瓶 ×－－瓶＝－－－kg
儲存方式	□加壓式　　□蓄壓式
加壓用氣體	□氮氣　　□二氧化碳、數量－－－1．kg、容器數－－－瓶
啓動方式	□手動電氣式　　□手動氣壓式　　□自動式
啓動用氣體容器	－－－1－－－支
控制盤	□壁掛型　　□直立型　　□埋入型　　□專用　　□兼用
音響警報	□人語發音　　□電動警報　　□蜂鳴器　　□其他　　□免設
放射表示燈	設置數量－－－－－－處　　□專用　　□兼用　　□其他　　□免設
探測部	□探測器型，設置數量－－－－個　　　　　　□專用　　□兼用 □感知元件型，設置數量－－－－個　　　　□專用　　□兼用 □火焰探測器型，設置數量－－－－個　　　□專用　　□兼用

組件 等之 規格	儲存容器	安全裝置－－－－□其他容器閥－－－－－□其他
	配管材料	配管材質為_____
	接頭閥類	接頭耐壓力－－－－kgf/cm^2、閥類耐壓力－－－－kgf/cm^2

噴頭	－－－－個
瓦斯遮斷閥	－－－－個　　□免設
緊急電源	□發電機設備　　□蓄電池設備　　□免設（機械式）
備考	

註：1.「□」欄內請以打 v 方式。
　　2. 另請檢附通過內政部審核認可之資料。

噴頭等測試

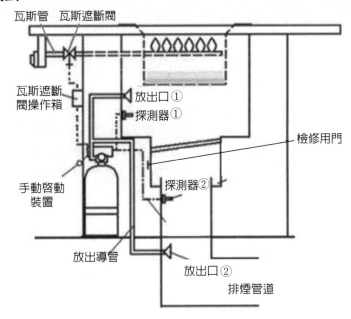

簡易自動滅火設備測試

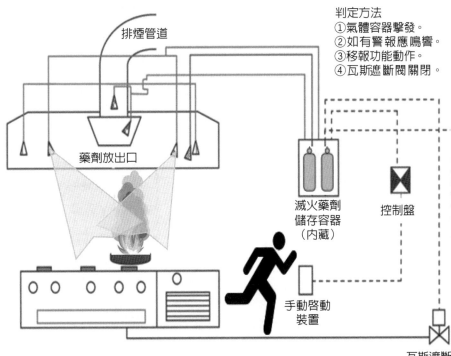

＋知識補充站

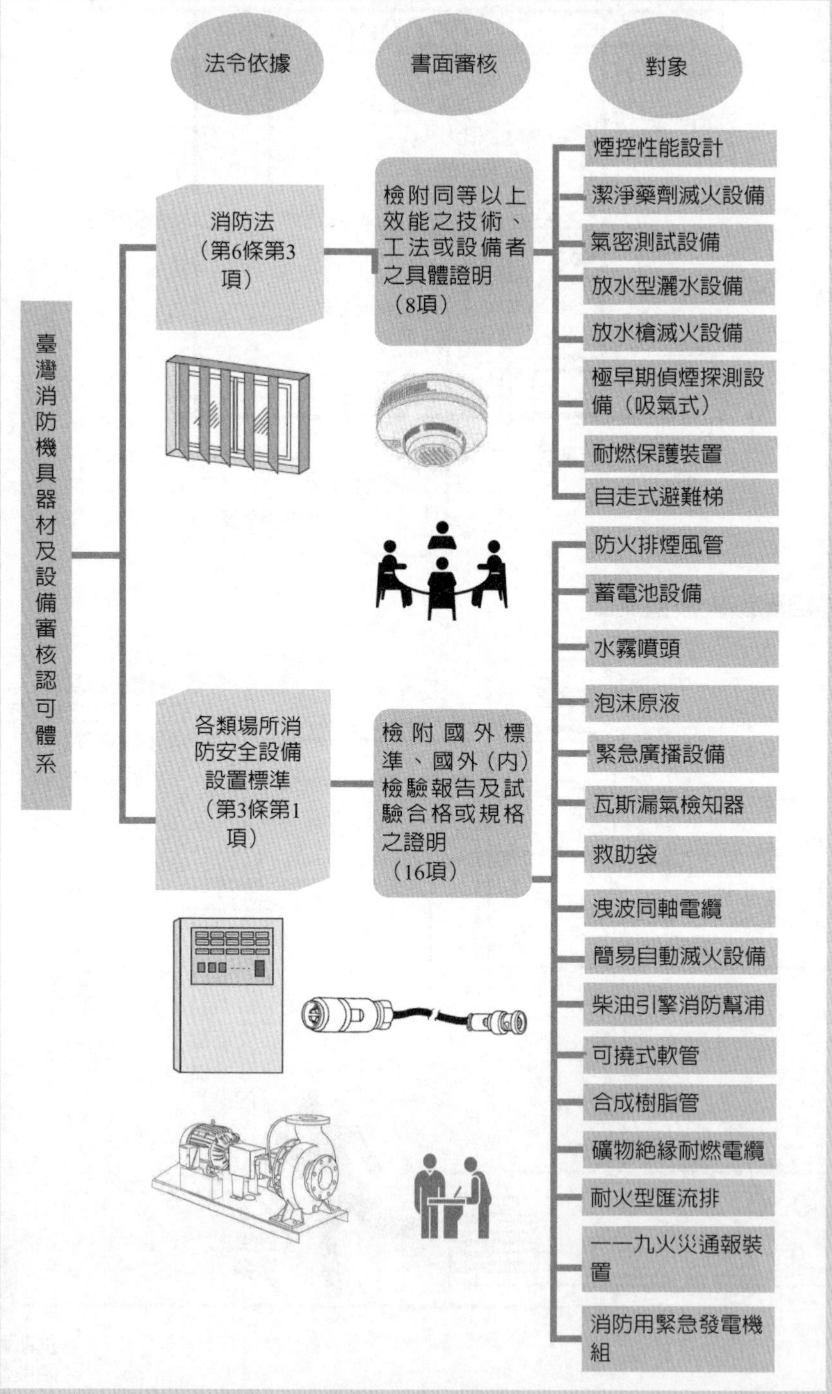

法令依據	書面審核	對象

臺灣消防機具器材及設備審核認可體系

消防法
（第6條第3項）

檢附同等以上效能之技術、工法或設備者之具體證明
（8項）

- 煙控性能設計
- 潔淨藥劑滅火設備
- 氣密測試設備
- 放水型灑水設備
- 放水槍滅火設備
- 極早期偵煙探測設備（吸氣式）
- 耐燃保護裝置
- 自走式避難梯

各類場所消防安全設備設置標準
（第3條第1項）

檢附國外標準、國外（內）檢驗報告及試驗合格或規格之證明
（16項）

- 防火排煙風管
- 蓄電池設備
- 水霧噴頭
- 泡沫原液
- 緊急廣播設備
- 瓦斯漏氣檢知器
- 救助袋
- 洩波同軸電纜
- 簡易自動滅火設備
- 柴油引擎消防幫浦
- 可撓式軟管
- 合成樹脂管
- 礦物絕緣耐燃電纜
- 耐火型匯流排
- 一一九火災通報裝置
- 消防用緊急發電機組

第7章
消防設備師化學系統歷屆考題

7-1 111年化學系統考題詳解

一、請敘述可燃性高壓氣體場所、天然氣儲槽及可燃性高壓氣體儲槽之滅火器，其設置規定為何？（25分）

解：

第 228 條可燃性高壓氣體場所、加氣站、天然氣儲槽及可燃性高壓氣體儲槽之滅火器，依下列規定設置：

一、製造、儲存或處理場所設置 2 具。但樓地板面積 200m² 以上者，每 50m²（含未滿）應增設 1 具。

二、儲槽設置 3 具以上。

三、加氣站，依下列規定設置：

　　(一) 儲氣槽區 4 具以上。

　　(二) 加氣機每臺 1 具以上。

　　(三) 用火設備處所 1 具以上。

　　(四) 建築物每層樓地板面積在 100m² 以下設置 2 具，超過 100m² 時，每增加（含未滿）100m² 增設 1 具。

四、儲存場所任一點至滅火器之步行距離在 15m 以下，並不得妨礙出入作業。

五、設於屋外者，滅火器置於箱內或有不受雨水侵襲之措施。

六、每具滅火器對普通火災具有 4 個以上之滅火效能值，對油類火災具有 10 個以上之滅火效能值。

七、滅火器之放置及標示依第 31 條第 4 款之規定。

可燃性高壓氣體場所等設置滅火器之規定數量

製造、處理及儲存場所

200m² + ≤ 50m²

儲槽

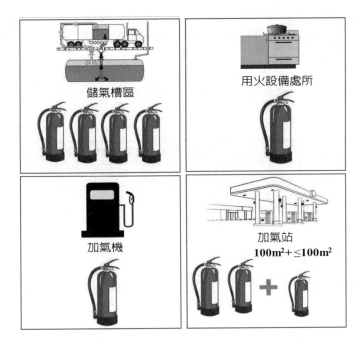

儲氣槽區

用火設備處所

加氣機

加氣站
$100m^2 + \leq 100m^2$

二、有一乙醇儲桶，其長 3m、寬 2m、高 1.8m，放置於樓地板面，現擬採二氧化碳局部放射設計（高壓），其所需滅火藥劑量為何？若長邊靠牆且寬邊距另一牆 0.4m，其所需滅火藥劑量為何？其滅火藥劑儲存容器，設置規定為何？（25 分）

解：

一) 所需滅火藥劑量

假想防護空間單位體積 $V = (3 + 0.6 + 0.6) \times (2 + 0.6 + 0.6) \times (1.8 + 0.6) = 32.3 m^3$

$A = [(3 + 0.6 + 0.6) \times (1.8 + 0.6) \times 2] + [(2 + 0.6 + 0.6) \times (1.8 + 0.6) \times 2] = 35.5 m^2$

$Q = 8 - 6 \times \dfrac{0}{35.5}$

$Q = 8 kg/m^3$

$W = Q \times V \times K = 8 kg/m^3 \times 32.3 m^3 \times 1.4 = 361.3 kg$

防護乙醇 $361.3 \times 1.2 = 433.56 kg$

二) 長邊靠牆且寬邊距另一牆 0.4m 局部放射方式（高壓）所需藥劑量

$a = (3 + 0.6) \times (1.8 + 0.6) + (2 + 0.6) \times (1.8 + 0.6) = 14.88 m^2$

$W = Q \times V \times K = (8 - 6 \times \dfrac{14.88}{35.5}) \times 32.3 \times 1.4 = 248.03 kg$

防護乙醇 $248.03 \times 1.2 = 297.64 kg$

公式 CO_2局部假想防護空間體積滅火藥劑量 $Q = 8 - 6 \times \dfrac{a}{A}$

Q：假想防護空間單位體積滅火藥劑量 (kg/m³)
a：防護對象周圍實存牆壁面積合計 (m²)
A：假想防護空間牆壁面積合計 (m²)

防護對象物		防護對象周圍實存牆壁面積之合計
皆無靠牆	0	a = 0（周圍無實存牆壁）
一面靠牆	一	a =（長或寬 + 0.6 + 0.6）×（高 + 0.6）
二面靠牆	二	a =（長 + 0.6）×（高 + 0.6）+（寬 + 0.6）×（高 + 0.6）

表1 防護區域體積藥劑量

防護區域體積（m³）	每立方公尺防護區域體積所需之滅火藥劑量（kg/m³）	滅火藥劑之基本需要量（kg）
<5	1.2	–
5～15	1.1	6
15~50	1.0	17
50～150	0.9	50
150～1500	0.8	135
≥ 1500	0.75	1200

表2 係數乘以表1所算出之量

公共危險物品	二氧化碳	乾粉			
		第一種	第二種	第三種	第四種
乙醇	1.2	1.2	1.2	1.2	1.2

三) 滅火藥劑儲存容器設置規定

第87條滅火藥劑儲存容器，依下列規定設置：

一、充填比在高壓式為一點五以上一點九以下；低壓式為一點一以上一點四以下。

二、儲存場所應符合下列規定：

(一)置於防護區域外。

(二)置於溫度攝氏四十度以下，溫度變化較少處。

(三)不得置於有日光曝曬或雨水淋濕之處。

三、儲存容器之安全裝置符合 CNS 一一一七六之規定。

四、高壓式儲存容器之容器閥符合 CNS 一〇八四八及一〇八四九之規定。

五、低壓式儲存容器，應設有液面計、壓力表及壓力警報裝置，壓力在每平方公分二十三公斤以上或 2.3MPa 以上或每平方公分十九公斤以下或 1.9MPa 以下時發出警報。

六、低壓式儲存容器應設置使容器內部溫度維持於攝氏零下二十度以上，攝氏零下十八度以下之自動冷凍機。

七、儲存容器之容器閥開放裝置，依下列規定：

　　(一)容器閥之開放裝置，具有以手動方式可開啟之構造。

　　(二)容器閥使用電磁閥直接開啟時，同時開啟之儲存容器數在七支以上者，該儲存容器應設二個以上之電磁閥。

八、採取有效防震措施。

三、海龍替代品滅火藥劑中，請說明 IG541、IG100、IG01、FM200（HFC-227ea）及 FE-25（HFC-125）之成分與化學式？若 IG541 之滅火設計濃度為 0.4（40%）、FE-25 滅火設計濃度為 0.08（8%）且 NOAEL 為 0.075（7.5%），試問若此二化學藥劑放射時，才發現有人員受困於放射現場，此時救災人員所需配戴呼吸防護器具有何差異並請說明原因？又此二滅火藥劑之主要滅火原理之差異為何？（25 分）

解：

一) 成分與化學式

種類	項目	化學式	成份	滅火原理
惰性氣體	IG-541	$N_2/Ar/CO_2$	$N_2$52%、Ar40%、$CO_2$8%	主要使用氮（N_2）及氬（Ar）降低氧濃度
	IG-01	Ar	Ar100%	
	IG-55	Ar/N_2	Ar50%、$N_2$50%	
	IG-100	N_2	$N_2$100%	
鹵化烷化物	FM-200	C_3HF_7（七氟丙烷）	HFC-227	大多以高壓液化儲存，主要將破壞臭氧層之溴（Br_2）拿掉；藉由切斷火焰之連鎖反應達到滅火目的。
	FE-25	C_2HF_5（五氟乙烷）	HFC-125	

二) 救災人員所需配戴呼吸防護器具差異

IG541 比空氣略重，約為空氣比重的 1.18 倍，其二氧化碳成分會加快人的呼吸速率和吸收氧氣的能力，從而來補償環境氣氛中氧氣的較低濃度。滅火系統中滅火設計濃度 40% 時，該系統對人體是安全無害的。此外，FE-25 是碳、氟和氫（CHF_2CF_3）的液化壓縮氣體，以液體形式儲存，以不會遮擋視線的蒸汽形式，不會留下任何殘留物並且具有可接受的毒性。若此二化學藥劑放射時，才發現有人員受困於放射現場，此時救災人員所需配戴呼吸防護器，在 IG541 方面是可不需配戴；而 FE-25 方面是必需配戴的。NOAEL（noobservedadverseeffectlevel），為無毒性濃度，藥劑對身體不產生明顯影響之最高濃度。

1) IG541 之滅火設計濃度為 40% 且 NOAEL 為 43～52%，因此 IG541 滅火設計濃度 <NOAEL：可用於一般人員常駐場所。

2) FE-25 滅火設計濃度為 8% 且 NOAEL 為 7.5%，因此 FE-25 滅火設計濃度 >NOAEL：不可用於一般人員常駐場所。

三) 滅火藥劑之主要滅火原理差異

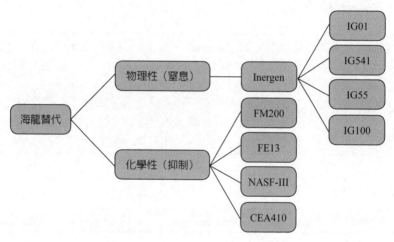

滅火原理也整合於上表格內容。

四、某光電廠之製程中會使用到如三甲基鋁等禁水性物質，此場所外牆為非防火構造，長 40m、寬 15m，試求此場所所需的最低滅火效能值為多少？如欲採用膨脹蛭石為其滅火設備（第五種滅火設備），則需設置多少公升的膨脹蛭石？若該製造場所依國際保險公司要求將外牆改為防火構造，則需設置多少公升的膨脹蛭石？（25 分）

解：

外牆為非防火構造者 $A2 = \dfrac{40 \times 15}{50(m^2)} = 12$

膨脹蛭石 $12 \times 160L = 1920L$

外牆為防火構造者 $A1 = \dfrac{40 \times 15}{1000(\text{m}^2)} = 6$

膨脹蛭石 $6 \times 160\text{L} = 960\text{L}$

設置第5種滅火設備者最低滅火效能值之計算方法

對象物		最低滅火效能值	第5種滅火設備設置數
製造或處理場所	外牆為防火構造者	$A1 = \dfrac{總樓地板面積}{100(\text{m}^2)}$	$\dfrac{A1 + A2 + A3}{第\ 5\ 種滅火設備能力單位}$
	外牆為非防火構造者	$A2 = \dfrac{總樓地板面積}{50(\text{m}^2)}$	
	室外附屬設施	$A3 = \dfrac{工作物水平最大面積合計}{100(\text{m}^2)}$	
註：計算小數點進位，取整數			

第5種滅火設備（滅火器除外）		相當於一滅火效能值	
消防專用水桶		3 個	24L
水槽		80L 為 1.5	53.3L
乾燥砂		50L 為 0.5	100L
膨脹蛭石或膨脹珍珠岩		160L	

7-2 110年化學系統考題詳解

【申論題】

一、某工廠內有一儲存丙酮的場所，此場所外牆為非防火構造，長 30 公尺、寬 20 公尺，試求此場所所需的最低滅火效能值為多少？如欲採用乾燥砂為其滅火設備（第五種滅火設備），則需設置多少公升的乾燥砂？其防護對象之步行距離限制規定為何？（25 分）

解：

對象物		最低滅火效能值	第5種滅火設備設置數
儲存場所	外牆為防火構造者	$B1 = \dfrac{總樓地板面積}{150(m^2)}$	$\dfrac{B1 + B2 + B3}{第 5 種滅火設備能力單位}$
	外牆為非防火構造者	$B2 = \dfrac{總樓地板面積}{75(m^2)}$	
	室外工作物	$B3 = \dfrac{工作物水平最大面積合計}{150(m^2)}$	
註：計算小數點進位，取整數			

依第 199 條：外牆為非防火構造者，$B2 = \dfrac{30 \times 20}{75(m^2)} = 8$

依第 200 條：乾燥砂每 50 L 為 0.5 滅火效能值。

因此，需設置乾燥砂 $8 \times \dfrac{50L}{0.5} = 800L$

依第 225 條：第 5 種滅火設備應設於能有效滅火之處所，且至防護對象任一點之步行距離應在 20m 以下。但與第 1 種、第 2 種、第 3 種或第 4 種滅火設備併設者，不在此限。

二、某處理二硫化碳之工廠，該工廠長 30 公尺、寬 15 公尺、高 6 公尺，有一未設置自動關閉裝置之開口，此開口大小為 4 公尺 ×3 公尺，現欲設置全區放射二氧化碳滅火系統，試計算其所需的滅火藥劑量（kg）？全區放射防護區域對放射後之滅火藥劑需排放至安全地方，請依照排放方式及排放所需時間說明相關規定為何？（25 分）

解：

一) 評估其開口大小

開口檢討：不設自動關閉裝置之開口部總面積，供電信機械室使用時，應在圍壁面積百分之一以下，其他處所則應在防護區域體積值或圍壁面積值二者中之較小數值百分之十以下。

圍牆面積 =[(30×15) + (15×6) + (30×6)]×2 = 1440m²

防護體積 V = 30×15×6 = 2700m³

二者中之較小數值 1440，其百分之十為 144，開口部面積為 12 平方公尺 < 144，故可免自動關閉。

二) 滅火藥劑量

第 222 條　二氧化碳滅火藥劑量，依下列規定設置：

一、全區放射方式所需滅火藥劑量依下表計算：

防護區域體積（m³）	< 5	5～14	15～49	50～149	150～1499	≥ 1500
每立方公尺防護區域所需藥劑量（kg/m²）	1.2	1.1	1.0	0.9	0.8	0.75
每平方公尺開口部所需追加藥劑量（kg/m²）	5					
滅火藥劑之基本需要量（kg）	1	6	17	50	135	1200

因此，藥劑量計算

W = G×V + g×A

W = 0.75×2700 + 5×12 = 2085kg > 1200kg

又於防護區域內或防護對象係為儲存、處理之公共危險物品，依表列係數乘以前項所算出之量；因此，二硫化碳之表列係數為 3。

W = 2085×3 = 6255kg

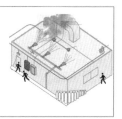

 公式　滅火藥劑量

W = G×V + g×A

G：防護區域所需藥劑量 (kg/m³)

V：防護區域體積

g：開口部所需追加藥劑量(kg/m²)

A：開口部面積(m²)

第 94 條　全區放射或局部放射方式防護區域，對放射之滅火藥劑，依下列規定將其排放至安全地方：

一、排放方式應就下列方式擇一設置，並於一小時內將藥劑排出：

　　(一)採機械排放時，排風機為專用，且具有每小時五次之換氣量。但與其他設備之排氣裝置共用，無排放障礙者，得共用之。

　　(二)採自然排放時，設有能開啟之開口部，其面向外氣部分（限防護區域自樓地板面起高度三分之二以下部分）之大小，占防護區域樓地板面積百分之十以上，且容易擴散滅火藥劑。

二、排放裝置之操作開關須設於防護區域外便於操作處，且在其附近設有標示。

三、排放至室外之滅火藥劑不得有局部滯留之現象。

三、化學滅火設備的檢修是維持系統正常運作相當重要的例行性工作，請針對乾粉滅火設備外觀檢查中的防護區劃，說明區劃變更時檢查方法與判定方法的規定分別為何？（25分）

解：

一) 區劃變更

　1. 檢查方法

　　(1) 滅火設備設置後，有無因增建、改建、變更等情形，造成防護區劃之容積及開口部產生增減之情形，應核對設計圖面確認之。

　　(2) 局部放射方式者，其防護對象物之形狀、數量、位置等有無變更，應核對設計圖面確認之。

　　(3) 附門鎖之開口部，應以手動方式確認其開關狀況。

　2. 判定方法

　　(1) 開口部不得設於面對安全梯間、特別安全梯間、緊急昇降機間。

　　(2) 位於防護區域自樓地板面起高度三分之二以下之開口部，因有降低滅火效果之虞或造成保安上之危險，應設有自動關閉裝置。

　　(3) 未設自動關閉裝置之開口部（含通風換氣管道）者，其防護體積與開口部面積之比率，應在法令規定範圍內，且其滅火藥劑量足夠。

　　(4) 設有自動門鎖者，應符合下列規定。

　　　① 應裝置完整，且門之關閉確實順暢。

　　　②應無門檔、障礙物等，且平時保持關閉狀態。
二) 開口部之自動關閉裝置
　　1. 檢查方法
　　　以目視確認有無變形、損傷等情形。
　　2. 判定方法
　　　應無變形、損傷、明顯腐蝕等情形。

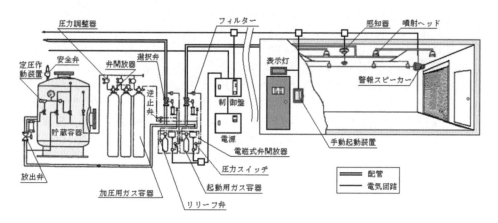

四、某高 4 公尺、長 10 公尺、寬 10 公尺的電信機房，欲採用鹵化烴藥劑滅火設
　備作為防護，其滅火設計濃度為 7%，所需的滅火藥劑量為 160 公斤，若滅火
　設計濃度增加為 10% 時，所需的滅火藥劑量為多少公斤？依規定此滅火藥劑
　須於「最短放射時間」內放射完成，請說明「最短放射時間」的定義為何？（25
　分）

解：
一) 鹵化烴藥劑濃度 $\% = \dfrac{\text{鹵化烴藥劑體積}}{\text{全部氣體體積}} \times 100\%$

　　$\dfrac{x}{V+x} = 0.07 \rightarrow x = 0.075V$

　　$\rightarrow V = 10m \times 10m \times 4m = 400m^3$

　　鹵化烴體積為 $400 \times 0.075 = 30m^3$

　　重量（Kg）＝體積（m^3）/ 比容[註解1]（m^3/Kg）

　　依題意 $160（Kg）= \dfrac{30}{x}$

　　比容 $x = 0.1875m^3$/Kg

[註解1] 比容是體積除以重量，而密度是重量除以體積，所以兩個互為倒數。

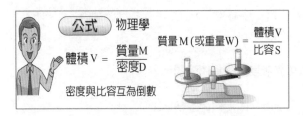

$$\frac{x}{V+x} = 0.10 \rightarrow x = 0.111V \rightarrow V = 10m \times 10m \times 4m = 400m^3$$

鹵化烴體積爲 $400 \times 0.111 = 44.44m^3$

重量（Kg）＝體積（m^3）／比容（m^3/Kg）

重量（Kg）＝ 44.44（m^3）／ 0.1875（m^3/Kg）＝ 237kg

二)「最短放射時間」的定義爲滅火藥劑釋放應儘可能在最短時間內完成，以便滅火，並避免分解物質的形成；在任何情況下，除非當地主管機關之要求外，釋放時間均不得超過 10 秒鐘，例外的是惰性氣體因不產生副產品，其釋放時間可延長至一分鐘內達到指定濃度。釋放時間的定義爲 95% 的滅火藥劑由噴頭釋出所需時間，並達到指定之最低設計濃度。

Note

7-3 109年化學系統考題詳解

【申論題】

一、滅火器依據 CNS 1387 規定，請說明加壓用氣體容器之內容積超過 100cm³ 時，應符合的規定為何？

解：

加壓用氣體容器內容積超過 100cm³ 加壓用氣體容器，應符合下列規定：

1) 充填氣體後，將容器置 40℃ 溫水中，施以 2 小時浸水試驗時，不得發生洩漏現象。
2) 裝置於本體容器內部之加壓用高壓氣體容器之外面，不得被充填於本體容器之滅火劑所腐蝕，而且標示塗料等不得剝落。
3) 裝於本體容器外部之加壓用高壓氣體容器，對來自外部之衝擊有保護措施。
4) 使用二氧化碳之加壓用氣體容器所灌裝之二氧化碳，每 1g 有 1.5cm³ 以上之內容積。
5) 作動封板，於 180kgf/cm² 以上鋼瓶設計破壞壓力之 3/4 以下之壓力，施以水壓試驗時，應能破裂。

二、某空間長 12m、寬 10m、高 4m，針對表面火災，採二氧化碳設備全區放射，其無法自動關閉之開口面積為 6m²，噴頭數量為 4 顆，請求此二氧化碳滅火設備之設定濃度為多少 %？所需的滅火藥劑量為多少公斤？每一個噴頭的放射率為多少公斤 / 分鐘？

解：

這是設備師的題目，這種題目以後還會考，於藥劑釋放時的動作溫度（60℃），有依設置標準之藥劑就不要刻意再加安全係數。首先求解動作溫度時藥劑蒸汽之比容（vapor specific volume）

$$PV = nRT \rightarrow 1 \times V = \frac{1000g}{44g} \times 0.082 \times 333K \text{（註 1kg, 60℃）}$$

$$V = 620.6L = 0.6206m3 \text{（1kg, 60℃）}$$

CO_2 動作溫度時藥劑比容為 $0.6206 \dfrac{m^3}{kg}$（60℃）

防護體積 V=12×10×4 = 480m³，依設置標準每立方公尺防護區域所需藥劑量 0.8 kg/m³×0.6206m³/kg = 0.496

CO_2 設定濃度 $\dfrac{x}{V+x} = \dfrac{0.496}{1+0.496} = 33.16\%$

第 83 條　二氧化碳滅火藥劑量，依下列規定設置：

全區放射方式所需滅火藥劑量依下表計算：

設置場所	電信機械室、總機室	其他			
		五十立方公尺未滿	五十立方公尺以上一百五十立方公尺未滿	一百五十立方公尺以上一千五百立方公尺未滿	一千五百立方公尺以上
每立方公尺防護區域所需藥劑量（kg/m³）	1.2	1.0	0.9	0.8	0.75
每平方公尺開口部所需追加藥劑量（kg/ m²）	10	5	5	5	5
滅火藥劑之基本需要量（kg）			50	135	1200

藥劑量計算 $W = G \times V + g \times A$

$W = 0.8 \times 480 + 5 \times 6 = 414kg$

每一個噴頭的放射率爲 $414kg \div 1min \div 4$ 個 $= 103.5kg/min$

防護體積 $V = 12 \times 10 \times 4 = 480m^3$

第 83 條　藥劑量計算 $W = G \times V + g \times A$

$W = 0.8 \times 480 + 5 \times 6 = 414kg$

每一個噴頭的放射率爲 $414kg \div 1min \div 4$ 個 $= 103.5kg/min$

三、針對乾粉滅火器採全區放射、局部放射及移動放射方式時，請比較說明其使
　　用對象、防護範圍、噴頭放射壓力、噴頭放射時間及配管之規定為何？

解：

乾粉滅火	全區放射	局部放射	移動放射
使用對象	易形成深層火災之密閉空間	表面非深層火災之非密閉空間	非深層火災之非密閉空間
防護範圍	區畫間隔之整體範圍	防護對象之局部範圍	某一物體範圍
噴頭放射壓力	1（kg/cm²）	1（kg/cm²）	-
噴頭放射時間	＜30（秒）	＜30（秒）	1.1（分）
配管	鍍鋅鋼管／銅管	鍍鋅鋼管／銅管	15m 皮管（軟管）

備【解說】使用銅管易於彎曲施工；移動式並未明文寫出放射時間，能從所需藥劑量 50kg 於 45kg/min 噴完，得知 50/45 = 1.1 分

四、請比較說明機械泡沫滅火器採用蛋白質泡沫和氟蛋白泡沫之優劣點,並說明他們所使用之對象為何?

解:

	蛋白泡沫	氟蛋白泡沫
優點	1) 便宜 2) 泡沫具有彈性 / 機械強度 3) 可溶解多價金屬鹽 4) 抗復燃 5) 適合於用淡水或海水 6) 穩定性優良 7) 無毒生物降解 8) 液面上放出口結構簡單 / 檢修便利	1) 迅速覆蓋擴散展開性佳 2) 滅火劑相容性佳 3) 抗消泡佳 4) 抗復燃 5) 適合於用淡水或海水 6) 無毒生物降解 7) 帶油率較低 8) 液面下注入結構不易遭到爆炸破壞 9) 槽體有效儲存量較高 10) 液面下注入提高滅火效果 11) 不設專用泡沫管線
劣點	1) 擴散展開性較差 2) 滅火劑相容性差 3) 抗消泡比氟蛋白差 4) 帶油率較高 5) 不適合水溶性液體滅火 6) 液面上放出口易遭爆炸破壞 7) 液面上放出口泡沫體易消泡 8) 槽體有效儲存量較低 9) 設專用泡沫管線	1) 較貴 2) 穩定性略差 3) 不適合水溶性液體滅火 4) 液面下注入結構安裝檢修不易
使用對象	1) 用於固定頂、內浮頂及外浮頂儲槽 2) 蛋白泡沫穿過油層時,會有較高的帶油率,因此如果採用蛋白泡沫,液下噴射方式進行滅火的話,泡沫會攜帶大量油重新到達火災表面,從而達不到滅火的作用。 3) 常使用液面上放出口 4) 非水溶性液體儲槽低倍數泡沫液的選擇	1) 用於固定頂 2) 常見於撲滅油槽火災的液面下注入(Subsurface Injection)方法,以及透過瞄子或泡沫炮塔(Monitor Foam),使大量泡沫能滲入(Plunged)燃料。氟蛋白泡沫由於有這種擺脫燃料特性,對於深層(In-Depth)原油火災或其他烴類燃料火勢非常有效

Note

7-4 108年化學系統考題詳解

一、二氧化碳滅火設備一般不適合使用在平時有特定或不特定人員使用之處所，但在實務上，若參考美國 NFPA 之規定，有哪些例外情形？（25 分）

解：

1. 新安裝（New Installations）：如沒合適的滅火劑可用於提供與二氧化碳相當的防火等級，則允許將全區二氧化碳系統安裝在通常有人使用的區劃空間中。

2. 支持文件（Supporting Documentation）：如果確定二氧化碳用於特定應用，設計者／安裝人員應向管轄當局提供支持文件，以核實二氧化碳是最適合應用的滅火劑。

3. 海事應用（Marine Applications）：於船舶使用場合，應允許將手動操作的全區二氧化碳滅火系統，安裝在配備有以下之正常有人使用空間中：

   (1) 依規定設有系統鎖定閥（Lockout Valves）。

   (2) 依規定設有氣動式預放警報（Pneumatic Predischarge Alarms）和氣動式時間延遲（Pneumatic Time Delays）裝置。例外：對於可能造成時間延遲可能導致人員不可接受的風險，或對關鍵設備造成不可接受的損壞的有人使用危險區域，不需要提供時間延遲。並應作出規定，確保人員在空間內的任何時候，能將二氧化碳系統鎖定。而預放電報警聲響，在有人使用區域地板上1.5 米處測量，至少比環境噪聲水平高 15 dB 或高於最大聲級 5 dB，以較大者爲準。

   (3) 兩個獨立的手動操作系統與排放控制閥，以驅動所規定二氧化碳系統

   (4) 在現存系統上：在配備有系統鎖定閥、氣動式預放警報和依規定的氣動時間延遲裝置，在正常有人使用空間中，應允許使用現有的全區二氧化碳系統。

二、試述海龍替代品之種類及其各分類？（10 分）又在選擇海龍替代品時，應該考慮哪些因素？（15 分）

解：

一) 海龍替代品之種類及其各分類：

種類	項目	成份或名稱	內容
惰性氣體	IG-541	N_2 52%、Ar 40%、CO_2 8%	主要使用氮氣（N_2）及氬氣（Ar），降低氧濃度作用。
	IG-01	Ar 99.9%	
	IG-55	Ar 50%、N_2 50%	
	IG-100	N_2 100%	

種類	項目	成份或名稱	內容
鹵化烷化物	FE-13	HFC-23（三氟甲烷 CHF_3）	鹵化烷大多以高壓液化儲存。替代海龍滅火劑將破壞臭氧層之溴（Br_2）拿掉；藉由切斷火焰之連鎖反應，達到滅火之目的。
	FE-25	HFC-125（五氟乙烷 C_2HF_5）	
	FM-200	HFC-227（七氟丙烷 C_3HF_7）	
	FK-5-1-12	NOVEC 1230（全氟化酮）	
	PFC-410	CEA-410	
	NFAS-III	$CHClF_2$（氟氯碳化物）	

註：海龍替代滅火藥劑經內政部消防技術審議委員會認可 IG-541、FE-13、FE-25、FM-200、FK-5-1-12、PFC-410、NASF-III 等。

二) 選擇海龍替代品時，應該考慮哪些因素：

項目	內容
滅火效能值高	能有效滅火是設備設置之主要目的。
人員安全性高	放射時不生毒性，對於放射後藥劑殘留不生損害性。
破壞臭氧層指數（ODP）溫室效應值（GWP）低	地球臭氧層破壞，太陽紫外線會使人類皮膚危害。
滯留大氣時間（ALT）短	滯留在大氣時間長，藥劑受到紫外線照射分解鹵素原子與臭氧反應，使臭氧分解消失，間接造成地球臭氧層破壞。
滅火藥劑穩定性高	滅火藥劑儲存時間久，且不生化學變化之質變特性。
設備相容性	系統能取代原設備，以達經濟、安全及有效之目的。
易於維修	取得便利且經濟。

三、某一室內停車場之長寬高為 $20m \times 20m \times 10m$，無法關閉之開口面積為 $20m^2$，如設計全區放射式乾粉滅火設備，請問：
1) 該場所使用之乾粉種類？（5 分）
2) 所需滅火藥劑量？（10 分）
3) 若採用 N_2 加壓式時，所需 N_2 量？（$27°C$，大氣壓力之表壓力 $100\ kgf/cm^2$ 下）（10 分）

解：
一) 第三種乾粉全區放射滅火設備進行防護。
二) 加壓式第三種乾粉全區放射滅火設備所需乾粉滅火劑量
　　不設自動關閉裝置之開口部總面積，供電信機械室使用時，應在圍壁面積百分之一以下，其他處所則應在防護區域體積值或圍壁面積值二者中之較小數值百分之十以下。

圍牆面積 = $[(20×20) + (20×10) + (10×20)]×2 = 1600m^2$

防護體積 V = $20×20×10 = 4000m^3$

二者中之較小數值 1600，其百分之十為 160，開口部面積為 20 平方公尺 < 160，故可免自動關閉。

全區放射方式所需滅火藥劑量，依下表計算：

滅火藥劑種類	第一種乾粉（主成分碳酸氫鈉）	第二種乾粉（主成分碳酸氫鉀）	第三種乾粉（主成分磷酸二氫銨）	第四種乾粉（主成發碳酸氫鉀及尿素化合物）
每立方公尺防護區域所需藥劑量（kg/m^2）	0.6	0.36	0.36	0.24
每平方公尺開口部所需追加藥劑量（kg/m^2）	4.5	2.7	2.7	1.8

因此，藥劑量計算如次：

W = G×V + g×A

W = $0.36×4000 + 2.7×20 = 1494$ kg

第 104 條加壓用氣體使用氮氣時，在溫度攝氏三十五度，大氣壓力（表壓力）每平方公分零公斤或 0MPa 狀態下，每一公斤乾粉藥劑需氮氣四十公升以上。

1494 kg×40 L/kg = 59760

依波以耳定律 $\dfrac{P_1 × V_1}{T_1} = \dfrac{P_2 × V_2}{T_2}$

P_1：絕對壓力 = 錶壓力 (0) + 1.033kgf/cm^2

P_2：絕對壓力 = 錶壓力 (100) + 1.033kgf/cm^2

$\dfrac{1.033 × 59760}{(35+273)} = \dfrac{(100+1.033) × V_2}{(27+273)}$

$V_2 = 595$ L

四、全區放射式二氧化碳自動滅火設備放射後，為將放射後之滅火藥劑排放至安全地方，所設之專用排風機每小時具有 6 次換氣量，若放射後之二氧化碳濃度為 43%，則經過 60 分鐘後之二氧化碳濃度為何？（25 分）

解：

CO_2 理論濃度 $\dfrac{x}{V+x} = \dfrac{0.43}{1+0.43} = 30\%$

滅火濃度 = 理論濃度 + 20% 安全係數

30%×1.2 = 36%

滅火濃度 E = $e^{\frac{-t}{12}} e^c$

當滅火濃度 36%　t = 0 代入

36% = e^c

排放 60 分鐘後，E = $0.36 × e^{\frac{-60}{12}} = 0.24\%$

Note

7-5 107年化學系統考題詳解

一、試說明具有 B-6 滅火效能值的手提式滅火器，以第二種滅火方式試驗，其滅火效能值該如何進行試驗？其判定方法為何？（25 分）

解：

一) 第二種滅火試驗

1. 對象：適用測試 B 類火災滅火器之滅火效能值。

2. 方式：

(1) 模型應如下圖所示，並於下表所列模型中，採用模型號碼數值 1 以上之 1 個模型來測試。

(2) 滅火動作應於點火 1 分鐘後開始。

(3) 操作滅火器人員得穿著防火衣及面具。實施滅火試驗時，應與油盤保持 1 公尺以上距離。

(4) 應在風速 0.5m/sec 以下之狀態進行，B-20 以上可於室外進行試驗（應在風速 3.0m/sec 以下之狀態進行）。

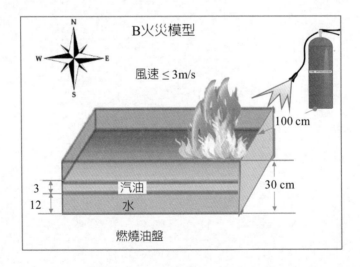

B火災模型

風速 ≤ 3m/s

100 cm

30 cm

3

12

汽油

水

燃燒油盤

模型號碼	燃燒表面積（m^2）	模型一邊之長度 L（cm）	汽油量（公升）	滅火效能值
1	0.2	44.7	6	B-1
2	0.4	63.3	12	B-2
3	0.6	77.5	18	B-3
4	0.8	89.4	24	B-4
5	1.0	100	30	B-5
6	1.2	109.5	36	B-6

二) 判定方法：滅火劑噴射完畢後 1 分鐘以內不再復燃者，可判定已完全熄滅。

二、FM-200 為常見的海龍滅火藥劑之替代品，但在設計過程中必須考慮使用空間之人員安全性，試說明在評估人員安全性指標中，何謂 LC50、NOAEL、LOAEL？請寫出 FM-200 在滅火過程中，中斷燃燒產生毒性氫氟酸（HF）的化學反應式為何？（25 分）

解：

一）LC50、NOAEL、LOAEL

1. LC50 會造成 50% 實驗生物死亡的濃度。

2. NOAEL（no observed adverse effect level），為無毒性濃度，藥劑對身體不產生明顯影響之最高濃度。

3. LOAEL（lowest observed adverse effect level），為毒性最低濃度，藥劑對身體產生明顯影響之最低濃度。

二）FM-200 在滅火過程中，中斷燃燒產生毒性氫氟酸（HF）化學反應式

目前對 FM-200（HFC-227ea）功能的了解是，其 80% 的滅火效能是透過吸熱達成，20% 則透過直接的化學反應方式（火焰的連鎖反應下，氟的強力反應）。

FM-200 的滅火機理：FM-200 的滅火機理與鹵代烷系列滅火劑的滅火機理相似，屬於化學滅火的範疇，通過滅火劑的熱分解產生含氟的自由基，與燃燒反應過程中產生支鏈反應的 H、OH-、O_2- 活性自由基發生氣相作用，從而抑制燃燒過程中的化學反應來實施滅火。

FM-200 滅火原理之反應式

$HFC\text{-}227ea + M = CF_3CHF + CF_3 + M$

$CF_3CHF + M = CHFCF_2 + F + M$

$CHFCF_2 + H = CH_2F + CF_2$

$CHFCF_2 + O = CHF_2 + CFO$

$CHFCF_2 + OH = CF_2CF + H_2O$

$$CF_3 + H = CF_2 + HF$$
$$CF_2 + H = CF + HF$$
$$CF_2 + OH = CFO + HF$$
$$CFO + M = CO + F + M$$
$$CF + O_2 = CFO + O$$
$$CF + OH = CO + HF$$
$$CHF_2 + H = CHF + HF$$
$$CHF + H = CF + H_2$$
$$CH_2F + H = CH_2 \cdot + HF$$

三、依據各類場所消防安全設備檢修及申報作業基準，採移動式的二氧化碳滅火系統，在進行綜合檢查時，試說明其檢查方法、判定方法以及注意事項各為何？（25分）

解：

一）移動式檢查方法

1. 進行放射試驗，其所需試驗用氣體量為五支噴射瞄子內，以該設備一具儲存容器量為之。
2. 檢查後，供藥劑再充填期間所使用之儲存容器替代設備，應準備與放射儲存容器同一型式之產品一支。
3. 放射用之儲存容器應處於正常狀態，其他容器，應採取適當塞住其容器閥之措施。
4. 以手動操作拉出皮管，確認放射狀態是否正常。

二）判定方法

1. 指定之容器閥開放裝置動作，皮管拉出及瞄子開關閥應無異常之情形，可正常放射二氧化碳。
2. 皮管及皮管連接部分應無二氧化碳之洩漏。

三）注意事項

1. 完成檢查後，高壓式者，應將檢查時使用之儲藏容器等換為替代容器，進行再充填。
2. 完成檢查後，應將所有裝置回復定位。

四、某空間欲採用第三種乾粉做全區放射滅火系統設計（如下圖），其體積為200 m³，常開之外牆面積為 8 m²，噴頭藥劑流量為 0.8 kg/sec，放射表壓力為1 kgf/cm²，大氣壓力為 1 kgf/cm²，試計算乾粉儲存容器之設計壓力、乾粉滅火藥劑量及所需的放射時間各為何？（25分）

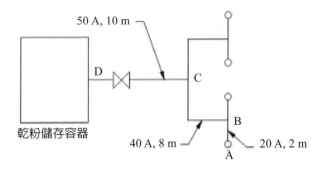

解：

一) 計算乾粉儲存容器之設計壓力

$$\frac{P}{L} = 0.7 \frac{q^{2.4}}{d^{5.2}}$$

P：等價管長
L：等價管長
q：滅火劑流量（kg/sec）
d：配管內徑（cm）

查表

管徑（A）	10	15	20	25	32	40	50	65	80
彎頭	9.1	7.1	5.3	4.2	3.2	2.8	2.2	1.7	1.4
T 型管	27.2	21.4	16.0	12.5	9.7	8.3	6.5	5.1	4.3
容積（L/m）	0.126	0.203	0.367	0.598	1.00	1.36	2.20	3.62	5.11

已知配管管件規格

配管	A-B	B-C	C-D
管徑（A）	20	40	50
管長（m）	2	8	10
彎頭	1	1	4
T 型管	1	1	-
閥門	-	-	1
流量（kg/sec）	3.2	1.6	0.8

檢討等價管長

配管	A-B（20A）	B-C（40A）	C-D（50A）
管長（m）	2	8	10
彎頭	1×5.3	1×2.8	4×2.2
T型管	1×16	1×8.3	-
閥門	-	-	1×14
總等價管長（m）	23.3	19.1	32.8

儲槽設計壓力

A-B 段

$$\frac{P}{L} = 0.7 \frac{q^{2.4}}{d^{5.2}}$$

$$P = 0.31 \times 23.3 = 7.24$$

B-C 段

$$P = 0.0016 \times 19.1 = 0.03$$

C-D 段

$$P = 0.000095 \times 32.8 = 0.003$$

配管系統壓力損失為 $7.24 + 0.03 + 0.003 = 7.273 \ kg/cm^2$

儲槽設計壓力為噴頭放射壓力 + 配管壓力損失 $= 1 + 7.273 = 8.273 \ kg/cm^2$

二) 最少需要多少乾粉滅火藥劑量

全區放射方式所需滅火藥劑量，依下表計算：

滅火藥劑種類	第一種乾粉（主成分碳酸氫鈉）	第二種乾粉（主成分碳酸氫鉀）	第三種乾粉（主成分磷酸二氫銨）	第四種乾粉（主成分碳酸氫鉀及尿素化合物）
每立方公尺防護區域所需藥劑量（kg/m^2）	0.6	0.36	0.36	0.24
每平方公尺開口部所需追加藥劑量（kg/m^2）	4.5	2.7	2.7	1.8

因此，藥劑量計算如次

$$W = G \times V + g \times A$$
$$W = 0.36 \times 200 + 2.7 \times 8 = 93.6 \text{ kg}$$

三) 所需的放射時間

$$t = \frac{W}{Q_{噴頭}} = \frac{93.6 \text{ kg}}{0.8 \text{ kg/sec} \times 4 \text{ 個}} = 29.28 < 30 \text{ sec, OK}$$

7-6 106年化學系統考題詳解

> 一、某公司儲存販賣爆竹煙火達中央主管機關所定管制量以上，請問該公司應設置何種滅火設備？該種滅火設備除滅火器外之其他設備應如何核算滅火效能值？設置該種滅火設備之各場所，應依何規定核算其所需之最低滅火效能值？滅火設備至防護對象任一點之步行距離與設置該種滅火設備相關注意事項為何？（25分）

解：

一) 第206-1條，下列爆竹煙火場所應設置第五種滅火設備：

一、爆竹煙火製造場所有火藥區之作業區或庫儲區。

二、達中央主管機關所定管制量以上之爆竹煙火儲存、販賣場所。

建築物供前項場所使用之樓地板面積合計在一百五十平方公尺以上者，應設置第一種滅火設備之室外消防栓。但前項第二款規定之販賣場所，不在此限。

二) 第五種滅火設備除滅火器外之其他設備，依下列規定核算滅火效能值：

一、八公升之消防專用水桶，每三個為一滅火效能值。

二、水槽每八十公升為一點五滅火效能值。

三、乾燥砂每五十公升為零點五滅火效能值。

四、膨脹蛭石或膨脹珍珠岩每一百六十公升為一滅火效能值。

三) 設置第五種滅火設備者，應依下列規定核算其最低滅火效能值：

一、公共危險物品製造或處理場所之建築物，外牆為防火構造者，總樓地板面積每一百平方公尺（含未滿）有一滅火效能值；外牆為非防火構造者，總樓地板面積每五十平方公尺（含未滿）有一滅火效能值。

二、公共危險物品儲存場所之建築物，外牆為防火構造者，總樓地板面積每一百五十平方公尺（含未滿）有一滅火效能值；外牆為非防火構造者，總樓地板面積每七十五平方公尺（含未滿）有一滅火效能值。

三、位於公共危險物品製造、儲存或處理場所之室外，具有連帶使用關係之附屬設施，以該設施水平最大面積為其樓地板面積，準用前二款外牆為防火構造者，核算其滅火效能值。

四、公共危險物品每達管制量之十倍（含未滿）應有一滅火效能值。

四) 第五種滅火設備應設於能有效滅火之處所，且至防護對象任一點之步行距離應在二十公尺以下。但與第一種、第二種、第三種或第四種滅火設備併設者，不在此限。前項選設水槽應備有三個一公升之消防專用水桶，乾燥砂、膨脹蛭石及膨脹珍珠岩應備有鏟子。

二、請詳述二氧化碳滅火設備如以全區放射方式設計時，在安全考量上應注意那些事項？（25分）

解：

第91條，啓動裝置，依下列規定，設置手動及自動啓動裝置：

一、手動啓動裝置應符合下列規定：
　　(一) 設於能看清區域內部且操作後能容易退避之防護區域外。
　　(二) 每一防護區域或防護對象裝設一套。
　　(三) 其操作部設在距樓地板面高度零點八公尺以上、一點五公尺以下。
　　(四) 其外殼漆紅色。
　　(五) 以電力啓動者，裝置電源表示燈。
　　(六) 操作開關或拉桿，操作時同時發出警報音響，且設有透明塑膠製之有效保護裝置。
　　(七) 在其近旁標示所防護區域名稱、操作方法及安全上應注意事項。

二、自動啓動裝置與火警探測器感應連動啓動。
　　前項啓動裝置，依下列規定設置自動及手動切換裝置：

一、設於易於操作之處所。
二、設自動及手動之表示燈。
三、自動、手動切換必須以鑰匙或拉桿操作，始能切換。
四、切換裝置近旁標明操作方法。

第92條　音響警報裝置，依下列規定設置：
一、手動或自動裝置動作後，應自動發出警報，且藥劑未全部放射前不得中斷。
二、音響警報應有效報知防護區域或防護對象內所有人員。
三、設於全區放射方式之音響警報裝置採用人語發音。但平時無人駐守者，不在此限。

第93條　全區放射方式之安全裝置，依下列規定設置：
一、啓動裝置開關或拉桿開始動作至儲存容器之容器閥開啓，設有二十秒以上之遲延裝置。
二、於防護區域出入口等易於辨認處所設置放射表示燈。

第94條　全區放射或局部放射方式防護區域，對放射之滅火藥劑，依下列規定將其排放至安全地方：
一、排放方式應就下列方式擇一設置，並於一小時內將藥劑排出：
　　(一) 採機械排放時，排風機爲專用，且具有每小時五次之換氣量。但與其他設備之排氣裝置共用，無排放障礙者，得共用之。
　　(二) 採自然排放時，設有能開啓之開口部，其面向外氣部分（限防護區域自樓地板面起高度三分之二以下部分）之大小，占防護區域樓地板面積百分之十以上，且容易擴散滅火藥劑。

二、排放裝置之操作開關需設於防護區域外便於操作處，且在其附近設有標示。

三、排放至室外之滅火藥劑不得有局部滯留之現象。

三、依據各類場所消防安全設備檢修及申報作業基準規定，進行惰性氣體滅火設備之性能檢查時，請詳述惰性氣體滅火藥劑儲存容器之滅火藥劑量的檢查方法、判定方法及注意事項為何？（25 分）

解：
惰性氣體滅火藥劑儲存容器等滅火藥劑量：

一) 檢查方法

依下列方法確認之。

1. 使用台秤測定計之方法

(1) 將裝設在容器閥之容器閥開放裝置、連接管、操作管及容器固定器具取下。

(2) 將容器置於台秤上，測定其重量至小數點第一位。

(3) 藥劑量則為測定值扣除容器閥及容器重量後所得之值。

2. 使用水平液面計之方法

(1) 插入水平液面計電源開關，檢查其電壓值。

(2) 使容器維持平常之狀態，將容器置於液面計探針與放射源之間。

(3) 緩緩使液面計檢出部上下方向移動，當發現儀表指針振動差異較大時，由該位置即可求出自容器底部起之藥劑存量高度。

(4) 液面高度與藥劑量之換算，應使用專用之換算尺為之。

3. 使用鋼瓶液面計之方法

(1) 打開保護蓋緩慢抽出表尺。

(2) 當表尺被鋼瓶內浮球之磁性吸引而停頓時，讀取表尺刻度。

(3) 對照各廠商所提供之專用換算表讀取藥劑重量。

(4) 需考慮溫度變化造成之影響。

4. 以其他原廠技術手冊規範之藥劑量檢測方式量測。

二) 判定方法

將藥劑量之測定結果與重量表、圖面明細表或原廠技術手冊規範核對，其差值應在充填值 10% 以下。

三) 注意事項

1. 以水平液面計測定時

(1) 不得任意卸取放射線源（鈷 60），萬一有異常時，應即時聯絡專業處理單位。

(2) 鈷 60 有效使用年限約為 3 年，如已超過時，應即時聯絡專業單位處理或更換。

(3) 使用壓力表者，應先確認容器內壓為規定之壓力值。

2. 共同事項
   (1) 因容器重量頗重（約 150kg），傾倒或操作時應加以注意。
   (2) 測量後，應將容器號碼、充填量記載於檢查表上。
   (3) 當滅火藥劑量或容器內壓減少時，應迅即進行調查，並採取必要之措施。
   (4) 使用具放射源者，應取得行政院原子能源委員會之許可登記。

四、某防護空間長 30 公尺、寬 15 公尺、高 5 公尺，無法自動關閉之開口部長 3 公尺、寬 1 公尺，欲設置加壓式第三種乾粉全區放射滅火設備進行防護時，該滅火藥劑滅火之化學反應方程式為何？請評估是否符合免設自動關閉裝置之規定？最少需要多少乾粉滅火藥劑量？在 35℃，表壓力 0 kg/cm² 時，加壓用 N_2 氣體需幾公升？其噴頭應依那些規定設置？（25 分）

解：

一）化學反應方程式

$NH_4H_2PO_4 \rightarrow NH_3 + H_3PO_4$

$2H_3PO_4 \rightarrow H_4P_2O_7 + H_2O$

$H_4P_2O_7 \rightarrow 2HPO_3 + H_2O$

$2HPO_3 \rightarrow P_2O_5 + H_2O$

二）是否符合免設自動關閉裝置

第 86 條，不設自動關閉裝置之開口部總面積，供電信機械室使用時，應在圍壁面積百分之一以下，其他處所則應在防護區域體積值或圍壁面積值兩者中之較小數值百分之十以下。

前項第三款圍壁面積，指防護區域內牆壁、樓地板及天花板等面積之合計。

開口部面積 $3 \times 1 = 3m^2$

防護區域體積值 $30 \times 15 \times 5 = 2250m^3$

圍壁面積值 $30 \times 15 \times 2 + 5 \times 15 \times 2 + 5 \times 30 \times 2 = 1350m^2$

兩者中之較小數值 1350，其百分之十為 135，開口部面積為 3 <135，故可免自動關閉。

三）最少需要多少乾粉滅火藥劑量

全區放射方式所需滅火藥劑量，依下表計算：

乾粉滅火藥劑種類	第一種	第二種	第三種	第四種
滅火藥劑主成分	碳酸氫鈉	碳酸氫鉀	磷酸二氫銨	碳酸氫鉀及尿素
每立方公尺防護區域所需藥劑量（kg/m²）	0.6	0.36	0.36	0.24
每平方公尺開口部所需追加藥劑量（kg/m²）	4.5	2.7	2.7	1.8

因此，藥劑量計算如次

W = G×V + g×A

W = 0.36×2250 + 2.7×3 = 818.1 kg

四) 加壓式第三種乾粉全區放射滅火設備所需乾粉滅火劑量在 35℃，表壓力 0 kg/cm²時，加壓用 N_2 氣體需幾公升

第 104 條　加壓或蓄壓用氣體容器，依下列規定設置：

加壓用氣體使用氮氣時，在溫度攝氏三十五度，大氣壓力（表壓力）每平方公分零公斤或 0MPa 狀態下，每一公斤乾粉藥劑需氮氣四十公升以上；使用二氧化碳時，每一公斤乾粉藥劑需二氧化碳二十公克並加算清洗配管所需要量以上。加壓用 N_2 氣體需 818.1×40 = 32724 L

五) 第 100 條，全區及局部放射方式之噴頭，依下列規定設置：

一、全區放射方式所設之噴頭能使放射藥劑迅速均勻地擴散至整個防護區域。

二、乾粉噴頭之放射壓力在每平方公分一公斤以上或 0.1MPa 以上。

三、依前條第一款或第二款所核算之滅火藥劑量需於三十秒內全部放射完畢。

四、局部放射方式所設噴頭之有效射程內，應涵蓋防護對象所有表面，且所設位置不得因藥劑之放射使可燃物有飛散之虞。

✚ 知識補充站

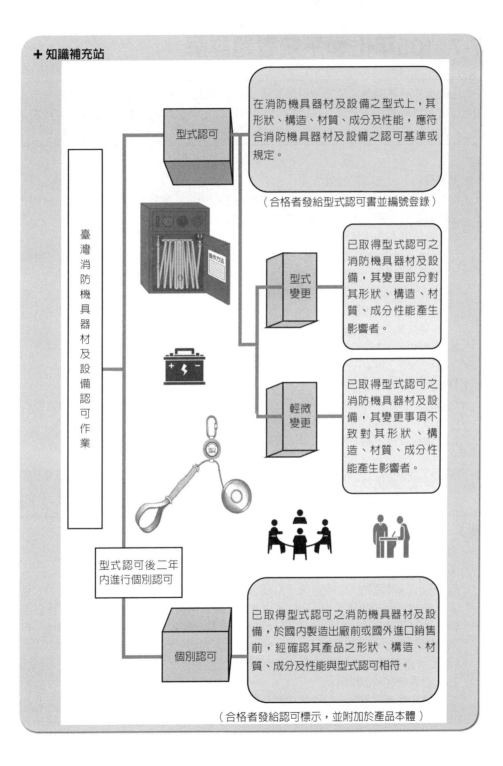

型式認可

在消防機具器材及設備之型式上，其形狀、構造、材質、成分及性能，應符合消防機具器材及設備之認可基準或規定。

（合格者發給型式認可書並編號登錄）

型式變更

已取得型式認可之消防機具器材及設備，其變更部分對其形狀、構造、材質、成分性能產生影響者。

輕微變更

已取得型式認可之消防機具器材及設備，其變更事項不致對其形狀、構造、材質、成分性能產生影響者。

臺灣消防機具器材及設備認可作業

型式認可後二年內進行個別認可

個別認可

已取得型式認可之消防機具器材及設備，於國內製造出廠前或國外進口銷售前，經確認其產品之形狀、構造、材質、成分及性能與型式認可相符。

（合格者發給認可標示，並附加於產品本體）

7-7 105年化學系統考題詳解

一、依據「各類場所消防安全設備設置標準」規定，乾粉滅火設備檢查會勘時，需做放射實驗，試敘述進行全區放射實驗、局部放射實驗及移動放射實驗時，分別應注意事項為何？（25分）

解：

一) 全區放射方式及局部放射方式
將電源切換為緊急電源狀態，依下列各點進行檢查。當放射區域在2區以上，於每次檢查時，避免選擇同一區域內重複檢查，應依序進行檢查。

1. 全區放射方式注意事項
   (1) 檢查結束後，應將檢查時使用之加壓用氣體容器或清洗用氣體容器，換裝為替代容器，進行再充填。
   (2) 在未完成完全換氣前，不得進入放射區域。遇不得已之情形非進入時，應配載空氣呼吸器。
   (3) 完成檢查後，應將所有設備回復定位。

2. 局部放射方式注意事項
   準依前面之規定。

二) 移動式放射方式注意事項
1. 檢查結束後，應將檢查時使用之加壓用氣體容器或清洗用氣體容器，換裝替代容器，進行再充填。
2. 完成檢查後，應將所有設備回復定位。

二、泡沫滅火設備為常用的化學系統消防設備，試述泡沫滅火劑的種類為何？泡沫滅火設備的泡沫滅火原理？泡沫滅火劑的發泡性能如何分類？（25分）

解：

一) 泡沫滅火劑種類
泡沫主要分為化學泡沫和空氣泡沫二種。
而空氣泡沫種類如水成膜泡沫（Aqueous Film-Forming Foam Agents, AFFF）、氟蛋白泡沫、水成膜氟蛋白泡沫（FFFP）、蛋白型空氣泡沫、中膨脹和高膨脹泡沫、抑制蒸氣泡沫、低溫泡沫、抗酒精型泡沫（泡沫為一薄膜，有其耐油性，但酒精閃火點低，易滲入各種物質，使泡沫產生消泡、界面活性劑泡沫等。
（請參考盧守謙，《火災學》，五南出版社）

1. 針對溫度之冷卻作用
   水轉化為水蒸氣時，從燃燒中燃料吸收熱量。任何暴露於泡沫的熱物體會連續地使泡沫破裂（Breaking Down），將水轉化為水蒸氣，從而進一步受到冷卻。

2. 針對可燃物之隔絕作用

因泡沫有保濕又加上流動性，由上緩慢流下，在可燃物體表面形成附著覆蓋，可以持續一段時間，使其與火焰隔離。當累積到一定深度時，會形成一道隔離層（Insulating Barrier），保護受火災暴露的物質或建築物不捲入火勢，從而防止火災蔓延。

3. 針對可燃物之蒸發作用

泡沫撲滅油類火災時，於油表面形成乳化層，能抑制油的表面，蒸發為可燃氣體之抑制作用。

4. 針對氧氣之窒息作用

這是泡沫最主要之滅火機制，因泡沫活性劑，當撲滅油類火災時，能在油表面形成乳化層，並阻隔四周的氧氣供應，產生窒息效果。

5. 針對氧氣之稀釋作用

當強力輸入到火災熱量位置時，泡沫中的水轉化為水蒸氣，此能稀釋空氣而降低氧氣濃度。

6. 針對溫度之滲透作用

由於泡沫的表面張力相對低，沒有轉化為水蒸氣的泡沫溶液，可滲入 A 類可燃物質。但對深層火勢區域（Deep-Seated Fires）可能需要翻開清理火場（Overhaul）。

三) 泡沫滅火劑的發泡性能如何分類

泡沫可按發泡膨脹比率加以定義，分成三類如次：

---

1. 低膨脹泡沫—發泡膨脹比低於 20：1
2. 中膨脹泡沫—發泡膨脹比為 20～200：1
3. 高膨脹泡沫—發泡膨脹比為 200～1000：1

三、有一 20 m×10 m×5 m（高）之鍋爐設置空間，採全區放射之高壓 CO_2 防護，其無法關閉之開口面積為 10 m^2，試評估其開口大小是否符合規定？需多少公斤的 CO_2 藥劑量？若採機械排放方式時，其 CO_2 剩餘濃度為多少％？若採自然排放方式時，所需最小開口面積為多少 m^2？（25 分）

解：

一) 評估其開口大小

開口檢討：不設自動關閉裝置之開口部總面積，供電信機械室使用時，應在圍壁面積 1% 以下，其他處所則應在防護區域體積值或圍壁面積值兩者中之較小數值 10% 以下。

圍牆面積 = [(20×10) + (10×5) + (20×5)]×2 = 700m^2

防護體積 V = 20×10×5 = 1000 m^3

兩者中之較小數值 700，其 10% 爲 70，開口部面積爲 10 平方公尺 <70，故可免自動關閉。

二) 滅火藥劑量

第 83 條，二氧化碳滅火藥劑量，依下列規定設置：

一、全區放射方式所需滅火藥劑量依下表計算：

設置場所	電信機械室、總機室	其他			
		五十立方公尺未滿	五十立方公尺以上、一百五十立方公尺未滿	一百五十立方公尺以上、一千五百立方公尺未滿	一千五百立方公尺以上
每立方公尺防護區域所需藥劑量（kg/m^2）	1.2	1.0	0.9	0.8	0.75
每平方公尺開口部所需追加藥劑量（kg/m^2）	10	5	5	5	5
滅火藥劑之基本需要量（kg）			50	135	1200

因此，藥劑量計算

$W = G \times V + g \times A$

$W = 0.8 \times 1000 + 5 \times 10 = 850 \text{ kg} > 135\text{kg}$

三) 機械排放方式時，CO_2 剩餘濃度

第 94 條，全區放射或局部放射方式防護區域，對放射之滅火藥劑，依下列規定將其排放至安全地方：

一、排放方式應就下列方式擇一設置，並於一小時內將藥劑排出：

　　(一)採機械排放時，排風機爲專用，且具有每小時五次之換氣量。但與其他設備之排氣裝置共用，無排放障礙者，得共用之。

　　(二)採自然排放時，設有能開啓之開口部，其面向外氣部分（限防護區域自樓地板面起高度三分之二以下部分）之大小，占防護區域樓地板面積10% 以上，且容易擴散滅火藥劑。

二、排放裝置之操作開關需設於防護區域外便於操作處，且在其附近設有標示。

三、排放至室外之滅火藥劑不得有局部滯留之現象。

$$排氣量 = \frac{5 \text{次}}{60 \text{ min}} \times (20 \times 10 \times 5)\text{m}^3 = 16.7 \text{ m}^3/\text{min}$$

CO_2 1kg 體積約 0.534 m^3（15℃），

$0.8 \text{ kg/m}^3 \times 0.534 \text{ m}^3 = 0.43$

$$CO_2 \text{ 理論濃度} \frac{x}{V+x} = \frac{0.43}{1+0.43} = 30\%$$

滅火濃度 = 理論濃度 + 20% 安全係數

$$30\% \times 1.2 = 36\%$$

滅火濃度 $E = e^{\frac{-t}{12}} e^c$

當滅火濃度 36%　$t = 0$ 代入

$$36\% = e^C$$

排放 60 分鐘後，$E = 0.36 \times e^{\frac{-60}{12}} = 0.24\%$

採自然排放時，設有能開啟之開口部，其面向外氣部分之大小，占防護區域樓地板面積 10% 以上。因此，樓地板面積 200m² 之 10% 為 20m² 之最小開口面積。

四、依據 CNS1387 規定，試說明 6 種不同藥劑種類的大型滅火器其滅火藥劑量應設置多少公升以上？又適用於 A 類及 B 類的大型滅火器，其滅火效能值應在多少以上？（25 分）

解：

一) 6 種不同藥劑種類大型滅火器藥劑量

大型滅火器所充填之滅火劑量規定如下：

1. 機械泡沫滅火器：20L 以上。
2. 二氧化碳滅火器：45kg 以上。
3. 乾粉滅火器：18kg 以上。
4. 水滅火器或化學泡沫滅火器 80 公升以上。
5. 強化液滅火器 60 公升以上。
6. 鹵化烷滅火器 30 公升以上。

二) A 類及 B 類的大型滅火器滅火效能值。

大型滅火器之滅火效能值適用於 A 類火災者，應在 10 以上；適用於 B 類火災者，應在 20 以上。

7-8 104年化學系統考題詳解

一、依據各類場所消防安全設備設置標準，對於二氧化碳滅火設備的全區及局部
　　放射方式之噴頭設置規定為何？（25分）

解：

第 84 條，全區及局部放射方式之噴頭，依下列規定設置：

一、全區放射方式所設之噴頭能使放射藥劑迅速均勻地擴散至整個防護區域。

二、二氧化碳噴頭之放射壓力，其滅火藥劑以常溫儲存者之高壓式為每平方公分
　　十四公斤以上或 1.4MPa 以上；其滅火藥劑儲存於溫度攝氏零下十八度以下者
　　之低壓式為每平方公分九公斤以上或 0.9MPa 以上。

三、全區放射方式依前條第一款所核算之滅火藥劑量，依下表所列場所，於規定時
　　間內全部放射完畢。

設置場所	電信機械室、總機室	其他
時間（分）	3.5	1

四、局部放射方式所設噴頭之有效射程內，應涵蓋防護對象所有表面，且所設位置
　　不得因藥劑之放射，使可燃物有飛散之虞。

五、局部放射方式依前條第二款所核算之滅火藥劑量應於三十秒內全部放射完畢。

二、目前海龍替代品一般為不導電之液化氣體或可壓縮氣體，屬於潔淨藥劑，試
　　述海龍替代藥劑之主要類型為何？（25分）

解：

海龍替代藥劑之主要類型如下：

滅火藥劑	Inergen (IG-541)	FM-200	PFC-410 (CEA-410)	NAF S-III	FE-13 (HFC-23)	Halon1301
化學式	N_2 52% Ar 40% CO_2 8%	CF_3CHFCF_3	C4F10	HCFC	CHF3	CF_3Br
製造商	Ansul	Great Lakes	3M	NAF	Dupont	
破壞臭氧指數	0	0	0	0.044	0	16
溫室效應	0.08	0.3～0.6 （中）	（高）	0.1（低）	（高）	0.8
大氣滯留時間	-	短 31～42 年	非常長 500 年	短 7 年	長 208 年	107 年

蒸氣壓 （77°F）	2205psi （高壓系統）	66psi （低壓系統）	42psi （低壓系統）	199psi （低壓系統）	686psi （高壓系統）	241psi
等效替代量	10.5	1.70	1.67	1.09	1.93	1
安全性	安全	安全	安全	安全	安全	不安全
滅火濃度	30%	5.9%	5.9%	7.2%	12%	3.5%
熱分解物	無	HF	HF	HF	HF	HF

三、有一上方開放之燃燒用柴油槽，直徑為 3.5 m、高 3 m，假設燃燒侷限於一面且可燃物無向外飛散之虞者，若採用蓄壓式乾粉滅火設備及第一種乾粉，試求：

一) 所需最小乾粉藥劑量。（10 分）

二) 在 25℃、表壓力 0 kg/cm^2 下，蓄壓氣體為二氧化碳時，需要幾公斤二氧化碳？（10 分）

三) 寫出第一種乾粉藥劑滅火時之窒息和冷卻滅火作用之化學反應式。（5 分）

解：

一) 所需最小乾粉藥劑量

可燃性固體或易燃性液體存放於上方開放式容器，火災發生時，燃燒限於一面，且可燃物無向外飛散之虞者，所需之滅火藥劑量，依下表計算：

滅火藥劑種類	第一種乾粉	第二種乾粉或 第三種乾粉	第四種乾粉
防護對象每平方公尺表面積 所需滅火藥劑量（kg/m^2）	8.8	5.2	3.6
追加倍數	1.1	1.1	1.1
備考	防護對象物之邊長在零點六公尺以下時，以零點六公尺計。		

第 230 條　前條防護面積計算方式，依下列規定：

儲槽為儲槽本體之外表面積（圓筒形者含端板部分），與附屬於儲槽之液面計及閥類之露出表面積。

因此，所需最小乾粉藥劑量如下：

$W = S \times A \times K = 8.8(kg/m^2) \times \dfrac{\pi}{4} = 93.1 \ kg$

二) 在 25℃、表壓力 0 kg/cm^2 下，蓄壓氣體為二氧化碳時，需要幾公斤二氧化碳

第 104 條　加壓或蓄壓用氣體容器，依下列規定設置：

蓄壓用氣體使用氮氣時，在溫度攝氏三十五度，大氣壓力（表壓力）每平方公分零公斤或 0MPa 狀態下，每一公斤乾粉藥劑需氮氣十公升，並加算清洗配管所需

量以上；使用二氧化碳時，每一公斤乾粉藥劑需二氧化碳二十公克，並加算清洗配管所需要量以上。

W = 20(g/kg)×93.1kg = 1.86 kg 加算清洗配管所需要量

三) 第一種乾粉藥劑滅火時之窒息和冷卻滅火作用之化學反應式

第一種乾粉：碳酸氫鈉（$NaHCO_3$）

適用於 B、C 類火災，為白色粉末，碳酸氫鈉即小蘇打粉，為增加其流動性與防濕性，會加入一些添加劑。碳酸氫鈉易受熱分解為碳酸鈉、二氧化碳和水。

$2NaHCO_3 \rightarrow Na_2CO_3+H_2O+CO_2$

$Na_2CO_3 \rightarrow Na_2O+ CO_2$

$Na_2O+ H_2O \rightarrow 2NaOH$

$NaOH +H+ \rightarrow Na+H_2O$

$NaOH +OH- \rightarrow NaO+H_2O$

四、滅火器為一種輕便滅火器材，如按充填滅火藥劑型態進行分類，可分成幾類？如按驅動藥劑壓力型態進行分類，可分成幾類？試述滅火器設計與配置應遵循之程序？（25分）

解：

一) 充填滅火藥劑型態進行分類可分成如下：

　　1. 水。

　　2. 泡沫。

　　3. 二氧化碳。

　　4. 乾粉。

　　依驅動方式：

　　1. 加壓式。

　　2. 蓄壓式。

二) 滅火器設計與配置應遵循之程序：

　　1. 應設置滅火器場所。

　　2. 樓地板面積。

　　3. 空間使用用途。

　　4. 計算滅火效能值。

　　5. 各樓層步行距離。

　　6. 置於取用方便之明顯處所。

　　7. 紅底白字標明滅火器字樣之標識。

+ 知識補充站

日本放水型噴頭放水例

大規模放水型噴頭

100 m

中～小規模放水型噴頭

38 m

小規模放水型噴頭

20 m

（註：放水型噴頭與射水槍構造不一，噴頭與角度可做較多變化）

7-9 103年化學系統考題詳解

一、第三種乾粉的主成分為磷酸二氫銨，寫出其化學式？其適用於那幾類火災？請由滅火時第三種乾粉發生的化學反應，說明第三種乾粉滅火的原理？（25分）

解：

一) 磷酸二氫銨化學式

第三種乾粉：磷酸二氫銨（$NH_4H_2PO_4$）

二) 適用於那幾類火災

適用 A、B、C 類火災，為淺粉紅色粉末，又稱多效能乾粉。

三) 第三種乾粉滅火的原理

第三種乾粉磷酸二氫銨受熱後初步形成磷酸與 NH_3，之後形成焦磷酸與水，再繼續變成偏磷酸，最後變成五氧化二磷。此種乾粉能與燃燒面產生玻璃狀之薄膜，覆蓋於表面上形成隔絕效果，所以也能適用於 A 類火災，但乾粉之冷卻能力不及泡沫或二氧化碳等，於火勢暫熄後，應注意火勢復燃之可能。

$$NH_4H_2PO_4 \rightarrow NH_3+H_3PO_4$$

$$2H_3PO_4 \rightarrow H_4P_2O_7+H_2O$$

$$H_4P_2O_7 \rightarrow 2HPO_3+H_2O$$

$$2HPO_3 \rightarrow P_2O_5+H_2O$$

1. 針對氧氣之窒息作用

   乾粉在加壓氣體作用下，噴出乾粉覆蓋可燃物表面，發生化學反應，並在高溫作用下形成一層玻璃狀覆蓋層，從而稀釋及隔絕氧氣，達到窒息滅火效果。

2. 針對連鎖反應之化學抑制作用

   這是乾粉主要之滅火機制，由乾粉中的無機鹽揮發性分解物，與燃燒過程中燃料所產生的自由基，發生化學抑制和副催化作用，亦就是其表面能夠捕獲 H+ 和 OH-，使之結合成水，而破壞鏈鎖反應（Chain Reaction），有效抑制自由基的產生或者能夠迅速降低火焰中 H+、OH- 等自由基濃度，導致燃燒中止現象。基本上，有焰燃燒都存在鏈式反應，可燃物在燃燒前會裂解成更簡單的分子；而一般悶燒火災（Smoulding Fire），則是缺乏連鎖反應存在。

3. 針對熱量之冷卻作用

   產生水分之化學反應物，具有降低熱量之冷卻作用，但其冷卻能力有限，滅火後燃燒物質仍具有高溫，注意可能之復燃現象。

二、某一防護對象物長、寬、高為 3m（長）×2m（寬）×1.8m（高），若防護對象物周圍無牆壁，採二氧化碳局部放射方式（高壓），所需藥劑量為多少？若長邊距牆 0.4m，一樣採二氧化碳局部放射方式（高壓），所需藥劑量為多少？（25 分）

解：

一) 防護對象物周圍無牆壁，採二氧化碳局部放射方式（高壓）所需藥劑量
　　局部放射方式所需滅火藥劑量應符合下列規定：

1. 可燃性固體或易燃性液體存放於上方開放式容器，火災發生時，燃燒限於一面且可燃物無向外飛散之虞者，所需之滅火藥劑量，依該防護對象表面積每一平方公尺以十三公斤比例核算，其表面積之核算，在防護對象邊長小於零點六公尺時，以零點六公尺計。但追加倍數，高壓式為一點四，低壓式為一點一。

2. 前目以防護對象外圍依下列公式計算假想防護空間（指距防護對象任一點零點六公尺範圍空間）單位體積滅火藥劑量，再乘以假想防護空間體積來計算所需滅火藥劑量：

$$Q = 8 - 6 \times \frac{a}{A}$$

　　Q：假想防護空間單位體積滅火藥劑量（公斤／立方公尺），所需追加倍數比照前目規定。

　　a：防護對象周圍實存牆壁面積之合計（平方公尺）。

　　A：假想防護空間牆壁面積之合計（平方公尺）。

　　假想防護空間單位體積 = $(3 + 0.6 + 0.6) \times (2 + 0.6 + 0.6) \times (1.8 + 0.6) = 32.3 \ m^2$

$$Q = 8 - 6 \times \frac{0}{A}$$

　　Q = 8
　　W = Q×V×K = 8×32.3×1.4 = 361.3 kg

二) 長邊距牆 0.4m，二氧化碳局部放射方式（高壓）所需藥劑量
　　A = 2[(0.6 + 3 + 0.6)(1.8 + 06) + (2 + 0.6 + 0.6)(1.8 + 0.6)] = 35.5 m^2
　　a = (0.6 + 3 + 0.6)(1.8 + 0.6) = 10.1 m^2
　　W = Q×V×K = $(8 - 6 \frac{10.1}{35.5}) \times 32.3 \times 1.4 = 284.6$ kg

三、「各類場所消防安全設備設置標準」中，對於乾粉滅火設備的加壓氣體容器設置規定為何？（25 分）

解：

　　第 104 條，加壓或蓄壓用氣體容器，依下列規定設置：

1. 加壓或蓄壓用氣體應使用氮氣或二氧化碳。
2. 加壓用氣體使用氮氣時，在溫度攝氏三十五度，大氣壓力（表壓力）每平方公分零公斤或 0MPa 狀態下，每一公斤乾粉藥劑需氮氣四十公升以上；使用二氧化碳時，每一公斤乾粉藥劑需二氧化碳二十公克，並加算清洗配管所需要量以上。
3. 蓄壓用氣體使用氮氣時，在溫度攝氏三十五度，大氣壓力（表壓力）每平方公分零公斤或 0MPa 狀態下，每一公斤乾粉藥劑需氮氣十公升，並加算清洗配管所需要量以上；使用二氧化碳時，每一公斤乾粉藥劑需二氧化碳二十公克，並加算清洗配管所需要量以上。
4. 清洗配管用氣體，另以容器儲存。
5. 採取有效之防震措施。

> 四、大量使用火源場所之獨立單層鍋爐房，若設置滅火設備，應就那幾種滅火設備選擇設置之？該鍋爐房若設置滅火器，其最低滅火效能值如何核算？應如何設置？（25 分）

解：

一) 鍋爐房就下列滅火設備選擇設置之
下表所列之場所，應就水霧、泡沫、乾粉、二氧化碳滅火設備等選擇設置之。但外牆開口面積（常時開放部分）達該層樓地板面積 15% 以上者，上述滅火設備得採移動式設置。

應設場所	水霧	泡沫	二氧化碳	乾粉
鍋爐房、廚房等大量使用火源之場所，樓地板面積在二百平方公尺以上者。			○	○

二) 鍋爐房設置滅火器最低滅火效能值核算
第 31 條　滅火器應依下列規定設置：
一、視各類場所潛在火災性質設置，並依下列規定核算其最低滅火效能值：鍋爐房、廚房等大量使用火源之處所，以樓地板面積每二十五平方公尺（含未滿）有一滅火效能值。

三) 鍋爐房設置滅火器設置
1. 設有滅火器之樓層，自樓面居室任一點至滅火器之步行距離在二十公尺以下。
2. 固定放置於取用方便之明顯處所，並設有長邊二十四公分以上，短邊八公分以上，以紅底白字標明滅火器字樣之標識。
3. 懸掛於牆上或放置滅火器箱中之滅火器，其上端與樓地板面之距離，十八公斤以上者在一公尺以下，未滿十八公斤者在一點五公尺以下。

✚ 知識補充站

日本應檢修消防設備申報場所

消防設備檢修申報對象	檢修實施者
1. 總樓地板面積 1,000m² 以上特定防火對象物，如百貨公司、旅館、醫院、飲食店、地下街等。	消防設備士檢修資格者
2. 總樓地板面積 1,000m² 以上非特定防火對象物，由消防機關首長指定之工廠、事務所、倉庫、集合住宅、學校等。	消防設備士檢修資格者
3. 特定用途（供不特定多數人出入場所）之 3 樓以上或地下層之直通樓梯僅有 1 座者。	消防設備士檢修資格者
上述 1～3 以外之防火對象物（本項得由具 3 年以上場所實務經驗之防火管理人來進行檢修申報，但確實檢修仍希望由消防設備士或消防設備檢修資格者來進行。）	消防設備士檢修資格者防火管理人

本項規定會因不同地方自治，而有所差異。
如第 3 點規定，有些地方是併入收容人數之考量如下：

收容人數	檢修申報義務
＜30 人	不必
30～299 人	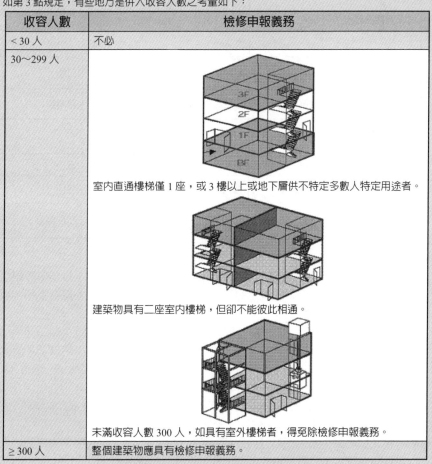室內直通樓梯僅 1 座，或 3 樓以上或地下層供不特定多數人特定用途者。 建築物具有二座室內樓梯，但卻不能彼此相通。 未滿收容人數 300 人，如具有室外樓梯者，得免除檢修申報義務。
≥300 人	整個建築物應具有檢修申報義務。

7-10 102年化學系統考題詳解

一、依據 CNS 13400，試比較各種乾粉之主成分、簡稱與著色等規定；若某廠商要回收再利用 ABC 乾粉滅火器之滅火藥劑時，試說明需要符合那些規定？（25 分）

解：

一) 各種乾粉之主成分，簡稱、著色等規定如下表：

乾粉滅火劑種類	簡稱	主成分	著色
1. 多效磷鹽乾粉	ABC 乾粉	磷酸二氫銨（$NH_4H_2PO_4$）70% 以上	以白色或紫色以外顏色著色，且不得滲入白土（CLAY）2% 以上
2. 普通乾粉	BC 乾粉	碳酸氫鈉（$NaHCO_3$）90% 以上	白色
3. 紫焰乾粉	KBC 乾粉	碳酸氫鉀（$KHCO_3$）85% 以上	淺紫色
4. 鉀鹽乾粉 XBC 乾粉		－	－
5. 硫酸鉀乾粉	XBC-SO	硫酸鉀（K_2SO_4）70% 以上	白色
6. 氯化鉀乾粉	XBC-CL	氯化鉀（KCl）70% 以上	白色
7. 碳酸氫鉀與尿素化學反應物	XBC-Monnex	（$KHCO_3+H_2NCONH_2$）鉀為 27～29%，氮為 14～17%	灰白色

二) 廠商再利用 ABC 乾粉滅火器滅火藥劑需符合規定如下：

乾粉滅火劑係指施予防濕加工之鈉或鉀之重碳酸鹽或其他鹽類，以及磷酸鹽類，硫酸鹽類及其他具有防焰性能之鹽類（以下稱為磷酸鹽類），並符合下列各項規定：

1. 粉末細度，應能通過 CNS 386（試驗篩）之 80 篩網目（mesh）90% 以上者。
2. 於溫度 30±1℃，相對濕度 60% 之恆溫恆濕槽中，靜置 48 小時以上，使試樣達到恆量後，將試樣於 30±1℃，相對濕度 80% 之恆溫恆濕槽中，靜置 48 小時之試驗時，重量增加率應在 2% 以下。
3. 沉澱試驗，取試樣 5 公克均勻散布於直徑 9cm、並盛有水 300mL 的燒杯，於 1 小時內不發生沉澱。
4. 新增充塡之滅火藥劑應為經內政部認可之產品，汰換之滅火藥劑未經回收處理重新辦理認可，取得個別認可標示者，不得重複使用。

二、依據我國規定，試列舉二氧化碳滅火設備適用於那些場所？不適用於那些場所？何種情況得採用移動式設置？已知某儲存乙醚之場所，其長、寬、高分別為 6m、5m、3m，且牆壁有一無法自動關閉之開口，其長、寬分別為 1m、0.8m，如欲在此區域設置全區放射之二氧化碳滅火設備時，至少需要多少滅火藥劑？（25 分）

解：

一) 二氧化碳滅火設備適用場所

第 18 條，下表所列之場所，應就水霧、泡沫、乾粉、二氧化碳滅火設備等選擇設置之。但外牆開口面積（常時開放部分）達該層樓地板面積 15% 以上者，上列滅火設備得採移動式設置。

項目	應設場所	水霧	泡沫	二氧化碳	乾粉
一	屋頂直昇機停機場（坪）。		○		○
二	飛機修理廠、飛機庫樓地板面積在二百平方公尺以上者。		○		○
三	汽車修理廠、室內停車空間在第一層樓地板面積五百平方公尺以上者；在地下層或第二層以上樓地板面積在二百平方公尺以上者；在屋頂設有停車場樓地板面積在三百平方公尺以上者。	○	○	○	○
四	昇降機械式停車場可容納十輛以上者。	○	○	○	○
五	發電機室、變壓器室及其他類似之電氣設備場所，樓地板面積在二百平方公尺以上者。	○		○	○
六	鍋爐房、廚房等大量使用火源之場所，樓地板面積在二百平方公尺以上者。			○	○
七	電信機械室、電腦室或總機室及其他類似場所，樓地板面積在二百平方公尺以上者。			○	○
八	引擎試驗室、石油試驗室、印刷機房及其他類似危險工作場所，樓地板面積在二百平方公尺以上者。	○	○	○	○

二) 二氧化碳滅火設備不適用場所

二氧化碳主要靠窒息滅火，除了表內屋頂直昇機停機場（坪）、飛機修理廠、飛機庫樓地板面積在二百平方公尺以上者外，也較不適用於大型空間場所或區劃不完整空間，以及 A 類或 D 類金屬火災。

適用滅火器\\火災分類	水	機械泡沫	二氧化碳	乾粉		
				ABC類	BC類	D類
A 類火災	○	○	×	○	×	×
B 類火災	×	○	○	○	○	×
C 類火災	×	×	○	○	○	×
D 類火災	×	×	×	×	×	○

三) 全區放射之二氧化碳滅火設備時需滅火藥劑如下

開口檢討：

不設自動關閉裝置之開口部總面積，供電信機械室使用時，應在圍壁面積 1% 以下，其他處所則應在防護區域體積值或圍壁面積值兩者中之較小數值 10% 以下。

圍牆面積 = $[(6 \times 5) + (3 \times 5) + (6 \times 3)] \times 2 = 126m^2$

防護體積 V = $6 \times 3 \times 5 = 90 \ m^3$

兩者中之較小數值 90，其 10% 為 9，開口部面積為 0.8 平方公尺 <9，故可免自動關閉。

第 83 條，二氧化碳滅火藥劑量，依下列規定設置：

一、全區放射方式所需滅火藥劑量，依下表計算：

設置場所	電信機械室、總機室	其他			
		五十立方公尺未滿	五十立方公尺以上、一百五十立方公尺未滿	一百五十立方公尺以上、一千五百立方公尺未滿	一千五百立方公尺以上
每立方公尺防護區域所需藥劑量（kg/m²）	1.2	1.0	0.9	0.8	0.75
每平方公尺開口部所需追加藥劑量（kg/m²）	10	5	5	5	5
滅火藥劑之基本需要量（kg）			50	135	1200

因此，藥劑量計算

W = G×V + g×A

W = 0.9×90 + 5×0.8 = 85 kg > 50kg

三、試述目前國內乾粉滅火設備的應用情況，並解釋其原因。若某防護空間其長、寬、高分別為 12m、8m、5m，具有無法自動關閉之開口面積為 6m² ；如欲設置加壓式第三種乾粉全區放射滅火設備進行防護時，其配管之設置規定為何？該系統至少需要多少乾粉滅火劑量？在 35℃，表壓力 0 kg/cm² 時，加壓用 N_2 氣體需幾公升？（25 分）

解：

一) 加壓式第三種乾粉全區放射滅火設備進行防護時，配管之設置規定

　第 105 條　乾粉滅火設備配管，依下列規定設置：

　1. 應為專用，其管徑依噴頭流量計算配置。

　2. 使用符合 CNS 六四四五規定，並施予鍍鋅等防蝕處理或具同等以上強度及耐蝕性之鋼管。但蓄壓式中，壓力在每平方公分二十五公斤以上或 2.5MPa 以上，每平方公分四十二公斤以下或 4.2MPa 以下時，應使用符合 CNS 四六二六之無縫鋼管管號 Sch 40 以上厚度並施予防蝕處理，或具有同等以上強度及耐蝕性之鋼管。

　3. 採用銅管配管時，應使用符合 CNS 五一二七規定或具有同等以上強度及耐蝕性者，並能承受調整壓力或最高使用壓力的一點五倍以上之壓力。

　4. 最低配管與最高配管間，落差在五十公尺以下。

　5. 配管採均分為原則，使噴頭同時放射時，放射壓力為均等。

　6. 採取有效之防震措施。

二) 加壓式第三種乾粉全區放射滅火設備所需乾粉滅火劑量

　不設自動關閉裝置之開口部總面積，供電信機械室使用時，應在圍壁面積 1% 以下，其他處所則應在防護區域體積值或圍壁面積值兩者中之較小數值 10% 以下。

　圍牆面積 = [(12×8) + (8×5) + (12×5)]×2 = 392m²

　防護體積 V = 12×8×5 = 480 m³

　兩者中之較小數值 392，其 10% 為 39.2，開口部面積為 6 平方公尺 <39.2，故可免自動關閉。

　全區放射方式所需滅火藥劑量，依下表計算：

滅火藥劑種類	第一種乾粉（主成分碳酸氫鈉）	第二種乾粉（主成分碳酸氫鉀）	第三種乾粉（主成分磷酸二氫銨）	第四種乾粉（主成分碳酸氫鉀及尿素化合物）
每立方公尺防護區域所需藥劑量（kg/m²）	0.6	0.36	0.36	0.24
每平方公尺開口部所需追加藥劑量（kg/m²）	4.5	2.7	2.7	1.8

因此，藥劑量計算如次

$W = G \times V + g \times A$

$W = 0.36 \times 480 + 2.7 \times 6 = 189 \text{ kg}$

三) 加壓式第三種乾粉全區放射滅火設備所需乾粉滅火劑量在 35℃，表壓力 0 kg/cm²
時，加壓用 N_2 氣體需幾公升

第 104 條　加壓或蓄壓用氣體容器，依下列規定設置：

加壓用氣體使用氮氣時，在溫度攝氏三十五度，大氣壓力（表壓力）每平方公分
零公斤或 0MPa 狀態下，每一公斤乾粉藥劑需氮氣四十公升以上；使用二氧化碳
時，每一公斤乾粉藥劑需二氧化碳二十公克，並加算清洗配管所需要量以上。

加壓用 N_2 氣體需 189 × 40 = 7560 L

四、試說明可燃性高壓氣體場所、加氣站、天然氣儲槽及可燃性高壓氣體儲槽之
滅火器設置規定。（25 分）

解：

上述場所滅火器設置規定如下：

第 228 條，可燃性高壓氣體場所、加氣站、天然氣儲槽及可燃性高壓氣體儲槽之滅
火器，依下列規定設置：

一、製造、儲存或處理場所設置二具。但樓地板面積二百平方公尺以上者，每五十
平方公尺（含未滿）應增設一具。

二、儲槽設置三具以上。

三、加氣站，依下列規定設置：

　　(一) 儲氣槽區四具以上。

　　(二) 加氣機每臺一具以上。

　　(三) 用火設備處所一具以上。

　　(四) 建築物每層樓地板面積在一百平方公尺以下設置二具，超過一百平方公
　　　　尺時，每增加（含未滿）一百平方公尺增設一具。

四、儲存場所任一點至滅火器之步行距離在十五公尺以下，並不得妨礙出入作業。

五、設於屋外者，滅火器置於箱內或有不受雨水侵襲之措施。

六、每具滅火器對普通火災具有四個以上之滅火效能值，對油類火災具有十個以上
之滅火效能值。

七、滅火器之放置及標示依第三十一條第四款之規定。

Note

7-11 101年化學系統考題詳解

一、某電信機械室其長、寬、高為 40 m（長）× 20 m（寬）× 3 m（高），無法自動關閉之開口面積為 15 平方公尺，有一防護對象物尺寸為長 4 m，寬 3 m，高 1.5 m，置於室內，若以 CO_2 滅火設備作為防護，請回答下列問題：
1) 若該防護對象物之長邊貼牆，寬邊距牆 3 m，採局部放射方式（高壓），則所需藥劑量為多少？（10 分）
2) 若採全區放射（高壓），則所需藥劑量為多少？（10 分）使用 68 公升，充填比為 1.5 之鋼瓶幾支？（5 分）

解：

一) 採局部放射方式（高壓）所需藥劑量

開口檢討：不設自動關閉裝置之開口部總面積，供電信機械室使用時，應在圍壁面積 1% 以下，其他處所則應在防護區域體積值或圍壁面積值兩者中之較小數值 10% 以下。

圍牆面積 = $[(13\times10) + (10\times5) + (5\times13)]\times2 = 490m^2$

防護體積 V = $13\times10\times5 = 650 \ m^3$

兩者中之較小數值 490，其 10% 為 49，開口部面積為 6 平方公尺 < 49，故可免自動關閉。

二) 採全區放射方式（高壓）所需藥劑量

第 83 條　二氧化碳滅火藥劑量，依下列規定設置：

全區放射方式所需滅火藥劑量依下表計算：

設置場所	電信機械室、總機室	其他			
		五十立方公尺未滿	五十立方公尺以上、一百五十立方公尺未滿	一百五十立方公尺以上、一千五百立方公尺未滿	一千五百立方公尺以上
每立方公尺防護區域所需藥劑量（kg/m^2）	1.2	1.0	0.9	0.8	0.75
每平方公尺開口部所需追加藥劑量（kg/m^2）	10	5	5	5	5
滅火藥劑之基本需要量（kg）			50	135	1200

因此，藥劑量計算如下：

W = $G\times V + g\times A$

W = $0.8\times650 + 5\times6 = 550 \ kg > 135kg$

三) 使用 68 公升，充填比為 1.5 之鋼瓶幾支

使用容積為 68 公升、充填比為 1.5 之鋼瓶數量

$550 \times 68/1.5 = 12.13$（13 支）

第 94 條，全區放射或局部放射方式防護區域，對放射之滅火藥劑，依下列規定將其排放至安全地方：

一、排放方式應就下列方式擇一設置，並於一小時內將藥劑排出：

(一)採機械排放時，排風機為專用，且具有每小時五次之換氣量。

排氣量 $= \dfrac{5 \text{次}}{60 \min} \times (13 \times 10 \times 5)m^3 = 54.2 \ m^3/min$

二、FM-200 所使用藥劑為一種潔淨氣體，其化學式為何？（5 分）其滅火原理為何？（5 分）請說明為何藥劑放射後，人員可以短暫停留？（5 分）某密閉檔案室其長、寬、高為 20 m（長）× 10 m（寬）× 3 m（高），使用 FM-200 作為防護氣體，其滅火設計體積濃度為 7%，室溫為 25℃，若氣體比容為 0.1394 m³/kg，試計算需要多少藥劑量？（10 分）

解：

一) FM-200 化學式

FM-200 化學式為 CF_3CHFCF_3（藥劑 HFC-227ea），為七氟丙烷是由大湖化學（Great Lakes Chemical）公司製造，是另一種替代海龍。FM-200 是無色、無味、不導電、無二次汙染的氣體，具有清潔、低毒、電絕緣性好，特別是它對臭氧層無破壞（ODP=0），在大氣中的殘留時間比較短；符合 NFPA200 規範要求的潔淨氣體滅火藥劑，是一種揮發性的或氣態的滅火劑，在使用過程中不留殘餘物。

二) FM-200 滅火原理

基本上，海龍替代品利用燃燒時碳氫化合物之碳與氫之結合被切斷，而與氧結合時放出能量，經數次之變化最後變成 CO_2 及 H_2O，碳氫化合物在燃燒中倘加入鹵化物時鹵化物則自 C－H 結合奪去 H 而起下列反應：

$H\alpha + Br \rightarrow HBr + \alpha$

$OH + HBr \rightarrow H_2O+Br$

$H\alpha$：含氫之燃料 HBr：鹵素酸

燃料之火焰中加入鹵化物時起熱分解而產生自由基（Free radical）及鹵素原子。此原子在燃燒過程中，自燃料之 C－H 結合奪去 H 或去除火焰中之 OH，有此反應產生時正常燃燒受阻，並稱為連鎖中斷作用或抑制作用。

以滅火為目的所加之鹵化碳氫化合物中，鹵素以外之碳氫殘基能以燃料之形態作用，所以其殘基愈不易燃燒者，滅火效果愈佳（例 C－F 結合）。又鹵化物由碳氫化合物脫氫時之發熱量愈小者，滅火效果則大（例：Br 及 I），H-X 型鹵化物與 H 之結合力過強時，則不易與 OH 基反應而產生水及鹵化物。

搶奪鹵化物之強弱由抑制效果而言，其順序為：

　　I > Br > Cl > F

　　於滅火劑之立場論穩定性時，其次序為：

　　F > Cl > Br > I

三) FM-200 藥劑放射後人員可以短暫停留

　　FM-200 物理特性是其分子氣化階段能迅速冷卻火焰溫度，並在化學反應過程中釋放游離基，且阻止燃燒的連鎖反應。在滅火上適用於撲滅 A 類、B 類及 C 類火災。因為 FM-200 藥劑放射後，仍然會有因火而產生的副產物，所以必須要盡量避免。但因藥劑本身被認為是無毒的，所以藥劑放射後，人員可以短暫停留。

四) 所需藥劑量

　　FM200 濃度 % =（FM 體積）/（全部氣體體積）×100%

$$\frac{x}{V+x} = 0.07$$

$$x = 0.075V$$

　　V = 20 m×10 m×3 m = 600 m³

　　FM 200 體積為 600×0.075 = 45 m³

　　重量（kg）= 體積（m³）/ 比容[註解1]（m³/kg）= 45/0.1394 =　322.8 kg（藥劑量）

三、某儲油槽直徑為 12 m、高 9 m，若採用加壓式乾粉滅火設備及第一種乾粉，試求：

　1) 所需乾粉藥劑量？（10 分）

　2) 加壓氣體為氮氣時，其體積為何？（35℃，表壓力 150 kg/cm²）（10 分）

　3) 若加壓氣體為二氧化碳時，需要幾公斤？（5 分）

解：

一) 所需乾粉藥劑量

　　可燃性固體或易燃性液體存放於上方開放式容器，火災發生時，燃燒限於一面且可燃物無向外飛散之虞者，所需之滅火藥劑量，依下表計算：

滅火藥劑種類	第一種乾粉	第二種乾粉或第三種乾粉	第四種乾粉
防護對象每平方公尺表面積所需滅火藥劑量（kg/m²）	8.8	5.2	3.6
追加倍數	1.1	1.1	1.1
備考	防護對象物之邊長在零點六公尺以下時，以零點六公尺計。		

【註解1】比容是體積除以重量，而密度是重量除以體積，所以兩個互為倒數。

第 230 條，防護面積計算方式，依下列規定：

儲槽為儲槽本體之外表面積（圓筒形者含端板部分），與附屬於儲槽之液面計及閥類之露出表面積。

因此，所需最小乾粉藥劑量

$W = S \times A \times K = 8.8(kg/m^2) \times \dfrac{\pi}{4} 12^2 \times 1.1$

$\quad = 1094.8 \ kg$

二) 加壓氣體為氮氣時體積

第 104 條　加壓或蓄壓用氣體容器，依下列規定設置：

加壓用氣體使用氮氣時，在溫度攝氏三十五度，大氣壓力（表壓力）每平方公分零公斤或 0MPa 狀態下，每一公斤乾粉藥劑需氮氣四十公升以上；使用二氧化碳時，每一公斤乾粉藥劑需二氧化碳二十公克，並加算清洗配管所需要量以上。

$W = 40(L/kg) \times 1094.8 \ KG = 43791 \ L$　　依波以耳定律 $\dfrac{P_1 \times V_1}{T_1} = \dfrac{P_2 \times V_2}{T_2}$

$\dfrac{1 \times 43791}{(35+273)} = \dfrac{151 \times V_2}{(35+273)}$　　$V_2 = 290 \ L$

（表壓力之零點為 1 大氣壓力）

三) 加壓氣體為二氧化碳時

$W = 20(g/kg) \times 1094.8KG = 21.896 \ kg$ 加算清洗配管所需要量

四、某車站樓地板大小 80 m（長）× 30 m（寬），試計算其所需之滅火器滅火效能值為何？最少需滅火器數量？設置時，間隔的考量為何？（採用 10 型 ABC 乾粉滅火器，滅火效能值為（A-3，B-10，C）/ 支）（15 分）並說明此類乾粉藥劑滅火時，發生之化學反應式為何？（10 分）

解：

一) 所需滅火器滅火效能值

第 14 條，下列場所應設置滅火器：

1. 甲類場所、地下建築物、幼兒園。

2. 總樓地板面積在一百五十平方公尺以上之乙、丙、丁類場所。

3. 設於地下層或無開口樓層，且樓地板面積在五十平方公尺以上之各類場所。

4. 設有放映室或變壓器、配電盤及其他類似電氣設備之各類場所。

5. 設有鍋爐房、廚房等大量使用火源之各類場所。

6. 大眾運輸工具。

廚房樓地板 $20 \times 10 = 200 \ m^2$

餐廳樓地板 $20 \times 35 - 20 \times 10 = 500 \ m^2$

1. 供第十二條第一款及第五款使用之場所，各層樓地板面積每一百平方公尺（含未滿）有一滅火效能值。

2. 鍋爐房、廚房等大量使用火源之處所，以樓地板面積每二十五平方公尺（含未

　　滿）有一滅火效能值。
　　廚房 300/25 = 12 個滅火效能值
　　餐廳 500/100 = 5 個滅火效能值

二) 最少需滅火器數量

　　乾粉 ABC10 型滅火器為 A-3，B-10，C
　　廚房 12/3 = 4 支滅火器
　　餐廳 5/3 = 2 支滅火器
　　車站樓地板 80×30 = 2400 m^2
　　2400/200 = 12
　　乾粉 ABC10 型滅火器為 A-3，B-10，C
　　12/3 = 4 支滅火器

三) 設置時間隔的考量

　　第 31 條　滅火器應依下列規定設置：

1. 設有滅火器之樓層，自樓面居室任一點至滅火器之步行距離在二十公尺以下。
2. 固定放置於取用方便之明顯處所，並設有長邊二十四公分以上，短邊八公分以上，以紅底白字標明滅火器字樣之標識。
3. 懸掛於牆上或放置滅火器箱中之滅火器，其上端與樓地板面之距離，十八公斤以上者在一公尺以下，未滿十八公斤者在一點五公尺以下。

四) 此類乾粉藥劑滅火時發生之化學反應式

　　第三種乾粉：磷酸二氫銨（$NH_4H_2PO_4$）
　　適用 A、B、C 類火災，為淺粉紅粉末，又稱多效能乾粉。磷酸二氫銨受熱後初步形成磷酸與 NH3，之後形成焦磷酸與水，再繼續變成偏磷酸，最後變成五氧化二磷。此種乾粉能與燃燒面產生玻璃狀之薄膜，覆蓋於表面上形成隔絕效果，所以也能適用於 A 類火災，但乾粉之冷卻能力不及泡沫或二氧化碳等，於火勢暫熄後，應注意火勢復燃之可能。

　　$NH_4H_2PO_4 \rightarrow NH_3 + H_3PO_4$
　　$2H_3PO_4 \rightarrow H_4P_2O_7 + H_2O$
　　$H_4P_2O_7 \rightarrow 2HPO_3 + H_2O$
　　$2HPO_3 \rightarrow P_2O_5 + H_2O$

➕ 知識補充站

日本消防設備種類檢修資格者與期限

消防用設備種類		檢修資格者		檢修申報期間	
		消防設備士（甲種及乙種）	消防設備檢修裝置資格者	機器檢查	綜合檢查
滅火設備	滅火器及簡易滅火器具	第 6 類	第 1 種	6 個月	1 年
	室內消防栓設備	第 1 類			
	自動灑水設備				
	水霧滅火設備				
	泡沫滅火設備	第 2 類			
	不活性氣體滅火設備	第 3 類			
	海龍替代滅火設備				
	乾粉滅火設備				
	室外消防栓設備	第 1 類			
	動力消防幫浦設備	第 1 類、第 2 類			
警報設備	火警自動警報設備	第 4 類	第 2 種		1 年
	瓦斯漏氣火警自動警報設備				
	漏電火災警報設備	第 7 類			
	一一九火災通報裝置	第 4 類			
	緊急警報器具及緊急警報設備	第 4 類、第 7 類			
避難設備	滑臺，避難梯，救助袋，緩降機，避難橋及其他避難器具	第 5 類			
	誘導燈及誘導指標	第 4 類、第 7 類消防設備士具有電氣技術士或電氣工程師證書者			
消防用水	防火用水槽，蓄水池	第 1 類、第 2 類	第 1 種		1 年
消防搶救必要設施	排煙設備	第 4 類、第 7 類	第 2 種		
	連結水沫設備	第 1 類、第 2 類	第 1 種		
	連結送水管				
	緊急電源插座	第 4 類、第 7 類	第 2 種		
	無線電通信輔助設備				
緊急電源及配線	緊急無線專用受電設備	各消防設備等設有緊急電源、配線或操作盤者，由有檢修資格者			1 年
	蓄電池設備				
	自家發電設備				
	配線				
綜合操作盤				6 個月	

7-12 100年化學系統考題詳解

> 一、試說明那些場所應設置滅火器？（12分）若某學校地下室餐廳長35公尺、寬20公尺，餐廳內之廚房長20公尺、寬10公尺，請問依規定最少需設置幾具滅火器？（7分）設置滅火器時需注意那些規定？（6分）

解：

一) 應設置滅火器場所

第14條，下列場所應設置滅火器：

一、甲類場所、地下建築物、幼兒園。

二、總樓地板面積在一百五十平方公尺以上之乙、丙、丁類場所。

三、設於地下層或無開口樓層，且樓地板面積在五十平方公尺以上之各類場所。

四、設有放映室或變壓器、配電盤及其他類似電氣設備之各類場所。

五、設有鍋爐房、廚房等大量使用火源之各類場所。

六、大眾運輸工具。

二) 依規定最少需設置滅火器數量

廚房樓地板 $20 \times 10 = 200 \ m^2$

廚房樓地板 $20 \times 35 - 20 \times 10 = 500 \ m^2$

甲、供第十二條第一款及第五款使用之場所，各層樓地板面積每一百平方公尺（含未滿）有一滅火效能值。

乙、鍋爐房、廚房等大量使用火源之處所，以樓地板面積每二十五平方公尺（含未滿）有一滅火效能值。

　　廚房 300/25 = 12 個滅火效能值

　　餐廳 500/100 = 5 個滅火效能值

　　乾粉 ABC10 型滅火器為 A-3，B-10，C

　　廚房 12/3 = 4 支滅火器

　　餐廳 5/3 = 2 支滅火器

三) 設置滅火器規定

第31條，滅火器應依下列規定設置：

一、視各類場所潛在火災性質設置，並依下列規定核算其最低滅火效能值：

　　(一)供第十二條第一款及第五款使用之場所，各層樓地板面積每一百平方公尺（含未滿）有一滅火效能值。

　　(二)供第十二條第二款至第四款使用之場所，各層樓地板面積每二百平方公尺（含未滿）有一滅火效能值。

　　(三)鍋爐房、廚房等大量使用火源之處所，以樓地板面積每二十五平方公尺（含未滿）有一滅火效能值。

二、電影片映演場所放映室及電氣設備使用之處所，每一百平方公尺（含未滿）

另設一滅火器。

三、設有滅火器之樓層，自樓面居室任一點至滅火器之步行距離在二十公尺以下。

四、固定放置於取用方便之明顯處所，並設有長邊二十四公分以上，短邊八公分以上，以紅底白字標明滅火器字樣之標識。

五、懸掛於牆上或放置滅火器箱中之滅火器，其上端與樓地板面積之距離，十八公斤以上者在一公尺以下，未滿十八公斤者在一點五公尺以下。

六、大眾運輸工具每輛（節）配置一具。

二、某防護區域長 13 公尺、寬 10 公尺、高 5 公尺，其無法自動關閉之開口部面積為 6 平方公尺，如欲在此區域設置二氧化碳高壓式全區域放射滅火設備防護時，請問需要多少滅火藥劑？（10 分）若使用容積為 68 公升、充填比為 1.5 之鋼瓶時，需要多少鋼瓶？（5 分）全區域放射後，對放射之滅火藥劑，需將其排放至安全地方，若採機械排放，且排風機為專用時，每小時需具有幾次換氣量？（2 分）其防護區域之開口部應如何設置？（8 分）

解：

一) 滅火藥劑量

開口檢討：不設自動關閉裝置之開口部總面積，供電信機械室使用時，應在圍壁面積 1% 以下，其他處所則應在防護區域體積值或圍壁面積值兩者中之較小數值 10% 以下。

圍牆面積 = $[(13 \times 10) + (10 \times 5) + (5 \times 13)] \times 2 = 490 m^2$

防護體積 $V = 13 \times 10 \times 5 = 650\ m^3$

兩者中之較小數值 490，其 10% 為 49，開口部面積為 6 平方公尺 < 49，故可免自動關閉。

第 83 條，二氧化碳滅火藥劑量，依下列規定設置：

全區放射方式所需滅火藥劑量依下表計算：

設置場所	電信機械室、總機室	其他			
		五十立方公尺未滿	五十立方公尺以上、一百五十立方公尺未滿	一百五十立方公尺以上、一千五百立方公尺未滿	一千五百立方公尺以上
每立方公尺防護區域所需藥劑量（kg/m²）	1.2	1.0	0.9	0.8	0.75
每平方公尺開口部所需追加藥劑量（kg/m²）	10	5	5	5	5
滅火藥劑之基本需要量（kg）			50	135	1200

藥劑量計算

$W = G \times V + g \times A$

$W = 0.8 \times 650 + 5 \times 6 = 550 \text{ kg} > 135 \text{kg}$

二) 使用容積為 68 公升、充填比為 1.5 之鋼瓶

鋼瓶數量 = $550 \times 68/1.5 = 12.13$（13 支）

三) 每小時所需換氣量

第 94 條，全區放射或局部放射方式防護區域，對放射之滅火藥劑，依下列規定將其排放至安全地方：

排放方式應就下列方式擇一設置，並於一小時內將藥劑排出：

(一) 採機械排放時，排風機為專用，且具有每小時五次之換氣量。

排氣量 = $\dfrac{5 \text{ 次}}{60 \text{ min}} \times (13 \times 10 \times 5) \text{m}^3 = 54.2 \text{ m}^3/\text{min}$

四) 防護區域之開口部設置

第 86 條，全區放射方式防護區域之開口部，依下列規定設置：

1. 不得設於面對安全梯間、特別安全梯間、緊急昇降機間或其他類似場所。

2. 開口部位於距樓地板面高度三分之二以下部分，應在滅火藥劑放射前自動關閉。

3. 不設自動關閉裝置之開口部總面積，供電信機械室使用時，應在圍壁面積百分之一以下，其他處所則應在防護區域體積值或圍壁面積值兩者中之較小數值百分之十以下。

三、依據「各類場所消防安全設備檢修及申報作業基準」規定，進行鹵化烴滅火設備之性能檢查時，請說明「蓄壓式鹵化烴滅火藥劑儲存容器之滅火藥劑量」之檢查方法、判定方法及注意事項為何？（25 分）

解：

一) 滅火藥劑量檢查方法

依下列方法確認之：

1. 使用台秤測定計之方法

(1) 將裝設在容器閥之容器閥開放裝置、連接管、操作管及容器固定器具取下。

(2) 將容器置於台秤上，測定其重量至小數點第一位。

(3) 藥劑量則為測定值扣除容器閥及容器重量後所得之值。

2. 使用水平液面計之方法

(1) 插入水平液面計電源開關，檢查其電壓值。

(2) 使容器維持平常之狀態，將容器置於液面計探針與放射源之間。

(3) 緩緩使液面計檢出部上下移動，當發現儀表指針振動差異較大時，由該位置即可求出自容器底部起算之藥劑存量高度。

(4) 液面高度與藥劑量之換算，應使用專用之換算尺為之。

3. 使用鋼瓶液面計之方法
    (1) 打開保護蓋緩慢抽出表尺。
    (2) 當表尺被鋼瓶內浮球之磁性吸引而停頓時，讀取表尺刻度。
    (3) 對照各廠商所提供之專用換算表，讀取藥劑重量。
    (4) 需考慮溫度變化造成之影響。
4. 以其他原廠技術手冊規範之方式檢測藥劑量。

二) 滅火藥劑量判定方法
  將藥劑量之測定結果與重量表、圖面明細表或原廠技術手冊規範核對，其差值應在充填值 10% 以下。

三) 滅火藥劑量注意事項
1. 以水平液面計測定時
    (1) 不得任意卸取放射線源（鈷 60），萬一有異常時，應立即聯絡專業處理單位。
    (2) 鈷 60 有效使用年限約為 3 年，如已超過時，應立即聯絡專業單位處理或更換。
    (3) 使用壓力表者，應先確認容器內壓為規定之壓力值。
2. 共同事項
    (1) 因容器重量頗重（約 150kg），傾倒或操作時應加以注意。
    (2) 測量後，應將容器號碼、充填量記載於檢查表上。
    (3) 當滅火藥劑量或容器內壓減少時，應迅即進行調查，並採取必要之措施。
    (4) 使用具放射源者，應取得行政院原子能源委員會之許可登記。

四、某一室內停車場，其防護區域長 35 公尺、寬 15 公尺、高 4 公尺，無法自動關閉之開口部面積為 10 平方公尺，擬設置全區域放射式乾粉滅火設備，依據各類場所消防安全設備設置標準之規定，需使用何種乾粉滅火藥劑？（2 分）該滅火藥劑滅火之化學反應方程式為何？（8 分）需要多少乾粉滅火藥劑量？（10 分）其噴頭應依那些規定設置？（5 分）

解：
一) 需使用何種乾粉滅火藥劑
  第 101 條　供室內停車空間使用之滅火藥劑，以第三種乾粉為限。
二) 化學反應方程式
  第三種乾粉
  $NH_4H_2PO_4 \rightarrow NH_3+H_3PO_4$
  $2H_3PO_4 \rightarrow H_4P_2O_7+H_2O$
  $H_4P_2O_7 \rightarrow 2HPO_3+H_2O$
  $2HPO_3 \rightarrow P_2O_5+H_2O$
三) 所需要乾粉滅火藥劑量

不設自動關閉裝置之開口部總面積，供電信機械室使用時，應在圍壁面積 1% 以下，其他處所則應在防護區域體積值或圍壁面積值兩者中之較小數值 10% 以下。

圍牆面積 = [(35×15) + (15×4) + (4×35)]×2 = 1450m²

防護體積 V = 35×15×4 = 2100 m³

兩者中之較小數值 1450，其 10% 為 145，開口部面積為 10 平方公尺 < 145，故可免自動關閉。

藥劑量計算

$W = G \times V + g \times A$

$W = 0.36 \times 2100 + 2.7 \times 10 = 783$ kg

四) 噴頭設置規定

第 100 條，全區及局部放射方式之噴頭，依下列規定設置：

1. 全區放射方式所設之噴頭能使放射藥劑迅速均勻地擴散至整個防護區域。

2. 乾粉噴頭之放射壓力在每平方公分一公斤以上或 0.1MPa 以上。

3. 依前條第一款或第二款所核算之滅火藥劑量，需於三十秒內全部放射完畢。

第8章
消防設備士化學系統歷屆考題

8-1 111年化學系統考題詳解

【申論題】（50分）

一、近日物流倉庫發生火災頻傳，造成嚴重的環境污染及財產損失，試說明「高架儲存倉庫」之定義及設置自動撒水設備時，其撒水頭配置及進行外觀檢查時，撒水頭之檢查及判定方法。（25分）

解：

一)「高架儲存倉庫」之定義

供第 12 條第 2 款第 11 目使用之場所，樓層高度超過 10 公尺且樓地板面積在 700 平方公尺以上之高架儲存倉庫。

二) 撒水頭外觀檢查

1. 檢查方法

  (1) 外形

   A. 以目視確認有無洩漏、變形等。

   B. 以目視確認有無被利用為支撐、吊架使用等。

  (2) 感熱及撒水分布障礙：以目視確認周圍有無感熱及撒水分布之障礙。

  (3) 未警戒部分：確認有無如圖所示，因隔間變更應無設置撒水頭，而造成未警戒之部分。

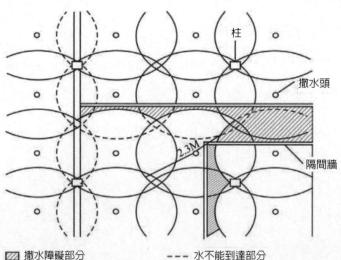

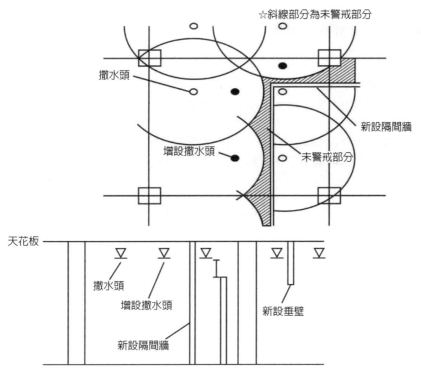

2. 判定方法

(1) 外形

　　A. 應無洩漏、變形等。

　　B. 應無被利用為支撐、吊架使用。

(2) 感熱及撒水分布障礙

　　A. 撒水頭周圍應無感熱、撒水分布之障礙。

　　B. 撒水頭應無被油漆、異物附著等。

　　C. 於設有撒水頭防護蓋之場所，其防護蓋應無損傷、脫落等。

(3) 未警戒部分

　　應無因隔間、垂壁、風管管道等之變更、增設、新設等，而造成未警戒部分。

二、依據消防安全設備及必要檢修項目檢修基準規定，請詳述進行簡易自動滅火設備之性能檢查時，滅火藥劑儲存容器之滅火藥劑量的檢查方法、判定方法及注意事項為何？（25分）

解：
一) 蓄壓式滅火藥劑儲存容器等
  1. 滅火藥劑量
    (1) 檢查方法
      使用台秤測定計之方法。
      A. 將裝設在容器閥之容器閥開放裝置、連接管、操作管及容器固定器具取下。
      B. 將儲存容器置於台秤上，測定其重量計算至小數點第一位。
      C. 藥劑量則為測定值扣除容器閥及容器重量後所得之值；藥劑量 應與標示差異不超過 3%。
    (2) 判定方法
      將藥劑量之測定結果與重量表、圖面明細表或原廠技術手冊規範核對，其差值應在充填值 3% 以下。
    (3) 注意事項
      A. 測量後，應將容器號碼、充填量記載於重量表、檢查表上。
      B. 當滅火藥劑量或容器內壓減少時，應迅即進行調查，並採取必要之措施。
二) 加壓式滅火藥劑儲存容器
  1. 滅火藥劑量
    (1) 檢查方法
      依下列方法確認之。
      A. 使用台秤測定計之方法。
        (A) 將裝設在容器閥之容器閥開放裝置、連接管、操作管及容器固定器具取下。
        (B) 將儲存容器置於台秤上，測定其重量計算至小數點第一位。
        (C) 藥劑量則為測定值扣除容器閥及容器重量後所得之值。
      B. 使用量尺測定之方法。
        (A) 將裝設在儲存容器之容器閥、連接管、操作管及容器固定器具取下。
        (B) 自充填口以量尺測量滅火藥劑之液面高度。
    (2) 判定方法
      A. 藥劑量之重量應與標示差異不超過 3%。
      B. 滅火藥劑之液面高度，應與標示高度差異在誤差範圍內。
  2. 加壓用氣體容器等
    (1) 氣體量
      A. 檢查方法
        (A) 以手旋轉加壓用氣體容器，將容器取下。
        (B) 將容器置於計量器上，測定其總重量。
        (C) 總重量應比標示重量不少於 14.2 公克。

　　　B. 判定方法
　　　　氣體量應在規定量以上。
　(2) 容器閥開放裝置
　　　A. 電氣式容器閥之開放裝置
　　　　(A) 檢查方法
　　　　　　a. 以手旋轉加壓用氣體容器，將容器取下。檢視閥開放裝置，確認
　　　　　　　撞針有無彎曲、斷裂或短缺等情形。
　　　　　　b. 拔下安全栓或安全插梢，以手操作電氣式手動啟動裝置，確認撞
　　　　　　　針動作是否正常。
　　　　　　c. 使用復歸扳手將撞針縮回原位。
　　　　(B) 判定方法
　　　　　　a. 撞針應無彎曲、斷裂或短缺等情形。
　　　　　　b. 以規定之電壓可正常動作，並可確實以手動操作。
　　　　(C) 注意事項
　　　　　　加壓用氣體容器旋回閥開放裝置前，應先使用復歸扳手將撞針縮回
　　　　　　原位後再進行。
　　　B. 鋼索牽引之彈簧式容器閥之開放裝置
　　　　(A) 檢查方法
　　　　　　a. 以手旋轉加壓用氣體容器，將容器取下。檢視閥開放裝置，確認
　　　　　　　撞針有無彎曲、斷裂或短缺等情形。
　　　　　　b. 拔下容器閥開放裝置與手動啟動裝置的安全栓或安全插梢，以手
　　　　　　　操作箱外的機械式手動啟動裝置，確認撞針動作是否正常。
　　　　　　c. 使用復歸扳手將撞針縮回原位。將鋼索縮回手動啟動裝置並裝回
　　　　　　　安全栓或安全插梢。
　　　　(B) 判定方法
　　　　　　a. 確認撞針有無彎曲、斷裂或短缺等情形。
　　　　　　b. 確認撞針動作是否正常。
　(3) 壓力調整器
　　　A. 檢查方法
　　　　關閉設在壓力調整器二次側之檢查用開關或替代閥，以手動操作或以氣
　　　　壓、電氣方式之容器閥開放裝置使加壓用氣體容器之容器閥動作開放，
　　　　確認一、二次側壓力表之指度及指針之動作。
　　　B. 判定方法
　　　　(A) 各部位應無氣體洩漏情形。
　　　　(B) 一次側壓力表之指針應在規定壓力值。
　　　　(C) 二次側壓力表之指針應在設定壓力值，且功能正常。

【選擇題】（50分）

（C）1. 依各類場所消防安全設備設置標準規定，下列何種場所不需設置室外消防栓設備？

(A) 建築物及儲存場所之第一層及第二層總面積合計 5,500 平方公尺之可燃性高壓氣體製造場所

(B) 建築物及儲存場所之第一層及第二層總面積合計 5,500 平方公尺之輕工業場所

(C) 儲存閃火點攝氏 90 度易燃性液體物質之建築物及儲存場所第一層及第二層總面積合計 3,500 平方公尺

(D) 建築物及儲存場所之第一層及第二層總面積合計 3,500 平方公尺之木材加工業作業場所

解析：

高度	1. 可燃性固體物質倉庫高度 ≧ 5.5m 2. 易燃性液體閃火點 < 60℃與 37.8℃時，其蒸氣壓 < 2.8kg/cm² 者 3. 可燃性高壓氣體製造、儲存、處理場所 4. 石化作業場所，木材加工業作業場所及油漆作業場所等	≧ 3000m²
中度	1. 儲存一般可燃性固體物質倉庫之高度 < 5.5m 者 2. 易燃性液體物質之閃火點 ³60℃之作業場所 3. 輕工業場所。	≧ 5000m²
低度	有可燃性物質存在，存量少，延燒範圍小，延燒速度慢，僅形成小型火災者。	≧ 10000m²

（B）2. 有關室外消防栓與室內消防栓之瞄子放水壓力之敘述，下列何者正確？

(A) 室外消防栓（一般場所）放水壓力應在 2.5kgf/cm²～7kgf/cm²

(B) 第一種（一般場所）消防栓放水壓力應在 1.7kgf/cm²～7kgf/cm²

(C) 第一種（公共危險物品場所）消防栓放水壓力應在 2.5kgf/cm²～7kgf/cm²

(D) 第二種消防栓放水壓力應在 0.6kgf/cm²～7kgf/cm²

解析：

滅火設備	方式	壓力（kg/cm²）
室內消防栓	第一種	1.7～7 （公危 3.5～7）
	第二種	1.7～7
室外消防栓		2.5～6 （公危 3.5～7）
撒水頭	一般	1.0～10
	水道式	0.5～10

（C）3. 某公共危險物品場所設置室外消防栓設備，在裝置全部消防栓數量 5 支時，其所需之水源容量至少應為多少立方公尺以上？

(A) 27　(B) 41　(C) 54　(D) 67.5

解析：450 L/min×4×30min = 54000 L

（D）4. 裝置於舞臺之開放式自動撒水設備，依規定下列何者正確？

(A) 每一放水區域可以設置兩個一齊開放閥

(B) 手動啓動開關，其高度距樓地板面在 0.8 公尺以上 1.6 公尺以下

(C) 感知撒水頭設在裝置面距樓地板面高度 6 公尺以下，且能有效探測火災處

(D) 每一舞臺之放水區域設置 4 個以下

解析：設置一個一齊開放閥；距樓地板面在 0.8 公尺以上 1.5 公尺以下；裝置面距樓地板面高度 5 公尺以下

（A）5. 有關移動式泡沫滅火設備，依各類場所消防安全設備設置標準之規定，下列敘述何者正確？

(A) 在水帶接頭 3 公尺範圍內，設置泡沫消防栓箱

(B) 泡沫瞄子放射壓力應在每平方公分 1.5 公斤以上

(C) 泡沫消防栓箱，箱內配置長 10 公尺以上水帶及泡沫瞄子 1 具

(D) 同一樓層各泡沫瞄子放射量，應在 150L/min 以上

解析：在每平方公分 2.5 公斤以上；箱內配置長 20 公尺以上；放射量 100L/min 以上

（B）6. 消防幫浦之防止水溫上升用排放裝置，防止水溫上升用之排水管內之流水量，當幫浦在全閉狀態下連續運轉時，不使幫浦內部水溫，升高至攝氏多少度以上？

(A) 25　(B) 30　(C) 35　(D) 40

解析：$q = \dfrac{L_s \times C}{60 \times \Delta t}$

Δt：30℃（幫浦內部之水溫上昇限度）

（A）7. 下列有關撒水頭設置之敘述，何者正確？

(A) 公共危險物品等場所設置自動撒水設備，防護對象任一點至撒水頭之水平距離在 1.7 公尺以下

(B) 設於集會堂表演場所舞臺之撒水頭，任一點至撒水頭之水平距離在 2.3 公尺以下

(C) 高架儲存倉庫中，設於貨架之撒水頭，任一點至撒水頭之水平距離在 2.3 公尺以下，並以平行方式設置

(D) 一防火構造之餐廳設置一般反應型撒水頭（第二種感度），各層任一點至撒水頭之水平距離在 2.6 公尺以下

解析：舞臺撒水頭 1.7 公尺以下；貨架撒水頭 2.5 公尺以下；防火構造一般反應型撒水頭 2.3 公尺以下

（B）8. 固定式泡沫滅火設備（低發泡）進行綜合檢查作業時，發泡倍率應在幾倍
以上？

(A) 3　(B) 5　(C) 8　(D) 10

解析：發泡倍率 5 倍以上

（A）9. 泡沫滅火設備之減水警報裝置進行性能檢查時，當呼水槽水量減少到多少
時，應發出警報？

(A) 1/2　(B) 1/3　(C) 1/4　(D) 1/5

解析：呼水槽水量減少 1/2 時發出警報

（C）10. 樓地板面積 250 平方公尺之變壓器室，依各類場所消防安全設備設置標準
規定，可選擇下列何種消防安全設備？①水霧　②泡沫　③二氧化碳　④
乾粉

(A) ①②　(B) ①②③　(C) ①③④　(D) ①②③④

解析：泡沫導電

（B）11. 依各類場所消防安全設備設置標準規定，消防專用蓄水池應設置於消防車
能接近至多少公尺範圍內，易於抽取處？

(A)1　(B) 2　(C) 3　(D)5

解析：

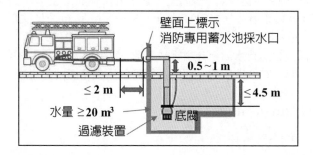

（C）12. 有關水霧滅火設備，依各類場所消防安全設備設置標準之規定，下列敘述
何者正確？

(A) 每一水霧噴頭之有效半徑在 2.1 公尺以上

(B) 放射區域有 2 區域以上者，其主管管徑應在 50 毫米以上

(C) 水霧滅火設備之水源容量，放射區域在 2 區域以上者，應保持 40 立方
公尺以上

(D) 水霧滅火設備之水源，無需連結加壓送水裝置

解析：水霧有效半徑 2.1 公尺以下；2 區域管徑 100 毫米以上；連結加壓送
水裝置

（B）13. 有關自動撒水設備末端查驗閥之敘述，下列何者正確？

(A) 開放式自動撒水設備應設置管徑在 25 毫米以下

(B) 限流孔之放水性能應與標準撒水頭相同

(C) 查驗閥之二次側設壓力表

(D) 配置距離地板面之高度在 2.5 公尺以下，並附有排水管裝置，並標明末端查驗閥字樣

解析：管徑在 25 毫米以上；一次側設壓力表；高度在 2.1 公尺以下

（A）14. 開放式自動撒水設備之自動啟動裝置，感知撒水頭應設在裝置面距樓地板面高度多少公尺以下，且能有效探測火災處？

(A) 5　(B) 6　(C) 8　(D) 10

解析：感知撒水頭應設高度五公尺以下有效探測火災

（A）15. 採用移動式放射方式之乾粉滅火設備，藥劑種類為第四種乾粉時，每一具噴射瞄子所需藥劑放射量為何？

(A) 18kg/min　(B) 27kg/min　(C) 45kg/min　(D) 60kg/min

乾粉滅火藥劑種類	第 1 種	第 2 或 3 種	第 4 種
藥劑量 (kg) A	50	30	20
放射量 (kg / min) B	45	27	18

$A \times 0.9 = B$

（C）16. 乾粉滅火設備進行性能檢查時，關於滅火藥劑量之敘述，下列何者正確？

(A) 灰色為第一種乾粉　　　　(B) 白色或淡藍色為第二種乾粉

(C) 粉紅色為第三種乾粉　　　(D) 紫色系為第四種乾粉

解析：白色第一種；紫色第二種；灰色第四種

（B）17. 惰性氣體滅火設備進行綜合檢查時，採低壓式者進行放射試驗時，其放射試驗所需之藥劑量，為該放射區域所設滅火藥劑量之多少以上？

(A) 5%　(B) 10%　(C) 15%　(D) 20%

解析：放射試驗 10% 滅火藥劑量

（C）18. 依各類場所消防安全設備設置標準規定，總樓地板面積 100 平方公尺之何種場所應設置滅火器？①咖啡廳　②幼兒園　③陳列館　④商場

(A) ①③　(B) ①②③　(C) ①②④　(D) ①②③④

解析：第 14 條下列場所應設置滅火器：甲類場所、地下建築物、幼兒園。
陳列館為乙四樓地板面積 150 平方公尺

（B）19. 下列有關滅火器性能檢查之敘述，何者正確？

(A) 製造日期超過 5 年滅火器，應予報廢

(B) 化學泡沫滅火器應每年實施一次性能檢查

(C) 二氧化碳滅火器應每 2 年實施一次性能檢查

(D) 性能檢查完成後之滅火器瓶頸應加裝檢修環，並以顏色紅、橙、黃、綠、紫交替更換

解析：製造日期超過十年或無法辨識製造日期之水滅火器、機械泡沫滅火器或乾粉滅火器應予報廢，非經水壓測試合格不得再行更換及充填藥劑；氧化碳滅火器應每 3 年；顏色紅、橙、黃、綠、藍交替更換

（A）20. 電子工業廠房潔淨室設置消防安全設備，下列敘述何者正確？
(A) 設置密閉濕式自動撒水設備
(B) 設置一般反應型撒水頭（第二種感度）
(C) 水源容量應在最近之 30 個撒水頭連續放射 60 分鐘之水量
(D) 撒水密度每平方公尺每分鐘 7.15 公升以上
解析：第一種感度；水源容量最遠 30 個撒水頭 60 分鐘；撒水密度每平方公尺每分鐘 8.15 公升以上

（A）21. 下列有關乾粉滅火設備設置之規定，何者正確？
(A) 全區及局部放射方式之噴頭，放射壓力每平方公分 1 公斤以上
(B) 滅火藥劑量須於 60 秒內全部放射完畢
(C) 配管採集中為原則，使噴頭同時放射時，效果較佳
(D) 最低配管與最高配管間，落差在 80 公尺以下
解析：30 秒內全部放射完畢；配管採均分；落差在 50 公尺以下

（C）22. 有關水道連結型自動撒水設備進行綜合檢查時，放水壓力應為多少？
(A) 0.2kgf/cm^2 以上 15kgf/cm^2 以下　　(B) 0.3kgf/cm^2 以上 12kgf/cm^2 以下
(C) 0.5kgf/cm^2 以上 10kgf/cm^2 以下　　(D) 0.6kgf/cm^2 以上 12kgf/cm^2 以下
解析：水道 0.5kgf/cm^2 以上 10kgf/cm^2 以下

（A）23. 簡易自動滅火設備進行性能檢查時，蓄壓式滅火藥劑儲存容器滅火藥劑量應與標示差異不超過多少？
(A) 3%　(B) 5%　(C) 10%　(D) 15%
解析：簡易自動藥劑量與標示差異不超過 3%

（D）24. 十樓以下建築物之樓層供百貨商場使用，如達到設置自動撒水設備條件，使用密閉式一般反應型撒水頭時，其水源容量應符合幾個撒水頭放水 20 分鐘的撒水量？
(A) 8　(B) 10　(C) 12　(D) 15

各類場所		撒水頭個數	
		快速反應型	一般反應型
十一樓以上建築物、地下建築物		十二	十五
十樓以下建築物	供第十二條第一款第四目使用及複合用途建築物中供第十二條第一款第四目使用者	十二	十五
	地下層	十二	十五
	其他	八	十

各類場所		撒水頭個數	
		快速反應型	一般反應型
高架儲存倉庫	儲存棉花、塑膠、木製品、紡織品等易燃物品	二十四	三十
	儲存其他物品	十六	二十

（C）25. 泡沫試料淨重為 200g，還原數值如下，則 25% 還原時間為何？

時間（分）	0	0.5	1	1.5	2	2.5	3
還原量（ml）	0	10	20	30	40	50	60

(A) 1.5 分鐘　(B) 2 分鐘　(C) 2.5 分鐘　(D) 3 分鐘
解析：$200 \times 25\% = 50ml$，對照上表 50ml 為 2.5 分鐘

（C）26. 壓力開關高程 0m，屋頂水箱高程 33m，最高處撒水頭高程 30m，加壓送水裝置利用啟動用壓力開關連動啟動。當壓力開關小於何值時，加壓送水裝置即應啟動？
(A) 3.3kgf/cm^2　(B) 3.8kgf/cm^2　(C) 4.5kgf/cm^2　(D) 5.0kgf/cm^2
解析：屋頂水箱 3.3 + 0.5 = 3.8；最高處撒水頭 3 + 1.5 = 4.5

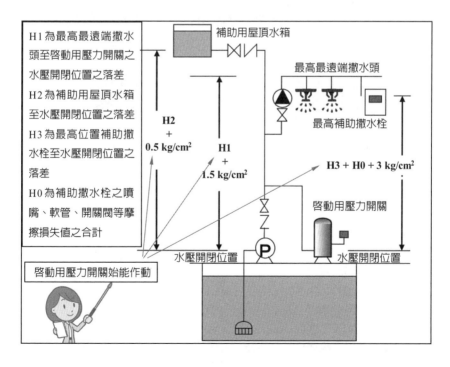

（D）27. 自動撒水採用密閉乾式或預動式自動撒水設備，撒水頭動作後，流水檢知
裝置應在幾分鐘內，使撒水頭放水？

(A) 4　(B) 3　(C) 2　(D) 1

解析：密閉乾式或預動式撒水頭動作後 1 分鐘內撒水頭放水

（D）28. 依各類場所消防安全設備設置標準之規定，下列何者應設自動撒水設備？

(A) 某一地上八層建築物，供 KTV 使用，樓地板面積合計 200 平方公尺

(B) 某一建築物十二層，各層樓地板面積在 90 平方公尺

(C) 無開口樓層供電影院使用，樓地板面積在 300 平方公尺

(D) 車站樓地板面積在 1500 平方公尺以上者

解析：八層供 KTV 用 300m²；十二層 100m²；無開口樓層供電影院 1000m²

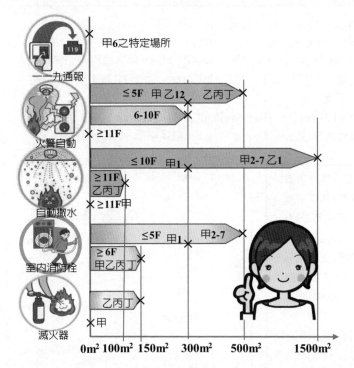

（D）29. 變電站場所設置水霧滅火設備，放射區域 6 個分區，其消防幫浦出水量需
達每分鐘 X 公升以上；且每顆水霧噴頭放水壓力均能達每平方公分 Y 公斤
以上，請問前述 X、Y 爲何？

(A) X = 1200；Y = 2.7　　　　　(B) X = 1200；Y = 3.5

(C) X = 2000；Y = 2.7　　　　　(D) X = 2000；Y = 3.5

解析：2 區以上 2000L/min；變電站 3.5kg/cm²

（C）30. 有關消防安全設備檢修完成標示附加位置，下列敘述何者錯誤？

(A) 室內消防栓設備：加壓送水裝置控制盤盤面及消防栓箱箱面

(B) 自動撒水設備：加壓送水裝置控制盤盤面及制水閥本體

(C) 簡易自動滅火設備：手動啓動裝置操作部

(D) 水霧滅火設備：加壓送水裝置控制盤盤面及制水閥本體

解析：簡易自動滅火設備：控制盤盤面

（B）31. 應設置消防專用蓄水池之場所規定，下列何者正確？

(A) 百貨商場用途建築物，基地面積在 25000 平方公尺，任何一層樓地板面積在 1000 平方公尺

(B) 集合住宅建築物高度 50 公尺，建築總樓地板面積在 26000 平方公尺者

(C) 總樓地板面積在 1000 平方公尺以上之地下建築物

(D) 十一層樓辦公用途建築物，各層樓地板面積在 500 平方公尺以上者

解析：

面積	建築基地面積 $\geq 20000m^2$，且任何一層樓地板面積 $\geq 1500m^2$	有效水量於 1F 及 2F 合計 $< 7500m^2$，$\geq 20m^3$
高度	建築物高度 $\geq 31m$，且總樓地板面積 $\geq 25000m^2$	有效水量於總樓地板面積 $< 12500m^2$，$\geq 20m^3$
2棟	同一建築基地 ≥ 2 棟時，建築物間外牆與中心線水平距離 1F $< 3m$、2F $< 5m$，且合計各棟該 1F 及 2F 樓地板面積在 $\geq 10000m^2$	有效水量於 1F 及 2F 合計 $< 7500m^2$，$\geq 20m^3$

（C）32. 二氧化碳滅火設備屬於公共危險物品等場所的那一類滅火設備？

(A) 第一種滅火設備　　　　　(B) 第二種滅火設備

(C) 第三種滅火設備　　　　　(D) 第四種滅火設備

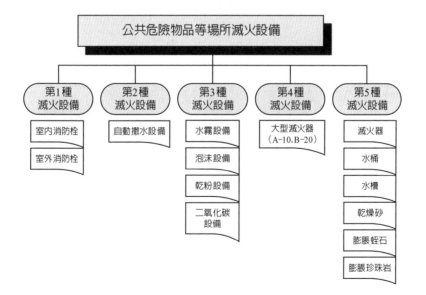

（D）33. 二氧化碳滅火設備配管，下列設置規定何者錯誤？
(A) 配管接頭及閥類之耐壓，高壓式為每平方公分 165 公斤以上
(B) 低壓式為每平方公分 37.5 公斤以上
(C) 最低配管與最高配管間，落差在 50 公尺以下
(D) 使用符合 CNS4626 規定之無縫鋼管，其中高壓式為管號 Sch60 以上
解析：高壓式為管號 Sch 80 以上

（A）34. 第五種滅火設備除滅火器外之其他設備，有關滅火效能值核算之規定，下列何者錯誤？
(A) 6 公升之消防專用水桶，每 3 個為 1 滅火效能值
(B) 水槽每 80 公升為 1.5 滅火效能值
(C) 乾燥砂每 50 公升為 0.5 滅火效能值
(D) 膨脹蛭石或膨脹珍珠岩每 160 公升為 1 滅火效能值
解析：8 公升之消防專用水桶，每 3 個為 1 滅火效能值

（C）35. 二氧化碳滅火設備採全區放射，其噴頭設置規定下列何者錯誤？
(A) 滅火藥劑儲存於溫度攝氏零下 18 度以下者之低壓式為每平方公分 9 公斤以上
(B) 滅火藥劑以常溫儲存者之高壓式為每平方公分 14 公斤以上
(C) 電信機械室採二氧化碳滅火設備全區放射，放射時間應於 3 分鐘內全部放射完畢
(D) 鍋爐房採二氧化碳滅火設備全區放射，放射時間應於 1 分鐘內全部放射完畢
解析：放射時間應於 3.5 分鐘內全部放射完畢

（A）36. 二氧化碳滅火設備，採用低壓式滅火藥劑儲存容器時，壓力在何範圍會發出警報？
(A) $23kgf/cm^2$ 以上；$19kgf/cm^2$ 以下　　(B) $22kgf/cm^2$ 以上；$19kgf/cm^2$ 以下
(C) $24kgf/cm^2$ 以上；$20kgf/cm^2$ 以下　　(D) $21kgf/cm^2$ 以上；$17kgf/cm^2$ 以下

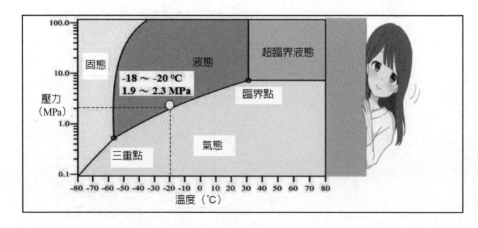

（B）37. 依規定 112 年度滅火器檢查合格時，應採用那種顏色檢修環？

(A) 橙　(B) 黃　(C) 藍　(D) 綠

解析：110 年紅，111 年橙，112 年黃，113 年綠，114 年藍

（C）38. 一間變壓機房採全區放射二氧化碳滅火設備，其防護區域體積 1250 立方公尺，無其它開口部，此防護區域需要多少二氧化碳藥劑量？

(A) 800kg　(B) 900kg　(C) 1000kg　(D) 1050kg

解析：$1250 \times 0.8 = 1000$

設置場所	其他		
	$50m^3 \sim 150m^3$	$150m^3 \sim 1500m^3$	$1500m^3$
每立方公尺防護區域所需藥劑量（kg/m^3）	0.9	0.8	0.75
滅火藥劑之基本需要量（kg）	50	135	1200
開口自動關閉滅火藥劑之基本量（kg）	45	120	1125

（A）39. 可燃性高壓氣體儲存場所任一點至滅火器之步行距離在 X 公尺以下，並不得妨礙出入作業；每具滅火器對普通火災具有 Y 個以上之滅火效能值，請問前述 X、Y 為何？

(A) X = 15；Y = 4　　　　　(B) X = 10；Y = 3

(C) X = 20；Y = 5　　　　　(D) X = 25；Y = 6

解析：每具滅火器對普通火災 4 個以上油類火災 10 個以上

（B）40. 二氧化碳滅火設備採全區放射方式，採用高壓系統在進行綜合檢查時，以空氣或氮氣進行放射試驗，所需空氣量或氮氣量，應就放射區域應設滅火藥劑量之 X% 核算，每公斤核算空氣量或氮氣量 Y（公升），請問前述 X、Y 為何？

(A) X = 5；Y = 45　　　　　(B) X = 10；Y = 55

(C) X = 15；Y = 60　　　　　(D) X = 20；Y = 65

解析：放射區域 10% 以上；以常溫 15℃ 一大氣壓每 mole 為 $22.4 \times \dfrac{273+15}{273}$

$= 23.6$ 公升，則 0.1 公斤 CO_2 之體積為 $\dfrac{100g}{44(g/mole)} = 2.27$（mole）

$\times 23.6 = 53.6$（法規取 55）

8-2 110年水與化學系統

【申論題】（50分）

一、因應高齡化社會需求，衛生福利部補助各地方老人福利機構，設置水道連結型自動撒水設備，請說明該設備在原有合法建築物可採用的設置類型方式？（15分）並說明設置後水源、配管、配件及閥類性能檢查的重點。（10分）

解：

一) 採用的設置類型方式

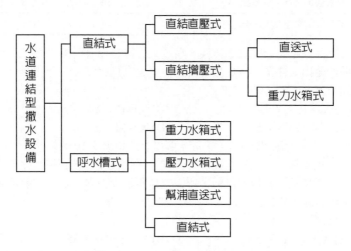

原有合法建築物改善防火避難設施或消防設備時，不得破壞原有結構之安全。又已敷設於建築物內之消防設備，如消防水池、消防立管、消防栓、滅火設備、警報設備、避難器具等設備，其功能正常者得維持原有使用。水道連結型自動撒水設備設置類型方式，計有7種（上圖），其中第1及2種之直結式，是不適合台灣自來水管路設備。僅能採用呼水槽式，所以實務上採用一直是呼水槽式之幫浦直送式及呼水槽式之直結式之類型方式。

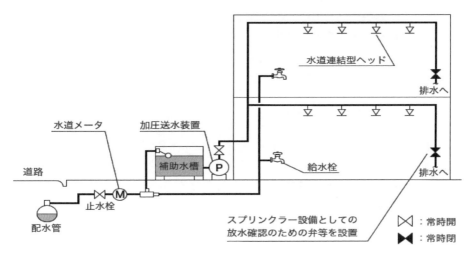

（呼水槽式併用直結式類型方式）

二) 水源、配管、配件及閥類性能檢查
1. 水源
(1) 檢查方法
① 水質
打開人孔蓋以目視及水桶採水，確認有無腐敗、浮游物、沉澱物等。
② 給水裝置
A. 確認有無變形、腐蝕等，及操作排水閥確認給水功能是否正常。
B. 如不便用操作排水閥檢查給水功能時，可使用下列方法：
(A) 使用水位電極控制給水者，拆除其電極回路之配線，形成減水狀態，確認其是否能自動給水；其後再將拆掉之電極回路配線接上復原，形成滿水狀態，確認其給水能否自動停止。
(B) 使用浮球水栓控制給水者，以手動操作將浮球沒入水中，形成減水狀態，使其自動給水；其後使浮球復原，形成滿水狀態，使給水自動停止。
③ 水位計
水位計之量測係打開人孔蓋，用檢尺測量水位，並確認水位計之指示值。
④ 閥類
用手操作確認開、關動作是否容易進行。
(2) 判定方法
① 水質
應無顯著腐敗、浮游物、沉澱物等。
② 給水裝置

A. 應無變形、損傷、顯著腐蝕。

B. 於減水狀態應能自動給水，於滿水狀態應能自動停止供水。

③水位計

水位計之指示值應正常。

④閥類

開、關操作應能容易進行。

2. 配管、配件及閥類

(1) 檢查方法

①閥類

用手操作確認開、關動作是否容易進行。

②過濾裝置

分解打開確認過濾網有無變形、異物堆積。

(2) 判定方法

①閥類

開、關操作能容易進行。

②過濾裝置

過濾網應無變形、損傷、異物堆積等。

二、二氧化碳滅火設備在檢修時，國內外皆偶有發生意外情事，請說明高壓二氧化碳全區放射系統綜合檢查方式，（10分）並說明檢查前及檢查時應準備與注意的事項。（15分）

解：

一) 全區放射方式

將電源切換為緊急電源狀態，依下列各點規定進行檢查。惰性氣體滅火設備全區放射方式應依設置之系統數量進行抽樣檢查。抽測之系統放射區域在二區以上時，應至少擇一放射區域實施放射試驗；進行放射試驗系統，應於滅火藥劑儲存容器標示放射日期。

1. 全區放射方式

(1) 檢查方法

A. 高壓式者依下列規定

(A) 以空氣或氮氣進行放射試驗，所需空氣量或氮氣量，應就放射區域應設滅火藥劑量之 10% 核算，每公斤以下表所列公升數之比例核算，每次試驗最多放出 5 支。

滅火藥劑	每公斤核算空氣量或氮氣量（公升）
二氧化碳	55
氮氣	100
IG-55	100

(B) 檢查前，應就儲存容器部分事先備好下列事項

a. 暫時切斷控制盤等電源設備。

b. 將自儲存容器取下之容器閥開放裝置及操作管連接裝設在試驗用氣體容器上。

c. 除放射用儲存容器外，應取下連接管，用帽蓋等塞住集合管。除試驗用氣體容器外，應取下連接管後用帽蓋蓋住集合管部。

d. 應塞住放射用以外之操作管。

e. 確認除儲存容器部外，其他部分是否處於平常設置狀態。確認儲存容器部分外之其餘部分是否處於平時設置狀況。

f. 控制盤等設備電源，應在「開」之位置。

(C) 檢查時應注意下列事項

a. 充填空氣或氮氣之試驗用氣體容器壓力，應與該滅火設備之儲存容器之充填壓力大約相等。

b. 使用啓動用氣體容器之設備者，應準備與設置數量相同之氣體容器數。

c. 應準備必要數量供塞住集合管部或容器閥部及操作管部之帽蓋或塞子。

(D) 檢查時，啓動操作應就下列方式擇一進行

a. 手動式，應操作手動啓動裝置使其啓動。

b. 自動式者，應將自動、手動切換裝置切換至「自動」位置，使探測器動作、或使受信機、控制盤探測器回路端子短路，使其啓動。

【選擇題】（50分）

（C）1. 公共危險物品等場所消防設計及消防安全設備，電氣設備使用之處所，每多少平方公尺（含未滿）應設置第五種滅火設備一具以上？

(A) 20　(B) 50　(C) 100　(D) 200

解析：第 204 條電氣設備使用之處所，每一百平方公尺（含未滿）應設置第五種滅火設備一具以上。

（A）2. 連結送水管之中繼幫浦放水測試時，應從送水口以送水設計壓力送水，並以口徑 21 公厘瞄子在最頂層測試，其放水壓力不得小於 $X kgf/cm^2$，且放水量不得小於 YL/min。X、Y 分別為何？

(A) X = 6；Y = 600　　　(B) X = 6；Y = 800

(C) X = 8；Y = 600　　　　(D) X = 8；Y = 800
解析：

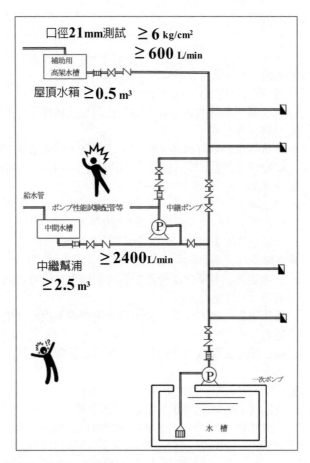

（C）3. 下列有關室內消防栓設備之規定，何者錯誤？
　　　(A) 低度危險工作場所應設置第一種消防栓
　　　(B) 老人福利機構可選擇設置第二種消防栓
　　　(C) 第一種消防栓箱內應配置口徑 25 毫米消防栓
　　　(D) 第一種消防栓箱內應配置口徑 38 毫米或 50 毫米之消防栓一個
　　　解析：第一種消防栓箱內應配置口徑 38 毫米或 50 毫米之消防栓一個
（A）4. 公共危險物品等場所消防設計及消防安全設備，顯著滅火困難場所之室外
　　　儲槽場所，儲存硫磺，應設置何種滅火設備？
　　　(A) 第三種滅火設備之水霧滅火設備
　　　(B) 第三種滅火設備之固定式泡沫滅火設備
　　　(C) 第三種滅火設備之二氧化碳滅火設備

(D) 第三種滅火設備之乾粉滅火設備

解析：

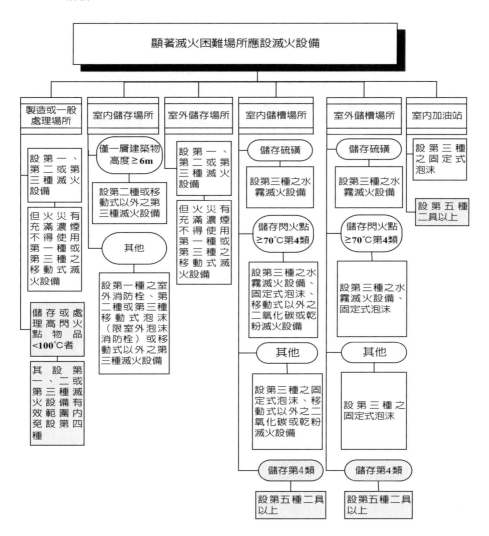

（C）5. 消防幫浦加壓送水裝置之啓動用水壓開關裝置，下列規定何者正確？

    (A) 在啓動用壓力槽上或其近傍應裝設壓力表、啓動用水壓開關及試驗幫浦啓動用之逆止閥

    (B) 啓動用壓力儲槽應使用口徑 35mm 以上配管，與幫浦出水側逆止閥之一次側配管連接

    (C) 啓動用壓力槽之構造應符合危險性機械及設備安全檢查規則之規定

    (D) 啓動用壓力槽容量應有 110L 以上

解析：啓動用水壓開關裝置應符合下列規定：
    1) 啓動用壓力槽容量應有 100 公升以上。
    2) 啓動用壓力槽之構造應符合危險性機械及設備安全檢查規則之規定。
    3) 啓動用壓力儲槽應使用口徑 25mm 以上配管，與幫浦出水側逆止閥之二次側配管連接，同時在中途應裝置止水閥。
    4) 在啓動用壓力槽上或其近傍應裝設壓力表、啓動用水壓開關及試驗幫浦啓動用之排水閥。
    5) 啓動用水壓開關裝置，其設定壓力不得有顯著之變動。

（B）6. 有關撒水頭位置裝置之規定，下列敘述何者錯誤？
    (A) 撒水頭迴水板下方 45 公分內及水平方向 30 公分內，應保持淨空間，不得有障礙物
    (B) 撒水頭軸心與裝置面成 85 度角裝置
    (C) 密閉式撒水頭裝置於樑下時，迴水板與樑底之間距在 10 公分以下，且與樓板或天花板之間距在 50 公分以下
    (D) 密閉式撒水頭之迴水板裝設於裝置面下方，其間距在 30 公分以下
    解析：撒水頭軸心與裝置面成 45 度角裝置

局限型裝置在探測區域中心

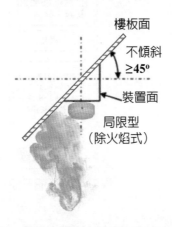

樓板面

不傾斜
≥45°

裝置面

局限型
（除火焰式）

（C）7. 依密閉式撒水頭認可基準規定，其中之耐洩漏試驗，係將撒水頭施予多少之靜水壓力，保持 5 分鐘不得有漏水現象？
    (A) 5kgf/cm^2 (B) 15kgf/cm^2 (C) 25kgf/cm^2 (D) 35kgf/cm^2
    解析：耐洩漏試驗：
        1) 將撒水頭施予 25kgf/cm^2 之靜水壓力，保持 5 分鐘不得有漏水現象。

2) 以目視檢查有困難者，則將撒水頭之墊片部分用三氯乙烯洗滌乾淨、放置乾燥後，裝接於空氣加壓裝置之配管上，然後將撒水頭浸入水中，施予 25kgf/cm² 之空氣壓力 5 分鐘，檢查有無氣泡產生，據以判斷有無洩漏現象。

（B）8. 消防搶救上之必要設備中，連結送水管之送水口設置，下列敘述何者正確？

(A) 送水口爲單口形，接裝口徑 63 毫米陰式快速接頭

(B) 距基地地面之高度在 1 公尺以下 0.5 公尺以上

(C) 在屋頂上適當位置至少設置一個測試用送水口

(D) 送水口在其附近便於檢查確認處，裝設測試用出水口

解析：第 180 條出水口及送水口，依下列規定設置：

1) 出水口設於地下建築物各層或建築物第三層以上各層樓梯間或緊急升降機間等（含該處五公尺以內之處所）消防人員易於施行救火之位置，且各層任一點至出水口之水平距離在五十公尺以下。

2) 出水口爲雙口形，接裝口徑六十三毫米快速接頭，距樓地板面之高度在零點五公尺以上一點五公尺以下，並設於厚度在一點六毫米以上之鋼板或同等性能以上之不燃材料製箱內，其箱面短邊在四十公分以上，長邊在五十公分以上，並標明出水口字樣，每字在二十平方公分以上。但設於第十層以下之樓層，得用單口形。

3) 在屋頂上適當位置至少設置一個測試用出水口。

4) 送水口設於消防車易於接近，且無送水障礙處，其數量在立管數以上。

5) 送水口爲雙口形，接裝口徑六十三毫米陰式快速接頭，距基地地面之高度在一公尺以下零點五公尺以上，且標明連結送水管送水口字樣。

6) 送水口在其附近便於檢查確認處，裝設逆止閥及止水閥。

（D）9. 實施泡沫噴頭外觀檢查，應進行之項目內容不包括下列那一項？

(A) 確認有無因隔間變更而未加設泡沫頭，造成未警戒之部分

(B) 以目視確認泡沫頭周圍有無妨礙泡沫分布之障礙

(C) 以目視確認外形有無變形、腐蝕、阻塞等

(D) 確認泡沫噴頭網孔大小及其發泡性能

解析：確認泡沫噴頭網孔大小及其發泡性能爲性能檢查

（C）10. 依據密閉式撒水頭認可基準之規定，進行玻璃球之強度試驗時，標示溫度在多少以上者將採用油浴方式進行測試？

(A) 57℃　(B) 68℃　(C) 79℃　(D) 121℃

解析：

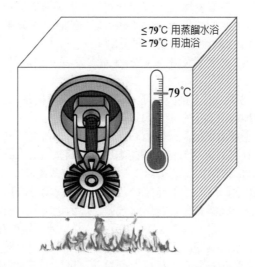

（B）11. 室內消防栓設備之加壓送水裝置，若採用壓力水箱方式，則其水箱內空氣不得小於水箱容積的幾分之幾？

(A) 1/2　(B) 1/3　(C) 1/4　(D) 1/5

解析：

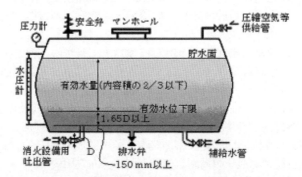

（B）12. 進行乾粉滅火設備性能檢查時，對於滅火藥劑檢查注意事項，溫度及濕度超過多少以上時，應暫停檢查？

(A) 溫度超過 30℃以上，濕度超過 70% 以上

(B) 溫度超過 40℃以上，濕度超過 60% 以上

(C) 溫度超過 50℃以上，濕度超過 50% 以上

(D) 溫度超過 40℃以上，濕度超過 50% 以上

解析：注意事項：溫度超過40℃以上，濕度超過60%以上時，應暫停檢查。

（D）13. 使用主成分為碳酸氫鈉之移動放射式乾粉滅火設備，每一具噴射瞄子之

每分鐘藥劑放射量應為下列何者？

(A) 18kg/min　(B) 27kg/min　(C) 36kg/min　(D) 45kg/min

解析：

移動式乾粉滅火設備

滅火藥劑種類	第1種	第2種或第3種	第4種
滅火藥劑量(kg)	50	30	20

滅火藥劑種類	第1種	第2種或第3種	第4種
每分鐘放射量(kg / min)	45	27	18

（A）14. 高壓電器設備其電壓在 7000 伏特以下時，水霧噴頭及配管與高壓電器設備應保持多少公分之標準離開距離？

(A) 25　(B) 50　(C) 150　(D) 250

解析：

離開距離 (mm)		電壓 (KV)
最低	標準	
150	250	7 以下
200	300	10 以下
300	400	20 以下
400	500	30 以下
700	1000	60 以下
800	1100	70 以下
1100	1500	100 以下
1500	1900	140 以下
2100	2600	200以下
2600	3300	345以下

（C）15. 公共危險物品儲槽設置補助泡沫消防栓之規定，下列敘述何者錯誤？

(A) 放射壓力在每平方公分 3.5 公斤以上

(B) 泡沫瞄子放射量在每分鐘 400 公升以上

(C) 全部泡沫消防栓數量超過 2 支時，以同時使用 2 支計算之

(D) 設在儲槽防液堤外圍，距離槽壁 15 公尺以上，便於消防救災處

解析：補助泡沫消防栓，應符合下列規定：

　　（一）設在儲槽防液堤外圍，距離槽壁≥ 15m，便於消防救災處，且至任一泡沫消防栓之步行距離≤ 75m，泡沫瞄子放射量≥ 400L/min，放射壓力≥ 3.5kg/cm² 或 0.35Mpa 以上。但全部泡沫消防栓數量≥ 3 支時，以同時使用 3 支計算之。

（D）16. 某觀光飯店餐廳的廚房面積 750 平方公尺，其使用火源處所設置滅火器核算之最低滅火效能值應為多少？

(A) 3　(B) 6　(C) 24　(D) 30

解析：750/25 = 30

（C）17. 密閉乾式或預動式之流水檢知裝置二次側配管，為有效排水，支管每 10 公尺傾斜 A 公分，主管每 10 公尺傾斜 B 公分。下列 A，B 何者正確？

(A) A = 5；B = 3　　　　(B) A = 4；B = 4

(C) A = 4；B = 2　　　　(D) A = 2；B = 4

解析：

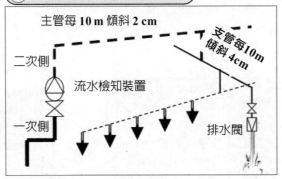

（B）18. 有關滅火器設置規定，下列何者錯誤？

(A) 供鍋爐房等大量使用火源之處所，樓地板面積每 25 平方公尺有一滅火效能值

(B) 供電信機器室使用之場所，各層樓地板面積每 300 平方公尺有一滅火效能值

(C) 供保齡球館使用之場所，各層樓地板面積每 100 平方公尺有一滅火效能值

(D) 供學校教室使用之場所，各層樓地板面積每 200 平方公尺有一滅火效能值

解析：電影片映演場所放映室及電氣設備使用之處所，每一百平方公尺（含未滿）另設一滅火器。

（A）19. 依各類場所消防安全設備設置標準，應設置室內消防栓設備之場所，下列規定何者正確？

(A) 五層以下建築物，供第 12 條第 1 款第 1 目所列場所使用，任何一層樓地板面積在 300 平方公尺以上者

(B) 六層以上建築物，供第 12 條第 1 款至第 4 款所列場所使用，任何一層之樓地板面積在 300 平方公尺以上者

(C) 總樓地板面積在 300 平方公尺以上之地下建築物
(D) 地下層或無開口之樓層，供第 12 條第 1 款第 1 目所列場所使用，樓地板面積在 300 平方公尺以上者

解析：

應設置室內消防栓場所

類別	目別	應設置室內消防栓場所	樓地板面積	地下層或無開口	≧6層
甲	1	電影片映演場所（戲院、電影院）、歌廳、舞廳、夜總會、俱樂部、理容院（觀光理髮、視聽理容等）、指壓按摩場所、錄影節目帶播映場所（MTV 等）、視聽歌唱場所（KTV 等）、酒家、酒吧、酒店（廊）	≧ 300 m²	≧ 1 0 0 m²	
	2	保齡球館、撞球場、集會堂、健身休閒中心（含提供指壓、三溫暖等設施之美容瘦身場所）、室內螢幕式高爾夫練習場、遊藝場所、電子遊戲場、資訊休閒場所。			
	3	觀光旅館、飯店、旅館、招待所（限有寢室客房者）			
	4	商場、市場、百貨商場、超級市場、零售市場、展覽場	≧ 500 m²		
	5	餐廳、飲食店、咖啡廳、茶藝館	（除學校≧ 1 4 0 0 m²）		
	6	醫院、療養院、榮譽國民之家、長期照顧服務機構（限機構住宿式、社區式之建築物使用類組非屬 H-2 之日間照顧、團體家屋及小規模多機能）、老人福利機構（限長期照護型、養護型、失智照顧型之長期照顧機構、安養機構）、兒童及少年福利機構（限托嬰中心、早期療育機構、有收容未滿二歲兒童之安置及教養機構）、護理機構（限一般護理之家、精神護理之家、產後護理機構）、身心障礙福利機構（限供住宿養護、日間服務、臨時及短期照顧者）、身心障礙者職業訓練機構（限提供住宿或使用特殊機具者）、啟明、啟智、啟聰等特殊學校。		≧ 1 5 0 m²	≧ 1 5 0 m²
	7	三溫暖、公共浴室			
乙	1	車站、飛機場大廈、候船室			
	2	期貨經紀業、證券交易所、金融機構			
	3	學校教室、兒童課後照顧服務中心、補習班、訓練班、K 書中心、前款第六目以外兒童及少 福利機構（限安置及教養機構）及身心障礙者職業訓練機構	≧ 500 m²		
	4	圖書館、博物館、美術館、陳列館、史蹟資料館、紀念館及其他類似場所	（除學校≧ 1 4 0 0 m²）		
	5	寺廟、宗祠、教堂、供存放骨灰（骸）之納骨堂（塔）及其他類似場所			

類別	目別	應設置室內消防栓場所	樓地板面積	地下層或無開口	≧6層
	6	辦公室、靶場、診所、長期照顧服務機構（限社區式之建築物使用類組屬 H-2 之日間照顧、團體家屋及小規模多機能）、日間型精神復健機構、兒童及少年心理輔導或家庭諮詢機構、身心障礙者就業服務機構、老人文康機構、前款第六目以外之老人福利機構及身心障礙福利機構。	≧150 m²	≧150 m²	
	7	集合住宅、寄宿舍、住宿型精神復健機構			
	8	體育館、活動中心			
	9	室內溜冰場、室內游泳池			
	10	電影攝影場、電視播送場			
	11	倉庫、傢俱展示販售場			
	12	幼兒園			
丙	1	電信機器室			
	2	汽車修護廠、飛機修理廠、飛機庫			
	3	室內停車場、建築物依法附設之室內停車空間			
丁	1	高度危險工作場所			
	2	中度危險工作場所			
	3	低度危險工作場所			
戊	1	複合用途建築物中，有供甲類用途者			
	2	前目以外供乙至丁類用途之複合用途建築物			
	3	地下建築物	總樓地板 ≧ 150 m²		

免設規定
1. 設有自動撒水（含補助撒水栓）、水霧、泡沫、二氧化碳、乾粉或室外消防栓等滅火設備者，在該有效範圍內，得免設室內消防栓設備。
2. 但設有室外消防栓設備時，在第一層水平距離 < 40m、第二層步行距離 < 40m 有效滅火範圍內，室內消防栓設備限於第一層、第二層免設

（D）20. 飛機修理廠、飛機庫樓地板面積在 200 平方公尺以上者，可就水霧、泡沫、乾粉、二氧化碳滅火設備等選擇下列何者設置之？
(A) 乾粉、二氧化碳
(B) 水霧、泡沫
(C) 泡沫、二氧化碳
(D) 泡沫、乾粉

解析：

🔵 水霧、泡沫、乾粉、二氧化碳滅火設備等選擇設置場所

項目	應設場所	水霧	泡沫	二氧化碳	乾粉
一	屋頂直昇機停機場（坪）。		○		○
二	飛機修理廠、飛機庫樓地板面積≥ 200m² 。		○		○
三	汽車修理廠、室內停車空間在第一層樓地板面積≥ 500m²；在地下層或第二層以上樓地板面積≥ 200m²；在屋頂設有停車場樓地板面積≥ 300m² 。	○	○	○	○
四	昇降機械式停車場可容納≥ 10 輛。	○	○	○	○
五	發電機室、變壓器室及其他類似之電器設備場所，樓地板面積≥ 200m² 。	○		○	○
六	鍋爐房、廚房等大量使用火源之場所，樓地板面積≥ 200m² 。			○	○
七	電信機械室、電腦室或總機室及其他類似場所，樓地板面積≥ 200m² 。			○	○
八	引擎試驗室、石油試驗室、印刷機房及其他類似危險工作場所，樓地板面積≥ 200m² 。	○	○	○	○

一、大量使用火源場所，指最大消費熱量合計在每小時三十萬千卡以上者。
二、廚房設有自動撒水設備，且排油煙管及煙罩設簡易自動滅火裝置時，得不受本表限制。
三、停車空間內車輛採一列停放，並能同時通往室外者，得不受本表限制。
四、本表第七項所列應設場所得使用預動式自動撒水設備。
五、有特定或不特定人員使用中央管理室、防災中心等處所，不得設置二氧化碳滅火設備。

（D）21. 依各類場所消防安全設備設置標準，應就水霧、泡沫、乾粉、二氧化碳滅火設備等選擇設置之場所，下列場所何者得使用預動式自動撒水設備？
(A) 屋頂直昇機停機場（坪）
(B) 發電機室、變壓器室及其他類似之電器設備場所，樓地板面積在 200 平方公尺以上者
(C) 鍋爐房、廚房等大量使用火源之場所，樓地板面積在 200 平方公尺以上者
(D) 電信機械室、電腦室或總機室及其他類似場所，樓地板面積在 200 平方公尺以上者
解析：如上一題解說

一、大量使用火源場所，指最大消費熱量合計在每小時三十萬千卡以上者。
二、廚房設有自動撒水設備，且排油煙管及煙罩設簡易自動滅火裝置時，得不受本表限制。
三、停車空間內車輛採一列停放，並能同時通往室外者，得不受本表限制。
四、本表第七項所列應設場所得使用預動式自動撒水設備。
五、有特定或不特定人員使用中央管理室、防災中心等處所，不得設置二氧化碳滅火設備。

（C）22. 下列場所何者可選擇第二種室內消防栓選擇設置之？

(A) 傢俱展示販售場　　　(B) 低度危險工作場所

(C) 汽車修護廠　　　　　(D) 高度危險工作場所

解析：第 34 條除第十二條第二款第十一目或第四款之場所，應設置第一種消防栓外，其他場所應就下列二種消防栓選擇設置之

（D）23. 需設置自動撒水設備之場所中，下列何者應設開放式？

(A) 健身休閒中心（含提供指壓、三溫暖等設施之美容瘦身場所）

(B) 室內螢幕式高爾夫練習場

(C) 展覽場

(D) 集會堂使用之舞臺

解析：舞台之布幕火災猛烈度大，起火迅速必須以一齊開放之方式來壓制火勢。

（A）24. 同一建築基地內有二棟以上建築物時，建築物間外牆與中心線水平距離第一層在 X 公尺以下，第二層在 Y 公尺以下，且合計各棟該第一層及第二層樓地板面積在 Z 平方公尺以上者，應設置消防專用蓄水池。X、Y、Z 分別為何？

(A) X = 3；Y = 5；Z = 10000　　(B) X = 5；Y = 10；Z = 6000

(C) X = 5；Y = 10；Z = 10000　　(D) X = 10；Y = 20；Z = 20000

解析：

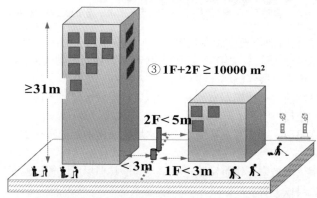

② 高度≥31m且總樓地板面積 ≥25000m²

③ 1F+2F ≥ 10000 m²

≥31m

2F＜5m

＜3m　1F＜3m

① 建築基地面積≥20000 m²且任何一層 ≥1500m²

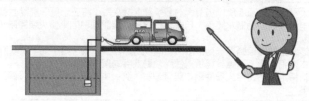

（A）25. 自動撒水設備之水源容量規定，若使用側壁型或小區劃型撒水頭時，十層以下樓層在 X 個撒水頭、十一層以上樓層在 Y 個撒水頭繼續放水 20 分鐘之水量以上。X、Y 分別為何？

(A) X = 8；Y = 12　　　　　(B) X = 12；Y = 15
(C) X = 16；Y = 20　　　　　(D) X = 24；Y = 30

解析：

各類場所		撒水頭個數		水源容量(m³)	
		快速反應	一般反應	快速反應	一般反應型
十一樓以上建築物、地下建築物		12	15	80×20×12 = 19.2	80×20×15 = 24
十樓以下建築物	供甲類第四目使用及複合用途建築物中供甲類第四目使用者	12	15	80×20×12 = 19.2	80×20×15 = 24
	地下層	12	15	80×20×12 = 19.2	80×20×15 = 24
	其他	8	10	80×20×8 = 12.8	80×20×10 = 16
高架儲存倉庫	儲存棉花、塑膠、木製品、紡織品等易燃物品	24	30	114×20×24 = 54.72	114×20×30 = 68.4
	儲存其他物品	16	20	114×20×16 = 36.48	114×20×12 = 45.6

（C）26. 固定式泡沫滅火設備之泡沫放出口，若採用高發泡放出口，其泡沫膨脹比應選擇下列何者設置之？

(A) 膨脹比 20 以下　　　　　(B) 膨脹比 20 以上 1000 以下
(C) 膨脹比 80 以上 1000 以下　(D) 膨脹比 1000 以上

解析：

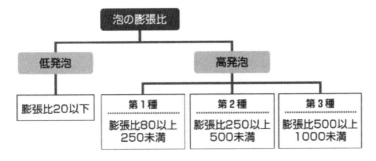

（C）27. 二氧化碳滅火設備之全區放射或局部放射方式防護區域，對放射之滅火藥劑之排放規定，下列何者錯誤？

(A) 採機械排放時，排風機為專用，且具有每小時 5 次之換氣量。但與其他設備之排氣裝置共用，無排放障礙者，得共用之

(B) 採自然排放時，設有能開啟之開口部，其面向外氣部分（限防護區域自樓地板面起高度三分之二以下部分）之大小，占防護區域樓地板面積百分之十以上，且容易擴散滅火藥劑

(C) 排放裝置之操作開關須設於防護區域內便於操作處，且在其附近設有標示

(D) 排放至室外之滅火藥劑不得有局部滯留之現象

解析：排放裝置之操作開關須設於防護區域外便於操作處，且在其附近設有標示

（B）28. 消防專用蓄水池規定之有效水量，指蓄水池深度在基地地面下多少公尺範圍內之水量，但採機械方式引水時，不在此限？

(A) 3　(B) 4.5　(C) 6　(D) 7.5

（C）29. 公共危險物品等場所消防設計及消防安全設備，設置第五種滅火設備者，公共危險物品每達管制量之幾倍（含未滿）應有一滅火效能值？

(A) 5　(B) 6　(C) 10　(D) 15

解析：第 199 條：公共危險物品每達管制量之 10 倍（含未滿）應有一滅火效能值

（D）30. 公共危險物品等場所消防設計及消防安全設備，室外消防栓設備採用鑄鐵管配管時，使用符合 CNS832 規定之壓力管路鑄鐵管或具同等以上強度者，其標稱壓力在每平方公分多少公斤以上？

(A) 3.5　(B) 6　(C) 7　(D) 16

解析：第 210 條：採用鑄鐵管配管時，使用符合 CNS832 規定之壓力管路鑄鐵管或具同等以上強度者，其標稱壓力在 $16kg/cm^2$ 以上或 1.6MPa 以上。

（B）31. 公共危險物品等場所消防設計及消防安全設備，有關設置冷卻撒水設備規定，下列何者正確？

(A) 撒水噴孔符合 CNS、12855 之規定

(B) 撒水量按槽壁總防護面積每平方公尺每分鐘 2 公升以上計算之，其管徑依水力計算配置

(C) 水源容量在最大一座儲槽連續放水 1 小時之水量以上

(D) 撒水噴孔孔徑在 6 毫米以上

解析：第 216 條

1) 撒水噴孔符合 CNS12854 之規定，孔徑在 4mm 以上。

2) 撒水量按槽壁總防護面積 2 L/m2.min 以上計算之，其管徑依水力計算配置。

3) 水源容量在最大一座儲槽連續放水 4 小時之水量以上。

（C）32. 依消防安全設備及必要檢修項目檢修基準，滅火器設置間距規定，下列何者錯誤？

(A) 以目視或簡易之測定方法確認之

(B) 設有滅火器之樓層或場所，自樓面居室任一點或防護對象任一點至滅火器之步行距離不得超過 20 公尺。但公共危險物品等場所與第一種、第二種、第三種或第四種滅火設備併設者，不在此限

(C) 公共危險物品等場所達顯著滅火困難、一般滅火困難者設置之第四種滅火設備（大型滅火器），距防護對象任一點之步行距離，應在 20 公尺以下。但與第一種、第二種或第三種滅火設備併設者，不在此限

(D) 設有滅火器之可燃性高壓氣體儲存場所，任一點至滅火器之步行距離應在 15 公尺以下，並不得妨礙出入作業

解析：第 224 條第 4 種滅火設備距防護對象任一點之步行距離，應在 30m 以下。但與第 1 種、第 2 種或第 3 種滅火設備併設者，不在此限。

（D）33. 公共危險物品等場所消防設計及消防安全設備，其他滅火困難場所，應設置第幾種滅火設備？

(A) 一　(B) 二　(C) 三　(D) 五

解析：

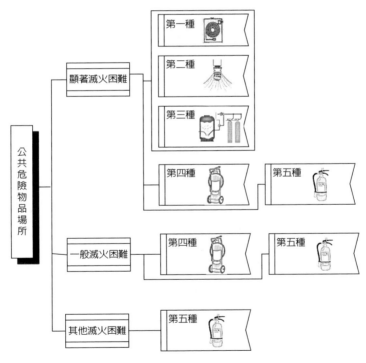

（C）34. 依消防安全設備及必要檢修項目檢修基準，乾粉加壓式滅火器性能檢查之檢查抽樣頻率，應幾年實施一次性能檢查？

(A) 1　(B) 2　(C) 3　(D) 4

解析：乾粉加壓式滅火器性能檢查之檢查抽樣頻率，應 3 年實施一次性能檢查。

(A) 35. 依消防安全設備及必要檢修項目檢修基準，製造日期超過 10 年或無法辨識製造日期之何種滅火器，非經水壓測試合格，不得再行更換及充填藥劑，應予報廢？

(A) 機械泡沫滅火器　　(B) 化學泡沫滅火器
(C) 鹵化物滅火器　　　(D) 二氧化碳滅火器

解析：備註：製造日期超過十年或無法辨識製造日期之水滅火器、機械泡沫滅火器或乾粉滅火器，非經水壓測試合格，不得再行更換及充填藥劑，應予報廢。

(D) 36. 依消防安全設備及必要檢修項目檢修基準，自動撒水設備之加壓送水裝置，在減壓措施方面，補助撒水栓放水壓力應在 X kgf/cm^2 以上 Y kgf/cm^2 以下。X、Y 分別為何？

(A) X = 1；Y = 6　　　　(B) X = 1；Y = 10
(C) X = 2.5；Y = 6　　　(D) X = 2.5；Y = 10

解析：撒水頭放水壓力應在 1 kgf/cm^2 以上 10 kgf/cm^2 以下。補助撒水栓放水壓力應在 2.5 kgf/cm^2 以上 10 kgf/cm^2 以下。

(D) 37. 依消防安全設備及必要檢修項目檢修基準，水道連結型自動撒水設備之末端查驗閥或連結之水龍頭等日常生活用水設施配置的壓力表，其放水壓力應在 X kgf/cm^2 以上 Y kgf/cm^2 以下。X、Y 分別為何？

(A) X = 1；Y = 6　　　　(B) X = 1；Y = 10
(C) X = 0.5；Y = 6　　　(D) X = 0.5；Y = 10

解析：末端查驗閥或連結之水龍頭等日常生活用水設施配置的壓力表，其放水壓力應在 0.5 kgf/cm^2 以上 10 kgf/cm^2 以下

(C) 38. 依消防安全設備及必要檢修項目檢修基準，海龍滅火設備全區放射方式檢查方法，若以空氣或氮氣進行放射試驗，所需空氣量或氮氣量，應就放射區域應設滅火藥劑量之多少 % 核算？

(A) 3　(B) 6　(C) 10　(D) 20

解析：

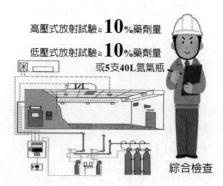

（C）39. 依消防安全設備及必要檢修項目檢修基準，冷卻撒水設備之遠隔啓動裝置，限用於儲存閃火點多少℃以下公共危險物品之室外儲槽？
(A) 40　(B) 50　(C) 70　(D) 100
解析：

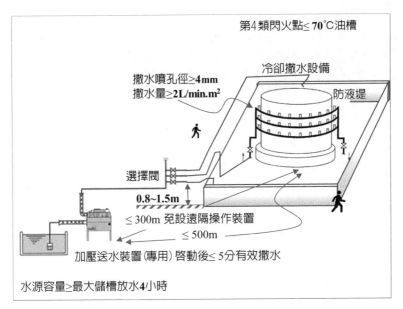

第4類閃火點≤ **70℃**油槽
冷卻撒水設備
撒水噴孔徑≥**4mm**
撒水量≥**2L/min.m²**
防液堤
選擇閥
0.8~1.5m
≤ 300m 免設遠隔操作裝置
≤ 500m
加壓送水裝置(專用) 啓動後≤ 5分有效撒水
水源容量≥最大儲槽放水4小時

（D）40. 依消防安全設備及必要檢修項目檢修基準，冷卻撒水設備之供第四類公共危險物品之顯著滅火困難場所之加壓送水裝置，啓動後 X 分鐘內應能有效撒水，且加壓送水裝置距撒水區域在 Y 公尺以下，但設有保壓措施者不在此限。X、Y 分別爲何？
(A) X = 3；Y = 300　　(B) X = 3；Y = 500
(C) X = 5；Y = 300　　(D) X = 5；Y = 500
解析：如上一圖解

8-3 109年化學系統考題詳解

【申論題】（50分）

> 一、某石化作業場所與傢俱展示販售場所若設置室內消防栓時，試問應分別設置
> 何種室內消防栓？並請說明此二類場所設置室內消防栓時，放水壓力、放水
> 量、放水時間、水源容量、緊急電源供電容量之異同。

解：

第 34 條第十二條第二款第十一目或第四款之場所，應設置第一種消防栓。因此，
石化作業場所與傢俱展示販售場應設第一種消防栓。

項目		第一種室內消防栓
防護水平距離	一般場所	≦ 25m
	公共危險物品場所	≦ 25m
放水壓力（kgf/cm²）	一般場所	1.7×7m
	公共危險物品場所	3.5×7m
放水量（ℓ/min）	一般場所	1 支消防栓 130×1 ≧ 2 支消防栓 130×2
	公共危險物品場所	1 支消防栓 260×1 ≧ 5 支消防栓 260×5
口徑	38 或 50mm	
水帶	15m×2 水帶架	
瞄子	13mm 直線水霧兩用	

> 二、某室內停車場設置乾粉滅火設備，應設置何種乾粉滅火藥劑？並說明該乾粉
> 滅火藥劑受熱分解之化學反應方程式及進行性能檢查時，滅火藥劑儲存容器
> 之滅火藥劑量檢查、判定方法及注意事項為何？

解：

一) 室內停車場應設置第三種乾粉滅火設備。

二) 受熱分解之化學反應方程式如下

第三種乾粉：磷酸二氫銨（$NH_4H_2PO_4$）

適用 A、B、C 類火災，為淺粉紅粉末，又稱多效能乾粉。磷酸二氫銨受熱後初

步形成磷酸與 NH3，之後形成焦磷酸與水，再繼續變成偏磷酸，最後變成五氧化二磷。此種乾粉能與燃燒面產生玻璃狀之薄膜，覆蓋於表面上形成隔絕效果，所以也能適用於 A 類火災，但乾粉之冷卻能力不及泡沫或二氧化碳等，於火勢暫熄後，應注意火勢復燃之可能。

$$NH_4H_2PO_4 \rightarrow NH_3 + H_3PO_4$$

$$2H_3PO_4 \rightarrow H_4P_2O_7 + H_2O$$

$$H_4P_2O_7 \rightarrow 2HPO_3 + H_2O$$

$$2HPO_3 \rightarrow P_2O_5 + H_2O$$

三) 性能檢查

　1. 檢查方法

　　(1) 滅火藥劑量：依下列方法確認之。

　　　A. 以釋壓閥將壓力洩放出，確認不得有殘壓。

　　　B. 取下滅火藥劑充填蓋，自充填口測量滅火藥劑之高度，或將容器置於台秤上，測定其重量。

　　　C. 取少量（約 300 cc）之樣品，確認有無變色或結塊，並以手輕握之，檢視其有無異常。

　　(2) 壓力表：以釋壓閥將壓力洩放出，確認壓力表指針有無歸零。

　2. 判定方法

　　(1) 滅火藥劑量

　　　A. 儲存所定之滅火藥劑應達規定量以上。

　　　B. 不得有雜質、變質、固化等情形，且以手輕握搓揉，並自地面上高度五十公分處使其落下，應呈粉狀。

　　(2) 壓力表：歸零點之位置及指針之動作應適當正常。

　3. 注意事項：溫度超過 40℃以上，濕度超過 60% 以上時，應暫停檢查。

【選擇題】（50分）

（D）1. 下列場所何者未達依法應設置滅火器之條件？

　　(A) 總樓地板面積 50 平方公尺之電影院

　　(B) 總樓地板面積 50 平方公尺之商場

　　(C) 總樓地板面積 100 平方公尺之幼兒園

　　(D) 總樓地板面積 100 平方公尺之辦公室

解析：

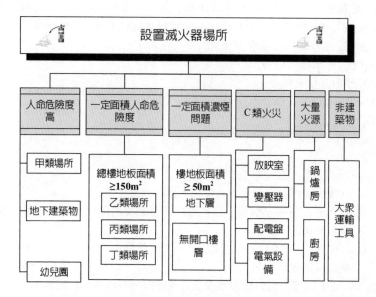

（D）2. 某地下一層、地上七層建築物，地下層爲室內停車空間，面積 200 平方公
尺，一至七層爲集合住宅，各層面積 100 平方公尺，有室內安全梯直通地
下層，本案是否需設置室內消防栓設備？
(A) 不需設置室內消防栓設備
(B) 僅地下層需設置室內消防栓設備
(C) 僅地上層需設置室內消防栓設備
(D) 全棟皆需設置室內消防栓設備
解析：第 15 條下列場所應設置室內消防栓設備：
　　　一、五層以下建築物，供第十二條第一款第一目所列場所使用，
　　　　　任何一層樓地板面積在三百平方公尺以上者；供第一款其他各
　　　　　目及第二款至第四款所列場所使用，任何一層樓地板面積在
　　　　　五百平方公尺以上者；或爲學校教室任何一層樓地板面積在
　　　　　一千四百平方公尺以上者。
　　　二、六層以上建築物，供第十二條第一款至第四款所列場所使用，
　　　　　任何一層之樓地板面積在一百五十平方公尺以上者。
　　　三、總樓地板面積在一百五十平方公尺以上之地下建築物。
　　　四、地下層或無開口之樓層，供第十二條第一款第一目所列場所使
　　　　　用，樓地板面積在一百平方公尺以上者；供第一款其他各目及
　　　　　第二款至第四款所列場所使用，樓地板面積在一百五十平方公
　　　　　尺以上者。

（C）3. 某建築物之室內、外消防栓、自動撒水及水霧滅火等設備配管採連通設計
並共用消防幫浦，其共用消防幫浦之出水量和全揚程之要求標準爲何？
(A) 出水量採各系統最大值，全揚程取各系統之最大值
(B) 出水量採各系統合計值，全揚程取各系統揚程之合計
(C) 出水量採各系統合計值，全揚程取各系統之最大值
(D) 出水量採各系統最大值，全揚程取各系統揚程之合計
解析：內政部九十三年五月十七日消防安全執法疑義研討會會議決議事項
　　　一、各類場所消防安全設備設置標準第三十二條第一項第一款第一
　　　目但書有關水系統滅火設備配管共用之規定，亦包括水霧滅火設備
　　　及泡沫滅火設備之配管。二、水系統滅火設備共用消防幫浦時，其
　　　出水量在各設備合計出水量以上，全揚程在各設備之最大值以上，
　　　並加設同等性能之幫浦機組備用時，得認定爲前開標準第三十七條
　　　第一項第三款第四目、第四十二條第一項第三款第三目及第五十八
　　　條第一項第三款第三目所稱之「與其他滅火設備並用，無妨礙各設
　　　備之性能」；另水霧滅火設備、泡沫滅火設備及連結送水管設備之
　　　加壓送水裝置，亦準用是項共用規定。

（C）4. 供集會堂使用之舞臺，應設置何種自動撒水設備？
(A) 密閉濕式自動撒水設備　　　(B) 密閉乾式自動撒水設備
(C) 開放式自動撒水設備　　　　(D) 預動式自動撒水設備
解析：第 43 條自動撒水設備，得依實際情況需要就下列各款擇一設置。但
　　　供第十二條第一款第一目所列場所及第二目之集會堂使用之舞臺，
　　　應設開放式。開放式撒水頭設於一起火即可能火勢成長快規模大之
　　　處所如舞台等。而撒水配管應以明管設置方式施工爲宜，使用暗管
　　　會有檢測維修困難、室內格局變更時，配管修改困難；而設備之維
　　　修檢查必需定期實施，暗管設計方式無法有效檢查。

（C）5. 某電信機械室設置二氧化碳全區放射滅火設備，其核算之滅火藥劑量應於
多少時間內全部放射完畢？
(A) 60 秒　　(B) 180 秒　　(C) 210 秒　　(D) 300 秒
解析：

（A）6. 消防幫浦設置呼水槽時，防止水溫上升用排放裝置之標稱口徑不得小於多
少毫米？
(A) 15　(B) 20　(C) 25　(D) 32
解析：

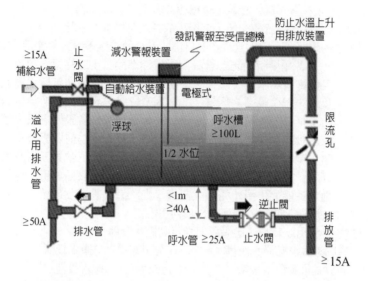

註：管徑對照表

A	10A	15 A	20 A	25 A	40 A	50 A	65 A	100 A
B（吋）	3/8	1/2	3/4	1	$1\frac{1}{2}$	2	$2\frac{1}{2}$	4

（C）7. 下列何者非為消防機關辦理建築物消防安全設備審查及查驗作業基準規
定，申請消防專用蓄水池查驗應檢附安裝施工測試佐證資料？
(A) 蓄水池　(B) 加壓送水裝置　(C) 送水口　(D) 採水口
解析：
申請查驗應檢附消防安全設備設備安裝施工測試佐證資料項目表（修正）

種類	應檢附設備安裝施工測試佐證資料項目
室內、外消防栓	室內（外）消防栓箱、瞄子射水測試、水帶箱、加壓送水裝置、室內（外）消防栓預埋管線、配管試壓等
自動撒水設備	撒水噴頭、自動警報逆止閥、加壓送水裝置、放射測試、配管試壓等
水霧滅火設備	水霧噴頭、自動警報逆止閥、加壓送水裝置、放射測試、配管試壓等
泡沫滅火設備	泡沫噴頭、比例混合器、泡沫原液（槽）、自動警報逆止閥、一齊開放閥、蜂鳴器、加壓送水裝置、放射測試、配管試壓等

種類	應檢附設備安裝施工測試佐證資料項目
惰性氣體、鹵化烴、乾粉滅火設備及簡易自動滅火設備	滅火藥劑儲存容器、配管、電磁閥、壓力開關、選擇閥、噴頭、警鈴、蜂鳴器、揚聲器、放射表示燈、控制盤、通風換氣設備、語音裝置等
火警自動警報設備	火警受信總機、火警綜合盤、探測器、火警受信總機至火警綜合盤間之預埋管（配）線等
瓦斯漏氣火警自動警報設備	瓦斯漏氣火警受信總機、瓦斯漏氣檢知器、預埋管（配）線等
緊急廣播設備	廣播主機、揚聲器、廣播主機至揚聲器間之預埋管（配）線等
一一九火災通報裝置	一一九火災通報裝置、啟動裝置、一一九火災通報裝置至火警受信總機間之預埋管（配）線等。
避難逃生設備	避難器具、出口標示燈、避難方向指示燈、避難指標、緊急照明燈、預埋管（配）線等
連結送水管	送水口、出水口、加壓送水裝置、配管試壓等
消防專用蓄水池	蓄水池、加壓送水裝置、投入孔（採水口）等
排煙設備	排煙機、控制盤、排煙風管（閘門）、埋管（配）線等
緊急電源插座	緊急電源插座、預埋管（配）線等
無線電通信輔助設備	洩波同軸電纜、預埋管（配）線等
緊急電源	蓄電池組、發電機組、預埋管（配）線等
冷卻撒水設備	冷卻撒水頭、選擇閥（或開關閥）、水壓開關裝置（或流水檢知裝置）、加壓送水裝置、放射測試、配管試壓等
射水設備	室外消防栓箱（或射水槍箱）、瞄子射水測試、水帶箱、加壓送水裝置、室外消防栓預埋管線、配管試壓等

（C）8. 預動式自動撒水設備竣工測試進行放水試驗時，開放末端查驗閥後，應在多久時間內正常放水？

(A) 20 秒　(B) 30 秒　(C) 60 秒　(D) 90 秒

解析：第 55 條密閉乾式或預動式自動撒水設備，依下列規定設置：

一、密閉乾式或預動式流水檢知裝置二次側之加壓空氣，其空氣壓縮機為專用，並能在三十分鐘內，加壓達流水檢知裝置二次側配管之設定壓力值。

二、流水檢知裝置二次側之減壓警報設於平時有人處。

三、撒水頭動作後，流水檢知裝置應在一分鐘內，使撒水頭放水。

四、撒水頭使用向上型。但配管能採取有效措施者，不在此限。

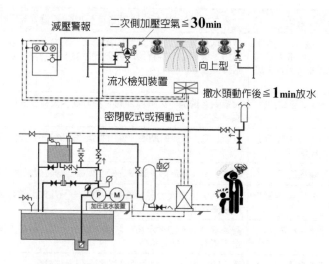

（C）9. 進行低發泡水成膜泡沫放射試驗時，其 25% 還原時間應在多久時間以上？
(A) 20 秒　(B) 30 秒　(C) 60 秒　(D) 90 秒
解析：

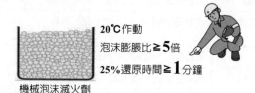

機械泡沫滅火劑係由界面活性劑或水成膜爲主成份所產生泡沫之滅火劑。
滅火劑應爲水溶液，液狀或粉末狀，如爲液狀或粉末狀者，應能容易溶解
於水，且於該滅火劑容器上標示「應使用飲用水溶解」等字樣。在檢驗時，
灌裝此滅火劑之滅火器，於 20℃使其作動時，泡沫膨脹比在 5 倍以上且
25% 還原時間在 1 分鐘以上。

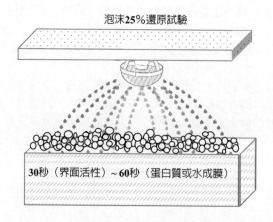

泡沫 25% 還原時間試驗

25% 還原時間試驗：與發泡倍率試驗同時進行。發泡後，其 25% 還原時間應在下表所列之規定值以上。

泡沫藥劑種類	25%還原時間（秒）
蛋白泡沫滅火藥劑	60
合成界面活性劑泡沫滅火藥劑	30
水成膜泡沫滅火藥劑	60

（A）10. 全區放射方式之二氧化碳滅火設備，應設置從啟動裝置動作至二氧化碳放出時間至少多久的遲延裝置？

(A) 20 秒　(B) 30 秒　(C) 60 秒　(D) 90 秒

解析：

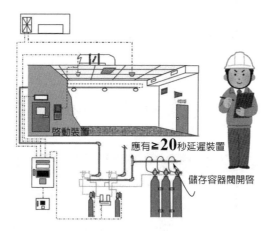

（C）11. 乾粉滅火設備之緊急電源應為發電機設備或蓄電池設備，其容量應能使該設備有效動作多少時間以上？

(A) 20 分鐘　(B) 30 分鐘　(C) 60 分鐘　(D) 90 分鐘

解析：

緊急電源	容量
室內消防栓	30分
室外消防栓	30分
自動撒水設備	30分
水霧滅火設備	30分
泡沫滅火設備	30分
二氧化碳滅火設備	
海龍替代滅火設備	60分
乾粉滅火設備	
火警自動警報設備	10分
瓦斯洩漏火警設備	10分
標示設備	20分(60分)
緊急照明設備	30分
排煙設備	30分
無線電通信輔助設備	30分

（D）12. 消防水系統設置呼水裝置時，其溢水用排水管口徑應在多少尺寸以上？

(A) 25A　(B) 32A　(C) 40A　(D) 50A

解析：

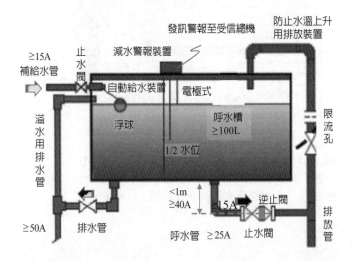

（A）13. 乾粉滅火設備設置啟動用氣體容器時，其容器之內容積應有多少以上？

(A) 0.27 公升　(B) 0.45 公升　(C) 1.85 公升　(D) 4.87 公升

解析：

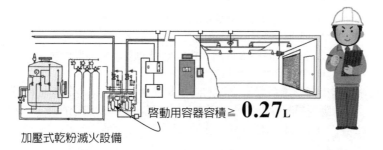

啓動用容器容積 ≧ **0.27L**

加壓式乾粉滅火設備

（B）14. 測量室內消防栓瞄子直線放水之壓力時，應將壓力表之進水口，放置於瞄
子前端多少距離處，讀取壓力表的指示值？
(A) 相當於瞄子口徑的 1/3 距離　　(B) 相當於瞄子口徑的 1/2 距離
(C) 相當於瞄子口徑的距離　　　　(D) 相當於瞄子口徑的 2 倍距離
解析：

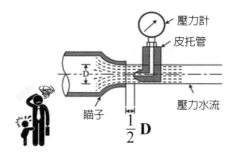

（D）15. 公共危險物品室外儲槽場所設置射水設備時，測試之放水壓力應在多少以
上？
(A) 1.7kgf/cm^2　(B) 2.5kgf/cm^2　(C) 2.7kgf/cm^2　(D) 3.5kgf/cm^2
解析：射水設備綜合檢查
　　　　2. 放水壓力
　　　　　　應在 3.5kgf/cm^2 以上。
　　　　3. 放水量
　　　　　　每具應在 450 L／min 以上。
（B）16. 製造年份超過 10 年之室內消防栓水帶進行耐水壓試驗時，施以 7kgf/cm^2 以
上水壓試驗多久時間，始得視為合格可繼續使用？
(A) 3 分鐘　(B) 5 分鐘　(C) 7 分鐘　(D) 10 分鐘
解析：檢查方法
　　　　A、第一種消防栓檢查方法
　　　　(A) 以目視確認有無腐蝕、損傷及用手操作確認是否容易拆接。

(B) 製造年份超過 10 年或無法辨識製造年份之水帶，應將消防水帶兩端之快速接頭連接於耐水壓試驗機，並利用相關器具夾住消防水帶兩末端處，經確認快速接頭已確實連接及水帶內（快速接頭至被 器具夾住處之部分水帶）無殘留之空氣後，施以 7kgf/cm^2 以上水壓試驗 5 分鐘合格，始得繼續使用。但已經水壓試驗合格未達 3 年者，不在此限。

（B）17. 某爆竹煙火儲存場所設置室外消防栓設備共 8 具，進行設備檢修綜合檢查時，至少應選擇配管上最遠最高處多少數量之室外消防栓實施放水試驗？

(A) 2 具　(B) 4 具　(C) 6 具　(D) 8 具

解析：

室外消防栓設備綜合檢查

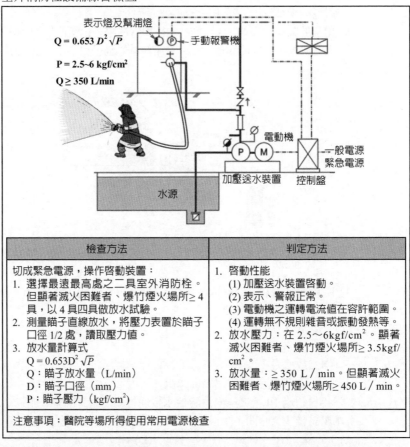

檢查方法	判定方法
切成緊急電源，操作啓動裝置： 1. 選擇最遠最高處之二具室外消防栓。但顯著滅火困難者、爆竹煙火場所≥ 4 具，以 4 具四具做放水試驗。 2. 測量瞄子直線放水，將壓力表置於瞄子口徑 1/2 處，讀取壓力值。 3. 放水量計算式 $Q = 0.653D^2\sqrt{P}$ Q：瞄子放水量（L/min） D：瞄子口徑（mm） P：瞄子壓力（kgf/cm^2）	1. 啓動性能 　(1) 加壓送水裝置啓動。 　(2) 表示、警報正常。 　(3) 電動機之運轉電流值在容許範圍。 　(4) 運轉無不規則雜音或振動發熱等。 2. 放水壓力：在 2.5～6kgf/cm^2。顯著滅火困難者、爆竹煙火場所≥ 3.5kgf/cm^2。 3. 放水量：≥ 350 L / min。但顯著滅火困難者、爆竹煙火場所≥ 450 L / min。
注意事項：醫院等場所得使用常用電源檢查	

（C）18. 移動式泡沫滅火設備進行綜合檢查作業時，發泡倍率應在幾倍以上？

(A) 2　(B) 3　(C) 5　(D) 8

解析：移動式泡沫滅火設備

1. 檢查方法

切換成緊急電源供電狀態，藉由直接操作啟動裝置或遠隔啟動裝置使幫浦啟動，確認系統之性能是否正常。另外，發泡倍率、放射壓力及混合比率依下列方法確認。

(1) 由任一泡沫消防栓進行放射試驗。

(2) 依附表之發泡倍率及 25% 還原時間測定方法，測其發泡倍率及 25% 還原時間。並在測定發泡倍率時，使用其所採取之泡水溶液，利用糖度計法或比色計法，測其混合比率（稀釋容量濃度）。

2. 判定方法

(1) 幫浦方式

A. 啟動性能

(A) 加壓送水裝置能確實啟動。

(B) 表示、警報等性能應正常。

(C) 電動機之運轉電流應在容許範圍內。

(D) 運轉中應無不規則、不連續之雜音或異常之震動、發熱等。

B. 發泡倍率等

放射壓力應符合設計圖說；發泡倍率應在 5 倍以上，其混合比率應為設計時之稀釋容量濃度。

(2) 重力水箱及壓力水箱

A. 表示、警報等：表示、警報應正常。

B. 發泡率等：放射壓力應符合設計圖說；發泡倍率應在 5 倍以上，其混合比率應為設計時之稀釋容量濃度。

（C）19. 某室內停車空間設置低發泡固定式泡沫滅火設備，每次檢修作業時，應選擇全部放射區域數多少比例以上之放射區域進行逐區放水試驗，測其放射分布及放射壓力？

(A) 10%　(B) 15%　(C) 20%　(D) 25%

解析：泡沫滅火設備－固定式泡沫滅火設備（低發泡）綜合檢查

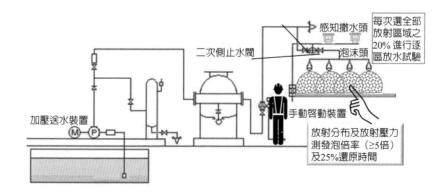

（D）20. 用於防護電氣設施之水霧滅火設備進行放水試驗時，最末端放射區域全部
水霧噴頭之放水壓力均應能達到多少壓力以上？

(A) 1.7kgf/cm² (B) 2.5kgf/cm² (C) 2.7kgf/cm² (D) 3.5kgf/cm²

解析：水源容量在最大放射區域，全部水霧噴頭繼續放水 30 分鐘之水量以
上。其放射區域放水量在 20 L/m².min 以上。最大放射區域水霧噴頭
同時放水時，各水霧噴頭之放射壓力在 3.5kg/cm² 以上或 0.35MPa 以
上。

（A）21. 室內消防栓中之減水警報裝置，應於？

(A) 1/2 (B) 1/3 (C) 1/4 (D) 1/5

解析：

（B）22. 室內消防栓之箱面字樣，每字不得小於多少平方公分？

(A) 15 (B) 20 (C) 25 (D) 30

解析：第 35 條室內消防栓箱，應符合下列規定：

一、箱身為厚度在一點六毫米以上之鋼板或具同等性能以上之不燃
材料者。

二、具有足夠裝設消防栓、水帶及瞄子等裝備之深度，其箱面表面
積在零點七平方公尺以上。

三、箱面有明顯而不易脫落之消防栓字樣，每字在二十平方公分以
上。

（　）23. 關室內消防栓箱之敘述，何者正確？

(A) 箱身應為厚度 1.4 毫米以上之鋼板製箱

(B) 箱面表面積應在 0.4 平方公分以上

(C) 箱面應有明顯而不易脫落之「室內消防栓」字樣

(D) 應具有足夠裝設消防栓、水帶及瞄子等裝備之深度

解析：第 35 條室內消防栓箱，應符合下列規定：

一、箱身為厚度在一點六毫米以上之鋼板或具同等性能以上之不燃材料者。

二、具有足夠裝設消防栓、水帶及瞄子等裝備之深度，其箱面表面積在零點七平方公尺以上。

三、箱面有明顯而不易脫落之消防栓字樣，每字在二十平方公分以上。

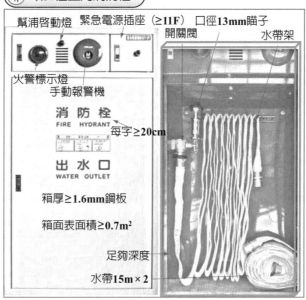

（B）24. 室外消防栓設備之水帶箱設置，箱內應配置口徑 63 毫米及長多少公尺之水帶 2 條？

(A) 10　(B) 20　(C) 25　(D) 35

解析：第 40 條室外消防栓，依下列規定設置：

一、口徑在六十三毫米以上，與建築物一樓外牆各部分之水平距離在四十公尺以下。

二、瞄子出水壓力在每平方公分二點五公斤以上或 0.25MPa 以上，

出水量在每分鐘三百五十公升以上。

三、室外消防栓開關位置，不得高於地面一點五公尺，並不得低於地面零點六公尺。設於地面下者，其水帶接頭位置不得低於地面零點三公尺。

四、於其五公尺範圍內附設水帶箱，並符合下列規定：

　　(一) 水帶箱具有足夠裝置水帶及瞄子之深度，箱底二側設排水孔，其箱面表面積在零點八平方公尺以上。

　　(二) 箱面有明顯而不易脫落之水帶箱字樣，每字在二十平方公分以上。

　　(三) 箱內配置口徑六十三毫米及長二十公尺水帶二條、口徑十九毫米以上直線噴霧兩用型瞄子一具及消防栓閥型開關一把。

五、室外消防栓三公尺以內，保持空曠，不得堆放物品或種植花木，並在其附近明顯易見處，標明消防栓字樣。

（C）25. 高架倉庫內所設置之撒水頭，其放水量每分鐘應在多少公升以上？

(A) 100　(B) 110　(C) 114　(D) 124

解析：第 50 條撒水頭之放水量，每分鐘應在八十公升（設於高架倉庫者，應為一百十四公升）以上，且放水壓力應在每平方公分一公斤以上或 0.1Mpa 以上。但小區劃型撒水頭之放水量，每分鐘應在五十公升以上。

放水型撒水頭之放水量，應達防護區域每平方公尺每分鐘五公升以上。但儲存可燃物場所，應達每平方公尺每分鐘十公升以上。

一般撒水頭 $80\sqrt{2} = 114$

（A）26. 密閉式撒水頭之自動撒水設備末端查驗閥規定，下列何者錯誤？

(A) 距地板面高度 2.1 公尺以上　　(B) 管徑在 25 毫米以上

(C) 附排水管裝置　　　　　　　　(D) 配置於最遠支管末端

解析：第 56 條使用密閉式撒水頭之自動撒水設備末端之查驗閥，依下列規定配置：

一、管徑在二十五毫米以上。

二、查驗閥依各流水檢知裝置配管系統配置，並接裝在建築物各層放水壓力最低之最遠支管末端。

三、查驗閥之一次側設壓力表，二次側設有與撒水頭同等放水性能之限流孔。

四、距離地板面之高度在二點一公尺以下，並附有排水管裝置，並標明末端查驗閥字樣。

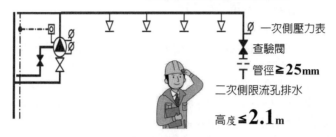

在各層放水壓力最低支管末端

（A）27. 中央消防主管機關認定儲存大量可燃物之場所天花板高度超過 6 公尺，或
其他場所天花板高度超過 10 公尺者，應採用何種撒水頭？
(A) 放水型撒水頭　　　　(B) 小區劃型撒水頭
(C) 側壁型撒水頭　　　　(D) 快速反應型撒水頭
解析：第 46 條撒水頭，依下列規定配置：
一、戲院、舞廳、夜總會、歌廳、集會堂等表演場所之舞臺及道具
室、電影院之放映室或儲存易燃物品之倉庫，任一點至撒水頭
之水平距離，在一點七公尺以下。
二、前款以外之建築物依下列規定配置：
(一) 一般反應型撒水頭（第二種感度），各層任一點至撒水頭
之水平距離在二點一公尺以下。但防火構造建築物，其水
平距離，得增加為二點三公尺以下。
(二) 快速反應型撒水頭（第一種感度），各層任一點至撒水頭
之水平距離在二點三公尺以下。但設於防火構造建築物，
其水平距離，得增加為二點六公尺以下；撒水頭有效撒水
半徑經中央主管機關認可者，其水平距離，得超過二點六
公尺。
三、第十二條第一款第三目、第六目、第二款第七目、第五款第一
目等場所之住宿居室、病房及其他類似處所，得採用小區劃型
撒水頭（以第一種感度為限），任一點至撒水頭之水平距離在
二點六公尺以下，撒水頭間距在三公尺以上，且任一撒水頭之
防護面積在十三平方公尺以下。
四、前款所列場所之住宿居室等及其走廊、通道與其類似場所，得
採用側壁型撒水頭（以第一種感度為限），牆面二側至撒水頭
之水平距離在一點八公尺以下，牆壁前方至撒水頭之水平距離
在三點六公尺以下。
五、中央主管機關認定儲存大量可燃物之場所天花板高度超過六公
尺，或其他場所天花板高度超過十公尺者，應採用放水型撒水
頭。

（D）28. 水霧滅火設備之放射區域有 2 區以上者，其主管管徑不得小於多少毫米？

(A) 65　(B) 85　(C) 95　(D) 100

解析：第 63 條放射區域，指一只一齊開放閥啟動放射之區域，每一區域以五十平方公尺為原則。前項放射區域有二區域以上者，主管管徑應在一百毫米以上。

（D）29. 泡沫原液與水混合使用之濃度，下列何種原液之濃度為 1%？

(A) 水成膜泡沫液　　　　(B) 酒精型泡沫液

(C) 蛋白質泡沫液　　　　(D) 合成界面

解析：第 79 條泡沫原液與水混合使用之濃度，依下列規定：

一、蛋白質泡沫液百分之三或百分之六。

二、合成界面活性泡沫液百分之一或百分之三。

三、水成膜泡沫液百分之三或百分之六。

合成界面活性泡沫液使用濃度較低，這是因其流動性與展開性優異，快速覆蓋油面層，使其難以形成蒸發燃燒，這是液體主要燃燒機制。

（B）30. 活性泡沫液泡沫滅火設備計算之水溶液量，應加算充滿配管所需之泡沫水溶液量，且應加算總泡沫水溶液量之百分之多少？

(A) 10　(B) 20　(C) 30　(D) 40

解析：第 76 條泡沫滅火設備之水源，依下列規定：

一、使用泡沫頭時，依第七十二條核算之最低放射量在最大一個泡沫放射區域，能繼續放射二十分鐘以上。

二、使用高發泡放出口時，應符合下列規定：

(一) 全區放射時，以最大樓地板面積之防護區域，除依下表核算外，防護區域開口部未設閉鎖裝置者，加算開口洩漏泡沫水溶液量。

膨脹比種類	冠泡體積每一立方公尺之泡沫水溶液量（立方公尺）
第一種	零點零四
第二種	零點零一三
第三種	零點零零八

(二) 局部放射時，依第七十三條核算之泡沫水溶液放射量，在樓地板面積最大區域，能繼續放射二十分鐘以上。

三、移動式泡沫滅火設備水源容量，在二具泡沫瞄子同時放水十五分鐘之水量以上。

前項各款計算之水溶液量，應加算充滿配管所需之泡沫水溶液量，且應加算總泡沫水溶液量之百分之二十。

（C）31. 使用水成膜泡沫液時，樓地板面積每平方公尺之泡沫頭放射量為每分鐘多少公升以上？

(A) 3　(B) 3.5　(C) 3.7　(D) 4.2

解析：

> 第72條規定泡沫原液種類泡沫性能比較方式

泡沫原液種類		性能比較	放射量
蛋白質系	蛋白	動物性蛋白質加水分解形成，比界面活性劑系耐火性較佳，常用於儲槽固定式泡沫滅火設備。	≧ 6.5（L/m².min）
	氟蛋白		
界面活性劑系	合成界面活性	因泡沫穩定性、耐熱性和耐油污性等滅火性能皆比其他泡沫差，但其優點是能長時間儲存，變化性小，發泡效果也不會劣化，且流動性與展開性優異，多用於流動性油類場所、汽車修理廠、維修工廠或停車場等火災。	≧ 8.0（L/m².min）
	水成膜	為氟系界面活性劑，在油面上能形成水膜層，具有很高穩定性，而不易消泡，可以持久防止火勢復燃。	≧ 3.7（L/m².min）

（B）32. 二氧化碳滅火設備採用移動放射方式時，每一具噴射瞄子所需滅火藥劑量在多少公斤以上？

(A) 80　(B) 90　(C) 100　(D) 110

解析：

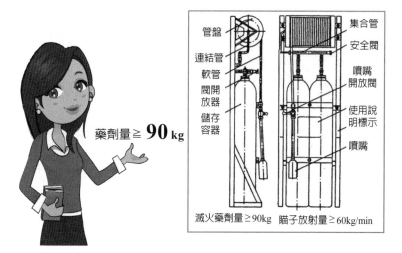

藥劑量 ≧ **90** kg

管盤
連結管
軟管
閥開放器
儲存容器

集合管
安全閥
噴嘴開放閥
使用說明標示
噴嘴

滅火藥劑量≧90kg　瞄子放射量≧60kg/min

（C）33. 加壓式乾粉滅火設備應設壓力調整裝置，其可調整壓力至每平方公分多少公斤以下？

(A) 10　(B) 20　(C) 25　(D) 30

解析：

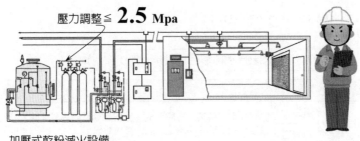

加壓式乾粉滅火設備

（A）34. 乾粉滅火設備使用加壓或蓄壓用氣體容器，其所使用之氣體爲下列何者？
(A) 氮氣或二氧化碳　　(B) 氬氣或氧氣
(C) 空氣或二氧化碳　　(D) 氮氣或氬氣
解析：

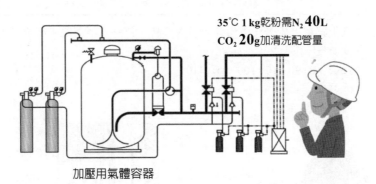

加壓用氣體容器

（B）35. 廚房等大量使用火源之處所，多少樓地板面積需有一滅火效能值？
(A) 20 平方公尺 (B) 25 平方公尺
(C) 30 平方公尺 (D) 40 平方公尺
解析：第 31 條滅火器應依下列規定設置：
　　　　(一) 供第十二條第一款及第五款使用之場所，各層樓地板面積每
　　　　　　一百平方公尺（含未滿）有一滅火效能值。
　　　　(二) 供第十二條第二款至第四款使用之場所，各層樓地板面積每
　　　　　　二百平方公尺（含未滿）有一滅火效能值。
　　　　(三) 鍋爐房、廚房等大量使用火源之處所，以樓地板面積每二十五
　　　　　　平方公尺（含未滿）有一滅火效能值。
　　　　二、電影片映演場所放映室及電氣設備使用之處所，每一百平方公
　　　　　　尺（含未滿）另設一滅火器。

（C）36. 任一消防專用蓄水池至建築物各部分之水平距離不得超過多少公尺？
(A) 60　(B) 80　(C) 100　(D) 120

解析：

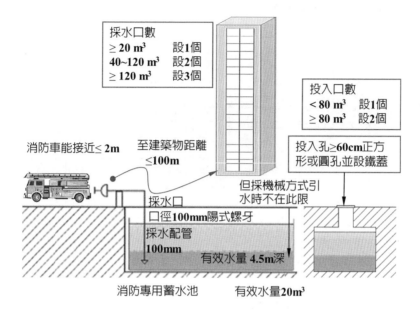

（A）37. 連結送水管之配管設置規定，應能承受送水設計壓力 1.5 倍以上之水壓，且
　　　能持續多少時間才合格？
　　　(A) 30 分鐘　　(B) 45 分鐘　　(C) 1 小時　　(D) 2 小時
　　　解析：

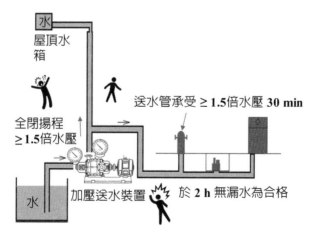

（B）38. 消防專用蓄水池之設置規定，下列何者正確？
　　　(A) 可與社區游泳池共用
　　　(B) 有進水管投入後，能有效抽取所需水量之構造

(C) 其有效水量在 15 立方公尺以上

(D) 應設於消防車能接近至其 3 公尺範圍內易於抽取處

解析：

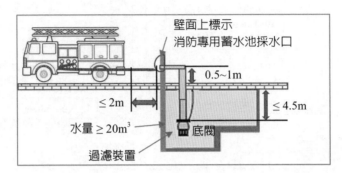

（D）39. 公共危險品等場所中，所設置之室外消防栓設備，其緊急電源之供電容量應供其有效動作多久以上？

(A) 30 分鐘　　(B) 35 分鐘　　(C) 40 分鐘　　(D) 45 分鐘

解析：

🔊 室外消防栓設備規定比較

防護距離	一般場所	≦ 40 m
	公共危險物品	≦ 40 m（設 2 支消防栓）
放水壓力	一般場所	$2.5 \times 6 \ kgf/cm^2$
	公共危險物品	$3.5 \times 7 \ kgf/cm^2$
放水量	一般場所	≧ 350 ℓ/min
	公共危險物品	1 支消防栓 450 ℓ/min ≧ 4 支消防栓 450 ℓ/min×4
電源容量	一般場所	1 發電機設備或蓄電池 ×30 min
	公共危險物品	1 發電機設備或蓄電池 ×45 min 2 丁類場所得使用引擎動力系統
水源容量（m^3）	一般場所	2 支消防栓 30 min×2
	公共危險物品	1 支消防栓 30 min×1 ≧ 4 支消防栓 30 min×4

（B）40. 儲槽規定設置補助泡沫消防栓時，下列敘述何者錯誤？

(A) 設置於儲槽防液堤外圍

(B) 距槽壁 10 公尺以上

(C) 至任一泡沫消防栓之步行距離在 75 公尺以下

(D) 泡沫瞄子放射量在每分鐘 400 公升以上
解析：第 214 條儲槽除依前條設置固定式泡沫放出口外，並依下列規定設置補助泡沫消防栓及連結送液口：
一、補助泡沫消防栓，應符合下列規定：
　　(一) 設在儲槽防液堤外圍，距離槽壁 ≥15m，便於消防救災處，且至任一泡沫消防栓之步行距離≤ 75m，泡沫瞄子放射量 ≥400L/min，放射壓力≥ 3.5kg/cm² 或 0.35Mpa 以上。但全部泡沫消防栓數量≥ 3 支時，以同時使用 3 支計算之。
　　(二) 補助泡沫消防栓之附設水帶箱之設置，準用第 40 條第 4 款規定。

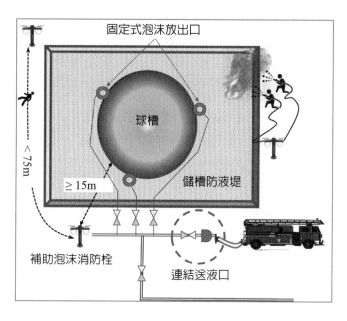

8-4 108年化學系統考題詳解

乙、測驗題部分：（50分）

1) 本測驗試題為單一選擇題，請選出一個正確或最適當的答案，複選作答者，該題不予計分。

2) 共 40 題，每題 1.25 分，須用 2B 鉛筆在試卡上依題號清楚劃記，於本試題或申論試卷上作答者，不予計分。

（B）1. 有一總機室，設置二氧化碳滅火設備，採全區放射方式，其每立方公尺防護區域所需滅火藥劑量為多少公斤？
(A) 1.5　(B) 1.2　(C) 1.0　(D) 0.9

（D）2. 有一電信機械室，設置二氧化碳滅火設備，採全區放射方式，其所核算之滅火藥劑量應於多少秒內全部放射完畢？
(A) 30　(B) 60　(C) 90　(D) 210

（C）3. 二氧化碳滅火設備使用氣體啟動者，啟動用氣體容器之內容積應有 1 公升以上，其所儲存之二氧化碳重量在 0.6 公斤以上，且其充填比應在多少以上？
(A) 1.1　(B) 1.4　(C) 1.5　(D) 1.9

（A）4. 主成分為碳酸氫鉀及尿素化合物之乾粉滅火藥劑，採全區放射方式時，每立方公尺防護區域所需滅火藥劑量為多少公斤？
(A) 0.24　(B) 0.36　(C) 0.6　(D) 1.8

（B）5. 依各類場所消防安全設備設置標準之規定，乾粉滅火設備配管及閥類，下列設置規定何者錯誤？
(A) 配管應為專用，其管徑依噴頭流量計算配置
(B) 配管採用銅管配管時，應使用符合 CNS 5127 規定或具有同等以上強度及耐蝕性者，並能承受調整壓力或最高使用壓力的 2.8 倍以上之壓力
(C) 最低配管與最高配管間，落差在 50 公尺以下
(D) 放出閥及加壓用氣體容器閥之手動操作部分設於火災時易於接近且安全之處

（C）6. 依各類場所消防安全設備設置標準之規定，加壓式乾粉滅火設備應設壓力調整裝置，可調整壓力至若干 MPa 以下？
(A) 1.5　(B) 2　(C) 2.5　(D) 3

（C）7. 依各類場所消防安全設備檢修及申報作業基準，對蓄壓式二氧化碳滅火器及海龍滅火器進行重量檢查時，如失重超過多少 % 以上或壓力表示值在綠色範圍外時，應予以更新？
(A) 3　(B) 5　(C) 10　(D) 15

（C）8. 依各類場所消防安全設備檢修及申報作業基準，有關高壓式二氧化碳滅火
藥劑儲存容器之滅火藥劑量檢查方法之注意事項中，鈷60有效使用年限約
為多少年，如已超過時，應即時連絡專業單位處理或更換？
(A) 1　(B) 2　(C) 3　(D)5

（A）9. 公共危險物品等場所之滅火設備分類，下列敘述何者錯誤？
(A) 二氧化碳滅火設備屬第二種滅火設備
(B) 乾粉滅火設備屬第三種滅火設備
(C) 大型滅火器屬第四種滅火設備
(D) 滅火器屬第五種滅火設備

（B）10. 某鍋爐房樓地板面積為 20m×15m，依法其所需之滅火效能值為何？
(A) 10　(B) 12　(C) 15　(D)20

（A）11. 有關潔淨藥劑氣體滅火設備滅火藥劑主要成分之敘述，下列何者正確？
(A) HCFC-124 主要成分為 $CHClFCF_3$
(B) HFC-23 主要成分為 $C_2H_3F_3$
(C) FC-3-1-10 主要成分為 C_3HF_7
(D) IG-100 主要成分為 CO_2

（B）12. 下列何者不屬於各類場所消防安全設備設置標準第 8 條所規定的滅火設備？
(A) 滅火器　　　　　　　　　(B) 消防砂
(C) 簡易自動滅火設備　　　　(D) 海龍滅火設備

（A）13. 依法令規定在應設水霧、泡沫、乾粉、二氧化碳滅火設備之場所，但外牆
開口面積（常時開放部分）達該層樓地板面積百分之多少以上者，上列滅
火設備得採移動式設置？
(A) 15　(B) 20　(C) 25　(D) 30

（B）14. 有一室內停車空間，其防護區為 25m×16m×4m，未設自動關閉裝置之開
口部面積為 $10m^2$，擬設置全區放射式乾粉滅火設備，試問所需法定滅火藥
劑量最少為多少公斤？
(A) 580 公斤　(B) 603 公斤　(C) 647 公斤　(D) 720 公斤

（A）15. 依滅火器設置規定，下列何者錯誤？
(A) 電影片映演場所放映室及電氣設備使用之處所，每 200 平方公尺（含未
滿）另設一滅火器
(B) 設有滅火器之樓層，自樓面居室任一點至滅火器之步行距離在 20 公尺
以下
(C) 固定放置於取用方便之明顯處所，並設有長邊 24 公分以上，短邊 8 公
分以上，以紅底白字標明滅火器字樣之標識
(D) 懸掛於牆上或放置滅火器箱中之滅火器，其上端與樓地板面之距離，18
公斤以上者在 1 公尺以下，未滿 18 公斤者在 1.5 公尺以下

（D）16. 第四種乾粉滅火藥劑儲存容器，有關充填比之規定，下列何者正確？
(A) 0.85 以上、1.45 以下　　　(B) 1.05 以上、1.75 以下

(C) 1.1 以上、1.9 以下　　(D) 1.5 以上、2.5 以下

（A）17. 依法令規定下列場所何者應設置滅火器？

(A) 樓地板面積為 25 平方公尺的地下建築物

(B) 總樓地板面積為 75 平方公尺的乙類場所

(C) 總樓地板面積為 100 平方公尺的丙類場所

(D) 總樓地板面積為 125 平方公尺的丁類場所

（B）18. 進行滅火器之檢查時，有關一般注意事項，下列何者錯誤？

(A) 塑膠製容器或構件，不得以辛那（二甲苯）或汽油等有機溶劑加以清理

(B) 護蓋之開關緊閉時，應使用適當之拆卸扳手或鐵鎚執行

(C) 乾粉滅火器本體容器內壁及構件之清理及保養時，應充分注意防潮

(D) 開啟護蓋或栓塞時，應注意容器內殘壓之排除

（A）19. 依各類場所消防安全設備檢修及申報作業基準，有關乾粉滅火藥劑判定方法，乾粉藥劑不得有雜質、變質、固化等情形，且以手輕握搓揉，並自地面上高度多少公分處使其落下，應呈粉狀？

(A) 50　　(B) 60　　(C) 80　　(D) 100

Note

8-5 107年化學系統考題詳解

甲、申論題部分：

一、(一) 請說明加壓式乾粉滅火系統中，遲延裝置、定壓動作裝置、壓力調整裝置、清洗裝置以及排出裝置等各裝置之作用。（15分）
(二) 另請說明定壓動作裝置之類型及作動原理。（10分）

解：

一) 請說明加壓式乾粉滅火系統中，遲延裝置、定壓動作裝置、壓力調整裝置、清洗裝置以及排出裝置等各裝置之作用

1. **遲延裝置**

   與二氧化碳及海龍替代藥劑等一樣，因藥劑釋放時壓力很大，瞬間釋放其濃度過濃會有缺氧等危險，且濃度遮蔽視線，造成內部人員難以逃出；因此，一旦探測器感知火災發生時，必須有遲延裝置之緩衝安全時間，此作用有使人員安全順利離開，如有誤報可緊急停止釋放之作用。

2. **定壓動作裝置**

   使氣粉有充分均勻混合之機會，並防氣體壓力過大，致損壞配管等構造組件及造成放射氣粉不均勻等事件，達到可放射程度之設定壓力時，再打開放出閥之裝置。

3. **壓力調整裝置**

   加壓式乾粉滅火設備壓力為防過大，因焊接容器耐壓有限，需進行降壓至適當壓力範圍，避免物理壓力危險現象。

4. **清洗裝置**

   乾粉不像二氧化碳或其他氣體滅火設備，本身具有蒸氣壓之動力來源，所以乾粉需藉額外動力源使其噴出；而滅火後管內殘餘乾粉因本身具腐蝕性，且粉粒重量會存留積在管內，久而粉末吸收濕氣造成硬化結塊，所以有必要進行以高壓氣體完全清洗掉，再予以排出。

5. **排出裝置**

   一般液化氣體容器，當其蒸氣壓氣態增加時，會使其液態面降低，但使用氮氣時，其容器內蒸氣壓是不會產生變化的。但容器內為固體時，不會有這些問題的。但使用蓄壓式比加壓式對容器內乾粉進行壓縮，較易有結塊之可能。為防滅火後管內殘餘乾粉存留累積，久而粉末吸收濕氣造成硬化結塊，所以必需每次使用完畢予以高壓氣體導出。

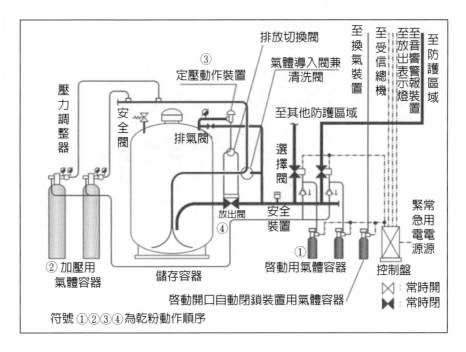

二) 定壓動作裝置之類型及作動原理

　　一般而言，啟動用氣體容器動作後，會經由加壓用氣體容器及壓力調整器，再經由定壓動作裝置至儲存容器內乾粉，經放出閥、選擇閥至防護區域。而每一儲存容器皆有定壓動作裝置，使氣粉有充分均勻混合之機會，並防氣體壓力過大，導致損壞配管等構造組件及造成放射氣粉不均勻等事件，達到可放射程度之設定壓力時，再打開放出閥之裝置。而定壓動作裝置可分封板式、彈簧式、壓力開關式、機械連動式、定時開關式等（如下圖之定壓動作裝置種類與內容）。

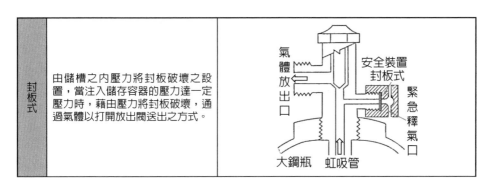

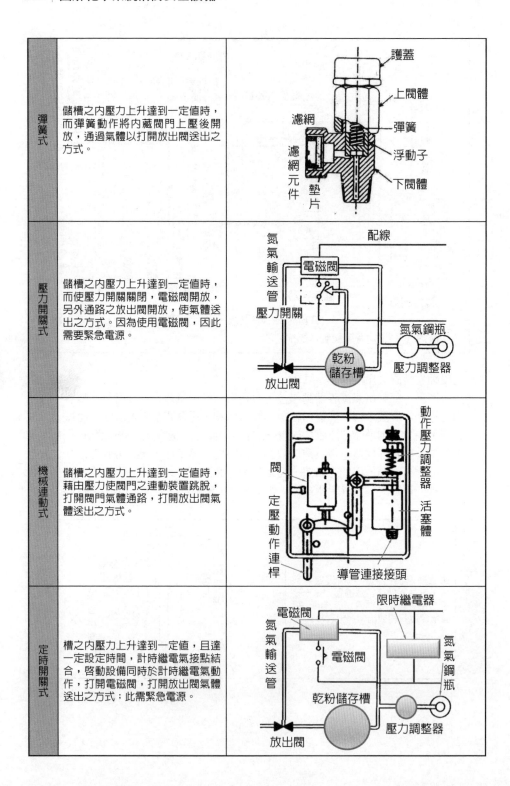

彈簧式	儲槽之內壓力上升達到一定值時，而彈簧動作將內藏閥門上壓後開放，通過氣體以打開放出閥送出之方式。	
壓力開關式	儲槽之內壓力上升達到一定值時，而使壓力開關關閉，電磁閥開放，另外通路之放出閥開放，使氣體送出之方式。因為使用電磁閥，因此需要緊急電源。	
機械連動式	儲槽之內壓力上升達到一定值時，藉由壓力使閥門之連動裝置跳脫，打開閥門氣體通路，打開放出閥氣體送出之方式。	
定時開關式	槽之內壓力上升達到一定值，且達一定設定時間，計時繼電器接點結合，啟動設備同時於計時繼電氣動作，打開電磁閥，打開放出閥氣體送出之方式；此需緊急電源。	

乙、測驗題部分：

（D）1. 設置乾粉滅火設備時，全區及局部放射之緊急電源應爲自用發電設備或蓄電池設備，其容量應能使設備有效動作多久以上？
(A) 20 分鐘　(B) 30 分鐘　(C) 45 分鐘　(D) 60 分鐘

（D）2. 有關二氧化碳滅火設備配管之設置規定，下列何者正確？
(A) 應爲專用，但與其他滅火系統共用，無礙其功能者，不在此限
(B) 採用鋼管配管時，使用符合 CNS 4626 規定之無縫鋼管，管號爲 Sch40 以上厚度或具有同等以上強度，且施予鍍鋅等防蝕處理
(C) 採用銅管配管時，應使用符合 CNS 5127 規定之銅及銅合金無縫管或具有同等以上強度者，能耐壓 37.5 kg/cm^2 以上
(D) 最低配管與最高配管間，落差在 50 公尺以下

（B）3. 二氧化碳滅火系統採全區放射方式高壓式系統，共設有 24 瓶儲存容器，進行綜合檢查時，放射試驗所需之藥劑量，應爲下列何者？
(A) 10 瓶儲存容器以上　(B) 3 瓶儲存容器以上　(C) 2 瓶儲存容器以上
(D) 40 公升氮氣 5 瓶以上

（B）4. 二氧化碳滅火系統進行性能檢查時，音響警報之判定方法爲距警報裝置 X 公尺處之音量應在 Y 分貝以上，其中 X、Y 應爲下列何者？
(A) X = 1；Y = 60　(B) X = 1；Y = 90　(C) X = 0.5；Y = 60　(D) X = 0.5；Y = 90

（C）5. 有關乾粉滅火系統之放射時間，下列敘述何者正確？
(A) 一般場所採全區放射方式防護，放射時間爲 1 分鐘以內
(B) 電信機器室採全區放射時，放射時間爲 7 分鐘以內
(C) 可燃性液體存放於上方開放式容器，火災發生時，燃燒限於一面之情況，如採局部放射方式，放射時間應爲 30 秒以內
(D) 移動放射方式每具噴射瞄子之放射時間爲 30 秒以內

（A）6. 一電氣設備室長寬高分別爲 12 m、8 m 及 4 m，若採二氧化碳全區放射滅火設備防護，藥劑放射後採機械排放，則其排風機之風量應爲每分鐘多少立方公尺？
(A) 32　(B) 64　(C) 307　(D) 384

（C）7. 有關大型滅火器之敘述，下列何者正確？
(A) 充填機械泡沫時，滅火劑量需達 18 公升以上
(B) 公共危險物品等場所中設置之大型滅火器，距防護對象任一點之步行距離應在 15 公尺以下
(C) 大型滅火器之滅火效能值，適用於 A 類火災者，應在 10 個以上；適用於 B 類火災者，應在 20 個以上
(D) 在公共危險物品等場所中，大型滅火器歸類爲第五種滅火設備

（B）8. 可燃性高壓氣體場所、加氣站、天然氣儲槽及可燃性高壓氣體儲槽之滅火

器，每具滅火器對普通火災應具有 X 個以上之滅火效能值，對油類火災應具有 Y 個以上之滅火效能值，其中 X、Y 分別爲下列何者？

(A) X＝3；Y＝10　(B) X＝4；Y＝10　(C) X＝5；Y＝16　(D) X＝10；Y＝20

（D）9. 加壓式乾粉滅火設備，於啓動裝置動作後，爲使儲存容器壓力達設定壓力始開啓放出閥，應設置何種裝置？

(A) 壓力調整裝置　(B) 選擇閥　(C) 排出裝置　(D) 定壓動作裝置

（A）10. 有關乾粉滅火設備配管設置規定，下列敘述何者正確？

(A) 使用施予鍍鋅等防蝕處理或具同等以上強度及耐蝕性之鋼管

(B) 採用銅管配管時，應能承受調整壓力或最高使用壓力的 2 倍以上之壓力

(C) 配管採集中爲原則，使噴頭同時放射時，放射壓力加大

(D) 最低配管與最高配管間，落差在 60 公尺以下

（D）11. 可燃性高壓氣體場所、加氣站、天然氣儲槽及可燃性高壓氣體儲槽設置滅火器，其設置規定，下列敘述何者正確？

(A) 儲槽設置 2 具以上

(B) 加氣站用火設備處所設置 2 具以上

(C) 每具滅火器對普通火災具有 3 個以上之滅火效能值

(D) 每具滅火器對油類火災具有 10 個以上之滅火效能值

（C）12. 有關二氧化碳滅火設備放射時間之敘述，下列何者正確？

(A) 全區放射方式，總機室 1 分鐘全部放射完畢

(B) 全區放射方式，其他場所 0.5 分鐘全部放射完畢

(C) 局部放射方式，0.5 分鐘全部放射完畢

(D) 局部放射方式，1 分鐘全部放射完畢

（A）13. 有關滅火器性能檢查頻率之規定，下列敘述何者正確？

(A) 化學泡沫滅火器應每年實施一次性能檢查

(B) 機械泡沫滅火器應每年實施一次性能檢查

(C) 二氧化碳滅火器應每二年實施一次性能檢查

(D) 蓄壓式乾粉滅火器應每二年實施一次性能檢查

（B）14. 全區放射二氧化碳滅火設備進行綜合檢查時，如爲高壓式儲存系統，在放射試驗時需放射多少藥劑量？

(A) 爲該放射區域所設儲存容器瓶數之 5% 以上

(B) 爲該放射區域所設儲存容器瓶數之 10% 以上

(C) 爲該放射區域所設儲存容器瓶數之 15% 以上

(D) 爲該放射區域所設儲存容器瓶數之 20% 以上

（D）15. 實施二氧化碳滅火設備檢修，於進行性能檢查時，皮管連接部應無鬆動，皮管損傷、老化等情形，且皮管長度應在幾公尺以上？

(A) 5　(B) 10　(C) 15　(D) 20

（B）16. 惰性氣體滅火設備進行性能檢查時，對於滅火藥劑量判定方法，藥劑量測

定結果與重量表、圖面明細表或原廠技術手冊規範等資料核對，其差值應在充填值多少以下？

（A) 5%　(B) 10%　(C) 15%　(D) 20%

（B）17. 依 NFPA 2001 之規定，潔淨式氣體滅火系統於一般場所之藥劑放射時間（達設計濃度 95% 之時間），下列敘述何者正確？

(A)FE-13 應在 30 秒以內

(C)Halon 1301 應在 60 秒以內

(B)IG-541 應在 60 秒以內

(D)FM-200 應在 30 秒以內

（C）18. 採用移動式放射方式之乾粉滅火設備，藥劑種類為第一種乾粉時，每一具噴射瞄子所需藥劑放射量為：

（A) 18 kg/min　(B) 27 kg/min　(C) 45 kg/min　(D) 60 kg/min

8-6 106年化學系統考題詳解

甲、申論題部分：

> 二、乾粉與二氧化碳滅火設備依各類場所消防安全設備設置標準之規定，其啓動裝置之手動與自動切換裝置之規定為何？並詳述自動、手動切換裝置之性能檢查。（25分）

解：

一) 啓動裝置，依下列規定設置自動及手動切換裝置：

  1. 設於易於操作之處所。

  2. 設自動及手動之表示燈。

  3. 自動、手動切換必須以鑰匙或拉桿操作，始能切換。

  4. 切換裝置近旁標明操作方法。

二) 自動與手動切換裝置

  1. 檢查方法

    (1) 將儲存容器用或啓動氣體容器用之容器閥開放裝置自容器閥取下。

    (2) 如為「自動」時，將切換裝置切換至「自動」之位置，使探測器或受信總機內探測器回路之端子短路。

    (3) 如為「手動」時，將切換裝置切換至「手動」之位置，使探測器或受信總機內探測器回路之端子短路。

    (4) 應依每一防護區域或防護對象物分別確認其功能。

  2. 判定方法

    下列功能應正常。

    (1) 如為「自動」時

      a. 警報裝置鳴動。

      b. 火警表示燈亮燈。

      c. 遲延裝置動作。

      d. 通風換氣裝置停止。

      e. 容器閥開放裝置動作。

    (2) 如為「手動」時

      a. 警報裝置鳴動。

      b. 火警表示燈亮燈。

  3. 注意事項

    (1) 檢查時應一併進行警報裝置、控制裝置之性能檢查。

    (2) 使裝置動作時，應先將容器閥開放裝置取下才進行。

乙、測驗題部分：

（D）1. 依 NFPA 2001 之規定，潔淨式氣體滅火系統於一般場所之藥劑放射時間（達設計濃度 95% 之時間），下列何者錯誤？
(A) FM-200 應在 10 秒以內　　　　(B) IG-541 應在 60 秒以內
(C) IG-55 應在 60 秒以內　　　　(D) Novec 1230 應在 30 秒以內
解析：Novec 1230 藥劑放射需於 10 秒內達到最低需求濃度所需藥劑量的95%。

（C）2. 依各類場所消防安全設備設置標準，下列何種場所不需設置滅火器？
(A) 樓地板面積 200 平方公尺之幼兒園
(B) 樓地板面積 45 平方公尺之變壓器室
(C) 總樓地板面積 120 平方公尺之診所
(D) 總樓地板面積 90 平方公尺之咖啡廳
解析：總樓地板面積在一百五十平方公尺以上之乙、丙、丁類場所。

（B）3. 有關滅火器設置間距之規定，下列何者錯誤？
(A) 設有滅火器之樓層或場所，自樓面居室任一點或防護對象任一點至滅火器之步行距離不得超過 20 公尺
(B) 電影片映演場所放映室及電氣設備使用之處所，滅火器至防護對象任一點之步行距離應在 15 公尺以下
(C) 公共危險物品等場所中一般滅火困難之場所，設置大型滅火器時，距防護對象任一點之步行距離，應在 30 公尺以下
(D) 可燃性高壓氣體儲存場所，任一點至滅火器之步行距離應在 15 公尺以下
解析：電影片映演場所放映室及電氣設備使用之處所，滅火器至防護對象任一點之步行距離應在 20 公尺以下。

（A）4. 依滅火器認可基準，大型滅火器充填乾粉時，滅火藥劑量需在多少公斤以上？
(A) 18　(B) 20　(C) 30　(D) 45

（C）5. 某一鍋爐房之長、寬、高分別爲 8 m、5 m 及 4 m，若設置全區放射 CO_2 滅火設備，其所有開口皆可在放射前自動關閉，試問所需 CO_2 藥劑量至少應爲多少公斤？
(A) 160　(B) 144　(C) 135　(D) 128
解析：依第 83 條設置場所 $8 \times 5 \times 4 = 160$ 之滅火基本劑量至少爲 135kg。

（D）6. 全區放射二氧化碳滅火設備進行綜合檢查時，如爲低壓式儲存系統，在放射試驗時需放射多少藥劑量？
(A) 68 公升二氧化碳 5 瓶以上
(B) 放射區域所設滅火藥劑量之 5% 以上
(C) 放射區域所設滅火藥劑量五分之一以上

(D) 40 公升氮氣 5 瓶以上

解析：低壓式應進行放射試驗，其放射試驗所需之藥劑量，為該放射區域
所設滅火藥劑量之 10% 以上，或使用四十公升氮氣五瓶以上作為替
代藥劑放射。

（D）7. 依各類場所消防安全設備設置標準，二氧化碳滅火設備之藥劑放射時間，
下列何者正確？
(A) 總機室採全區放射時，藥劑需於 7 分鐘內放射完畢
(B) 印刷機房採全區放射時，藥劑需於 3.5 分鐘內放射完畢
(C) 局部放射方式藥劑需於 1 分鐘內放射完畢
(D) 鍋爐房採全區放射時，藥劑需於 1 分鐘內放射完畢

（A）8. 乾粉滅火設備進行性能檢查時，滅火藥劑檢查注意事項中，溫度超過 X℃
以上，濕度超過 Y% 以上時，應暫停檢查，X 及 Y 分別為：
(A) X = 40，Y = 60　　　(B) X = 60，Y = 40
(C) X = 30，Y = 40　　　(D) X = 30，Y = 60

（D）9. 如無額外防止乾粉與加壓氣體分離之措施，乾粉滅火設備之配管任一部分
與彎曲部分之距離，至少應為其管徑的多少倍？
(A) 5　(B) 10　(C) 15　(D) 20

解析：20D 以上，避免氣粉分離。

（A）10. 一汽車修理廠欲採用移動式乾粉滅火設備，則其外牆開口面積（常時開放
部分）需符合下列那一規定？
(A) 達該層樓地板面積 15% 以上　　(B) 達該層圍壁面積 10% 以上
(C) 達該層防護區體積 10% 以上　　(D) 達該層牆壁總面積 15% 以上

（D）11. 鹵化烴滅火設備進行性能檢查時，控制裝置之遲延裝置檢查項目，於操作
啟動按鈕後至容器閥開放裝置動作，其所需時間應為：
(A) 10 秒以內　(B) 10 秒以上　(C) 15 秒以上　(D) 20 秒以上

（A）12. 簡易自動滅火設備進行性能檢查時，其蓄壓式滅火藥劑量應與標示重量差
異在何範圍以內？
(A) 3%　(B) 5%　(C) 10%　(D) 15%

（B）13. 10 型乾粉滅火器乾粉充填量約為多少公斤重？
(A) 2.5　(B) 3.5　(C) 6.5　(D)10

（D）14. B-30 乾粉滅火器可以滅火之油盤面積為多少平方公尺？
(A) 1　(B) 2　(C) 3.2　(D) 6

（B）15. 二氧化碳全區放射方式之安全裝置，啟動裝置開關或拉桿開始動作至儲存
容器之容器閥開啟，設有多少秒以上之遲延裝置？
(A) 10　(B) 20　(C) 30　(D) 60

（C）16. 二氧化碳局部放射方式依規定所核算之滅火藥劑量，應於多少秒內全部放
射完畢？
(A) 10　(B) 20　(C) 30　(D) 60

（A）17. 第一種乾粉滅火藥劑，全區放射方式所需滅火藥劑量為多少 kg/m³？

　　　(A) 0.6　(B) 0.8　(C) 1　(D) 1.2

（D）18. 乾式比濕式系統的灑水頭數量應追加百分之多少？

　　　(A) 5　(B) 10　(C) 30　(D) 50

（C）19. 低壓式二氧化碳噴頭之放射壓力為每平方公分多少公斤以上？

　　　(A) 1　(B) 5　(C) 9　(D) 14

（B）20. 乾粉全區放射所核算之滅火藥劑量，需於幾秒內放射完畢？

　　　(A) 20　(B) 30　(C) 60　(D) 210

（B）21. 有一長 15 公尺、寬 12 公尺及高 3 公尺之密閉空間裝置二氧化碳滅火設備，假設空氣中氧氣之體積百分率濃度為 21%，在溫度壓力固定下，欲使氧氣濃度降至 15% 以下，需注入多少立方公尺之二氧化碳？

　　　(A) 106　(B) 216　(C) 318　(D) 442

　　　解析：$\dfrac{0.21V}{V+x} = 0.15$；x=0.4V；0.4×540=216。

（資料引用盧守謙編著，《火災學》，五南出版社，民 106 年）

8-7 105年化學系統考題詳解

甲、申論題部分：

> 一、針對 CO_2 全區放射方式，若防護乙炔之 CO_2 設計濃度為 66%，請計算防護區域每立方公尺所需 CO_2 之重量為何？（25分）

解：

CO_2 1kg 體積大約 0.534m³（15℃）

$$CO_2\% = \frac{G}{G+V}$$

$$66\% = \frac{x \times 0.534}{(x \times 0.534) + 1}$$

$$x = 3.64 \frac{kg}{m^3}$$

乙、測驗題部分：

（A）1. 可燃性高壓氣體場所、加氣站、天然氣儲槽及可燃性高壓氣體儲槽之滅火器，其設置規定，下列敘述何者錯誤？

(A) 製造、儲存或處理場所設置四具以上　(B) 儲槽設置三具以上

(C) 加氣站儲氣槽區四具以上　　　　　　(D) 加氣機每臺一具以上

（C）2. 有一電信機械室其大小為 20 m（長）×10 m（寬）×3 m（高），若設置全區放射 CO_2 滅火設備，其開口部皆可在 CO_2 放射前自動關閉，所需滅火藥劑量為多少？

(A) 540 kg　(B) 600 kg　(C) 720 kg　(D) 780 kg

（D）3. 使用於室內停車空間之滅火藥劑，其主成分以何種乾粉為限？

(A) 碳酸氫鉀　(B) 碳酸氫鉀與尿素　(C) 碳酸氫鈉　(D) 磷酸二氫銨

（D）4. 有關潔淨藥劑滅火系統竣工測試，下列何者敘述錯誤？

(A) 在確定防護區保持滅火劑濃度的時間，採用「氣密試驗法」進行試驗

(B) 氣密試驗並不等同正確的釋放試驗

(C) 防護區不宜開口，如必須開口應設自動關閉裝置

(D) 通過氣密試驗，臨時封閉空隙即可不必填塞

（B）5. 乾粉滅火設備採用移動式放射方式，藥劑種類為第三種乾粉，每一具噴射瞄子所需之藥劑放射量為多少？

(A) 18 kg/min　(B) 27 kg/min　(C) 45 kg/min　(D) 60 kg/min

（C）6. 檢修高壓全區域放射二氧化碳滅火設備時，下列步驟敘述何者正確？

(A) 拆除選擇閥上之氣動式開放裝置是第一步驟

(B) 應先拆除氣體容器（小鋼瓶）容器閥之電磁閥開放裝置，再拆除容器閥放出口與操作管接續處

(C) 先拆除藥劑氣體容器（大鋼瓶）容器閥放出口與連結管（高壓軟管）接續處後，才能拆除氣動式開放裝置

(D) 應先拆除藥劑氣體容器（大鋼瓶）裝置，再拆除氣體容器（小鋼瓶）裝置

（C）7. 海龍替代品潔淨滅火藥劑之鹵化烴滅火藥劑 HFC-227ea，該商品名稱為何？
(A)FE-13　(B)R-32　(C)FM-200　(D)INERGEN

（B）8. 對有 18 支高壓鋼瓶全區放射之二氧化碳滅火系統進行綜合檢查，放射試驗所需之藥劑量，應為多少支鋼瓶？
(A)1 支　(B)2 支　(C)3 支　(D)4 支

（C）9. 實施二氧化碳滅火設備檢修，下列何者非執行電氣式選擇閥開放裝置性能檢查方法？

(A) 取下盒蓋，以螺絲起子確認端子盤或結線接續無鬆動或連接正常

(B) 以電氣操作或手動操作，確認開放裝置動作

(C) 以試驗用二氧化碳容器，自操作管連接部加壓，確認動作是否正常

(D) 啟動裝置復歸後，於控制盤切斷電源，以拉桿復歸方式，使開放裝置復歸

8-8 104年化學系統考題詳解

甲、申論題部分：

一、當某一場所設置鹵化烴滅火設備時，請依「各類場所消防安全設備檢修及申報作業基準」，說明全區放射方式綜合檢查時之判定方法與注意事項。（25分）

解：

(一)判定方法

　　1.警報裝置應確實鳴響。

　　2.遲延裝置應確實動作。

　　3.開口部等之自動關閉裝置應能正常動作，換氣裝置需確實停止。

　　4.指定防護區劃之啟動裝置及選擇閥能確實動作，可放射試驗用氣體。

　　5.配管內之試驗用氣體應無洩漏情形。

　　6.放射表示燈應確實亮燈。

(二)注意事項

　　1.檢查結束後，應將檢查時使用之試驗用氣體容器，換裝回復為原設置之儲存容器。

　　2.在未完成完全換氣前，不得進入放射區域。遇不得已之情形非進入不可時，應配載空氣呼吸器。

　　3.完成檢查後，應確實將所有裝置回復定位。

乙、測驗題部分：

（D）1. 有關滅火器設置規定，下列何者正確？

　　(A) 供鍋爐房等大量使用火源之處所，樓地板面積每 50 平方公尺有一滅火效能值

　　(B) 供保齡球館使用之場所，樓地板面積每 200 平方公尺有一滅火效能值

　　(C) 供電信機器室使用之場所，樓地板面積每 300 平方公尺有一滅火效能值

　　(D) 供學校教室使用之場所，樓地板面積每 200 平方公尺有一滅火效能值

（A）2. 依滅火器用滅火藥劑認可基準規定，紫焰乾粉（簡稱 KBC 乾粉）主成分與著色之規定為何？

　　(A) 碳酸氫鉀，淺紫色　　(B) 硫酸鉀，白色

　　(C) 碳酸氫鈉，灰白色　　(D) 磷酸二氫銨，粉紅色

（B）3. 依滅火藥劑更換及充填作業規定，經營滅火器藥劑更換及充填作業廠商聘用消防專技人員，應於事實發生之次日起多久時間內，報請直轄市、縣

（市）政府備查？

　　(A) 14 日　　(B) 30 日　　(C) 45 日　　(D) 7 日

（C）4. 某空間採用全區放射方式之第一種乾粉滅火設備（主成分爲碳酸氫鈉）進行防護，則每立方公尺防護區域所需滅火藥劑量爲何？

　　(A) 0.24 kg/m³　　(B) 0.36 kg/m³　　(C) 0.60 kg/m³　　(D) 0.82 kg/m³

（C）5. 進行惰性氣體滅火藥劑儲存容器性能檢查時，對於遲延裝置動作時限應在多少時間以上？

　　(A) 60 秒　　(B) 30 秒　　(C) 20 秒　　(D) 15 秒

（D）6. 採用全區放射方式之二氧化碳滅火設備，於印刷機房需多久時間內全部放射完畢？

　　(A) 210 秒　　(B) 30 秒　　(C) 45 秒　　(D) 60 秒

（A）7. 依各類場所消防安全設備檢修及申報作業基準，在設有滅火器之可燃性高壓氣體儲存場所，任一點至滅火器之步行距離應在多少公尺以下，且不得妨礙出入作業？

　　(A) 15 公尺　　(B) 20 公尺　　(C) 25 公尺　　(D) 30 公尺

（B）8. 依各類場所消防安全設備檢修及申報作業基準，海龍滅火設備氣壓式選擇閥開放裝置之檢查方法，乃使用試驗用二氧化碳或氮氣容器（內容積 X 公升以上，二氧化碳藥劑量 Y kg 以上），自操作管連接部加壓，確認其動作是否正常。此處 X、Y 各爲多少？

　　(A) X = 0.5，Y = 0.27　　(B) X = 1，Y = 0.6

　　(C) X = 2，Y = 1.2　　(D) X = 3，Y = 1.8

（B）9. 加氣站之滅火器，有關數量之設置規定，下列何者正確？

　　(A) 儲氣槽區四具以上

　　(B) 加氣機每臺四具以上

　　(C) 用火設備處所四具以上

　　(D) 建築物每層樓地板面積在 100 平方公尺以下設置四具，超過 100 平方公尺時，每增加（含未滿）100 平方公尺增設一具

（A）10. 公共危險物品等場所符合下列何者規定，即可稱爲顯著滅火困難場所？

　　(A) 公共危險物品製造場所總樓地板面積在 1,000 平方公尺以上

　　(B) 室內儲存場所高度在 5 公尺以上之一層建築物

　　(C) 室外儲存場所儲存塊狀硫磺，其面積在 50 平方公尺以上

　　(D) 室內加油站一面開放且其上方樓層未供其他用途使用

（B）11. 下列屬於高度危險工作場所之敘述，何者錯誤？

　　(A) 儲存一般可燃性固體物質倉庫之高度超過 5.5 公尺者

　　(B) 儲存易燃性液體物質之閃火點未超過 60℃與 37.8℃時，其蒸氣壓超過每平方公分 2.8 公斤或 0.28 MPa 者

　　(C) 可燃性高壓氣體製造、儲存、處理場所

　　(D) 石化作業場所、木材加工業作業場所及油漆作業場所

（A）12. 下列那一項滅火設備不屬於各類場所消防安全設備設置標準第 8 條所規定之滅火設備種類？
(A) 海龍（鹵化烷）滅火設備　　　(B) 簡易自動滅火設備
(C) 消防砂　　　　　　　　　　　(D) 滅火器

（D）13. 依各類場所消防安全設備設置標準第 18 條規定，下列場所何者不適合設置二氧化碳滅火設備？
(A) 昇降機械式停車場可容納十輛以上者
(B) 發電機室及其他類似之電氣設備場所，樓地板面積在 200 平方公尺以上者
(C) 廚房等大量使用火源之場所，樓地板面積在 200 平方公尺以上者
(D) 屋頂直昇機停機場（坪）

（D）14. 二氧化碳滅火設備有關全區及局部放射方式之噴頭，下列敘述何者錯誤？
(A) 二氧化碳噴頭之放射壓力，其滅火藥劑以常溫儲存者之高壓式為每平方公分 14 公斤以上或 1.4 MPa 以上
(B) 二氧化碳噴頭之放射壓力，其滅火藥劑儲存於 -18℃ 以下者之低壓式為每平方公分 9 公斤以上或 0.9 MPa 以上
(C) 總機室採全區放射方式應於 3.5 分鐘內全部藥劑量放射完畢
(D) 採局部放射方式應於 1 分鐘內全部藥劑量放射完畢

（B）15. 簡易自動滅火設備，排油煙管內風速超過每秒 X 公尺，應在警戒長度外側設置放出藥劑之啓動裝置及連動閉鎖閘門。上述之警戒長度，係指煙罩與排油煙管接合處往內 Y 公尺。下列 X、Y 何者正確？
(A) X = 5，Y = 10　(B) X = 5，Y = 5
(C) X = 10，Y = 5　(D) X = 10，Y = 10

＋知識補充站

臺灣消防機具器材及設備個別認可申請作業流程

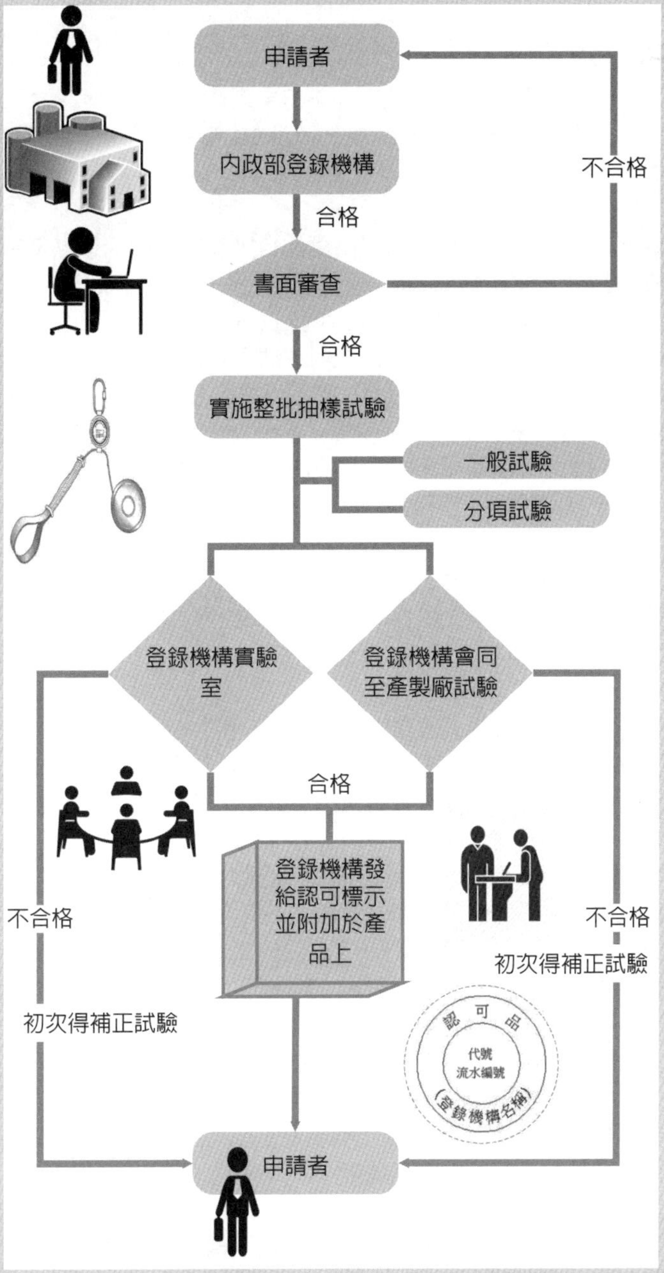

申請者

內政部登錄機構

不合格

合格

書面審查

合格

實施整批抽樣試驗

一般試驗

分項試驗

登錄機構實驗室

登錄機構會同至產製廠試驗

合格

登錄機構發給認可標示並附加於產品上

不合格

初次得補正試驗

不合格

初次得補正試驗

認可品
代號
流水編號
（登錄機構名稱）

申請者

8-9 103年化學系統考題詳解

乙、測驗題部分：

本測驗試題為單一選擇題，請選出一個正確或最適當的答案，複選作答者，該題不予計分。共 40 題，每題 1.25 分，需用 2B 鉛筆在試卡上依題號清楚劃記，於本試題或申論試卷上作答者，不予計分。

（C）1. 有關惰性氣體滅火設備之防護區劃的自動關閉裝置（以氣壓動作者），在檢查時若使用氮氣或空氣時，應加壓至大約多少 kg f/cm²？
(A)10kgf/cm²　(B)20kgf/cm²　(C)30kgf/cm²　(D)50kgf/cm²

（B）2. 第三種乾粉滅火藥劑量，全區放射方式所需滅火藥劑量，每立方公尺防護區域所需滅火藥劑量（kg/m³）與每平方公尺開口部所需追加滅火藥劑量（kg/m²）各為多少？
(A) 0.26、2.7　(B) 0.36、2.7　(C) 0.26、3.7　(D) 0.36、3.7

（C）3. 乾粉滅火設備配管之設置規定，最低配管與最高配管間，落差在多少公尺以下？
(A) 35　(B) 40　(C) 50　(D) 55

（B）4. 依據滅火器認可基準之內容，化學泡沫滅火器之使用溫度範圍為何？
(A) 0℃以上，40℃以下　(B) 5℃以上，40℃以下　(C) -5℃以上，50℃以下　(D) 0 ℃以上，60℃以下

（A）5. 懸掛於牆上或放置滅火器箱中之滅火器，其上端與樓地板面之距離為：
(A) 未滿 18 公斤者在 1.5 公尺以下；18 公斤以上者在 1 公尺以下
(B) 未滿 18 公斤者在 1 公尺以下；18 公斤以上者在 1.5 公尺以下
(C) 未滿 18 公斤者在 1 公尺以下；18 公斤以上者在 0.5 公尺以下
(D) 未滿 18 公斤者在 0.5 公尺以下；18 公斤以上者在 1 公尺以下

（A）6. 二氧化碳滅火設備使用氣體啓動者，下列規定設置敘述何者錯誤？
(A) 啓動用氣體容器能耐每平方公分 250 公斤或 35MPa 之壓力
(B) 啓動用氣體容器之內容積應有 1 公升以上，其所儲存之二氧化碳重量在 0.6 公斤以上，且其充塡比在 1.5 以上
(C) 啓動用氣體容器之安全裝置及容器閥符合 CNS 11176 規定
(D) 啓動用氣體容器不得兼供防護區域之自動關閉裝置使用

（C）7. 依據滅火器藥劑更換及充塡作業規定，廠商應備置之滅火器藥劑更換及充塡作業登記簿，並至少保存幾年？
(A) 1　(B) 2　(C) 3　(D) 10

（C）8. 海龍替代藥劑自動滅火設備竣工勘驗前，爲維持放射藥劑濃度之有效性，需進行那一項測試程序？

(A) 水壓試驗　(B) 釋壓試驗　(C) 氣密測試　(D) 沖管試驗

（C）9. 依據各類場所消防安全設備檢修及申報作業基準，加壓式海龍滅火藥劑儲存容器設置狀況之檢查方法，下列敘述何者錯誤？

(A) 確認周圍濕度有無過高，及周圍溫度是否在 40°C 以下

(B) 確認設置場所是否設照明設備、明亮窗口，及周圍有無障礙物，並確認是否確保供操作及檢查之空間

(C) 確認設在專用鋼瓶室之鋼瓶，應有適當之固定措施；設於防護區域內之鋼瓶，應置於可燃性或易燃性材料製成之防護箱內

(D) 確認有無遭日光曝曬、雨水淋濕之虞

（A）10. 下列那一項敘述與二氧化碳滅火設備規定是不符合的？

(A) 全區或局部放射方式防護區域內之通風換氣裝置，應在滅火藥劑放射前持續運轉

(B) 全區放射方式防護區域之開口部，不得設於面對安全梯間、特別安全梯間、緊急昇降機間或其他類似場所

(C) 全區放射方式防護區域之開口部位於距樓地板面高度三分之二以下部分，應在滅火藥劑放射前自動關閉

(D) 全區放射方式防護區域之開口部，不設自動關閉裝置之開口部總面積，供電信機械室使用時，應在圍壁面積 1% 以下，其他處所則應在防護區域體積值或圍壁面積值兩者中之較小數值 10% 以下

（A）11. 二氧化碳滅火設備之滅火藥劑儲存容器，其充填比在高壓式為 X 以上 Y 以下，下列 X、Y 何者正確？

(A) X = 1.5，Y = 1.9　　　　　(B) X = 1.9，Y = 1.5

(C) X = 1.1，Y = 1.4　　　　　(D) X = 1.4，Y = 1.1

（D）12. 有關二氧化碳滅火設備配管的設置規定，下列那一項敘述錯誤？

(A) 使用符合 CNS 4626 規定之無縫鋼管，其中高壓式為管號 Sch80 以上，低壓式為管號 Sch40 以上厚度或具有同等以上強度，且施予鍍鋅等防蝕處理

(B) 採用銅管配管時，應使用符合 CNS 5127 規定之銅及銅合金無縫管或具有同等以上強度者，其中高壓式能耐壓每平方公分 165 公斤以上或 16.5MPa 以上，低壓式能耐壓每平方公分 37.5 公斤以上或 3.75MPa 以上

(C) 配管接頭及閥類之耐壓，高壓式為每平方公分 165 公斤以上或 16.5MPa 以上，低壓式為每平方公分 37.5 公斤以上或 3.75MPa 以上，並予適當之防蝕處理

(D) 最低配管與最高配管間，落差在 100 公尺以下

（A）13. 在檢查乾粉滅火設備之滅火藥劑量時，若溫度超過 40°C 以上，濕度超過多少以上時，應暫停檢查？

(A) 60%　(B) 50%　(C) 40%　(D) 30%

（D）14. 有關蓄壓式乾粉滅火藥劑種類，下列那一項敘述錯誤？

    (A) 白色或淡藍色為第一種乾粉　　(B) 紫色系為第二種乾粉

    (C) 粉紅色為第三種乾粉　　　　　(D) 黃色為第四種乾粉

（B）15. 有關蓄壓式鹵化烴滅火藥劑量之測定，下列那一項敘述錯誤？

    (A) 使用台秤測定計之方法：將容器置於台秤上，測定其重量至小數點第 1 位

    (B) 使用水平液面計之方法：其鈷 60 有效使用年限約為 10 年，如已超過時，應即時聯絡專業單位處理或更換

    (C) 使用鋼瓶液面計之方法：需考慮溫度變化造成之影響

    (D) 將藥劑量之測定結果與重量表、圖面明細表或原廠技術手冊規範核對，其差值應在充填值 10% 以下

（B）16. 有關鹵化烴滅火設備之氣壓式選擇閥開放裝置，確認其動作是否正常時，若使用試驗用二氧化碳容器，其藥劑量應在多少以上？

    (A) 0.3kg　(B) 0.6kg　(C) 0.9kg　(D) 1.2kg

（D）17. 在進行二氧化碳滅火設備檢查測試時，針對以高壓式設計者進行放射，試驗其放射試驗所需之藥劑量，為該放射區域所設儲存容器瓶數之多少比例以上（小數點以下有尾數時進 1）？

    (A) 1%　(B) 5%　(C) 6%　(D) 10%

＋知識補充站

日本消防設備工事及整備資格者

分類	項目	消防設備或特殊消防設備等種類	消防設備士	
			甲種	乙種
特類	特類	特殊消防設備	設計、監造、裝置、檢修	-
滅火設備	第 1 類	室內消防栓、室外消防栓、自動灑水設備、水霧滅火設備、套裝型滅火設備、套裝型自動滅火設備、集合住宅用自動灑水設備	設計、監造、裝置、檢修	裝置、檢修
	第 2 類	泡沫滅火設備、套裝型滅火設備、套裝型自動滅火設備、特定停車場用泡沫滅火設備		
	第 3 類	不活性氣體滅火設備、海龍替代滅火設備、乾粉滅火設備、套裝型滅火設備、套裝型自動滅火設備		
警報設備	第 4 類	火警自動警報設備、瓦斯漏氣火警自動警報設備、一一九火災通報裝置、集合住宅用火警自動警報設備、住戶用火警自動警報設備、特定小規模設施用火警自動警報設備、複合型住居設施用火警自動警報設備		
避難設備／滅火器	第 5 類	金屬製避難梯（限固定式者），救助袋，緩降機		
	第 6 類	滅火器	-	
警報設備	第 7 類	漏電火災警報器	-	

註：上述劃有底線者，為性能式規定之消防設備或特殊消防用設備（B 或 C 路徑）。其餘為規格式規定之一般消防設備（A 路徑）。

（工事相當於臺灣消防法規之設計監造，整備相當於裝置檢修等。）

臺灣方面，依消防法第 7 條，各類場所消防安全設備設置標準設置之消防安全設備，其設計、監造應由消防設備師為之；其裝置、檢修應由消防設備師或消防設備士為之。

前項消防安全設備之設計、監造、裝置及檢修，於消防設備師或消防設備士未達定量人數前，得由現有相關專門職業及技術人員或技術士暫行為之；其期限由中央主管機關定之。

8-10 102年化學系統考題詳解

甲、申論題部分：

一、近年來，國內工程消防滅火系統使用潔淨藥劑案件越來越多，因滅火藥劑價格昂貴，且考慮釋放後對環境的影響，故於驗收或消防檢查時，一般皆不採實際放射測試，而進行空間氣密測試（Enclosure Integrity Testing），確保火災發生時，系統能達到真正滅火之功效；請說明氣密測試的意義，並解釋「柱壓（Column Pressure）」、「沉降介面（Descending Interface）」、「最高防護高度（Maximum Protected Height）」、以及「最小防護高度（Minimum Protected Height）」的定義為何？（15分）另請說明在藥劑設計濃度下，判定氣密測試合格之條件為何？（10分）

解：

實務上 FM-200 氣密測試：

1. 柱壓：因海龍替代藥劑之分子量比空氣重，故防護區內藥劑釋放後之混合氣體平均分子量大於空氣，假如此時有外在之洩漏因素時，將使混合氣體因重力之關係而下降，此種混合氣體形成之重力因素稱之為柱壓（Column Pressure）。
2. 沉降介面：預測該藥劑混合氣空氣成分由界面下之洩漏處外洩氣密之保持時間。
3. 最高防護高度：防護區高度 4 m 以下。
4. 最小防護高度：指定防護高度（防護對象最高高度或 75% 高度）2.5 m。

合格之條件：NFPA 計算 FM-200 氣密標準 10 分鐘，10 分鐘時之界面高度大於指定防護高度表示合格；而小於指定防護高度則不合格。

1. 防護區之總洩漏面積必須小於 NFPA 標準氣密時間時之最大允許洩漏面積。
2. 氣密時間必須大於 NFPA 計算之氣密標準時間 10 分鐘。
3. 10 分鐘時之藥劑混合界面高度必須大於指定防護高度（防護對象最高高度或 75% 高度）。

乙、測驗題部分：

（C）1. 某一 25m（長）×12m（寬）×4m（高）之電氣室，設置全區放射之高壓二氧化碳滅火設備防護，火災後排放裝置如採機械排放時，其排風機之換氣風量應為每分鐘多少立方公尺以上？
   (A) 六十　(B) 八十　(C) 一百　(D) 一百二十

（D）2. 依二氧化碳滅火設備配管設置規定，下列敘述何者正確？
   (A) 音響警報裝置，在手動裝置動作後，應發出警報，並依實際需要可隨時手動中斷
   (B) 設於全區放射方式之音響警報裝置，不論平時有無人員駐守者，皆需採

　　用人語發音

（C) 全區放射方式之安全裝置，應於監控室內設置放射表示燈

（D) 全區放射方式之啓動裝置開關或拉桿開始動作至儲存容器之容器閥開
　　啓，設有二十秒以上之遲延裝置

（D）3. 潔淨藥劑氣體滅火設備滅火藥劑 HFC-23 主要成分爲下列何者？

（A) 三氟氯化乙烷　（B) 七氟化丙烷　（C) 四氯化碳　（D) 三氟化甲烷

（C）4. 依各類場所消防安全設備設置標準，應設置滅火器之場所，下列敘述何者
錯誤？

（A) 地下建築物、幼兒園

（B) 總樓地板面積在一百五十平方公尺以上之乙、丙、丁類場所

（C) 設於地下層或無開口樓層，且樓地板面積在十五平方公尺以上之各類場所

（D) 設有鍋爐房、廚房等大量使用火源之各類場所

（A）5. 依乾粉滅火設備設置規定，下列敘述何者正確？

（A) 加壓式乾粉滅火設備應設壓力調整裝置，可調整壓力至每平方公分
　　二十五公斤以下

（B) 加壓式乾粉滅火設備，其定壓動作裝置設於控制中心

（C) 加壓式乾粉滅火設備，啓動裝置動作後，儲存容器壓力達設定壓力百分
　　之八十時，應使放出閥開啓

（D) 蓄壓式乾粉滅火設備應設置以藍色表示使用壓力範圍之指示壓力表

（C）6. 國光加氣站有一儲氣槽、四臺加氣機及一棟每層樓地板面積爲九十六平方
公尺之三層樓建築物，依各類場所消防安全設備設置標準，該加氣站至少
應設置多少個滅火器？

（A) 十　（B) 十二　（C) 十四　（D) 十六

（C）4. 某一密閉立體機械停車空間長 8 公尺、寬 6 公尺及高 10 公尺，設置有二氧
化碳滅火設備爲採全區放射方式時，開口可自動關閉，依各類場所消防安
全設備設置標準，所需滅火藥劑量至少爲何？

（A) 280 kg　（B) 360 kg　（C) 384 kg　（D) 480 kg

（A）5. 停車空間設置乾粉滅火設備時，有關選擇閥之規定，下列敘述何者錯誤？

（A) 得設於防護區域內

（B) 得以氣體或電氣開啓

（C) 每一防護區域或防護對象均應設置

（D) 需設防護區域之標示及選擇閥字樣

（C）6. IG-541 惰性氣體滅火設備全區放射方式設計，藥劑放射應在多少時間內完成？

（A) 10 秒　（B) 30 秒　（C) 1 分鐘　（D) 3.5 分鐘

（A）7. 液化石油氣儲存場所設有滅火器，自場所內任一點至滅火器之步行距離不
得超過多少公尺？

（A) 15 公尺　（B) 20 公尺　（C) 25 公尺　（D) 50 公尺

（D）8. 平時有特定或不特定人員使用之中央管理室、防災中心等類似處所，不得

設置下列何種滅火設備？

(A) 水霧　(B) 泡沫　(C) 乾粉　(D) 二氧化碳

（C）9. 某觀光飯店餐廳的廚房面積 600 平方公尺，其使用火源處所設置滅火器核算之最低滅火效能值應為多少？

(A) 3　(B) 6　(C) 24　(D) 30

（B）10. 依乾粉滅火設備設置規定，有關加壓或蓄壓用氣體容器之設置，下列敘述何者錯誤？

(A) 加壓或蓄壓用氣體應使用氮氣或二氧化碳

(B) 加壓用氣體使用氮氣時，在一大氣壓、溫度攝氏二十五度狀態下，每一公斤乾粉藥劑需氮氣四十公升以上

(C) 採取有效之防震措施

(D) 清洗配管用氣體，另以容器儲存

（C）11. 某一公共危險物品製造、處理場所設置有大型 ABC 乾粉滅火器，其屬何種滅火設備？

(A) 第一種　(B) 第三種　(C) 第四種　(D) 第五種

（A）12. 使用主成分為碳酸氫鉀與尿素化合物乾粉之移動放射方式乾粉滅火設備，每一具噴射瞄子之每分鐘藥劑放射量應為下列何者？

(A) 18 kg/min　(B) 27 kg/min　(C) 36 kg/min　(D)45 kg/min

＋知識補充站

臺灣與日本場所管理人未依檢修申報規定罰則

臺灣方面，於消防法第 9 條第一項規定，管理權人應委託第八條所規定之消防設備師或消防設備士，定期檢修消防安全設備，其檢修結果應依限報請當地消防機關查核；消防機關得視需要派員複查。但高層建築物或地下建築物消防安全設備之定期檢修，其管理權人應委託中央主管機關許可之消防安全設備檢修專業機構辦理。假使違反規定者，處其管理權人新臺幣一萬元以上、五萬元以下罰鍰，並通知限期改善；屆期未改善者，得按次處罰。

日本方面，依消防法第 17 條指出建築物關係人（所有者、管理者、占用者）應設置消防設備等，且必須定期檢修，並將結果申報至消防署長。而消防設備檢修申報罰則，依消防法第 44 條指出，建築物關係人（管理者、所有者、占有者）未依規定進行申報或虛假申報，將處以三十萬日圓以下罰鍰或拘留。

＋知識補充站

臺灣與日本從事消防設備業務罰則規定

臺灣方面，違反第七條第一項規定從事消防安全設備之設計、監造、裝置或檢修者，處新臺幣三萬元以上十五萬元以下罰鍰，並得按次處罰。

日本方面，未能提出消防設備士或檢修資格證書，而從事危險物品製造場所、儲存場所及處理設施之消防設備或特殊消防設備之工事或整備相關業務，依消防法第 42 條之 6 月以下懲役或50 萬日圓以下罰鍰。

又於第 44 條第 1 項甲種消防設備士違反第 17 條之 5 規定，應於工事實施日之十日前，將場所消防用設備等種類及工事必要事項，向消防局提出審查；違者處以 30 萬日圓以下罰金或拘留。

Note

8-11 101年化學系統考題詳解

甲、申請題部分：

一、一般工廠之電氣室通常設置低壓式、全區放射二氧化碳滅火設備防護，設置低壓式二氧化碳滅火設備之優點何在？（10分）低壓式二氧化碳滅火設備之「警報及安全裝置等」，應如何進行性能檢查？又其判定方法及注意事項為何？（15分）試說明之。

解：

一) 優點：

1. 無毒：穩定性大自然氣體，受熱不會產生毒性氣體。

2. 無腐蝕性：防護對象物及儲存容器無腐蝕性。

3. 降溫：液化變氣化會大量吸熱效果。

4. 儲存方便：可液化大量儲存。

5. ODP 臭氧層破壞與 GWP 溫室效應影響爲零。

6. 使用方便：相容性高，配管方便。

7. 善後：不產生物品汙染損害。

8. 經濟性。

二) 警報裝置及安全裝置等

1. 檢查方法

暫時將開關閥關閉，取下附接點之壓力表、壓力開關及安全閥等，使用試驗用氮氣確認其動作有無異常。

2. 判定方法

警報裝置等應在下列動作壓力範圍內動作，且功能正常。

$37kgf/cm^2$ ⎫
$30kgf/cm^2$ ⎬ 破壞板動作壓力

$25kgf/cm^2$ 　安全閥起噴壓力

$23kgf/cm^2$ 　壓力上升警報

$22kgf/cm^2$ 　冷凍機啓動 ⎫
$21kgf/cm^2$ 　冷凍機停止 ⎬ 常用壓力範圍

$19kgf/cm^2$ 　壓力下降警報

3. 注意事項

(1) 關閉安全閥、壓力表之開關時，最好會同高壓氣體作業人員共同進行。

(2) 檢查後，務必將安全閥、壓力表之開關置於「開」之位置。

乙、測驗題部分：

（D）1. 二氧化碳滅火設備使用氣體啟動者，依規定氣體容器最低耐壓值為何？
(A) 每平方公分一百公斤 　　　　(B) 每平方公分一百五十公斤
(C) 每平方公分二百公斤 　　　　(D) 每平方公分二百五十公斤

（A）2. 乾粉滅火設備如採用全區放射方式，所核算之滅火藥劑量需於多久時間內放射完畢？
(A) 三十秒　(B) 四十五秒　(C) 一分鐘　(D) 三點五分鐘

（C）3. 依據「滅火器藥劑更換及充填作業規定」，廠商備置之滅火器藥劑更換及充填作業登記簿最短保存期限為何？
(A) 一年　(B) 二年　(C) 三年　(D) 五年

（B）4. 依據「滅火器認可基準」，大型乾粉滅火器充填之滅火藥劑應在多少公斤以上？
(A) 15 kg　(B) 18 kg　(C) 20 kg　(D) 45 kg

（A）5. 依據「各類場所消防安全設備檢修及申報作業基準」進行 HFC-227ea 滅火設備（藥劑）之綜合檢查時，如以空氣或氮氣進行放射試驗，每公斤核算空氣量或氮氣量為何？
(A) 14 公升　(B) 20 公升　(C) 28 公升　(D) 34 公升

（B）6. 廚房排油煙管及煙罩設置之簡易自動滅火設備，當排油煙管內風速超過多少時，應在警戒長度外側設置放出藥劑之啟動裝置及連動閉鎖閘門？
(A) 每分鐘四公尺 　　　　　(B) 每分鐘五公尺
(C) 每分鐘六公尺 　　　　　(D) 每分鐘七公尺

（D）7. 有關可燃性高壓氣體場所、加氣站、天然氣儲槽及可燃性高壓氣體儲槽設置滅火器之規定，何者正確：
(A) 製造或儲存場所至少應設置三具
(B) 儲存或處理場所在樓地板面積三百平方公尺以上者，每六十平方公尺（含未滿）應增設一具
(C) 儲槽設置二具以上
(D) 加氣站加氣機每臺應設置一具以上

（B）8. 某醫院樓地板面積為 75 m×32 m，若選擇滅火效能值 A-2，B-5，C 之滅火器至少需設置多少具？
(A) 6 具　(B) 12 具　(C) 18 具　(D) 24 具

（D）9. 設有滅火器之樓層，自樓面居室任一點至滅火器之步行距離最遠為多少公尺？
(A) 35 公尺　(B) 30 公尺　(C) 25 公尺　(D) 20 公尺

（D）10. 有關二氧化碳滅火設備在電信機械室或總機室做全區放射時所需藥劑量之規定，每一立方公尺防護區域所需滅火藥劑量 X 公斤，每一平方公尺開口部所需追加滅火藥劑量 Y 公斤，試問 X、Y 各為何？

（A) X = 0.8 公斤，Y = 5 公斤　　（B) X = 1.0 公斤，Y = 5 公斤

（C) X = 1.0 公斤，Y = 10 公斤　　（D) X = 1.2 公斤，Y = 10 公斤

（D）11. 二氧化碳滅火設備，其放射藥劑之排放，若採機械排放時，排風機應具每小時幾次之換氣量？

（A) 1 次　　（B) 2 次　　（C) 4 次　　（D) 5 次

（D）12. 局部放射方式之二氧化碳滅火設備，其滅火藥劑量應於多少時間內全部放射完畢？

（A) 3.5 分鐘　　（B) 2.5 分鐘　　（C) 1.5 分鐘　　（D) 0.5 分鐘

（A）13. 二氧化碳滅火設備於使用手動啓動裝置時，其操作部高度應距樓地板面多少公尺範圍內？

（A) 0.8～1.5 公尺　　　　　　　（B) 0.7～1.3 公尺

（C) 0.6～1.2 公尺　　　　　　　（D) 0.5～1.0 公尺

（C）14. 對於乾粉滅火設備滅火藥劑儲存容器之設置規定，下列敘述何者錯誤？

（A) 爲排除儲存容器之殘留氣體，應設置排出裝置

（B) 置於溫度 40℃以下，溫度變化較少處

（C) 置於防護區域內

（D) 不得置於有日光曝曬或雨水淋濕之處

（D）15. 乾粉滅火設備之滅火藥劑儲存容器其充塡比規定，下列敘述何者錯誤？

（A) 第四種乾粉爲 1.5～2.5　　　（B) 第三種乾粉爲 1.05～1.75

（C) 第二種乾粉爲 1.05～1.75　　（D) 第一種乾粉爲 1.5～2.5

（D）16. 有關海龍（鹵化烷）滅火藥劑之特性，下列敘述何者正確？

（A) 化學性質不安定，長期儲存會變質　　（B) 絕緣性低，不適合電氣火災

（C) 受熱後易分解出氫氣　　　　　　　（D) 會破壞臭氧層

（C）17. 使用於室內停車空間之滅火藥劑，以何種乾粉爲限？

（A) 第一種乾粉　　（B) 第二種乾粉　　（C) 第三種乾粉　　（D) 第四種乾粉

+ 知識補充站

日本消防安全設備檢修申報流程

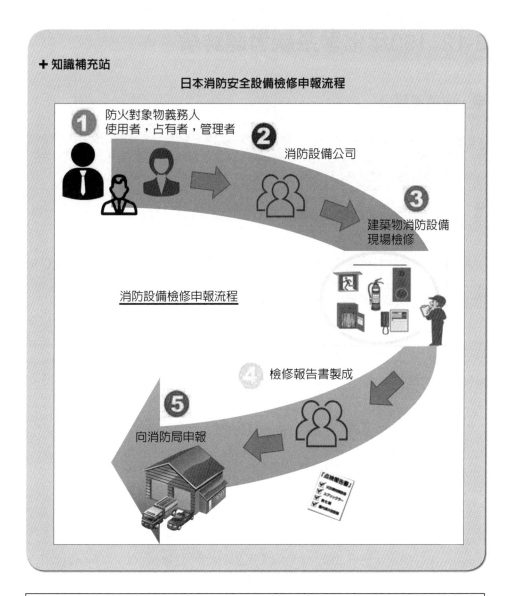

① 防火對象物義務人
使用者，占有者，管理者

② 消防設備公司

③ 建築物消防設備現場檢修

消防設備檢修申報流程

④ 檢修報告書製成

⑤ 向消防局申報

臺灣與日本從事消防設備專技人員講習訓練規定

臺灣方面，依《消防設備師及消防設備士管理辦法》第 11 條規定，消防設備師及消防設備士，自取得證書日起每 3 年應接受講習一次或取得累計積分達 160 分以上之訓練證明文件。由複訓證書發證日往後推 3 年，到期前應再複訓。

日本方面，取得消防設備士證書之日起或之後之 4 月 1 日起 2 年內接受複訓課程，日後從接受第 1 次複訓課程之日起，第一個 4 月 1 日起之每隔 5 年再行複訓。

8-12 100年化學系統考題詳解

甲、申請題部分：

> 一、依據「各類場所消防安全設備檢修及申報作業基準」，試說明採用全區放射方式之高壓式二氧化碳滅火設備進行綜合檢查時，檢查方法與判定方法為何？另請說明注意事項為何？（25分）

解：
一) 檢查方法
　1. 高壓式者依下列規定
　　(1) 應進行放射試驗其放射試驗所需之藥劑量，為該放射區域所設儲存容器瓶數之 10% 以上（小數點以下有尾數時進一）。
　　(2) 檢查時應注意下列事項。
　　　a. 檢查後，對藥劑再充填期間所使用之儲存容器，應準備與放射儲存容器同一產品之同樣瓶數。
　　　b. 使用啟動用氣體容器之設備者，應準備與 a 相同之數量。
　　　c. 應準備必要數量供塞住集合管部分或容器閥部及操作管部之帽蓋或塞子。
　　(3) 檢查前，應就儲存容器部分事先備好下列事項。
　　　a. 暫時切斷控制盤等電源設備。
　　　b. 供放射用之儲存容器，應與容器閥開放裝置及操作管連接。
　　　c. 除放射用儲存容器外，應取下連接管，用帽蓋等塞住集合管。
　　　d. 應塞住放射用以外之操作管。
　　　e. 確認除儲存容器部外，其他部分是否處於平常設置狀態。
　　　f. 控制盤等設備電源，應在「開」之位置。
　　(4) 檢查時，啟動操作應就下列方式擇一進行。
　　　a. 手動式：應操作手動啟動裝置使其啟動。
　　　b. 自動式：應將自動、手動切換裝置切換至「自動」位置，以探測器動作、或使受信機、控制盤探測器回路端子短路，使其啟動。
二) 判定方法
　1. 警報裝置應確實鳴響。
　2. 遲延裝置應確實動作。
　3. 開口部等之自動關閉裝置應能正常動作，換氣裝置應確實停止。
　4. 指定防護區劃之啟動裝置及選擇閥能確實動作，可放射試驗用氣體。
　5. 配管內之試驗用氣體應無洩漏情形。
　6. 放射表示燈應確實亮燈。

三) 注意事項

　　1. 完成檢查後，如為高壓式者，應將檢查時使用之儲存容器等換為替代容器，進行再充填。

　　2. 在未完成完全換氣前，不得進入放射區域。遇不得已之情形非進入不可時，應配載空氣呼吸器。

　　3. 檢查結束後，應將所有設備回復定位。

乙、測驗題部分：

（A）1. 檢修滅火器本體容器時，如有對滅火器性能造成障礙之情形時應即予以汰換，下列敘述何者錯誤？
　　(A) 發現護蓋有顯著之鬆動情形時
　　(B) 發現熔接部位有受損情形時
　　(C) 發現鐵鏽似有剝離現象者
　　(D) 洩漏、顯著之變形、損傷等情形

（B）2. 進行滅火器之檢查時，一般注意事項下列何者錯誤？
　　(A) 塑膠製容器或構件，不得以辛那（二甲苯）或汽油等有機溶劑加以清理
　　(B) 護蓋之開關緊閉時，應使用適當之拆卸扳手或鐵鎚執行
　　(C) 乾粉滅火器本體容器內壁及構件之清理及保養時，應充分注意防潮
　　(D) 開啟護蓋或栓塞時，應注意容器內殘壓之排除

（A）3. 現場進行海龍（替代氣體）滅火設備外觀檢查容器閥開放裝置時，相關檢查方法或判定程序，下列敘述何者錯誤？
　　(A) 以目視確認容器閥開放裝置有無變形、脫落等情形，必要時得以手觸碰搖動
　　(B) 如為電氣式者，其導線應無劣化或斷裂
　　(C) 如為氣壓式者，操作管及其連接部分應無鬆弛或脫落之情形
　　(D) 具有手動啟動裝置之開放裝置，其操作部及安全插銷應無明顯之鏽蝕情形

（A）4. 現場進行二氧化碳滅火設備竣工綜合動作試驗時，相關測試方法或程序，下列敘述何者錯誤？
　　(A) 以試驗用替代氣體（小量二氧化碳或氮氣）進行放射
　　(B) 操作各防護區域啟動裝置
　　(C) 施加與該設備設計使用壓力相同的壓力
　　(D) 控制該防護區域選擇閥動作確實

（A）5. 可燃性高壓氣體製造場所、加氣站及天然氣儲槽之滅火器，設置規定之敘述，下列何者正確？
　　(A) 加氣機每臺一具以上
　　(B) 儲氣槽區設置二具以上

(C) 用火設備處所二具以上

(D) 儲存場所任一點至滅火器之步行距離在 25 公尺以下

（A）6. 惰性氣體滅火設備綜合檢查以空氣或氮氣進行放射試驗，每次試驗最多放出幾支？

(A) 5 支　(B) 6 支　(C) 7 支　(D) 10 支

（B）7. 加壓式乾粉滅火設備如加壓用氮氣鋼瓶壓力達 200kgf/cm²，依規定應設壓力調整裝置，可調整壓力至多少以下？

(A) 20 kgf/cm²　(B) 25 kgf/cm²　(C) 30 kgf/cm²　(D) 35 kgf/cm²

（D）8. 移動放射方式之乾粉滅火設備如使用主成分爲碳酸氫鈉乾粉，其每一具噴射瞄子所需滅火藥劑量（kg）爲？

(A) 20 公斤　(B) 30 公斤　(C) 40 公斤　(D) 50 公斤

（A）9. 可燃性高壓氣體場所設置滅火器對油類火災至少需具有幾個滅火效能值？

(A) 10 個　(B) 8 個　(C) 6 個　(D) 4 個

（C）10. 進行乾粉滅火設備性能檢查時，對於滅火藥劑檢查注意事項，溫度及濕度超過多少以上時，應暫停檢查？

(A) 溫度超過 30℃以上，濕度超過 50% 以上

(B) 溫度超過 30℃以上，濕度超過 60% 以上

(C) 溫度超過 40℃以上，濕度超過 60% 以上

(D) 溫度超過 40℃以上，濕度超過 50% 以上

（A）11. 全區放射方式之二氧化碳滅火設備於電信機械室時，每立方公尺防護區域所需滅火藥劑量（kg/m³）計算值爲多少？

(A) 1.2　(B) 1　(C) 0.9　(D) 0.8

（A）12. 有關二氧化碳滅火設備設置之敘述，下列何者正確？

(A) 手動啓動裝置其操作部設在距樓地板面高度 1 公尺

(B) 選擇閥設於防護區域內

(C) 啓動裝置開關或拉桿開始動作至儲存容器之容器閥開啓，設有 15 秒以上之遲延裝置

(D) 防護區域對放射之滅火藥劑，需於 1.5 小時內將藥劑排出

（D）13. 移動放射方式之二氧化碳滅火設備，其每一具噴射瞄子所需滅火藥劑量在多少公斤以上？

(A) 25 公斤以上　(B) 50 公斤以上　(C) 75 公斤以上　(D) 90 公斤以上

（C）14. 公共危險物品儲存場所之建築物總樓地板面積每 600 平方公尺，其外牆爲防火構造者，設置第五種滅火設備時，至少應有多少滅火效能值？

(A) 10 個　(B) 5 個　(C) 4 個　(D) 6 個

（A）15. 進行滅火器外觀檢查，於設置狀況檢查時，50 型 ABC 乾粉滅火器（總重量十八公斤以上）本體上端與樓地板面之距離，下列何者正確？

(A) 不得超過 1 公尺　　　　(B) 不得低於 1 公尺

(C) 不得超過 1.5 公尺　　　(D) 不得低於 1.5 公尺

（D）16. 進行二氧化碳滅火設備綜合檢查時，低壓式應進行放射試驗，其放射試驗
所需之藥劑量，可使用幾公升氮氣五瓶以上作為替代藥劑放射？
(A) 1 公升　(B) 10 公升　(C) 20 公升　(D) 40 公升

（B）17. 鹵化烴滅火設備綜合檢查以空氣或氮氣進行放射試驗，所需空氣量或氮氣
量，應就放射區域應設滅火藥劑量之多少核算？
(A) 5%　(B) 10%　(C) 15%　(D) 20%

（C）18. 有關二氧化碳滅火設備配管設置之敘述，下列何者錯誤？
(A) 應為專用
(B) 配管接頭及閥類之耐壓，低壓式為每平方公分 37.5 公斤以上
(C) 最低配管與最高配管間，落差在 60 公尺以下
(D) 配管接頭及閥類之耐壓，高壓式為每平方公分 165 公斤以上

（B）19. 依「滅火器認可基準」之規定，下列滅火器何者不能裝設在車上使用？
(A) 機械泡沫滅火器　(B) 水滅火器　(C) 二氧化碳滅火器　(D) 乾粉滅火器

（D）20. HFC-23 滅火設備進行綜合檢查以空氣或氮氣進行放射試驗時，每公斤核算
所需之空氣量或氮氣量為何？
(A) 7 l/kg　(B) 14 l/kg　(C) 21 l/kg　(D) 34 l/kg

（A）21. 進行二氧化碳滅火設備性能檢查時，皮管連接部應無鬆動、皮管損傷、老
化等情形，且皮管長度應在幾公尺以上？
(A) 20 公尺　(B) 15 公尺　(C) 10 公尺　(D) 5 公尺

（D）22. 惰性氣體海龍替代藥劑經快速釋放滅火劑時，如室內壓力有升高狀況，為
空間設施耐壓安全考量，應設置下列何種裝置？
(A) 自動關閉閘門　(B) 浸潤裝置　(C) 排放裝置　(D) 釋壓口裝置

（A）23. 進行乾粉滅火設備性能檢查時，滅火藥劑不得有雜質、變質、固化等情
形，且以手輕握搓揉，並自地面上多少高度公分處使其落下，應呈粉狀？
(A) 50 公分　(B) 25 公分　(C) 20 公分　(D) 10 公分

（D）24. 全區放射方式之二氧化碳滅火設備於電信機械室需多久時間內放射完畢？
(A) 5 分鐘　(B) 4.5 分鐘　(C) 4 分鐘　(D) 3.5 分鐘

（D）25. 總樓地板面積 300 平方公尺之可燃性高壓氣體處理場所應設幾具滅火器？
(A) 2 具　(B) 4 具　(C) 6 具　(D) 8 具

（D）26. 現場進行乾粉滅火設備竣工性能音響警報裝置動作試驗時，相關測試方法
或程序，下列敘述何者錯誤？
(A) 操作手動啟動裝置確認動作狀況
(B) 自動啟動裝置比照火警探測器動作試驗方式，測試動作狀況
(C) 按下緊急停止開關時，如火警探測器動作時，仍應自動發出警報
(D) 警鈴或蜂鳴器動作，同時人語音亦應動作播放

參考文獻

1. 盧守謙，火災學，五南圖書出版，2017 年 9 月。
2. 盧守謙，圖解消防工程 2 版，五南圖書出版，2019 年 4 月。
3. 盧守謙，圖解消防危險物品，五南圖書出版，2018 年 4 月。
4. 盧守謙，圖解消防安全設備設標準 2 版，五南圖書出版，2019 年 5 月。
5. 盧守謙與陳永隆，防火防爆，五南圖書出版，2017 年 2 月。
6. 陳火炎，各類場所消防安全設備設置標準解說（五版），鼎茂圖書出版，2009 年 3 月。
7. 張裕忠與陳仕榕，消防危險物器法令解說（四版），鼎茂圖書出版，2011 年 3 月。
8. 內政部消防法令函釋及公告，內政部消防署消防法令查詢系統，http://law.nfa.gov.tw/GNFA/fint/，2017 年 8 月。
9. 消防設備士資格研究會，第 5 類與第 6 類消防設備士，新星出版社，平成 22 年。
10. 日本消防檢定協會，消防用設備等，平成 28 年。
11. 日本危險物設施基準指南，平成 7 年。
12. 日本總務省消防廳，高發泡泡沫滅火設備，平成 29 年。
13. 埼玉市消防局，埼玉市消防用設備等審查基準，平成 28 年。
14. 明石市消防局，明石市消防用設備等審查基準，平成 30 年。
15. 福岡市消防局，福岡市消防用設備等技術基準，平成 26 年。
16. 神戶市消防局，神戶市消防用設備等技術基準，平成 25 年
17. 橫濱市消防局，橫濱市危險物規制事務審查基準，平成 27 年。
18. 大津市消防局，大津市危險物規制事務審查基準，平成 26 年。
19. 堺市消防局，堺市危險物規制審查基準，平成 28 年。
20. 太田市消防本部，消防用設備等審查・指導基準，平成 31 年。
21. 東京防災設備保守協會，消防用設備等，平成 28 年。
22. CHIKATA 株式會社，消火設備，平成 28 年。
23. NOHMI BOSAI 株式會社，消防用設備，平成 29 年。
24. NIPPON DRY-CHEMICAL 株式會社，消防用設備等，平成 28 年。
25. MORITA MIYATA 株式會社，消防用設備等，平成 28 年。
26. NITTAN 株式會社，消防用設備目錄，平成 31 年。
27. 日本消防檢定協會網頁，http://www.jfeii.or.jp/，平成 31 年
28. 日本總務省消防廳網頁，http://www.fdma.go.jp/，平成 31 年。
29. 東京消防廳網頁，http://www.tfd.metro.tokyo.jp/，平成 31 年。
30. 日本消防設備安全中心網頁，http://www.fesc.or.jp/index.html，平成 31 年。
31. 財團法人消防試驗研究中心網頁，http://www.shoubo-shiken.or.jp/，平成 31 年。
32. NFPA 11, Standard for Low, Medium, and High-Expansion Foam, Foam Fatale, 2017.

國家圖書館出版品預行編目資料

圖解化學系統消防安全設備／盧守謙，陳承聖
著. －－二版.－－臺北市：五南圖書出版
股份有限，2022.10
面；　公分
ISBN 978-626-343-240-6（平裝）

1.CST：消防設施　2.CST：消防安全

575.875　　　　　　　　111013010

5T43

圖解化學系統消防安全設備

作　　　者 — 盧守謙 (481)

協同作者 — 陳承聖

發 行 人 — 楊榮川

總 經 理 — 楊士清

總 編 輯 — 楊秀麗

副總編輯 — 王正華

責任編輯 — 金明芬

封面設計 — 王麗娟

出 版 者 — 五南圖書出版股份有限公司

地　　　址：106臺北市大安區和平東路二段339號4樓

電　　　話：(02)2705-5066　　傳　真：(02)2706-6100

網　　　址：https://www.wunan.com.tw

電子郵件：wunan@wunan.com.tw

劃撥帳號：01068953

戶　　　名：五南圖書出版股份有限公司

法律顧問　林勝安律師事務所　林勝安律師

出版日期　2019年10月初版一刷
　　　　　2022年10月二版一刷

定　　　價　新臺幣680元

經典永恆・名著常在

五十週年的獻禮──經典名著文庫

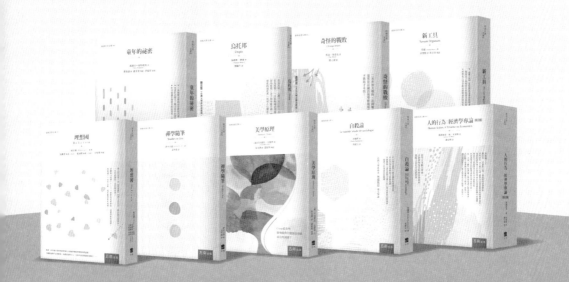

五南，五十年了，半個世紀，人生旅程的一大半，走過來了。

思索著，邁向百年的未來歷程，能為知識界、文化學術界作些什麼？

在速食文化的生態下，有什麼值得讓人雋永品味的？

歷代經典・當今名著，經過時間的洗禮，千錘百鍊，流傳至今，光芒耀人；

不僅使我們能領悟前人的智慧，同時也增深加廣我們思考的深度與視野。

我們決心投入巨資，有計畫的系統梳選，成立「經典名著文庫」，

希望收入古今中外思想性的、充滿睿智與獨見的經典、名著。

這是一項理想性的、永續性的巨大出版工程。

不在意讀者的眾寡，只考慮它的學術價值，力求完整展現先哲思想的軌跡；

為知識界開啟一片智慧之窗，營造一座百花綻放的世界文明公園，

任君遨遊、取菁吸蜜、嘉惠學子！